工程项目管理

（第3版）

陆惠民 苏振民 王延树 等编著

东南大学出版社
·南京·

内 容 提 要

本书全面论述了工程项目管理的过程，系统介绍了工程项目从规划、决策、实施到竣工验收全过程的管理理论和方法，主要包括工程项目的前期策划、工程项目的管理组织、工程项目管理体制、工程项目计划、工程项目实施控制、工程项目合同与索赔、工程项目职业健康安全与管理、工程项目风险管理等内容。本书注重项目管理理论与工程实践相结合，并吸收了国内外工程项目管理的最新成果，内容新颖、体系完整、所述方法可操作性强。

本书可作为高等院校工程管理专业和土木工程专业的教材，也可供相关专业的工程技术人员和工程管理人员以及相关政府部门、建设单位、监理单位、施工单位等企业管理人员参考使用。

图书在版编目(CIP)数据

工程项目管理/陆惠民等编著. —3版. —南京：
东南大学出版社,2015.12 (2023.7重印)
 ISBN 978-7-5641-6244-3

Ⅰ. ①工… Ⅱ. ①陆… Ⅲ. ①工程项目管理 Ⅳ. ①F284

中国版本图书馆 CIP 数据核字(2015)第 316167 号

东南大学出版社出版发行
(南京四牌楼2号 邮编210096)
出版人：江建中
江苏省新华书店经销 广东虎彩云印刷有限公司印刷
开本:700 mm×1 000 mm 1/16 印张:31 字数:608千字
2015 年 12 月第 3 版 2023 年 7 月第 4 次印刷
印数:11001—12000 册 定价:49.00 元
(若有印装质量问题，请与营销部联系. 电话:025-83791830)

第 3 版前言

本书第 3 版在保留前两版的基本框架和主要内容的基础上,根据近几年政府主管部门出台或颁布的有关投资体制改革、建筑业企业资质等级标准、建筑安装工程费用构成、施工合同新示范文本等方面的规定,更新和增加了相关的章节。本书第 3 版的变化比较集中的地方和特色如下:

(1) 根据《项目管理知识体系指南(第 5 版)》和《中国项目管理知识体系(C-PMBOK2006)》,改写了第 1.1.3 小节的内容。

(2) 在 2.4 节中,增加了政府对投资项目管理的审批制、核准制和备案制的相关内容。

(3) 将第 3.4 节和第 3.5 节合并成"工程项目采购的模式"一节,将工程项目采购的模式划分为:项目管理委托的模式、设计任务委托的模式、项目总承包的模式和施工任务委托的模式。

(4) 增加了 9.3 节"GB/T19000:2000(idt ISO9000:2000)族标准"。

(5) 增加了"工程项目职业健康安全与环境管理"一章,使教材的内容更加完善。

本书第 3 版由陆惠民拟定主要章节提纲并负责统稿。各章节编写分工如下:陆惠民编写第 1 章、第 10 章和第 12 章;苏振民编写第 2 章、第 3 章和第 4 章;王延树编写第 5 章、第 6 章和第 7 章;郑磊编写第 8 章和第 9 章;朱建君编写第 11 章。

本书自出版以来,已被许多高校作为土木类专业和工程管理专业的工程项目管理课程教材,年均发行量万册。现借第 3 版出版之际,我们谨向对本书前两版提出宝贵意见和建议的专家和读者、为本书出版付出许多心血的东南大学出版社编辑以及采用本书作为教材的各高校讲授工程项目管理课程的老师们致以真诚的感谢。对于第 3 版中的不足之处,我们恳请读者和专家予以批评指正。

编者
2015 年 9 月于南京

第2版前言

随着我国社会主义市场经济体制的建立和完善,建筑市场也初步形成。为了适应市场经济的要求,我国先后颁布实施了《中华人民共和国建筑法》《中华人民共和国合同法》《中华人民共和国招标投标法》《建设工程项目管理规范》等法律和规范,建筑业实行了一系列重大改革,包括实行建设监理制、招标投标制、合同管理制、风险管理制等工程建设基本制度。这些制度的推行对工程项目管理者提出了更高的要求,同时也要求建筑业企业通过实施项目经理责任制、资源市场化管理制等,调整企业内部组织结构形式,实现企业从粗放型经营向集约化经营转变,从劳动密集型向劳动密集与技术密集结合型转变。随着工程项目管理理论研究和工程实践的不断深入,工程项目管理在基本建设管理和建筑业企业管理中的重要性日益明显和突出;工程项目管理在广度上不断拓展和丰富,在深度上不断深化和优化,已经成为注册建造师、注册监理工程师、注册造价工程师、注册咨询工程师等专业人士知识结构和能力结构的重要组成部分和执业能力的重要体现,成为工程管理专业的核心主干课程之一。

《工程项目管理》教材2002年出版了第1版,2004年根据有关高校的教学要求,作了第一次修订。本次编写过程中,作者结合工程管理专业教学要求以及本课程的性质和特点,经过反复讨论和研究,确定了编写思想、大纲、内容和编写要求,分为《工程项目管理》(第2版)和《工程项目管理实务》出版,分别对应有关高校设置的"工程项目管理"(Ⅰ)和(Ⅱ)课程。其中《工程项目管理》(第2版)重点介绍工程项目管理的基本原理、方法和内容等基础知识,属于本课程必须学习的基本内容,可供设置"工程项目管理"(Ⅰ)、教学时间为32至48学时或仅设"工程项目管理"课程的高等院校选择使用;《工程项目管理实务》偏重于工程项目管理的实际应用和实务操作,与《工程项目管理》(第2版)一起供设置"工程项目管理"(Ⅰ)、(Ⅱ)的高等院校选择使用,也可供工程界相关专业人员参考使用。《工程项目管理》(第2版)根据最新的法律法规和标准规程,结合工程项目管理的研究、实践和教学改革,增加了"中国工程项目管理知识体系"的有关内容;根据《国务院关于投资体制改革的决定》(国发〔2004〕20号)文件的精神,对项目建议书和可行性研究报告的管理程序进行了修订;对工程项目的承发包模式和工程项目管理模式重新进行了分类和叙述;在"工程项目组织"一章中增加了组织分工和工作流程组织、项目团队等内容。

本书由陆惠民担任主编,负责总体策划、构思及定稿,由苏振民、王延树担任副主编。全书共分11章,其中第1、10、11章由陆惠民编写,第2、3、4章由苏振民编写,第5、6、7、8、9章由王延树编写。

本书在编写过程中,查阅和检索了许多项目管理和工程项目方面的信息、资料和有关专家、学者的著作、论文,并得到许多单位和学者的支持和帮助,在此表示衷心感谢。由于工程项目管理的理论、方法和运作还需要在工程实践中不断丰富、发展和完善,加之作者水平所限,本书不当之处敬请读者、同行批评指正,以便再版时修改完善。

陆惠民

2009年12月于东南大学逸夫建筑馆

目 录

1 工程项目管理概论 ·· 1
  1.1 项目与项目管理 ·· 1
    1.1.1 项目及其特征 ····································· 1
    1.1.2 项目管理 ··· 3
    1.1.3 项目管理知识体系及其内容 ························· 5
  1.2 工程项目与工程项目管理 ······························· 8
    1.2.1 工程项目的概念与分类 ····························· 8
    1.2.2 工程项目管理的概念 ······························ 11
    1.2.3 工程项目管理的任务 ······························ 14
  1.3 工程项目的生命周期和建设程序 ························ 16
    1.3.1 工程项目的生命周期 ······························ 16
    1.3.2 工程项目的建设程序 ······························ 17
    1.3.3 工程建设项目实施程序 ···························· 19
  复习思考题 ·· 21

2 工程项目策划与决策 ······································ 23
  2.1 工程项目策划 ·· 23
    2.1.1 工程项目策划的定义 ······························ 23
    2.1.2 工程项目策划的类型 ······························ 24
    2.1.3 工程项目策划的作用 ······························ 25
  2.2 工程项目决策策划 ···································· 26
    2.2.1 工程项目决策策划的程序 ·························· 26
    2.2.2 环境调查与分析 ·································· 27

  2.2.3 项目构思 27
  2.2.4 项目目标系统设计 28
  2.2.5 项目的定位与定义 30
  2.2.6 项目系统构成 31
  2.2.7 项目策划报告 31
 2.3 项目建议书 31
  2.3.1 项目建议书的基本内容 31
  2.3.2 项目建议书的编制和审批 34
 2.4 工程项目的可行性研究 35
  2.4.1 可行性研究的概念 35
  2.4.2 可行性研究的依据 35
  2.4.3 可行性研究的作用 36
  2.4.4 可行性研究的阶段和步骤 36
  2.4.5 可行性研究报告的内容 39
  2.4.6 可行性研究的深度要求 41
  2.4.7 项目可行性研究报告的报批 42
 2.5 工程项目的经济评价 44
  2.5.1 工程项目财务评价 45
  2.5.2 项目国民经济评价 53
  2.5.3 社会评价 57
 复习思考题 62

3 工程项目管理体制 63
 3.1 工程项目管理在我国的发展历史 63
 3.2 工程项目管理体制 67
 3.3 工程项目管理的类型和任务 69
  3.3.1 工程项目管理的类型 69
  3.3.2 工程项目管理的任务 72
 3.4 工程项目采购的模式 75
  3.4.1 项目管理委托的模式 76

  3.4.2 设计任务委托的模式 ································· 82
  3.4.3 项目总承包的模式 ··································· 82
  3.4.4 施工任务委托的模式 ································· 84
 3.5 项目实施的政府监督 ······································· 87
  3.5.1 对项目的监督管理 ··································· 87
  3.5.2 对建设市场的监督管理 ······························· 90
 复习思考题 ··· 91

4 工程项目管理组织 ··· 92
 4.1 工程项目组织概述 ··· 92
  4.1.1 组织的含义 ··· 92
  4.1.2 组织论和组织工具 ··································· 93
  4.1.3 项目组织的特点 ····································· 93
  4.1.4 项目组织结构设计 ··································· 94
 4.2 工程项目的组织形式 ······································· 99
  4.2.1 线性组织结构 ······································· 99
  4.2.2 职能式组织结构 ···································· 100
  4.2.3 项目式组织结构 ···································· 101
  4.2.4 矩阵式组织结构 ···································· 102
 4.3 组织分工和工作流程组织 ·································· 106
  4.3.1 工作任务分工 ······································ 106
  4.3.2 管理职能分工 ······································ 109
  4.3.3 工作流程组织 ······································ 110
 4.4 项目团队 ·· 112
  4.4.1 项目团队的组建 ···································· 112
  4.4.2 项目经理 ·· 113
  4.4.3 项目团队建设 ······································ 116
 4.5 工程项目组织协调 ·· 121
  4.5.1 项目组织内部关系的协调 ···························· 122
  4.5.2 项目组织与近外层关系的协调 ························ 125

4.5.3　项目组织与远外层关系的协调 ……………………………… 128
　复习思考题 …………………………………………………………………… 129

5　工程项目计划 …………………………………………………………… 130
5.1　工程项目计划概述 ………………………………………………… 130
　　5.1.1　计划与项目计划 ……………………………………………… 130
　　5.1.2　项目计划的形式与内容 ……………………………………… 132
　　5.1.3　项目计划过程 ………………………………………………… 138
5.2　工程项目的工作结构分解 ………………………………………… 140
　　5.2.1　工作结构分解的概念与作用 ………………………………… 140
　　5.2.2　工程项目分解结构的表示 …………………………………… 141
　　5.2.3　项目结构分解的基本原则 …………………………………… 144
　　5.2.4　工程项目的结构分解的方法 ………………………………… 144
　　5.2.5　工程项目分解结构的编码 …………………………………… 147
5.3　网络计划技术基础 ………………………………………………… 148
　　5.3.1　网络图 ………………………………………………………… 149
　　5.3.2　网络计划时间参数计算 ……………………………………… 161
　　5.3.3　双代号时标网络计划 ………………………………………… 174
　　5.3.4　单代号搭接网络计划 ………………………………………… 177
5.4　工程项目进度计划 ………………………………………………… 179
　　5.4.1　进度计划的编制依据及基本要求 …………………………… 179
　　5.4.2　进度计划的编制步骤 ………………………………………… 180
　　5.4.3　工程项目进度计划编制实例 ………………………………… 185
5.5　工程项目资源计划 ………………………………………………… 189
　　5.5.1　资源计划概述 ………………………………………………… 189
　　5.5.2　工程项目资源计划的编制 …………………………………… 191
5.6　工程项目成本计划 ………………………………………………… 196
　　5.6.1　工程项目成本计划的过程 …………………………………… 196
　　5.6.2　工程项目投资组成 …………………………………………… 199
　　5.6.3　工程项目成本计划的确定 …………………………………… 207

复习思考题 ·· 220

6 工程项目目标控制原理 ·· 222
6.1 目标控制概述 ··· 222
6.1.1 目标控制原理 ·· 222
6.1.2 目标控制过程 ·· 223
6.1.3 目标控制流程及其基本环节 ··· 226
6.1.4 目标控制类型 ·· 231
6.1.5 目标控制的前提工作 ··· 236
6.2 工程项目目标系统 ·· 238
6.2.1 工程项目三大目标之间的关系 ··· 239
6.2.2 工程项目目标的确定 ··· 240
6.3 工程项目目标控制的含义 ··· 243
6.3.1 工程项目投资控制的含义 ·· 244
6.3.2 工程项目进度控制的含义 ·· 246
6.3.3 工程项目质量控制的含义 ·· 249
6.4 工程项目目标控制的任务和措施 ··· 252
6.4.1 工程项目设计阶段和施工阶段的特点 ··· 252
6.4.2 工程项目目标控制的任务 ·· 257
6.4.3 工程项目目标控制的措施 ·· 260
复习思考题 ·· 261

7 工程项目进度控制 ··· 262
7.1 工程项目进度控制概述 ··· 262
7.1.1 进度控制的概念 ··· 262
7.1.2 影响进度的因素分析 ··· 263
7.1.3 工程项目进度控制方法、措施和主要任务 ······································ 264
7.2 工程项目进度计划实施中的监测与调整 ·· 266
7.2.1 实际进度监测的系统过程 ·· 266
7.2.2 进度调整的系统过程 ··· 267

7.3 实际进度与计划进度的表达与比较 … 267
     7.3.1 实际进度的表达 … 267
     7.3.2 实际进度与计划进度的比较方法 … 268
     7.3.3 工程项目进度预测 … 277
   7.4 工程项目进度计划的调整 … 277
     7.4.1 进度拖延原因 … 277
     7.4.2 进度偏差对后续工作及总工期的影响 … 279
     7.4.3 工程项目进度计划的调整 … 279
     7.4.4 解决进度拖延的措施 … 281
   复习思考题 … 283

8 工程项目成本控制 … 284
   8.1 概述 … 284
     8.1.1 工程项目成本控制的本质与特征 … 284
     8.1.2 工程项目成本控制特征 … 285
     8.1.3 工程项目的成本控制 … 286
     8.1.4 成本控制时间区别划分 … 287
     8.1.5 成本控制的主要工作 … 289
   8.2 工程项目的投资控制 … 290
     8.2.1 基本概念 … 290
     8.2.2 投资控制的过程 … 290
     8.2.3 工程项目投资控制中的技术与方法 … 292
   8.3 施工项目成本控制 … 294
     8.3.1 概述 … 294
     8.3.2 施工项目成本控制基础 … 295
   8.4 工程项目成本核算 … 299
     8.4.1 成本结构与成本数据沟通 … 299
     8.4.2 实际成本核算过程 … 300
     8.4.3 成本开支监督 … 301
     8.4.4 成本核算编码系统 … 302

8.5 赢得值原理 ………………………………………………………… 303
8.6 成本状况分析 ……………………………………………………… 308
　8.6.1 分析的指标 …………………………………………………… 308
　8.6.2 成本分析举例 ………………………………………………… 309
　8.6.3 成本超支原因分析 …………………………………………… 312
　8.6.4 降低成本措施 ………………………………………………… 313
复习思考题 ……………………………………………………………… 314

9 工程项目质量控制 ……………………………………………… 315
9.1 工程项目质量控制概述 …………………………………………… 315
　9.1.1 质量、工程项目质量 ………………………………………… 315
　9.1.2 工程项目质量控制概念 ……………………………………… 318
　9.1.3 工程项目质量控制的基本程序和原则 ……………………… 319
9.2 建设参与各方的质量责任和义务 ………………………………… 320
　9.2.1 建设单位的质量责任和义务 ………………………………… 320
　9.2.2 勘察、设计单位的质量责任和义务 ………………………… 321
　9.2.3 施工单位的质量责任和义务 ………………………………… 322
　9.2.4 工程监理单位的质量责任和义务 …………………………… 323
9.3 GB/T 19000:2000(idt ISO 9000:2000)族标准 ………………… 323
　9.3.1 **GB/T** 19000:2000(**idt ISO** 9000:2000)族标准简介 ……… 323
　9.3.2 八项质量管理原则 …………………………………………… 324
　9.3.3 质量管理体系基础 …………………………………………… 328
9.4 工程勘察设计阶段的质量控制 …………………………………… 333
　9.4.1 勘察设计质量的概念及控制依据 …………………………… 333
　9.4.2 勘察设计质量控制的要点 …………………………………… 334
　9.4.3 施工图设计的质量控制 ……………………………………… 341
9.5 工程项目施工的质量控制 ………………………………………… 344
　9.5.1 工程项目施工质量控制概述 ………………………………… 344
　9.5.2 施工准备的质量控制 ………………………………………… 346
　9.5.3 施工过程质量控制 …………………………………………… 351

9.6 工程施工质量验收 ·········· 363
9.6.1 建筑工程施工质量验收的基本规定 ·········· 363
9.6.2 工程项目施工质量验收的划分 ·········· 363
9.6.3 工程项目施工质量验收 ·········· 365
9.6.4 工程项目施工质量验收的程序和组织 ·········· 368
复习思考题 ·········· 369

10 建设工程合同与索赔 ·········· 371
10.1 建设工程合同概述 ·········· 371
10.1.1 建设工程合同的概念 ·········· 371
10.1.2 建设工程合同的特点 ·········· 371
10.2 建设工程合同体系 ·········· 372
10.2.1 建设工程合同的主要合同关系 ·········· 372
10.2.2 工程项目的合同体系 ·········· 374
10.2.3 工程项目合同的类型 ·········· 375
10.2.4 建设工程合同策划 ·········· 377
10.3 工程项目合同签订 ·········· 387
10.3.1 合同谈判 ·········· 387
10.3.2 合同签订 ·········· 389
10.4 工程项目合同的履行管理 ·········· 393
10.4.1 合同的履行 ·········· 393
10.4.2 合同的变更、转让和解除 ·········· 396
10.5 工程项目索赔管理 ·········· 398
10.5.1 索赔的概念及特点 ·········· 398
10.5.2 索赔的起因及根据 ·········· 399
10.5.3 索赔的程序 ·········· 400
10.5.4 索赔报告及其编写 ·········· 402
复习思考题 ·········· 404

11 工程项目职业健康安全与环境管理 ········· 405
11.1 职业健康安全管理体系与环境管理体系 ········· 405
11.1.1 职业健康安全管理体系和环境管理体系的结构和模式 ········· 405
11.1.2 工程项目职业健康安全与环境管理的目的 ········· 409
11.1.3 工程项目职业健康安全与环境管理的特点和要求 ········· 410
11.2 工程项目职业健康安全生产管理 ········· 412
11.2.1 建设工程安全生产管理制度 ········· 412
11.2.2 工程项目职业健康安全技术措施计划 ········· 420
11.2.3 安全技术交底 ········· 423
11.2.4 职业健康安全生产检查监督 ········· 424
11.2.5 工程项目职业健康安全隐患和事故处理 ········· 426
11.3 工程项目环境管理 ········· 435
11.3.1 工程项目文明施工 ········· 435
11.3.2 工程项目现场环境保护的措施 ········· 439
11.3.3 工程项目现场环境卫生管理 ········· 442
复习思考题 ········· 444

12 工程项目风险管理 ········· 445
12.1 工程项目风险概述 ········· 445
12.1.1 工程项目风险的概念及其类型 ········· 445
12.1.2 工程项目风险管理的概念、目标和内容 ········· 446
12.2 工程项目风险识别 ········· 448
12.2.1 风险的识别过程 ········· 448
12.2.2 风险识别方法 ········· 450
12.2.3 风险衡量 ········· 452
12.3 工程项目风险分析与评价 ········· 453
12.3.1 风险分析 ········· 453
12.3.2 风险分析的主要内容 ········· 454
12.3.3 风险分析方法 ········· 455
12.4 工程项目风险处理 ········· 459

12.4.1　项目风险的控制对策 …………………………………… 459
　　12.4.2　项目风险的财务对策 …………………………………… 461
12.5　工程项目保险 …………………………………………………… 462
　　12.5.1　工程项目保险的概念和种类 …………………………… 462
　　12.5.2　工程和施工设备的保险 ………………………………… 464
　　12.5.3　安装工程一切险 ………………………………………… 467
　　12.5.4　人员伤亡和财产损失的保险 …………………………… 469
12.6　工程项目担保 …………………………………………………… 471
　　12.6.1　担保的概念和类型 ……………………………………… 471
　　12.6.2　《担保法》规定的担保方式 ……………………………… 471
　　12.6.3　工程担保的主要种类 …………………………………… 473
复习思考题 …………………………………………………………… 475

参考文献 …………………………………………………………………… 476

1 工程项目管理概论

1.1 项目与项目管理

项目管理是20世纪60年代初在西方发达国家发展起来的一种新的管理技术,它考虑了工程项目的多种界面和复杂环境,强调了项目的总体规划、矩阵组织和动态控制,由此组成的项目管理系统具有计划、组织和控制等职能。此项技术在工程项目的建设中得到广泛的应用和发展。我国从20世纪70年代末开始引进和推广应用此技术,经多年实践证明,在现代建设项目的开发和建设中,项目管理起到了越来越重要的作用。

项目管理是一门新兴的管理科学,是现代工程技术、管理理论和项目建设实践结合的产物,它经过了数十年的发展和完善已日趋成熟,并以经济上的明显效益而在全世界许多发达的工业国家得到广泛应用。实践证明,在经济建设领域中实行项目管理,对于提高项目质量、缩短建设周期、节约建设资金等都有十分重要的意义。我国近几年来在工程建设领域中大力推行项目管理,并已取得明显的经济效益。

1.1.1 项目及其特征

关于"项目",目前还没有公认统一的定义,不同机构、不同专业从自己的认识出发,有对项目定义的不同表述。

(1) 美国项目管理权威机构——项目管理协会(Project Management Institute, PMI)认为,项目是为完成某一独特的产品或服务所做的一次性努力。

(2) 德国DIN(德国工业标准)69901认为,项目是指在总体上符合下列条件的唯一性任务:

① 具有预定的目标;
② 具有时间、财务、人力和其他限制条件;
③ 具有专门的组织。

(3) ISO10006定义项目为:"具有独特的过程,有开始和结束日期,由一系列相互协调和受控的活动组成。过程的实施是为了达到规定的目标,包括满足时间、费用和资源等约束条件"。

(4)《中国项目管理知识体系纲要(2002版)》中对项目的定义为:项目是创造独特产品、服务或其他成果的一次性工作任务。

(5)联合国工业发展组织制定《工业项目评估手册》中对项目的定义为:"一个项目是对一项投资的一个提案,用来创建、扩建或发展某些工厂企业,以便在一定周期内增加货物的生产或社会的服务。"

(6)世界银行认为:"所谓项目,一般系指同一性质的投资,或同一部门内一系列有关或相同的投资,或不同部门内的一系列投资"。

(7)一般地说,所谓项目就是指在一定约束条件下(主要是限定资源、时间和质量),具有特定目标的一次性任务。

由上面对项目的种种定义可以看出,项目的含义是广泛的,新建一个水电站为工程建设项目,研究一个课题为科研项目,研制一项设备,也可称为一个项目。在生产实践中到处可以发现项目的存在。如果去掉具体的专业内容,它们具有如下一些共同特征:

(1)运作的一次性

一次性是项目与其他常规运作的最大区别。项目有确定的起点和终点,没有可以完全照搬的先例,也不会有完全相同的复制。项目的其他属性也是从这一主要的特征衍生出来的。

(2)成果的独特性

每个项目都是独特的。或者其提供的成果有自身的特点;或者其提供的成果虽然与其他项目类似,然而其时间和地点、内部和外部的环境、自然和社会条件有别于其他项目,因此项目总是独一无二的。

(3)目标的明确性

每个项目均有明确的目标:

① 时间目标,如在规定的时段内或规定的时点之前完成;

② 成果目标,如提供某种规定的产品、服务或其他成果;

③ 其他需满足的要求,包括必须满足的要求和应尽量满足的要求。

目标允许有一个变动的幅度,也就是可以修改。不过一旦项目目标发生实质性变化,它就不再是原来的项目了,而将产生一个新的项目。

(4)活动的整体性

项目中的一切活动都是相互联系的,构成一个整体。不能有多余的活动,凡是规定的活动均不能缺少,否则必将损害项目目标的实现。

(5)组织的临时性和开放性

项目团体在项目进展过程中,其人数、成员、职责都在不断地变化,某些人员可能是借调来的,项目终结时团队要解散,人员要转移。参与项目的组织往往有多个,甚至几十个或更多。他们通过协议或合同以及其他的社会关系结合到一起,在项目的不同阶段以不同的程度介入项目活动。可以说,项目组织没有严格的边界,是临时的、开放的。

(6) 开发与实施的渐进性

每一个项目都是独特的,因此其项目的开发必然是渐进的,不可能从某一个模式那里一下子复制过来。即使有可参照、借鉴的模式,项目的开发也都需要经过逐步的补充、修改和完善。项目的实施同样需要逐步地投入资源,持续地累积可交付的成果,始终要精工细作,直至项目的完成。

1.1.2 项目管理

1) 项目管理的概念

美国项目管理协会(PMI)在《项目管理知识体系指南(第3版)》(PMBOK 指南)对项目管理下的定义是:项目管理就是把各种知识、技能、手段和技术投入到项目活动中去的综合应用过程,目的是为了满足或超过项目所有者对项目的需求和期望。项目管理是通过应用和综合诸如启动、规划、实施、监控和收尾等项目管理的过程进行的。

《中国项目管理知识体系》对项目管理下的定义是:项目管理就是以项目为对象的系统管理方法,通过一个临时性的柔性组织,对项目进行高效率的计划、组织、指挥和控制,在综合、协调、优化的运作下实现项目全过程的动态管理和项目的特定目标。

综上所述,项目管理就是项目的管理者,在有限的资源约束下,通过项目经理和项目组织的合作,运用系统的观点、方法和理论,对项目涉及的全部工作进行有效的管理。即从项目的投资决策开始到项目结束的全过程,通过计划、组织、协调、控制,以实现项目特定目标的管理方法体系。

从这一概念我们可以看出,项目管理有以下几个基本要点:

(1) 项目管理是一种管理方法体系。项目管理是一种已被公认的管理模式,而不是一次任意的管理过程。

(2) 项目管理的对象是项目,即一系列的临时任务;项目是由一系列任务组成的整体系统,而不是这个整体的一个部分或几个部分。

(3) 项目管理的职能与其他管理的职能是完全一致的,即是对项目及其资源进行计划、组织、协调、控制。资源是指项目所在的组织中可得到的,为项目所需要的那些资源,包括人员、资金、技术、设备等。在项目管理中,时间是一种特殊的资源。

(4) 一定的约束条件是制定项目目标的依据,项目管理的目的是通过运用科学的项目管理技术,保证项目目标的实现。由于项目的一次性特点,要求项目管理具有科学性和严密性。

(5) 项目管理运用系统理论和思想。项目在实施过程中,实现项目目标的责任和权力往往集中到一个人(项目经理)或一个小组身上。由于项目任务是分别由不同的人执行的,所以项目管理要求把这些任务和人员集中到一起,把它们当做一个整体对待,最终实现整体目标。因此,需要以系统的观点来管理项目。

(6) 项目管理职能主要是由项目经理执行的。在一般规模的项目中,项目管理由项目经理带领少量专职项目管理人员完成,项目组织中的其他人员,包括技术人员与非技术人员负责完成项目任务,并接受管理。如果项目规模较小,那么项目组织内可以只有一个专职人员,即项目经理。对于大项目,项目管理的基本权力和责任仍属于项目经理,只是更多的具体工作会分给其他管理人员,项目组织内的专职管理人员也会更多,甚至组成一个与完成项目任务的人员相对分离的项目管理机构。

2) 项目管理的特点

项目管理具有以下基本特点:

(1) 项目管理是一项复杂的工作

项目一般由多个部分组成,工作跨越多个组织,需要运用多种学科的知识来解决问题;项目工作通常没有或很少有以往的经验可以借鉴,执行中有许多未知因素,每个因素又常常带有不确定性;项目团体需要将具有不同经历、来自不同组织的人员有机地组织在一个临时性的组织内;项目的开发和实施往往是在技术性能、成本、进度等较为严格的约束条件下实现项目目标等等。这些因素都决定了项目管理是一项复杂的工作,有些项目的复杂性远远高于一般的生产管理。

(2) 项目管理具有开创性

由于项目具有一次性的特点,因而既要承担风险又必须发挥创造性。这也是与一般重复性管理的主要区别,所以我们又常称项目管理为创新管理。

(3) 项目管理需要集权领导和建立专门的项目组织

项目的复杂性随其范围不同相差很大。项目愈大愈复杂,其所包括或涉及的科学、技术种类也愈多。项目进行过程中可能出现的各种问题多半贯穿于各组织部门,它们要求这些不同部门作出迅速而且相互关联、相互依存的反应。但是传统的职能组织不能尽快与横向协调的需求相配合,因此需要建立围绕专一任务进行决策的集权机制和相应的专门组织。这样的组织不受现存组织的任何约束,它是由各种不同专业、来自不同部门的人员组成。

(4) 项目经理在项目管理中起着非常重要的作用

项目管理的主要原理之一是把一个时间有限和预算有限的事业委托给一个人,即项目经理,他有权独立进行计划、资源分配、协调和控制。项目经理的位置是由特殊需要形成的,因为他行使着大部分传统职能组织以外的职能。项目经理必须能够了解、分析和管理项目中复杂的技术问题,特别是必须能够综合各种不同专业观点来考虑问题。但是只具备技术知识和专业知识仍是不够的,成功的管理还取决于预测和控制人的行为的能力,因此项目经理还必须通过人的因素来熟练地运用技术因素,以实现其项目目标。也就是说项目经理必须使他的团体成为一支真正的战斗队伍,一个工作配合默契、人人具有积极性和责任心的高效率群体。

1.1.3 项目管理知识体系及其内容

项目管理知识体系的概念首先是由美国项目管理学会(PMI)提出。1987年PMI公布了第一个项目管理知识体系(Project Management Body of Knowledge,简称PMBOK),1996年、2000年、2004年、2013年相继进行了修订。2013年发布的《项目管理知识体系指南(第5版)》被世界项目管理界公认为一个全球性标准。国际标准化组织(ISO)以PMBOK为框架制定了ISO10006标准《项目管理质量指南》。PMBOK把项目管理的知识划分为9个领域:范围管理、时间管理、费用管理、质量管理、人力资源管理、沟通管理、风险管理、采购管理及综合管理。

国际项目管理协会(IPMA)在项目管理知识体系方面也做出了卓有成效的工作。IPMA从1997年就着手进行"项目管理人员能力基准"的开发,当年推出了ICB,即IPMA Competence Baseline。在这个能力基准中IPMA把个人能力划分为42个要素,其中28个核心要素,14个附加要素,还有关于个人素质的8大特征及总体印象的10个方面等。

中国项目管理知识体系(C-PMBOK)的研究工作开始于1993年,是由中国优选法统筹法与经济数学研究会项目管理委员会(PMRC)发起并组织实施的,并于2001年5月正式推出了中国的项目管理知识体系文件——《中国项目管理知识体系》(C-PMBOK)。2006年又推出了《中国项目管理知识体系(C-PMBOK2006)(修订版)》。

《中国项目管理知识体系(C-PMBOK2006)(修订版)》明确了项目管理学科的定位,界定了项目管理学科的知识范畴,构建了项目管理学科的知识体系框架。

《中国项目管理知识体系(C-PMBOK2006)(修订版)》编写的主要目的是形成我国项目管理学科的基础性文件,构建项目管理学科体系框架。同时兼顾了作为IPMA国际项目管理专业资质认证(IPMP)知识考核依据和标准的需要,是项目管理理论与实践工作者不可多得的案头书,也是国际项目管理专业资质认证(IPMP)知识考核的标准和依据。

《中国项目管理知识体系(C-PMBOK2006)(修订版)》从项目管理学科的高度,结合其实际应用性学科的特点,系统地呈现了项目管理的理论方法体系和实践过程规范,具有集理论前沿性、知识系统性、内容权威性、表述概要性于一体的鲜明特色。全书共有9章,在逻辑上分为三大部分。第一部分即第1章,为项目管理学科的体系框架,内容包括项目管理学科的形成与发展,项目管理学科定位及中国项目管理知识体系结构。第二部分包括第2~8章,为面向临时性项目组织的项目管理知识,第2章介绍了项目和项目管理的基本概念,项目管理的基本内容、思路和特点;第3、4、5、6章以项目生命周期为线索,分别介绍了项目概念阶段、开发阶段、实施阶段及结束阶段相关的项目管理知识;第7章以项目管理职能领域为线索,介绍了项目范围管理、时间管理、费用管理、质量管理、人力资源管理、信息管理、风险管理、采购管理和综合管理九大领域相关的项目管理知识;第8章介绍了项目管理中经常用到的基本方法和工具。第三部分即第9章,为组织项目化管理,系统介绍了长期性组织项目化管理的体系框架与主要方法。

《中国项目管理知识体系(C-PMBOK2006)》(修订版)框架及主要内容如表1.1所示。

表1.1 中国项目管理知识体系(C-PMBOK2006)

2 项目管理基础			
2.1 项目		2.2 项目管理	
3 概念阶段	4 开发阶段	5 实施阶段	6 结束阶段
3.1 一般机会研究	4.1 启动	5.1 采购招标	6.1 项目资料验收
3.2 项目机会研究	4.2 范围规划	5.2 合同管理	6.2 项目交换或清算
3.3 方案策划	4.3 范围定义	5.3 合同收尾	6.3 费用决算
3.4 初步可行性研究	4.4 活动定义	5.4 质量保证	6.4 项目审计
3.5 详细可行性研究	4.5 质量计划	5.5 质量控制	6.5 项目后评价
3.6 项目评估与决策	4.6 组织规划	5.6 质量验收	
	4.7 采购规划	5.7 生产要素管理	
	4.8 活动排序	5.8 进展报告	
	4.9 活动持续时间估计	5.9 范围控制	
	4.10 进度安排	5.10 进度控制	
	4.11 资源计划	5.11 费用控制	
	4.12 费用计划	5.12 综合变更管理	
	4.13 费用预算	5.13 范围确认	
	4.14 项目计划集成		
7 共性知识			
7.1 项目范围管理	7.4 项目质量管理		7.7 项目风险管理
7.2 项目时间管理	7.5 项目人力资源管理		7.8 项目采购管理
7.3 项目费用管理	7.6 项目信息管理		7.9 项目综合管理
8 方法和工具			
8.1 工作分解结构	8.7 资源负荷图	8.14 模拟技术	8.20 资金时间价值
8.2 网络计划技术	8.8 质量控制方法	8.15 挣值方法	8.21 评价指标体系
8.3 甘特图	8.9 质量技术文件	8.16 并行工程	8.22 项目财务评价
8.4 里程碑图	8.10 标杆管理	8.17 要素分层法	8.23 项目国民经济评价
8.5 项目融资	8.11 责任矩阵	8.18 方案比较法	8.24 不确定性分析
8.6 资源费用曲线	8.12 激励理论	8.19 SWOT分析法	8.25 项目环境影响评价
	8.13 沟通方式		8.26 有无比较法

续表 1.1

9 项目化管理	
9.1 项目化管理体系框架	9.4 项目化管理机制
9.2 项目化管理方法	9.5 项目化管理流程
9.3 项目化管理组织	

中国建筑业协会工程项目管理委员会在借鉴国际上通用项目管理方法的基础上,结合中国近 20 年推行工程项目管理的实践经验建立了《中国工程项目管理知识体系》(Chinese Construction Project Management Body of Knowledge, C-CPMBOK)。C-CPMBOK 分别以工程服务过程为主线和项目管理模块为特征,构建了工程项目管理的知识体系模块,如图 1.1 所示。

图 1.1 中国工程项目管理知识体系模块图

1.2 工程项目与工程项目管理

1.2.1 工程项目的概念与分类

1) 工程项目的概念及特征

(1) 工程项目的概念

工程项目是最为常见、最为典型的项目类型,它属于投资项目中最重要的一类,是一种投资行为和建设行为相结合的投资项目。一般来讲,投资与建设是分不开的,投资是项目建设的起点,没有投资就不可能进行建设;反过来,没有建设行为,投资的目的就不可能实现。建设过程实质上是投资的决策和实施过程,是投资目的的实现过程,是把投入的货币转换为实物资产的经济活动过程。

工程项目是以建筑物或构筑物为交付成果,有明确目标要求并由相互关联活动所组成的特定过程。例如,建造一栋大楼、新建一座大桥、建设一个煤矿、修筑一条铁路等多属于工程项目。我国著名的长江三峡工程和南水北调工程就是典型的大型工程项目。

(2) 工程项目的特征

工程项目一般具有下列特征:

① 建设目标的明确性

任何工程项目都具有明确的建设目标,包括宏观目标和微观目标。政府主管部门审核项目,主要审核项目的宏观经济效果、社会效果和环境效果;企业则多重视项目的盈利能力等微观财务目标。

② 时空、资源、质量的限制性

工程项目目标的实现要受到多方面的限制:时间约束,即一个工程项目要有合理的建设工期限制;资源约束,即工程项目要在一定的人力、财力、物力条件下来完成建设任务;质量约束,即工程项目要达到预期的生产能力、技术水平、产品等级或工程使用效益的要求;空间约束,即工程项目要在一定的空间范围内通过科学合理的方法来组织完成。

③ 运作的一次性和不可逆性

这主要表现为工程项目建设地点固定,项目建成后不可移动,以及设计的单一性、施工的单件性。工程项目与一般的商品生产不同,不是批量生产。工程项目一旦建成,要想改变非常困难。

④ 影响的长期性

工程项目一般建设周期长,投资回收期长,工程项目的使用寿命长,工程质量好坏影响面大,作用时间长。

⑤ 投资的风险性

由于工程项目的投资巨大和项目建设中一次性,建设过程中各种不确定因素多,因此项目投资的风险很大。

⑥ 管理的复杂性

工程项目在实施过程的不同阶段分别存在许多结合部,这些是工程项目管理的薄弱环节,使得参与工程项目建设的各有关单位之间的沟通和协调较为困难,也是工程实施过程中容易出现事故和质量问题的地方。

2) 工程项目的分类

由于工程项目的种类繁多,如各类工业与民用建筑工程、城市基础设施项目、机场工程、港口工程等。为了便于科学管理,需要从不同角度进行分类。

(1) 按投资的再生产性质分类

工程项目按投资的再生产性质可以分为基本建设项目和更新改造项目,如新建、扩建、改建、迁建、重建(属于基本建设项目),技术改造项目、技术引进项目、设备更新项目等(属于更新改造项目)。

① 新建项目。是指从无到有,"平地起家"的项目。即在原有固定资产为零的基础上投资建设的项目。按国家规定,若建设项目原有基础很小,扩大建设规模后,其新增固定资产价值超过原有固定资产价值三倍以上的,也当做新建项目。

② 扩建项目。是指企事业单位在原有的基础上投资扩大建设的项目。如在企业原有场地范围内或其他地点为扩大原有产品的生产能力或增加新产品的生产能力而建设的主要生产车间,独立的生产线或总厂下的分厂,事业单位和行政单位增建的业务用房(如办公楼、病房、门诊部等)。

③ 改建项目。是指企事业单位对原有设施、工艺条件进行改造的项目。我国规定,企业为消除各工序或车间之间生产能力的不平衡,增加或扩建的不直接增加本企业主要产品生产能力的车间为改建项目。现有企业、事业、行政单位增加或扩建部分辅助工程和生活福利设施并不增加本单位主要效益的,也为改建项目。

④ 迁建项目。是指原有企事业单位,为改变生产力布局,迁移到另地建设的项目,不论其建设规模扩大与否,都属于迁建项目。

⑤ 重建/恢复项目。是指企事业单位因自然灾害、战争等原因,使已建成的固定资产的全部或部分报废以后又投资重新建设的项目。但是尚未建成投产的项目,因自然灾害损坏再重建的,仍按原项目看待,不属于重建项目。

⑥ 技术改造项目。是指企业采用先进的技术、工艺、设备和管理方法,为增加产品品种、提高产品质量、扩大生产能力、降低生产成本、改善劳动条件而投资建设的改造项目。

⑦ 技术引进项目。是技术改造项目的一种,少数是新建项目,主要特点是由

国外引进专利、技术许可证和先进设备,再配合国内投资建设的工程。

(2) 按建设规模划分

按建设规模(设计生产能力或投资规模)划分,分为大、中、小型项目。划分标准根据行业、部门不同而有不同的规定。

① 工业项目按设计生产能力规模或总投资,确定大、中、小型项目。

生产单一产品的项目,按产品的设计生产能力划分;

生产多种产品的项目,按主要产品的设计生产能力划分,生产品种繁多的项目,难以按生产能力划分者,按投资总额划分;

对扩建、改建项目,按改扩建增加的设计生产能力或所需投资划分。

② 非工业项目可分为大中型和小型两种,均按项目的经济效益或总投资额划分。

(3) 按建设阶段划分

按建设阶段划分,可以有下列 7 种说法,但不是严格分类:

① 预备项目(投资前期项目)或筹建项目:是指尚未正式开工,只是进行勘察设计、征地拆迁、场地平整等为建设做准备工作的项目。

② 新开工项目:是指报告期内新开工的建设项目。

③ 施工(在建)项目:是指本年正式进行建筑安装施工活动的建设项目。包括本年新开工的项目、以前年度开工跨入本年继续施工的续建项目、本年建成投产的项目和以前年度全部停缓建,在本年恢复施工的项目。

④ 续建项目:是指本年以前已经正式开工,跨入本年继续进行建筑安装和购置活动的建设项目。以前年度全部停缓建,在本年恢复施工的项目也属于续建项目。

⑤ 投产项目:是指报告期内按设计文件规定建成主体工程和相应配套的辅助设施,形成生产能力(或工程效益),经过验收合格,并且已正式投入生产或交付使用的建设项目。

⑥ 收尾项目:是指以前年度已经全部建成投产,但尚有少量不影响正常生产或使用的辅助工程或非生产性工程在报告期继续施工的项目。

⑦ 竣工项目:是指整个建设项目按设计文件规定的主体工程和辅助、附属工程全部建成,并已正式验收移交生产或使用部门的项目。建设项目的全部竣工是建设项目建设过程全部结束的标志。

(4) 按投资建设的用途划分

按投资建设的用途划分,可分为:

① 生产性建设项目。如工业项目、运输项目、农田水利项目、能源项目等。即用于物质产品生产的建设项目。

② 非生产性建设项目。指满足人们物质文化生活需要的项目。非生产性项

目可分为经营性项目和非经营性项目。包括居住工程项目、公共工程项目、文化工程项目、服务工程项目等。

（5）按投资主体分类，有国家政府投资工程项目、地方政府投资工程项目、企业投资工程项目、三资（国外独资、合资、合作）企业投资工程项目、私人投资工程项目、各类投资主体联合投资工程项目等。

1.2.2 工程项目管理的概念

1）工程项目管理的概念

《中国工程项目管理知识体系》对工程项目管理所下的定义是：工程项目管理是项目管理的一大类，是指项目管理者为了使项目取得成功（实现所要求的功能和质量、所规定的时限、所批准的费用预算等），对工程项目用系统的观念、理论和方法，进行有序、全面、科学、目标明确地管理，发挥计划职能、组织职能、控制职能、协调职能、监督职能的作用。其管理对象是各类工程项目，既可以是建设项目管理，又可以是设计项目管理和施工项目管理等。

工程项目管理，就是为了使工程项目在一定的约束条件下取得成功，对项目的活动实施决策与计划、组织与指挥、控制与协调等一系列工作的总称。我们可以从以下几个方面对工程项目管理进行更深一步的理解。

（1）工程项目管理的客体

工程项目管理的客体即为工程项目，并且是具有明确目标的项目，其中有些目标是项目本身所要求的，有些目标是项目相关方所要求的，这些目标需要项目管理者加以识别或确定。没有明确目标的工程项目不是项目管理的对象。

（2）工程项目管理的主体

一个工程项目的完成需要许多方面的人员或组织参与才可能实现。工程项目的最直接的相关方包括建设单位、承包商、咨询单位、供应商和政府，这些相关方都需要对其相关的部分进行管理。建设单位需要对建设项目进行管理，简称为建设项目管理（OPM）；设计单位需要对设计项目进行管理，简称为设计项目管理（DPM）；施工单位需要对施工项目进行管理，简称为施工项目管理（CPM）；供应商需要对供应项目进行管理，简称为供应项目管理（SPM）；咨询单位需要对咨询项目进行管理，简称为咨询项目管理；政府需要对工程项目实施监督管理，简称为政府监督管理。所以，可以认为工程项目管理是一个多主体的项目管理。

（3）工程项目管理的目的

工程项目管理的目的是实现工程项目的预期目标，包括工程项目的时间、费用、质量和安全等目标，并使项目相关利害方都满意。

2）工程项目管理的特点

工程项目管理是在一定约束条件下，以实现工程项目目标为目的，对工程项目实施全过程进行高效率的计划、组织、协调、控制的系统管理活动。

(1) 工程项目管理是一种一次性管理

项目的单件性特征,决定了项目管理的一次性特点。在项目管理过程中一旦出现失误,很难纠正,损失严重。由于工程项目的永久性特征及项目管理的一次性特征,所以项目管理的一次性成功是关键。从而对项目建设中的每个环节都应该进行严密管理,认真选择项目经理,配备项目人员和设置项目机构。

(2) 工程项目管理是一种全过程的综合性管理

工程项目的生命周期是一个有机成长过程。项目各阶段有明显界限,又相互有机衔接,不可间断,这就决定了项目管理是对项目生命周期全过程的管理,如对项目可行性研究、勘察设计、招标投标、施工等各阶段全过程的管理。在每个阶段中又包含有进度、质量、成本、安全的管理。因此,项目管理是全过程的综合性管理。

(3) 工程项目管理是一种约束性强的控制管理

工程项目管理的一次性特征,其明确的目标(成本低、进度快、质量好)、限定的时间和资源消耗、既定的功能要求和质量标准,决定了约束条件的约束强度比其他的项目管理更高。因此,工程项目管理是强约束管理。这些约束条件是项目管理的条件,也是不可逾越的限制条件。工程项目管理的重要特点,在于工程项目管理者,如何在一定时间内,不超过这些条件的前提下,充分利用这些条件,去完成既定任务,达到预期目标。

工程项目管理与施工管理和企业管理不同。工程项目管理的对象是具体的建设项目,施工管理的对象是具体工程项目,虽然都具有一次性特点,但管理范围不同,前者是建设全过程,后者仅限于施工阶段。而企业管理的对象是整个企业,管理范围涉及企业生产经营活动的各个方面。

3) 工程项目管理的职能

(1) 策划职能

工程项目策划是把建设意图转换成定义明确、系统清晰、目标具体、活动科学、过程有效的,富有战略性和策略性思路的、高智能的系统活动,是工程项目概念阶段的主要工作。策划的结果是其后各阶段活动的总纲。

(2) 决策职能

决策是工程项目管理者在工程项目策划的基础上,通过调查研究、比较分析、论证评估等活动,得出结论性意见,并付诸实施的过程。一个工程项目,其中的每个阶段、每个过程,均需要启动,只有在做出正确决策以后的启动才有可能是成功的,否则就是盲目的,指导思想不明确的,也就可能是损失的。

(3) 计划职能

计划职能决定工程项目的实施步骤、搭接关系、起止时间、持续时间、中间目标、最终目标及措施。它是工程项目目标控制的依据和方向。计划职能可分为相互关联的四个阶段：

第一阶段：确定目标及其先后次序，即科学确定工程项目的总目标和分目标及其目标的先后次序，目标实现的时间和合理结构。

第二阶段：预测对实现目标可能产生影响的未来事态，通过预测决定计划期内活动期望能达到什么水平；能获得多少资源来支持计划的实施。

第三阶段：通过预算来实现计划。确定预算包括哪些资源，各资源预算之间的内在关系及采用什么预算方法等。

第四阶段：通过分析评价，提出指导实现预期目标的最优方案或准则。方案反映组织的基本目标，是整个组织进行活动的指导方针，说明如何实现目标。为使方案有效，在制定方案时，要保证方案的灵活性、全面性、协调性和明确性。

项目系统综合上述四阶段的工作，就能制订出全面计划，用以引导工程项目的组织达到预期目标。

（4）组织职能

组织职能是划分建设单位、设计单位、施工单位、监理单位在各阶段的任务；并对未达到目标所必需的各种业务活动进行分类组合；把监督每类业务活动所必需的职权授予主要人员；规定工程项目中各部门之间的协调关系，制定以责任制为中心的工作制度，以确保工程项目的目标实现。

（5）控制职能

控制职能是管理人员为保证实际工作按计划完成所采取的一切行动。即采取一系列纠正措施，把不符合要求的活动拉回到正常轨道上。控制职能在一定程度上使管理工作成为一闭路系统。

（6）协调职能

协调就是联结、联合及调和所有的活动和力量。协调的目的是要处理好项目内外的大量复杂关系，调动协作各方的积极性，使之协同一致、齐心协力，从而提高项目组织的运转效率，保证项目目标的实现。

（7）指挥职能

指挥是管理的主要职能。计划、组织、控制、协调等都需要强有力的指挥。工程项目的顺利进行始终需要强有力的指挥，项目经理就是实现指挥职能的重要角色。指挥者需要将分散的信息集中起来变为指挥意图，用集中的意图统一管理者的步调，指导管理者的行动，集合管理者的力量。指挥职能是各类职能的动力和灵魂。

（8）监督职能

工程项目的管理需要监督职能，以保证法规、制度、标准和宏观调控措施的实施。对工程项目的监督方式有：自我监督、相互监督、领导监督、权力部门监督、业主监督、司法监督、公众监督等。

总之,工程项目管理有众多职能。这些职能既是独立的,又是相互密切相关的,不能孤立地去看待它们。各种职能协调地发挥作用,才是管理有力的表现。

1.2.3 工程项目管理的任务

工程项目管理贯穿于一个工程项目从拟定规划、确定规模、工程设计、工程施工、直至建成投产为止的全部过程。涉及建设单位、咨询单位、设计单位、施工单位、行政主管部门、材料设备供应单位等,他们在项目管理工作中有密切联系,根据项目管理组织形式的不同,各单位在不同阶段又承担着不同的任务。因此,工程项目管理包括:

(1) 建设单位进行的项目管理;
(2) 咨询单位为建设单位或其他单位进行的项目管理(项目监理);
(3) 设计单位进行的项目管理;
(4) 施工单位进行的项目管理;
(5) 为特大型工程组织的工程指挥部代表有关政府部门进行的项目管理。

工程项目管理有多种类型,不同类型的工程项目管理任务不完全相同,但主要内容有以下方面:

(1) 项目组织协调

工程项目组织协调是工程项目管理的职能之一,是管理的技术和艺术,也是实现工程项目目标必不可少的方法和手段。在工程项目的实施过程中,组织协调的主要内容有:

① 外部环境协调。与政府管理部门之间的协调,如规划、城建、市政、消防、人防、环保、城管等部门的协调;资源供应方面的协调,如供水、供电、供热、电信、通讯、运输和排水等方面的协调;生产要素方面的协调,如图纸、材料、设备、劳动力和资金等方面的协调;社区环境方面协调等。

② 项目参与单位之间的协调。主要有业主、监理单位、设计单位、施工单位、供货单位、加工单位等。

③ 项目参与单位内部的协调。项目参与单位内部各部门、各层次之间及个人之间协调。

(2) 合同管理

合同管理包括合同签订和合同管理两项任务。合同签订包括合同准备、谈判、修改和签订等工作;合同管理包括合同文件的执行、合同纠纷和索赔事宜的处理。在执行合同管理任务时,要重视合同签订的合法性和合同执行的严肃性,为实现管理目标服务。

(3) 进度控制

进度控制包括方案的科学决策、计划的优化编制和实施有效控制等三个方面的任务。方案的科学决策是实现进度控制的先决条件,它包括方案的可行性论证、综合评估和优化决策。只有决策出优化的方案,才能编制出优化的计划。计划的优化编制,包括科学确定项目的工序及其衔接关系,持续时间,优化编制网络计划和实施措施,是实现进度控制的重要基础。实施有效控制包括同步跟踪、信息反馈、动态调整和优化控制,是实现进度控制的根本保证。

(4) 投资(费用)控制

投资控制包括编制投资计划、审核投资支出、分析投资变化情况、研究投资减少途径和采取投资控制措施等五项任务。前两项是对投资的静态控制,后三项是对投资的动态控制。

(5) 质量控制

质量控制包括制定各项工作的质量要求及质量事故预防措施,各个方面的质量监督与验收制度,以及各个阶段的质量处理和控制措施等三个方面的任务。制定的质量要求具有科学性,质量事故预防措施要求具备有效性。质量监督和验收包含对设计质量、施工质量及材料设备质量的监督和验收,要严格检查制度和加强分析。质量事故处理与控制要对每一个阶段均严格管理和控制,采取细致而有效的质量事故预防和处理措施,以确保质量目标的实现。

(6) 风险管理

随着工程项目规模的不断大型化和技术复杂化,业主和承包商所面临的风险越来越多。工程建设客观现实告诉人们,要保证工程项目的投资效益,就必须对项目风险进行定量分析和系统评价,以提出风险防范对策,形成一套有效的项目风险管理程序。

(7) 信息管理

信息管理是工程项目管理的基础工作,是实现项目目标控制的保证。其主要任务就是及时、准确地向项目管理各级领导、各参加单位及各类人员提供所需的综合程度不同的信息,以便在项目进展的全过程中,动态地进行项目规划,迅速正确地进行各种决策,并及时检查决策执行结果,反映工程实施中暴露出来的各类问题,为项目总目标控制服务。

(8) 环境保护

工程项目建设既可以改造环境造福人类,优秀的设计作品还可以为环境景观增色,给人们带来观赏价值。但一个工程项目的实施过程和结果,同时也存在着影响甚至恶化环境的种种因素。因此,在工程项目建设中强化环保意识、切实有效地把保护环境和防止损害自然环境、破坏生态平衡、污染空气和水质、扰动周围建筑物和地下管网等现象的发生,作为工程项目管理的重要任务之一。

工程项目管理必须充分研究和掌握国家和地方的有关环保的法规和规定,对于涉及环保方面有要求的工程项目在项目可行性研究和决策阶段,必须提出环境影响报告及其对策措施,并评估其措施的可行性和有效性,严格按建设程序向环保管理部门报批。在项目实施阶段做到主体工程与环保措施工程同步设计、同步施工、同步投入运行。在工程发承包过程中,必须把依法做好环保工作列为重要的合同条件加以落实,并在施工方案的审查和施工过程检查中,始终把落实环保措施、克服建设公害作为重要的内容并予以密切注视。

1.3 工程项目的生命周期和建设程序

1.3.1 工程项目的生命周期

工程项目的生命周期是指工程项目从设想、研究决策、设计、建造、使用,直到项目报废所经历的全部时间,通常包括项目的决策阶段、实施阶段和使用阶段(也称运营阶段或运行阶段),如图1.2所示。

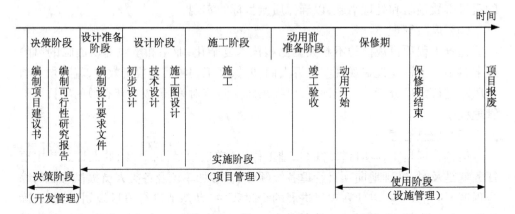

图1.2 工程项目的生命周期

1)决策阶段

工程项目决策阶段的工作包括编制项目建议书和编制项目可行性研究报告,其主要任务是进行项目定义,即确定项目建设的任务、建设目标(投资目标、质量目标和工期目标)等。项目建议书阶段进行投资机会分析,提出建设项目投资方向的建议,是投资决策前对拟建项目的轮廓设想。可行性研究阶段是在项目建议书的基础上,综合应用多种学科方法对拟建项目从建设必要性、技术可行性和经济合理性等方面进行深入调查、分析和研究,为投资决策提供重要依据。

2）实施阶段

工程项目的实施阶段的主要任务是完成建设任务,并使项目的建设目标尽可能好地实现。该阶段可进一步细分为设计准备阶段、设计阶段、施工阶段、动用前准备阶段和保修阶段。其中设计准备阶段的主要工作是编制设计任务书;设计阶段的工作内容是进行初步设计、技术设计和施工图设计;施工阶段的主要工作是按照设计图纸和技术规范的要求,在建设场地上将设计意图付诸实施,形成工程项目实体;动用前准备阶段的主要工作是进行竣工验收和试运转,全面考核工程项目的建设成果,检验设计文件和过程产品的质量。

3）使用阶段

项目使用阶段的工作包括项目运行初期的质量保修和设施管理等工作。保修期的主要工作是维修工程因建设问题所产生的缺陷,了解用户的意见和工程的质量。通过设施管理,确保项目的正常运行或运营,使项目保值和增值。

1.3.2 工程项目的建设程序

工程项目建设程序是指一项工程从设想、提出到决策,经过设计、施工直到投产使用的全部过程的各阶段、各环节以及各主要工作内容之间必须遵循的先后顺序。

建设程序反映了建设工作客观的规律性,由国家制定法规予以规定。严格遵循和坚持按建设程序办事是提高工程建设经济效果的必要保证。

目前,我国大中型项目的建设过程大体上分为项目决策和项目实施两大阶段。项目决策阶段的主要工作是编制项目建议书,进行可行性研究和编制可行性研究报告。以可行性研究报告得到批准作为一个重要的"里程碑",通常称为批准立项。立项后,建设项目进入实施阶段,主要工作是项目设计、建设准备、施工安装和使用前准备、竣工验收等。

1）项目建议书

项目建议书是建设单位向国家提出的要求建设某一项目的建议文件,是对该项目的轮廓设想。投资者对拟兴建的项目要论证兴建的必要性、可行性以及兴建的目的、要求、计划等内容,写成报告,建议批准。

2）可行性研究

项目建议书批准后,应着手进行可行性研究。可行性研究是对建设项目技术上和经济上是否可行而进行科学的分析和论证,为项目决策提供科学依据。

可行性研究的主要任务是通过多方案比较,提出评价意见,推荐最佳方案。其内容可概括为市场研究、技术研究和经济研究。在可行性研究的基础上编写可行性报告。

3）报批可行性研究报告

项目可行性研究成果通过评估审定后,就要着手组织编报可行性研究报告。可行性研究报告是确定建设项目、编制设计文件的主要依据,在建设程序中居主导地位。一方面把国民经济发展计划落实到建设项目上,另一方面使项目建设和建成投产后所需的人、财、物有可靠保证。可行性研究报告批准后,是初步设计的依据,不得随意修改或变更。

4）编制设计文件

可行性研究报告经批准后,建设单位可委托设计单位,按可行性研究报告中的有关要求,编制设计文件。设计文件是安排建设项目和组织工程施工的主要依据。

一般建设项目进行两阶段设计,即初步设计和施工图设计。技术上比较复杂而又缺乏设计经验的建设项目,进行三阶段设计,即初步设计、技术设计和施工图设计。

初步设计是为了阐明在指定地点、时间和投产限额内,拟建项目在技术上的可行性、经济上的合理性,并对建设项目作出基本技术经济规定,编制建设项目总概算。

技术设计是进一步解决初步设计的重大技术问题,如工艺流程、建筑结构、设备选型及数量确定等,同时对初步设计进行补充和修正,然后编制修正总概算。

施工图设计在初步设计或技术设计的基础上进行,需完整地表现建筑物外形、内部空间尺寸、结构体系、构造状况以及建筑群的组成和周围环境的配合,还包括各种运输、通讯、管道系统、建筑设备的设计。施工图设计完成后应编制施工图预算。国家规定,施工图设计文件应当经有关部门审查。

5）建设前期准备工作

为了保证施工顺利进行,必须做好各项建设准备工作。建设前期准备工作主要包括:征地、拆迁和场地平整,完成施工用水、电、路等工程,组织设备、材料订货等。

6）编制建设计划和建设年度计划

根据批准的总概算和建设工期,合理地编制建设项目的建设计划和建设年度计划,计划内容要与投资、材料、设备相适应,配套项目要同时安排,相互衔接。

7）建设实施

在建设年度计划得到批准后,便可以依法进行招标发包工作,落实施工单位,签订施工合同。在具备开工条件并领取建设项目施工许可证后开工。

8）项目投产前的准备工作

项目投产前要进行生产准备,这是建设单位进行的一项重要工作,包括建立生产经营管理机构,制定有关制度和规定,招收培训生产人员,组织生产人员参加设备的安装,调试设备和工程验收,签订原材料、协作产品、燃料、水、电等供应及运输协议,进行工具、器具、备品、备件的制造或订货,进行其他必须的准备。

9）竣工验收

当建设项目按设计文件内容全部施工完毕后,应组织竣工验收。这是建设程序的最后一步,是投资成果转入生产或服务的标志,对促进建设项目及时投产、发挥投资效益及总结建设经验都有重要意义。

1.3.3 工程建设项目实施程序

工程建设项目实施阶段程序,是指土木建筑工程、线路、管道及设备安装工程、建筑装饰工程等新建、扩建、改建活动的施工准备阶段、施工阶段、竣工阶段应遵循的有关工作步骤。其中,施工准备阶段分为工程建设项目报建、委托建设监理、招标发包、施工合同签订;施工阶段分为建设项目施工许可证领取、施工;竣工阶段为竣工验收及保修。

1）工程建设项目报建

建设单位或其代理机构在工程建设项目可行性研究报告或其他立项文件批准后,须向当地建设行政主管部门或其授权机构进行报建,交验工程建设项目立项的批准文件、批准的建设用地等其他有关文件。

（1）报建内容

工程建设项目的报建内容主要包括:工程名称、建设地点、投资规模、资金来源、当年投资额、工程规模、开竣工日期、发包方式、工程筹建情况等。

（2）报建程序

① 建设单位到建设行政主管部门或其授权机构领取《工程建设项目报建表》;
② 按报表的内容及要求认真填写;
③ 向建设行政主管部门或其授权机构报送《工程建设项目报建表》,经批准后,按规定进行招标准备。

工程建设项目的投资和建设规模有变化时,建设单位应及时到建设行政主管部门或其授权机构进行补充登记。筹建负责人变更时,应重新登记。

（3）建设行政主管部门报建管理

① 贯彻实施《建筑市场管理规定》和有关的方针政策;
② 管理监督工程项目的报建登记;
③ 对报建的工程建设项目进行核实、分类、汇总;
④ 向上级主管机关提供综合的工程建设项目报建情况;
⑤ 查处隐瞒不报违章建设的行为。

凡未报建的工程建设项目,不得办理招标手续和发放施工许可证,设计、施工单位不得承接该项工程的设计和施工任务。

2) 开工前审计

固定资产投资项目实行开工前审计制度。大中型建设项目和总投资3 000万元以上的楼堂馆所项目(不包括技术改造项目,下同)的开工报告,须先经审计机关审计,方可向有权审批机关报批。小型建设项目和3 000万元以下的楼堂馆所项目开工前,须先经审计机关审计,方可向有权审批开工的机关办理项目开工手续。

3) 委托建设监理

建设单位应当根据国家有关规定,对必须委托监理的工程,委托具有相应资质的建设监理单位进行监理。

4) 工程建设项目招标

工程建设项目施工,除某些不适宜招标的特殊建设工程项目外,均需依法实行招标。施工招标可采用公开招标、邀请招标的方式。

工程建设项目的施工招标,按《招标投标法》的规定进行。

5) 签订施工合同

建设单位和施工企业必须签订建设工程施工合同。总承包企业将承包的工程建设项目分包给其他单位时,应当签订分包合同。分包合同与总包合同的约定应当一致;不一致时,以总承包合同为准。

施工合同的签订,应使用国家工商管理局、建设部制定的《建设工程施工合同》示范文本,并严格执行《合同法》《建设工程施工合同管理办法》的规定。

6) 办理建设项目施工许可证

建设单位必须在开工前向建设项目所在地县以上人民政府建设行政主管部门办理建设项目施工许可证手续。未取得施工许可证的,不得开工。

申请施工许可证应当具备下列条件:

(1) 已经办理该建设工程用地批准手续;

(2) 在城市规划区的建设工程,已经取得建设工程规划许可证;

(3) 需要拆迁的,其拆迁进度符合施工要求;

(4) 已经确定施工单位;

(5) 有满足施工需要的施工图纸和技术资料;

(6) 有保证工程质量和安全的具体措施;

(7) 建设资金已经落实;

(8) 法律、法规规定的其他条件。

建设单位应当自领取施工许可证之日起三个月内组织开工。因故不能按期开工的,建设单位应当向发证机关说明理由,申请延期。延期以两次为限,每次不超过三个月。不按期开工又不按期申请延期的或申请延期后超过延期时限的,施工许可证自行废止。

7) 工程施工

承包工程建设项目的施工单位必须持有证书,并在资质许可的范围内承揽工程。

建设项目开工前,建设单位应当指定施工现场总代表人,施工单位应当指定项目经理,并分别将总代表人和项目经理的姓名及授权事项书面通知对方,同时报工程所在地县级以上地方人民政府建设行政主管部门备案。

施工单位项目经理必须持有资质证书,并在资质许可的业务范围内履行项目经理职责。项目经理全面负责施工过程中的现场管理,并根据工程规模、技术复杂程度和施工现场的具体情况,建立施工现场管理责任制,并组织实施。

施工单位必须严格按照有关法律、法规和工程建设技术标准的规定,编制施工组织设计,制定质量、安全、技术、文明施工等各项保证措施,确保工程质量、施工安全和现场文明施工。

施工单位必须严格按照批准的设计文件、施工合同和国家现行的施工及验收规范进行工程建设项目施工。施工中若需变更设计,应按照有关规定和程序进行,不得擅自变更。

建设、监理、勘察设计单位、施工单位和建筑材料、构配件及设备生产供应单位,应按照《建筑法》、《建设工程质量管理条例》的规定承担工程质量责任和其他责任。

8) 竣工验收

竣工验收是全面考核建设工作,检查是否符合设计要求和工程质量的重要环节,对促进建设项目及时投产,发挥经济效益,总结建设经验有重要作用。

9) 建设项目保修

为使建设项目在竣工验收后达到最佳使用条件和使用寿命,施工企业在工程移交时,必须向建设单位提出建筑物使用和保养要领,并在用户开始使用后,认真执行交工后回访和保修。

《建筑工程质量管理条例》规定:建设工程实行质量保修制度。施工单位在向建设单位提交竣工验收报告时,应当向建设单位出具质量保修书。质量保修书中应当明确建设工程的保修范围、保修期限和保修责任等。

建设工程保修期限是指从竣工验收合格之日起,对出现的质量缺陷承担保修和赔偿责任的年限。保修期限、返修和损害赔偿按《建设工程质量管理条件》的规定执行。

复习思考题

1. 什么是项目?项目有哪些特点?收集不同书籍中对项目的定义,并分析它们的差异。

2. 什么是工程项目？工程项目有哪些特点？并举例说明这些特点。
3. 工程项目项目管理和工程项目管理？工程项目管理的特点是什么？
4. 什么是工程项目建设程序？工程项目建设为什么要强调按建设程序办事？
5. 我国工程项目管理知识体系包括哪些内容？根据自己的经验，谈谈工程项目管理的核心知识是什么？
6. 工程项目的生命周期分为几个阶段？各个阶段分别包括哪些工作内容？
7. 请通过查阅相关书籍、文献资料和使用网络搜索，说明项目管理理论在我国工程建设领域应用推广的历史。
8. 在学习本章后，结合对实际工程项目的调查，简述不同层次管理者的主要项目管理工作。

2 工程项目策划与决策

2.1 工程项目策划

2.1.1 工程项目策划的定义

策划是指项目策划人员围绕业主提出的目标,根据现实的情况和信息,对项目进行系统分析,判断项目变化发展规律,从而选择合理可行的行动方案,以便做出正确决策,提高工作效率的过程。

目前,对工程项目策划的定义尚没有权威的标准,比较有代表性的有以下几种不同的表述:

(1) 项目策划是项目管理的一个重要组成部分,它将各种项目实施设想转化为符合项目管理要求、具有充分可行性的实施方案和工作计划,为项目实施中的各种工作提供富有建设性的决策依据。

(2) 所谓项目策划,就是指在充分占有信息的基础上,在统筹考虑经济效益、社会效益、环境效益的前提下,从项目选址、投资决策、规划设计、施工到运营及管理,结合市场进行科学预测、综合分析,制订项目实施计划及措施,作为投资决策和运作依据,使项目建设达到预期目标。

(3) 所谓项目策划,在工作内容上是对项目目标、项目组织、项目环境、项目功能等进行安排,是一种计划性的工作;在工作重心上,项目策划工作由于其计划性而集中在项目前期和中期进行。

综合上述项目策划的定义,本书对工程项目策划作出如下定义:

工程项目策划是指把项目建设意图转换成定义明确、系统清晰、目标具体且具有策略性运作思路的系统活动过程。具体来说,就是项目策划人员根据业主总的目标要求,通过对工程项目进行系统分析,对项目活动的整体战略进行运筹规划,以便在项目建设活动的时间、空间、结构、资源多维关系中选择最佳的结合点,并展开项目运作,为保证项目完成后获得满意的经济效益、环境效益和社会效益提供科学的依据。

2.1.2 工程项目策划的类型

工程项目策划可以分成不同的类型,如表2.1所示。按项目策划的范围,可分为项目总体策划和项目局部策划。项目的总体策划一般指在项目决策阶段所进行的全面策划,局部策划是指对全面策划分解后的一个单项性或专业性问题的策划。按工程项目建设程序,项目策划可分为工程项目决策阶段的策划和工程项目实施阶段的策划。由于各类策划的对象和性质不同,所以策划的依据、内容和深度要求也不同。

表2.1 工程项目策划的类型

工程项目策划	按策划的阶段划分	项目决策策划、项目实施策划、项目运营策划
	按策划项目的性质划分	新建项目策划、改建项目策划、扩建项目策划、迁建项目策划、恢复项目策划
	按策划的范围划分	项目建设总体方案策划、项目建设局部方案策划
	按策划的内容划分	构思策划、融资策划、组织策划、采购策划等

1)工程项目决策阶段的策划

工程项目决策阶段的策划(简称项目决策策划)是在项目决策阶段所进行的总体策划,它的主要任务是提出项目的构思、进行项目的定义和定位,全面构思一个待建工程项目。工程项目的提出,一般是根据国内外社会经济的发展趋势和当地远近期规划以及提出者经营、生产或生活的需要。因此,项目决策策划必须以国家及当地法律法规和有关方针政策为依据,并结合国内外社会经济的发展趋势和实际的建设条件进行。

工程项目决策策划的主要内容包括:环境调查与分析、项目定义与项目目标论证、项目经济策划和产业策划。工程项目决策策划的成果为项目决策策划报告及各类文本和图纸资料。

2)工程项目实施阶段的策划

工程项目实施阶段的策划(简称项目实施策划)是在建设项目立项之后,为了把项目决策付诸实施而形成的具有可行性、可操作性和指导性的项目实施方案。项目实施策划又可称为项目实施方案或项目实施规划。

项目实施策划最主要的任务是确定如何组织开发和建设该项目。由于策划所处的时期不同,项目实施策划任务的重点和工作重心以及策划的深入程度与项目决策策划任务也都有所不同。项目实施策划要详细分析实施中的组织、管理和协调等问题,包括如何组织设计、如何招标、如何组织施工、如何组织供货等问题。

工程项目实施策划内容涉及的范围和深度,在理论上和工程实践中并没有统一的规定,应视项目的特点而定,一般包括以下内容。

(1) 项目组织策划。根据国家规定,对大中型工程项目应实行项目法人责任制。这就要求按照现代企业制度的要求设置组织结构,即按照现代企业组织模式组建管理机构和进行相关的人事安排。这既是项目总体构思策划的内容,也是对项目实施过程产生重要影响的实施策划内容。

(2) 项目融资策划。资金是实现工程项目的重要物质基础。工程项目投资大,建设周期长,不确定性大,因此资金的筹措和运用对项目的成败关系重大。建设资金的来源广泛,各种融资手段具有不同的特点和风险因素,项目融资策划就是选择合理的融资方案,以到达控制资金的使用成本,降低项目的投资风险的目的。影响项目融资的因素较多,这就要求项目融资策划有很强的政策性、技巧性和策略性,它取决于项目的性质和项目实施的运作方式。

(3) 项目控制策划。项目控制策划是指对项目实施系统及项目全过程的控制策划。包括项目目标体系的确定、控制系统的建立和运行的策划。

(4) 项目管理策划。项目管理策划是指对项目实施的任务分解和分项任务组织工作的策划。它主要包括合同结构策划、项目招标策划、项目管理机构设置和运行机制策划、项目组织协调策划、信息管理策划等。项目管理策划应根据项目的规模和复杂程度,分阶段分层次地展开,从总体的概略性策划到局部的实施性、详细策划逐步进行。项目管理策划重点在提出行动方案和管理界面设计。

2.1.3 工程项目策划的作用

项目策划的主要作用体现在以下几方面:

(1) 明确项目系统的构建框架。工程项目策划的首要任务是根据项目建设意图进行项目的定义和定位,全面构思一个拟建的项目系统。在明确项目的定义和定位的基础上,通过项目系统的功能分析,确定项目系统的组成结构,使其形成完整配套的能力。提出项目系统的构建框架,使项目的基本构想变为具有明确的内容和要求的行动方案,是进行项目决策和实施的基础。

(2) 为项目决策提供保证。根据工程项目的建设程序,工程项目投资决策是建立在项目的可行性研究的分析评价的基础上,可行性研究中的项目财务评价、国民经济评价和社会评价的结论是项目投资的重要决策依据。可行性研究的前提是建设方案本身及其所依据的社会经济环境、市场和技术水平,而一个与社会经济环境、市场和先进的技术水平相适应的建设方案的产生并不是由投资者的主观愿望和某些意图的简单构想就能完成的,它必须通过专家的认真构思和具体的策划,并进行可能性和可操作性分析,才能使建设方案建立在可运作的基础上。因此,只有经过科学、周密的项目策划,才能为项目的投资决策提供客观、科学的基本保证。

（3）全面的指导项目管理工作。工程项目策划是根据策划理论和原则,密切结合具体项目的整体特征,为项目的发展和实施管理的全过程进行描述,它不仅把握项目系统总体发展的规律和条件,同时深入到项目系统构成的各个层面,针对项目的各个阶段的发展变化对项目管理方案提出系统的具有可操作性的构想。因此,项目策划可直接成为指导项目实施和项目管理的基本依据。

2.2 工程项目决策策划

2.2.1 工程项目决策策划的程序

项目决策策划主要通过对项目前期的调查与分析,进行项目建设基本目标的论证与分析,进行项目定义、功能分析等,并在此基础上对项目建设有关的组织、管理、经济与技术方面进行论证与策划,为项目的决策提供依据。

工程项目决策策划是一个相当复杂的过程,不同性质的项目决策策划的内容不一样,工作步骤也不完全一样,其大致程序如图2.1所示。

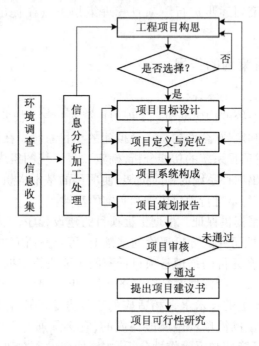

图 2.1 项目决策策划程序图

2.2.2 环境调查与分析

环境调查与分析是项目决策策划工作的第一步,也是最基础的一环。因为策划是在充分占有信息和资料的前提下所进行的一种创造性劳动,因此,充分占有信息是策划的先决条件,否则策划就成为无源之水。如果不进行充分的环境调查,所决策的结果可能与实际需求背道而驰,甚至得出错误的结论,直接影响工程项目的实施。因此,策划的第一步必须对影响项目策划工作的各个方面进行调查,并进行认真分析,找出影响项目建设与发展的主要因素,为后续策划工作提供较好的基础。

对工程项目环境调查,既包括对项目所处的建设环境、建筑环境、当地的自然环境、项目的市场环境、政策环境以及宏观经济环境等的客观调查,也包括对项目拟发展产业及其载体的概念、特征、现状与发展趋势、促进或制约其发展的优势或缺点的深入分析。

环境调查的工作范围为项目本身所涉及的各个方面的环境因素和环境条件,以及项目实施过程中所可能涉及的各种环境因素和环境条件。环境调查主要包括以下几方面的内容:

(1) 项目周边自然环境和条件;
(2) 项目开发时期的市场环境;
(3) 宏观经济环境;
(4) 项目所在地政策环境;
(5) 建设条件环境(能源、基础设施等);
(6) 历史、文化环境,包括风土人情等;
(7) 建筑环境,如建筑风格、主色调等;
(8) 其他相关问题。

2.2.3 项目构思

项目的构思是指对策划整体的抽象描述,是完成策划的关键。项目构思产生的原因很多,不同性质的工程项目,构思产生的原因也不尽相同。例如,工业项目的构思可能是发现了新的投资机会,而城市交通基础设施项目构思的产生一般是为了满足城市交通的需要。

工程项目构思是一种概念性策划,它是在企业的系统目标的指向下,从现实和经验中得出项目策划的系列前提和假设,在此基础上形成项目的大致的策划轮廓,对这些策划的轮廓进行论证和选择才形成项目的构思。策划轮廓不是具体的创意,也不是策划的具体计划,只是一种希望做成某种具体策划的印象。这些策划的印象往往是丰富多彩的,而且很少一开始就完全正确,需要经过反复的论证,才逐步变得清晰、明朗。因此,有了策划的轮廓后,应进行调查研究,收集资料,收集策划线索,并逐步把策划印象清晰化,进行选择,使策划轮廓变成项目构思。

项目的构思过程是开发性的、自由度很大的。一般可以采用头脑风暴法来启发各种投资构想。在这些投资构想中,有些可能是不切实际的,或者是不能实现的。因此,必须通过构思的选择过程来筛选已经形成的各种投资构想。

构思的选择首先要考察项目的构思是否具有现实性,即是否是可以实现的,如果是建空中楼阁,尽管设想很好,也必须严格筛除;其次还要考虑项目是否符合法律法规的要求,如果项目的构思违背了法律法规的要求,则必须严格剔除;另外,项目构思的选择应考虑项目的背景和环境条件,并结合自身的能力来选择最佳的项目构思。项目构思选择的结果可以说是某个构思的完善,也可以说是几个不同构思的组合。当项目的构思经过认真研究认为是可行的、合理的,便可以在此基础上进行项目目标设计和项目的定义与定位。

2.2.4 项目目标系统设计

工程项目的目标系统设计是项目决策策划的重要内容,也是工程项目实施的依据。工程项目的目标系统由一系列的工程项目目标构成。按照性质不同,这些目标可以分为工程建设投资目标、质量目标和进度目标;按照层次不同,这些目标可以分为总目标和子目标。工程项目的目标系统设计需要按照不同的性质和不同的层次定义系统的各级目标。因此,工程项目的目标系统设计是一项复杂的系统工程。

项目目标是可行性研究的尺度,经过论证和批准后作为项目设计和计划、实施、控制的依据,最后作为项目后评估的标准。准确地设定项目目标,是整个策划活动能解决问题、取得效果的必要前提。项目目标设计包括项目总目标体系设定和将总目标按项目、项目参与主体、实施阶段等进行分解的子目标设定。在项目决策策划阶段的目标设计属于项目总目标的设定。

进行项目总体目标设定,首先应该了解业主的基本情况,正确把握项目业主的发展战略目标。项目业主的发展战略目标是业主根据自身的资源条件、经济实力、社会经济环境所制定的长期发展方向和预期目标,根据这些目标来设定项目目标对业主才有吸引力。

其次,进行环境信息的收集和策划环境的分析。要进行成功的策划,必须有真实、完整的数据资料,为此应进行内外环境的调查。环境调查的方法很多,有询问法、观察法、实验法、统计分析法等。在充分的调查研究的基础上进行策划环境分析。项目策划环境分析就是分析策划项目的约束条件,包括技术约束、资源约束、组织约束、法律约束等环境约束。策划环境分析包括两个方面:一是项目外部环境分析,主要是分析与项目有关的各项法律、法规和技术标准上的约束条件,分析和预测项目的社会人文环境、自然环境和项目建设条件等环境条件的现状和变化情况,有利因素与不利因素。社会人文环境包括地域环境、经济结构、投资环境、技术环境、社会文化、人口构成、生活方式、项目工业化与标准化水平等。自然环境包括地理、地质、地形、水源、能源、日照、气候等自然条件。项目建设条件包括城市现有的各项基础设施和道路交通、允许的容积率和建筑高度、要求的绿化覆盖率和绿地面积等。一般来说,社会经济因素是决定项目基本性质的基础。二是项目内部环境分析。项目内部环境分析是对项目的使用者、项目的功能要求、运营方式和实施条件的分析。

最后,项目目标因素的提出和建立目标系统。目标因素是指目标的构成要素,通常有三类:第一类是反映工程项目解决问题程度的目标要素,如工程项目的建成能解决多少人的居住问题,或工程项目的建成后能解决多大的交通流量等;第二类是工程项目本身的目标因素,如工程项目的建设规模、投资收益率和项目的时间目标等;第三类是与工程项目相关的其他目标因素,如工程项目对自然和生态环境的影响、工程项目提供的就业岗位数等。

在项目目标因素确立后,经过进一步的结构化,即可形成目标系统。工程项目的建设目标不是唯一的,工程项目的建设过程是工程项目系统多目标优化的过程。工程项目的各种目标构成了项目的目标系统。具体地说,目标系统是由工程项目的各级目标按照一定的从属关系和关联关系而构成的目标体系。工程项目目标系统的建立是工程项目实施的前提,也是项目管理的依据。

工程项目目标系统是由不同层次的目标构成的体系,可以根据项目的实际情况将目标分成若干级,如图 2.2 所示。目标体系结构是工程项目的工作任务分解结构的基础。

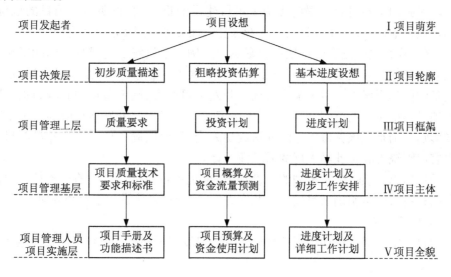

图 2.2　工程项目目标系统分解结构图

工程项目的目标可以分成不同的类型。按照控制内容进行分类,可以分为投资目标、工期目标和质量目标等。投资、进度和质量目标被认为是工程项目实施阶段三大目标;按照目标的重要性进行分类,可以分为强制性目标和期望性目标等。强制性目标一般是指法律、法规和规范标准规定的工程项目必须满足的目标,如工程项目质量必须符合工程相关的质量验收规范的要求等。期望性目标则是指应尽可能满足的可以优化的目标;按照目标的影响范围进行分类,可以分为项目系统内部目标和项目系统外部目标。系统内部目标是直接与项目本身相关的目标,如工程项目的建设规模。系统外部目标则是控制项目对外部环境影响而制定的目标,如工程项目的污染物排放控制目标等;按照目标实现的时间进行分类,可以分为长期目标和短期目标;按照目标的层次进行分类,可以分为总目标、子目标和操作性目标等。

2.2.5 项目的定位与定义

1) 项目定位

项目定位是指在项目构思的基础上,确定项目的性质、地位和影响力。

项目定位首先要明确项目的性质。例如同是建一座机场,该机场是用于民航运输还是用于军事目的,其性质显然不同。其性质不同将决定今后项目的建设目标和建设内容也有所区别。

其次,项目定位要明确项目的地位。项目的地位可以说是项目在企业发展中的地位,也可以是在城市和区域发展中的地位,或者是在国家发展中的地位。项目地位的确定应该与企业发展规划、城市和地区发展规划以及国家发展规划紧密结合。例如某城市交通基础设施建设项目列为城市发展的重点建设项目,是城市发展战略实施的重要内容。据此明确了项目建设的重要性,也明确了项目的地位。在确定项目地位时,应注意分别从政治、经济、社会等不同角度加以分析。

另外,项目定位还有确定项目的影响力。例如某机场要建成具有国际影响力的世界一流的国际机场,某影城要建设成为亚太地区规模最大、技术最先进、设施最完备的国际影城等。对于某些房地产开发项目而言,确定项目的影响力也就明确了项目的市场影响范围,即明确了市场定位。如某住宅开发项目明确了未来的市场影响范围是在该城市工作的外籍成功人士,从而明确了项目未来建设的目标和内容应围绕着满足此类人群的需求而设计。

项目构思是项目决策策划的关键环节,也是项目目标设计的前提条件。项目定位的最终目的是明确项目建设的基本方针,确定项目建设的宗旨和方向。

2) 项目定义

项目的定义就是描述项目的性质、用途、建设范围和基本内容等。具体包括以下内容:

(1) 项目的名称、范围和构成定界;

（2）拟解决的问题以及解决问题的意义；
（3）项目目标系统说明；
（4）项目的边界条件分析；
（5）关于项目环境和对项目有重大影响的因素的描述；
（6）关于解决问题的方案和实施过程的建议；
（7）关于项目总投资、运营费用的说明等。

可以看出，项目定义是对项目构思和项目目标设计工作的总结和深化，也是项目建议书的前导，是项目决策策划的重要环节。

为了保证项目定义的科学性和客观性，必须要对其进行审核和确认。一般项目定义的审查包括以下内容：
（1）项目范围与拟解决问题的一致性；
（2）项目目标系统的合理性；
（3）项目环境和各种影响因素分析的客观性；
（4）解决问题的方案和实施过程的建议的可操作性。

项目定义审核可以作为提出项目建议书的依据，当项目审核过程中发现不符合要求的项目定义时，要重新进行项目的定义，项目定义完成后再进行审核，经过反复确认后，才能据此提出项目建议书。

2.2.6 项目系统构成

将经过定义与定位的项目，在时间、空间、结构、资源多维关系中进行运筹安排，找出实施的最佳结合点，形成项目策划的实施系统。项目系统应能详细描述项目的总体功能、项目系统内部各单项单位工程的构成以及各自的功能和相互关系、项目内部系统与外部系统的协调和配套关系，实施方案及其可能性分析。

2.2.7 项目策划报告

策划报告的拟定是将整个策划工作逻辑化、文件化、资料化和规范化的过程，它的结果是项目策划工作的总结和表述。项目策划报告书不但要有丰满、翔实的内容，能够完全表达项目策划人的意图，而且要具有简捷、生动、吸引人的表达方式。

2.3 项目建议书

2.3.1 项目建议书的基本内容

项目建议书是工程项目建设程序的最初环节，是有关地区、部门、企事业单位或投资人根据国民经济和社会发展的长远规划、行业规划和地区规划的要求,经过周密细致的调查研究、市场预测、资源条件及技术经济分析后,提出建设某一项目的建议文件。项目建议书是鉴别项目投资方向,对拟建项目的一个总体轮廓设想,着重从宏观上对项目建设的必要性做出分析衡量,并初步分析项目建设的可能性,向决策者提出建议,推荐项目。

项目建议书的内容,视项目的不同情况有简有繁,一般包括以下几个方面的内容:

1)建设项目提出的依据和必要性

(1)建设项目的依据

概述项目所在地区的行政区划和自然、地理、资源情况,社会经济现状以及地区国民经济与社会发展规划的要求。

概述项目所在地区建设现状及其近、远期发展规划和项目建设的要求。

说明项目所依据的综合利用规划和各专业规划。

项目投资者的经营目标和战略。

概述项目规划阶段方案、比选结果和规划成果审批意见。

(2)项目建设的必要性

阐述项目在国民经济和社会发展规划及区域规划中的地位与作用,论证项目建设的必要性。

根据地区国民经济发展规划和建设项目任务要达到的目标,在综合利用规划和专业规划的基础上,进行必要的补充调查研究工作,对所在地区功能基本相同的项目方案进行综合比较,阐明各项目方案的优缺点,论述推荐本项目的理由。

2)产品方案、市场前景、拟建规模和建设地点的初步设想

在对客观环境、投资者经营目标和战略、投资者内外资源条件分析的基础上,提出产品方案、市场前景、拟建规模和建设地点的初步设想。

(1)产品方案是指项目的产品结构、中间产品衔接和工艺流程。产品方案设想包括:项目的最初产品、中间产品和最终产品的名称、规格、数量、质量标准以及生产的工艺流程。

(2)市场前景分析是在市场调查的基础上,对项目产品的市场容量、价格、竞争力、营销策略以及市场风险进行分析预测和研究,为确定项目建设规模和产品方案提供依据。

(3)拟建规模是指项目的全部生产能力或工程效益。其初步设想的内容包括:产品的市场预测,确定产品的年产量,一次建成规模和分期建设的设想,以及对拟建规模经济合理性的评价。

(4)建设地点是指建设项目的大体地理位置。建设地点应根据国家经济发展战略的总体规划布局和投资者经营目标和战略,充分考虑自然条件和社会条件、原

材料来源及销售市场的远近,结合拟选地点的基础设施、交通运输状况及行业生产特点,在追求降低项目生产及产品流通费用、提高项目投资效益的原则下确定。一般来说,对于原料笨重、不便运输的工业项目,宜靠近原料产地建厂;对产品价值不高、运输途中易于损坏的生产项目,宜靠近销售市场建厂;而对于新兴的高技术产业,则应建在工业发达且有较强第三产业的地区。

3）资源状况、建设条件、协作关系及引进国别和厂商的初步分析

（1）资源状况是指拟利用资源的供应可能性和可靠性。其初步分析包括拟开发范围内已探明的可用矿产产品的品名、品位、开采价值或资源的储量、质量、储藏情况以及开发条件。

（2）建设条件的初步分析主要是分析项目建设的市场条件、资源条件、技术条件、资金条件、环境条件、社会条件、施工条件、法律条件、外部协作配套条件以及项目拟建地点地形、地貌、水质、水量和排放条件等。

（3）协作关系的初步分析主要是指项目建成投产后所需原材料、燃料、供水、供电、供气、交通运输、协作产品等外部协作配套要求和解决的可能性及初步分析。

（4）引进国别和厂商的初步分析是指对生产技术与工艺、主要专用设备来源的分析,如拟引进国外技术,应分析引进的理由、引进的国别和厂商、与国内外技术的差距、技术来源、建设鉴定及转让等情况。

4）投资估算和资金筹措的设想

投资估算和资金筹措的设想包括：

（1）根据所掌握数据的情况,估算主要单项工程投资、工程静态总投资和动态总投资以及分年度投资。

（2）说明资金来源,利用贷款时需附贷款条件及利率,说明偿还方式,测算偿还能力。

（3）利用外资投资的项目,要说明利用外资的可能性,以及偿还贷款能力的初步测算。

5）项目建设进度的设想

项目建设进度的设想包括：

（1）说明项目的建安工程量及总进度安排的设想、分期实施意见及控制性工程工期。

（2）建设前期工作的安排,如项目的询价、考察、谈判和设计等。

（3）估算项目建设需要的主要建筑材料数量和劳动力等。

6）项目经济效益和社会效益的初步测算

项目经济效益和社会效益的初步测算包括：

（1）工业项目要说明产品的价格,估算成本,计算项目利润、投资利润率、投资回收期、内部收益率及其他必要的指标,进行盈亏能力、清偿能力及对社会贡献的

初步分析。

（2）非工业项目要说明项目建成后对于人民物质、文化生活水平所做贡献的初步估计。

7）结论与建议

本部分的主要内容包括：

（1）综述建设项目隶属关系、建设的必要性、建设规模、建设条件、建设方案、环境影响、建设工期、投资估算和经济评价等主要调研成果；

（2）简述项目建设的主要问题；

（3）简述地方政府以及各部门、有关方面的意见和要求；

（4）提出综合评价结论；

（5）提出今后工作的建议。

综上所述，项目建议书描述了拟建项目的轮廓和设想，主要是从宏观上考察项目建设的必要性，论证其是否符合国家的长远规划，建设条件是否具备，是否值得投入人力和物力，项目前景如何。因此，项目建议书的作用表现在：项目建议书是国家选择建设项目的依据，通过项目建议书，对拟建项目建设的必要性、条件的可行性和获利的可能性进行科学决策；经过国家有关部门批准项目建议书的项目，可以列入项目前期工作计划，进行可行性研究；涉及利用外资或引进技术、设备的项目，经批准后方可对外开展工作。

2.3.2 项目建议书的编制和审批

1）项目建议书的编制

按照建设项目的隶属关系，由有关部门、地区、企业或投资人根据国民经济和社会发展的长远规划、行业规划、地区规划及经济建设的方针、任务和技术经济政策等要求，结合资源情况、企业战略、建设条件等，在广泛调查研究、收集资料、踏勘建设地点、初步分析投资效果的基础上，按前述项目建议书的内容格式编制。

2）项目建议书的审批

项目建议书按要求编制完成后，根据有关规定，按照建设总规模和限额的划分审批权限进行报批。

根据《国务院关于投资体制改革的决定》（国发〔2004〕20号），政府对于投资项目的管理分为审批、核准和备案三种方式。对于政府投资项目或使用政府性资金、国际金融组织和外国政府贷款投资建设的项目，继续实行审批制；对于企业不使用政府性资金、国际金融组织和外国政府贷款投资建设的项目，一律不再实行审批制，区别不同情况实行核准制和备案制。具体内容详见2.4工程项目可行性研究中的内容。

项目建议书获得批准并不表明项目即可以投资，项目建议书不是项目的最终决策,只是选择建设项目和有根据地进行可行性研究的依据。

2.4 工程项目的可行性研究

2.4.1 可行性研究的概念

项目可行性研究是指对某工程项目在做出是否投资的决策之前,先对与该项目相关的技术、经济、社会、环境等所有方面进行调查研究,对项目各种可能的拟建方案认真地进行技术经济分析论证,研究项目在技术上的先进适用性,在经济上的合理有利性和建设上的可能性,对项目建成后的经济效益、社会效益、环境效益等进行科学的预测和评价,据此提出该项目是否应该投资建设,以及选定最佳投资建设方案等结论性意见,为项目投资决策提供依据。

可行性研究是在工程投资决策之前,运用现代科学技术成果,对工程项目建设方案所进行的系统、科学、综合的研究、分析、论证的一种工作方法。它的目的是保证拟建项目在技术上先进可行,在经济上合理有利。

项目可行性研究工作是项目重要的前期工作之一,通过可行性研究,使项目的投资决策工作建立在科学性和可靠性的基础上,从而实现项目投资决策的科学化,减少或避免投资决策的失误,提高项目的经济、社会效益。

2.4.2 可行性研究的依据

可行性研究的依据包括以下内容:
(1) 国家有关法律、法规;
(2) 国家和地方经济、社会发展的长远规划,经济建设的方针和政策,行业发展规划;
(3) 项目建议书及其批复文件;
(4) 委托单位的委托合同,委托单位的设想要求;
(5) 对于大中型骨干建设项目,必须具有国家批准的资源报告、国土开发整治规划、区域规划、江河流域规划、工业基地规划等有关文件,因工程不同各有侧重;
(6) 可靠的自然、经济、社会等基础原始资料,这些都是厂址选择、工程设计、技术经济分析所不可缺少的基本数据;
(7) 有关工程技术经济方面的规范、标准、定额,以及国家正式颁布的技术规范和技术标准;
(8) 经国家统一颁发的有关项目的基本参数和指标,如基准收益率、社会折现率、折旧率、调整外汇率、工资和价格等,它们可作为项目可行性研究中财务评价和国民经济评价的基准依据和判别标准；

（9）合资、合作项目各方签订的协议书或意向书；

（10）有关的基础数据。

2.4.3 可行性研究的作用

可行性研究的主要作用有：

（1）作为工程项目投资决策的依据。可行性研究对与工程项目有关的各个方面都进行了调查研究和分析，并论证了工程项目的先进性、合理性、经济性和环境性，以及其他方面的可行性，项目的决策者主要是根据可行性研究的结果来做项目是否应该投资和应该如何投资的决策。

（2）作为编制设计任务书的依据。可行性研究中具体研究的技术经济数据，多要在设计任务书中明确规定，它是编制设计任务书的根据。

（3）作为筹集资金和银行申请贷款的依据。银行在接受项目贷款申请后，通过审查工程项目的可行性研究报告，确认了项目的经济效益水平和偿还能力，承担的风险不太大时，才同意贷款。

（4）作为与有关协作单位签订合同或协议的依据。根据可行性报告和设计任务书，工程项目组织可与有关的协作单位签订项目所需的原材料、能源资源和基础设施等方面协议和合同，引进技术和设备的正式签约。

（5）作为工程项目建设的基础资料。工程项目的可行性研究报告，是工程项目建设的重要基础资料。项目建设过程中的技术性更改，应认真分析其对项目经济社会指标影响程度。所以说，可行性研究报告是项目的实施和目标控制的重要依据。

（6）作为环保部门审查项目对环境影响的依据，并作为向项目所在地的政府和规划部门申请建设执照的依据。

（7）作为项目的科研试验、机构设置、职工培训、生产组织的依据。根据批准的可行性研究报告，进行与项目相关的科技试验，设置相应的组织机构，进行职工培训等生产准备工作。

（8）作为项目考核的依据。项目正式投产后，应以可行性研究所制定的生产纲要、技术标准及经济社会指标作为项目考核的标准。

2.4.4 可行性研究的阶段和步骤

1）可行性研究的阶段

联合国工业发展组织（UNIDO）出版的《工业项目可行性研究手册》将可行性研究分为三个阶段，即机会研究、初步可行性研究和详细可行性研究。

由于机会研究、初步可行性研究、详细可行性研究的目的、任务、要求以及所需费用和时间各不相同,其研究的深度和可靠程度也不同。

(1) 机会研究

机会研究主要是为项目投资者寻求具有良好发展前景、对经济发展有较大贡献且有较大成功可能性的投资、发展机会,并形成项目设想。机会研究的一般方法是从经济、技术、社会及自然情况等大的方面发掘潜在的投资机会,通过创造性的思维提出项目设想。对于工业项目来说,机会研究一般通过以下几个方面的研究来寻找投资机会。

① 在加工或制造方面有潜力的自然资源新发现;

② 作为工业原材料的农产品生产格局的状况与趋向;

③ 由于人口或购买力增长而具有需求增长潜力的产品以及类似新产品的情况;

④ 有应用前景的新技术发展情况;

⑤ 现有经济系统潜在的不平衡,如原材料工业与加工制造业的不平衡;

⑥ 现有各工业行业前向和后向扩展与完善的可能性;

⑦ 现有工业生产能力扩大的可能性、多种经营的可能性和生产技术改造的可能性;

⑧ 进口产品情况以及替代进口的可能性;

⑨ 投资环境情况,如宏观经济政策、产业政策等;

⑩ 生产要素的成本及可得性;

⑪ 产品出口的可能性等。

机会研究阶段相当于我国的项目建议书阶段,其主要任务是提供可能进行建设的投资项目。机会研究性质比较粗略,主要依靠估计,而不是靠详细的分析。其投资估算误差程度在 ±30%,研究费用一般占投资的 0.2%~1.0%。

(2) 初步可行性研究

初步可行性研究又称预可行性研究。在工程项目的投资设想经过机会研究,认为值得进一步研究时,就进入初步可行性研究阶段。由于详细地提出可行性研究报告,是一项很费钱和费时的工作,所以在投入必要的资金、人力及时间进行详细可行性研究之前,先进行初步可行性研究。初步可行性研究主要对项目在市场、技术、环境、选址、资金等方面的可行性进行初步分析,其主要任务是:进一步判断投资机会是否有前途;是否有必要进一步进行详细的可行性研究;确定项目中哪些关键性问题需要进行辅助的专题研究。

在进行初步可行性研究报告的同时,还要提出项目总投资。

初步可行性研究是机会研究和详细可行性研究的一个中间阶段,它与机会研究的主要区别,主要在于所获资料的详细程度不同。如果项目机会研究有足够的资料,也可以越过初步可行性研究阶段,直接进行详细可行性研究。

初步可行性研究的内容与详细可行性研究大致相同,只是工作的深度和要求的精度不一样。初步可行性研究投资估算的误差一般在 ±20%,研究费用一般占投资的 0.25%~1.0%。

(3) 详细可行性研究

详细可行性研究也称为最终可行性研究,是工程项目投资决策的基础,为项目投资决策提供技术、经济、社会和环境方面评价依据。它的目的是通过深入细致的技术经济分析,进行多方案选优,并提出结论性意见。它的重点是对项目进行财务效益和经济效益评价,经过多方案的比较,选择最佳方案,确定项目投资的最终可行性和选择依据标准。

详细可行性研究要求有较高精度,它的投资估算误差要求为 ±10%,小型项目研究费用约占投资的 1.0%~3.0%,大型项目为 0.2%~1.0%。

在实际工作中,可行性研究的三个阶段未必十分清晰。有些小型和简单项目,常把机会研究与初步可行性研究合二为一。在我国,许多项目的前两个阶段与详细可行性研究工作也常常是交织在一起进行的。因此,下面介绍的可行性研究主要是指详细可行性研究。

(4) 项目可行性研究报告的评估

项目可行性研究报告的评估是投资决策部门组织或委托有资质的工程咨询公司、有关专家对工程项目可行性研究报告进行全面的审核和评估。它的任务是通过分析和判断项目可行性研究报告的正确性、真实性、可靠性和客观性,对可行性报告进行全面的评价,提出项目是否可行,并确定最佳的投资方案,为项目投资的最后决策提供依据。评估报告主要包括:项目概况,主要是说明项目的基本情况,提出综合结论意见;评估意见,是对可行性研究报告的各项内容提出的评估意见及综合结论意见;问题和建议,主要是指出可行性报告中存在或遗留的重大问题、潜在风险,解决问题的途径和方法,建议有关部门采取的措施和方法,并提出下一步工作的建议。

2) 可行性研究的步骤

工程项目的可行性研究,涉及许多专业学科,往往要进行多学科的论证。所以,较大项目的可行性研究组,需要由技术、经济、工艺、土建、财会、系统工程以及程序设计等方面的专家组成。可行性研究的工作程序如下:

(1) 筹划准备。项目建议被批准后,建设单位即可组织或委托有资质的工程咨询公司对拟建项目进行可行性研究。双方应当签订合同协议,协议中应明确规定可行性研究的工作范围、目标、前提条件、进度安排、费用支付方法和协作方式等内容。建设单位应当提供项目建议书和项目有关的背景材料、基本参数等资料,协调、检查监督可行性研究工作。可行性研究的承担单位在接受委托时,应了解委托者的目标、意见和具体要求,收集与项目有关的基础资料、基本参数、技术标准等基准依据。

（2）调查研究。调查研究包括市场、技术和经济三个方面内容,如市场需求与市场机会、产品选择、需要量、价格与市场竞争;工艺路线与设备选择;原材料、能源动力供应与运输;建厂地区、地点、场址的选择,建设条件与生产条件等。对这些方面都要作深入的调查,全面地收集资料,并进行详细的分析研究和评价。

（3）方案的制订和选择。这是可行性研究的一个重要步骤,在充分的调查研究的基础上制定出技术方案和建设方案,经过分析比较,选出最佳方案。在这个过程中,有时需要进行专题性辅助研究,有时要把不同的方案进行组合,设计成若干个可供选择的方案,这些方案包括产品方案、生产经济规模、工艺流程、设备选型、车间组成、组织机构和人员配备等方案。在这个阶段有关方案选择的重大问题,都要与建设单位进行讨论。

（4）深入研究。对选出的方案进行详细的研究,重点是在对选定的方案进行财务预测的基础上,进行项目的财务效益分析和国民经济评价。在估算和预测工程项目的总投资、总成本费用、销售税金及附加、销售收入和利润的基础上,进行项目的盈利能力分析、清偿能力分析、费用效益分析和敏感性分析、盈亏分析、风险分析,论证项目在经济上是否合理有利。

（5）编制可行性报告。在对工程性能进行了技术经济分析论证后,证明项目建设的必要性、实现条件的可能性、技术上先进可行和经济上合理有利,即可编制可行性研究报告,推荐一个以上的项目建设方案和实施计划,提出结论性意见和重大措施建议供决策单位作为决策依据。

可行性报告有它特有的要求和格式,在编制时应注意以下几点:

① 要重点阐明工程项目的意义、必要性和重要性,突出针对性。

② 要注意表达的精确性。这是编制可行性意见报告时应特别注意的问题,在可行性报告中不应采用模糊不清的表达方式,如"基本上能够达到"、"如果这一点可能的话,还是比较有把握的"等。

③ 编写可行性报告应严肃认真。运用语言文字要标准,不使用不规范的字或词。

④ 可行性研究报告要注意内容的系统化和格式的规范化。由于工程项目的可行性研究报告是由多种专业人员或多个单位协作完成的,各个单项研究报告又可能由多人编写,因此,应根据工作程序、性质和内容,事前提出各项的具体要求、统一编写的方法和内容安排。

⑤ 可行性研究报告要注意形式的规范化。参考文献条目要按照国家标准规定的格式书写。

2.4.5 可行性研究报告的内容

工程项目种类繁多,建设要求和建设条件也各不相同,因此项目可行性研究的

内容也各有侧重。但是,根据可行性研究的实践,各类工程项目研究的基本内容还是相同的,主要包括以下基本10个方面:

(1) 总论

① 工程项目概况。工程项目的名称,主办单位,承担可行性研究的单位,工程项目提出的背景,投资的必要性和经济意义,调查研究的依据、范围、主要过程等。

② 研究结果概要。

③ 存在的问题和建议。

(2) 市场需求情况和拟建规模

市场需求预测是工程项目可行性研究的重要环节。通过市场调查和预测,了解市场对项目产品的需求程度和发展趋势,是进行是否投资和投资规模决策的重要依据。

① 调查国内市场近期需求状况,预测未来趋势;

② 估算国内现有工厂生产能力;

③ 分析产品价格和竞争能力,预测产品销售前景(含进入国际市场);

④ 确定拟建工程项目的规模,论述产品方案,比较和分析其发展方向的技术经济。

(3) 资源、原材料、燃料及公用设施情况

① 经过正式批准的资源储量、品位、成分以及开采、利用条件的评述;

② 所需原料、辅助材料、燃料的种类、数量、来源和供应可能,有毒、有害及危险品的种类、数量、质量及其来源和供应的可能性和储运条件;

③ 所需公用设施的数量、供应方式和条件、外部协作条件。

(4) 建厂条件和厂址方案

① 建厂的地理位置、气象、水文、地质、地形条件和社会经济现状;

② 交通、运输及水、电、气的现状和发展趋势;

③ 对厂址进行多方案的技术经济分析和比较,提出选择意见。

(5) 项目设计方案

① 项目的构成范围,单项工程的组成、技术来源和生产方法、主要技术工艺和设备选型方案的比较,引进技术、设备的来源国别,设备的国内外比较与外商合作制造方案设想;

② 全厂布置方案的初步选择和土建工程量估算;

③ 公用辅助设施和厂内外交通运输方式的比较和初步选择。

(6) 环境保护

① 对项目建设地区的环境状况进行调查,分析拟建项目的"三废"种类、成分和数量,对环境影响的范围和程度;

② 治理方案的选择和废物回收利用情况;

③ 对环境影响的评价。

（7）生产组织、劳动定员和人员培训

① 全厂生产管理体制、机构的设置,对选择的方案的论证;

② 劳动定员的配备方案;

③ 人员培训规划和费用估算。

（8）项目的实施计划和进度要求

实施计划可用甘特图和网络图来表示。

① 勘察设计的周期和进度要求;

② 设备订货、制造时间要求;

③ 工程施工进度;

④ 调试或投产时间;

⑤ 整个工程项目的实施方案和总进度的选择方案。

（9）国民经济评价和财务评价

① 总投资费用、各项建设支出和流动资金的估算;

② 资金来源、筹集方式,各种资金来源所占的比例,资金的数量和筹措成本;

③ 生产成本的计算:总生产成本、单位生产成本;

④ 进行财务评价与国民经济评价。

（10）综合评价与结论、建议

① 运用各项数据,从技术、经济、社会、财务等各个方面论述工程项目的可行性,推荐一个或几个可行方案;

② 存在的问题和建议。

根据我国的规定,在依法必须进行招标的工程建设项目中,按照工程建设项目审批管理规定,凡应报送项目审批部门审批的,必须在报送的项目可行性研究报告中增加有关招标的内容。增加的内容主要是,项目的勘察、设计、施工、监理以及重要设备、材料等采购活动的具体招标范围、拟采用的招标组织形式、招标方式以及其他有关的内容。所增加的招标内容,作为可行性研究报告的附件与可行性研究报告一同报送。

2.4.6 可行性研究的深度要求

（1）应能充分反映可行性研究工作的成果,内容要齐全,结论要明确,数据要准确,论据要充分,能满足决策单位或投资人的要求;

（2）选用主要的设备、参数应能满足预订货的要求,引进技术设备的资料应满足合同谈判的要求;

（3）重大技术经济方案,应对两个以上的方案进行比选;

（4）确定的主要工程技术参数,应满足初步设计依据的要求;

（5）投资估算深度应满足投资控制准确度要求；

（6）构造的融资方案应能满足银行等金融机构信贷决策的需要；

（7）应反映在可行性研究中出现的某些方案的重大分歧及未被采纳的理由，以供委托单位或投资人权衡利弊进行决策；

（8）应附有评估、决策审批所必需的合同、协议、意向书、政府批件等。

2.4.7 项目可行性研究报告的报批

2004年7月，国务院颁发了《国务院关于投资体制改革的决定》(国发〔2004〕20号)，对原有投资体制进行了改革，确立了企业的投资主体地位，彻底改变以往"不分投资主体、不分资金来源、不分项目性质，一律按投资规模大小，分别由各级政府及有关部门审批"的投资管理办法，对于不使用政府资金投资的项目，一律不再实行审批制，区别不同情况实行核准制和备案制，即：对于政府投资项目或使用政府性资金、国际金融组织和外国政府贷款投资建设的项目，继续实行审批制，需报批可行性研究报告。凡不使用政府性投资资金（国际金融组织和外国政府贷款属于国家主权外债，按照政府性投资资金项目管理办法管理）的项目，一律不再实行审批制，区别不同情况实行核准制和备案制，无需报批项目可行性研究报告。

1）审批制

政府投资的方式主要有以下三种：一是直接投资，政府从财政预算中进行财政性拨款，直接用于投资建设项目；二是资本金注入，政府作为投资方注入资本金，一般实行委托或成立投资公司实行股权托管；三是投资补助和贷款贴息。

政府投资的范围主要集中在关系到国家安全和市场不能有效配置的经济和社会领域，包括公益性和公共基础设施建设、生态环境保护和改善等，政府投资一般不进入竞争性领域。

对于政府直接投资和以资本金注入方式投资建设的项目，仍然采用"审批制"，但只审批项目建议书和可行性研究报告，一般不再审批开工报告（大型项目例外）。具体而言，继续审批项目建议书和可行性研究报告的建设项目包括以下几类：

（1）采用政府直接投资和资本金注入方式的建设项目，由国家发展和改革委员会审批或由国家发展和改革委员会审核报国务院审批；地方政府投资项目由国家发展和改革委员会审批。

（2）使用中央预算内投资、中央专项建设资金、中央统还国外贷款5亿元及以上的项目，由国家发展和改革委员会审核报国务院审批。

（3）使用中央预算内投资、中央专项建设资金、统借自还国外贷款的总投资50亿元及以上的项目，由国家发展和改革委员会审核报国务院审批。

（4）对于借用世界银行、亚洲开发银行、国家农业发展基金会等国际金融组织贷款和外国政府贷款及与贷款混合使用的赠款、联合融资等国际金融组织和外国政府贷款投资项目,根据中华人民共和国发展和改革委员会发布的《国际金融组织和外国政府贷款投资项目管理暂行规定》(国家发展和改革委员会令第28号,2005年2月28日)规定:

① 由中央统借统还的项目,按照中央政府直接投资项目进行管理,其项目建议书由国家发展和改革委员会审批或审核后报国务院审批。

② 由省级政府负责偿还或提供还款担保的项目,按照省级政府直接投资项目进行管理,其项目审批权限,按照国务院及国家发展和改革委员会的有关规定执行。除应当报国务院及国家发展和改革委员会审批的项目外,其他项目的建议书均由省级发展和改革委员会审批,审批权限不得下放。

对于政府采用投资补助和贷款贴息方式支持的项目,政府只审批资金申请报告。安排给单个投资项目的投资补助或贷款贴息原则上不超过2亿元,超过该额度的,按直接投资或资本金注入方式管理,审批可行性研究报告。安排给单个投资项目的中央预算内投资金额超过3 000万元,且占项目投资总额50%以上的,也按直接投资或资本金注入方式管理,审批可行性研究报告。3 000万元以下的,一律按投资补助和贷款贴息管理,只审批资金申请报告。

2) 核准制

对于不使用政府性资金的项目不再实行审批制。但是,出于维护社会公共利益的目的,政府需要根据《政府核准的投资项目目录》对重大和限制类固定资产投资项目实行核准制。对于其他项目,无论规模大小均采用备案制。

《政府核准的投资项目目录》对核准制的适用范围做了说明,即核准制适用于不使用政府性资金建设的重大和限制类固定资产投资项目。《政府核准的投资项目目录》中规定"由国务院投资主管部门核准"的项目,由国务院投资主管部门会同行业主管部门核准,其中重要项目报国务院核准;"由地方政府投资主管部门核准"的项目,由地方政府投资主管部门会同同级行业主管部门核准。省级政府可根据当地情况和项目性质,具体划分各级地方政府投资主管部门的核准权限,但《政府核准的投资项目目录》明确规定"由省级政府投资主管部门核准"的项目,其核准权限不得下放。

实行核准制的企业投资项目,政府不再审批项目建议书、可行性研究报告和开工报告。项目单位首先分别向城乡规划、环境保护和国土资源部门申请办理项目选址、环境影响评价和用地预审等审批手续,然后向发展改革委等项目核准部门报送项目申请书,并附项目选址意见书、环境影响评价审批文件和用地预审意见书。项目申请书主要是对该项目"外部性"和"公共性"作出评价,可视为可行性研究报告的简化版,不再包括投资项目市场前景、经济效益、产品技术方案等应由投资者自主判断决策的内容,仅保留原可行性研究报告中"需政府决策"的内容,即对投资项目的合法性、环境和生态影响、经济和社会效果、资源利用和能源消耗等方面进行分析。

根据《企业投资项目核准暂行办法》，发展改革委等项目核准部门在受理项目核准申请后，有权委托有资质的咨询机构对该投资项目进行评估，征求该投资项目涉及的其他行业主管部门的意见、征求公众意见、进行专家评议。

3）备案制

除国家法律法规和国务院专门规定禁止投资的项目外，不使用政府性资金投资建设和《政府核准的投资项目目录》以外的项目适用备案制。对于适用备案制的投资项目，项目单位必须首先向发展改革委员会等部门办理备案手续，然后分别向城乡规划、环境保护和国土资源部门申请办理项目选址、环境影响评价和用地预审等审批手续。

虽然适用于核准制和备案制的企业投资项目不需要报送并审批项目建议书和可行性研究报告，但企业一般仍应编制可行性研究报告，作为项目决策、申请贷款和初步设计的依据。在审批制条件下，可行性研究报告的功能主要表现为报请政府主管部门审批的依据，也是向银行申请贷款、委托设计单位进行初步设计的依据。在核准制和备案制条件下，可行性研究报告的功能首先是作为投资方的企业进行投资决策的依据，其次是向银行申请贷款和委托设计单位进行初步设计的依据，它已不再具有作为报请政府主管部门审批依据的功能。因此，适用于审批制的投资项目，可行性研究报告的内容比较全面，不仅包括市场预测、产品方案、技术方案、投资估算、融资方案、财务评价等反映项目内在情况的分析，还包括对资源条件、环境影响、经济影响和社会影响等外部影响的论证。而对于适用核准制和备案制的投资项目，可行性研究报告主要是对项目内在情况的分析，外部性问题可不再论证。

2.5 工程项目的经济评价

工程项目经济评价是可行性研究的有机组成部分和重要内容，是项目或方案抉择的主要依据之一。经济评价的任务是在完成市场需求预测、厂址选择、工艺技术方案选择等可行性研究的基础上，运用定量分析与定性分析相结合、动态分析与静态分析相结合、宏观效益分析与微观效益分析相结合的方法，计算工程项目投入的费用和产出的效益，通过多方案比较，对拟建项目的经济可行性和合理性进行分析论证，做出全面的经济评价。

可行性研究的经济评价包括财务评价、国民经济评价和社会评价三个层次。财务评价是根据国家现行财税制度和现行价格，分析计算拟建项目的投资、费用、盈利状况、清偿能力及外汇效果，以反映项目本身的财务可行性。各投资者可以根据财务评价的结论来衡量项目的风险程度,并决定项目是否值得投资兴建。国民经济评价是从国民经济的整体角度,运用影子价格、影子工资、影子汇率、社会折现率等经济参数,分析计算项目需要国家付出的代价和对国家的贡献,考察投资的经济合理性和宏观可行性。决策机关可以根据国民经济评价的结论,考虑项目的取舍。社会评价是分析工程项目对于实现人类发展目标,包括促进人类文明进步和环境保护所做的贡献与影响的活动。

2.5.1 工程项目财务评价

所有的工程项目均应进行财务评价。对费用收益计算比较简单、建设期和生产期比较短、不涉及进出口的项目,当财务评价的结果能够满足最终决策的需要时,可以只进行财务评价,不进行国民经济评价。这时,项目的决策即以项目的财务评价为依据。

1) 工程项目财务分析的内容

工程项目财务分析的内容主要包括:

(1) 盈利能力分析。盈利能力分析,就是分析和预测工程项目计算期的财务盈利能力和盈利水平。企业是一个自负盈亏的经济实体,盈利水平是它进行项目决策的最基本条件。

(2) 偿债能力分析。偿债能力分析主要是考察计算期内各年的财务状况及清偿能力。除资本金外,工程项目一般都借入相当数量的资金,对这部分负债要进行偿还,所以清偿能力分析是财务评价的主要内容之一。清偿能力也是债权人提供贷款的决策依据。

(3) 外汇效果分析。外汇效果分析,只要求对涉及外汇收支的项目进行,它是分析考察各年外汇余缺程度,以衡量项目的创汇能力。

(4) 风险分析。分析项目的各种不确定因素和随机因素以及它们对项目经济效果的影响程度,以预测项目可能承担风险的大小。

2) 财务评价的程序

工程项目的财务评价是在项目市场调查研究和技术研究的基础上进行的。它主要是利用有关的基础数据,通过编制财务报表、计算财务评价指标对项目财务进行分析,并做出评价结论。其主要的工作程序如下:

(1) 收集、整理基础数据。根据项目的市场研究和技术研究结果、现行价格体系及财税制度进行财务预测和计算,获得财务基础数据。这些数据主要包括:项目投资总额和分年度投资支出额;项目资金的数额、来源方式,以及分年度还本付息数额;产品的总成本、经营成本、单位产品成本等;分年度产品销售数量、销售收入、销售税金和销售利润以及利润的分配数额等。

(2) 编制基本财务报表。根据财务预测数据和计算结果,编制各种基本财务报表。

(3) 财务评价指标的计算和评价。根据基本财务报表的数据计算各财务评价指标,并与对应的评价标准或基准值进行对比,对项目的各项财务状况作出评价。

(4) 进行不确定性分析。基础财务数据是以预测为基础的,但是项目在实施和经营过程中具有许多不确定的因素,需要对这些不确定的因素进行分析,以分析项目可能面临的风险及项目在不确定的情况下的抗风险能力。常用的不确定性分析方法有盈亏平衡分析、敏感性分析、概率分析等。

(5) 财务评价结论。根据财务评价的结果,做出项目的财务可行性结论。

3) 财务评价中的基本报表

基本报表是进行财务指标计算的基础,常用的基本财务报表有:财务现金流量表、损益表、资金来源与运用表、资产负债表、财务外汇平衡表。

(1) 现金流量表

工程项目的现金流量系统是指将项目计算期内各年的现金流入与现金流出按照各自发生的时间顺序排列,表现为具有时间概念的现金流量系统。现金流量表是用表格形式表现工程项目现金流量系统,用以计算各项静态和动态评价指标,进行项目财务盈利能力分析。按投资计算基础的不同,现金流量表分为全部投资的现金流量表和自有资金现金流量表。

① 全部投资的现金流量表

全部投资的现金流量表中有以下内容:

a. 现金流入。现金流入是产品销售收入、回收固定资产余值、回收流动资金三项之和。产品的销售收入根据产品的销售量和销售价格计算。当项目折旧年限与计算期中生产经营期限相同时,固定资产余值即为固定资产残值。流动资金回收在计算期末填列。

b. 现金流出。现金流出包括投资、成本、税金。

c. 净现金流量。项目计算期内各年的净现金流量,是指各年现金流入和现金流出的代数和,通常现金流入取正号,现金流出取负号。各年累计净现金流量为本年及以前各年净现金流量之和。

d. 所得税前净现金流量,为上述净现金流量加所得税之和。

② 自有资金现金流量表

自有资金流量表是从自有资金角度出发,评价分析自有资金投入的经济效益。它以投资者的出资额作为计算的基础,把借款本金偿还和利息支付作为现金流出,用以计算自有资金财务内部收益率、财务净现值等指标。其表格格式和全部投资现金流量表差别不大,产品销售收入、回收固定资产余值、回收流动资金、产品成本、税金等的计算及来源与全部投资现金流量表的对应各项相同。

(2) 损益表的编制

损益表反映工程项目计算期内各年的利润总额、所得税及税后利润分配情况。它用来计算投资利润率、投资利税率、投资回收期等静态评价指标,说明计算期内各年的盈利和亏损状况。其中,产品销售收入、销售税金及附加、总成本费用的各年度数据分别取自相应的辅助报表。

利润总额 = 产品销售收入 − 销售税金及附加 − 总成本费用

所得税 = 应纳税所得额 × 所得税税率

税后利润 = 利润总额 − 所得税

税后利润一般在扣除被没收的财物损失,支付各项税收滞纳金、罚款和弥补以前年度亏损后按法定盈余公积金、公益金、向投资者分配利润的顺序分配。应付利润是指向投资者分配的利润。未分配利润是指可供分配利润减去盈余公积金和应付利润的余额。

(3) 资金来源与运用表的编制

资金来源与运用表反映工程项目计算期内各年的资金的盈余或短缺情况,用于选择资金筹措方案,制定适宜的借款及偿还计划,并为编制资产负债表提供依据。

资金来源与运用表能反映项目的资金活动全貌,它的内容包括:资金来源情况,主要是利润总额、折旧费、摊销费、长期借款、流动资金借款、短期借款、自有资金、回收固定资产余值、回收流动资金等;资金运用,主要有固定资产投资、建设期利息、流动资金、所得税、应付利润、长期借款本金偿还、流动资金借款本金偿还、其他短期借款本金偿还;盈余资金;累计盈余资金。

(4) 资产负债表

资产负债表反映项目计算期内各年末资产、负债和所有者权益的增减变化及对应关系,用以计算资产负债率、流动比率及速动比率,考察项目资产、负债、所有者权益的结构是否合理,进行清偿能力分析。

资产负债表是根据"资产 = 负债 + 所有者权益"这一基本公式,并按照一定的分类标准和顺序把项目在某特定日期的资产、负债与所有者权益以适当编排而成。资产由流动资产、在建工程、固定资产净值、无形资产及递延资产净值四项组成。负债包括流动负债和长期负债。所有者权益包括资本金、资本公积金、累计盈余公积金和累计未分配利润。表格的主要内容包括:流动资金总额、应收账款、存货、现金;累计盈余资金;在建工程;固定资产净值;无形及递延资产净值;应付账款;流动资金借款、其他短期借款、长期借款;资本金;资本公积金;累计盈余公积金;累计未分配利润等。

(5) 财务外汇平衡表

财务外汇平衡表主要适用于有外汇收支的项目,它反映项目计算期内各年外汇余缺程度,用于进行外汇平衡分析。

4）盈利能力分析

盈利能力分析是通过计算反映项目盈利能力的评价指标来进行的。盈利能力指标按是否考虑货币的时间因素,可分为静态指标和动态指标。

(1) 静态指标

所谓静态指标,就是在不考虑资金时间价值前提下,对项目或方案的经济效果所进行的经济计量与度量。财务评价中主要有下列几个静态指标。

① 投资回收期

投资回收期是指以项目的净收益抵偿全部投资(包括固定资产投资和流动资金)所需的时间。它是考察项目在财务上的投资回收能力的重要静态评价指标。投资回收期通常自建设开始年算起,如从投产年算起时,应予以注明。投资回收期(P_t,以年表示)的计算公式为:

$$\sum_{t=1}^{P_t}(CI_t - CO_t) = 0$$

式中:P_t——静态投资回收期(年);

CI_t——第 t 年现金流入量;

CO_t——第 t 年现金流出量。

投资回收期可用财务现金流量表(全部投资累计净现金流量)计算求得。计算公式为:

投资回收期 P_t = 累计净现金流量开始出现正值年数 − 1
+ (上年累计净现金流量的绝对值/当年净现金流量)

将项目财务评价求出的投资回收期(P_t)与部门或行业的基准投资回收期(P_c)比较,当 $P_t < P_c$ 时,应认为项目在财务上是可以考虑接受的。

投资回收期计算简单、直观,容易理解,但由于没有考虑项目回收资金以后的情况,不能评价项目计算期内的总收益和盈利能力,所以通常不能仅仅根据投资回收期的长短来评价项目的优劣,而应结合其他指标来评价。

② 总投资收益率

总投资收益率一般是指项目达到设计生产能力后正常生产年份的息税前利润与项目总投资的比率。对生产期内各年的息税前利润变化幅度较大的项目,应计算生产期年平均息税前利润与总投资的比率。其计算公式为:

$$总投资收益率 = \left(\frac{正常年份息税前利润或年均息税前利润}{项目总投资}\right) \times 100\%$$

年息税前利润 = 年产品销售收入 − 年产品销售税金及附加 − 年总成本费用

总投资 = 固定资产投资 + 投资方向调节税 + 建设期利息 + 流动资金

总投资收益率可根据损益表中的有关计算得到。在财务评价中,将项目的总投资收益率与行业平均投资收益率作对比,来判别项目单位投资盈利能力是否达到本行业的平均水平。

③ 资本金净利润率

资本金净利润率是指项目达到正常生产能力后正常生产年份的净利润或项目生产经营期内年均净利润与项目资本金的比率,它反映投入项目的资本金的盈利能力。其计算公式为:

$$资本金净利润率 = \left(\frac{正常年份净利润或年平均净利润}{项目资本金}\right) \times 100\%$$

当资本金利润率大于或等于行业的平均资本金利润率时,对投资决策将起到正面的作用。

(2) 动态指标

所谓动态指标,就是在考虑资金时间价值情况下,对项目或方案的经济效益所进行的计量与度量。与静态指标相比,动态指标的特点是能够动态地反映项目在整个计算期内的资金运动情况,包括投资回收期以后若干年的经济效益、项目结束时的资产余值及流动资金的回收等。

动态指标的计算是建立在资金等值换算的基础上,即将不同时点的资金流入与资金流出换算成同一时点的价值,为不同方案和不同项目的经济比较提供了可比的基础。常用的财务评价动态指标主要有:

① 财务净现值(FNPV)

财务净现值是指项目按行业的基准收益率或设定的折现率,将项目计算期内各年的净现金流量折现到建设起点的现值之和。它是反映项目在计算期内盈利能力的动态指标。其表达式为:

$$FNPV = \sum_{t=1}^{n}(CI_t - CO_t)(1 + i_c)^{-t}$$

式中:CI_t——第 t 年现金流入量;

CO_t——第 t 年现金流出量;

i_c——财务基准收益率或设定的收益率;

n——计算期。

财务净现值可通过现金流量表计算得到。当财务净现值大于或等于零时,说明项目达到基准收益率水平外还有多余的资金现值,项目是可以考虑接受的。在选择方案时,应选择净现值大的方案,但当各方案投资额不同时,由于净现值不能反映单位投资的效果,还应计算净现值率指标。

财务净现值率是项目财务净现值与全部投资现值的比值,也就是单位投资现

值的净现值,它是反映项目效果的相对指标。其计算公式为:

$$FNPVR = \frac{FNPV}{I_p}$$

式中:$FNPVR$——财务净现值率;

I_p——总投资的现值。

② 财务内部收益率(FIRR)

财务内部收益率是指项目在计算期内各年净现金流量的现值累计等于零时的折现率。它反映项目所占用资金的盈利率,是考察项目盈利能力的主要动态指标。财务内部收益的计算公式为:

$$FNPV = \sum_{t=1}^{n}(CI_t - CO_t)(1 + FIRR)^{-t} = 0$$

式中:$FIRR$ 表示财务内部收益率,其他符号的含义均与财务净现值计算公式中的符号含义相同。

财务内部收益率是使项目的现金流入的现值等于项目现金流出的现值的折现率,可以根据这个含义用试算法求得。通过试算,利用以下插值公式计算:

$$FIRR = i_1 + \frac{FNPV(i_1)}{FNPV(i_1) - FNPV(i_2)}(i_2 - i_1)$$

式中:i_1——试算时的低折现率,使财务净现值为正值,且接近于零;

i_2——试算时的高折现率,使财务净现值为负值,且接近于零;

$FNPV(i_1)$——低折现率时的财务净现值(正值);

$FPNV(i_2)$——高折现率时的财务净现值(负值)。

在采用插值公式时,要使 $FNPV(i_1)$ 和 $FPNV(i_2)$ 都要相当接近于零,以保证 i_1 与 i_2 的差值不过大,差值越小,计算的精确度越高,通常 i_1 与 i_2 的差值不应大于 5%。

在进行财务评价时,将求出的财务内部收益率与行业的基准收益率或设定的收益率进行比较,当 $FIRR \geq i_c$ 时,可以认为项目在财务上是可行的。

5) 偿债能力分析

项目偿债能力分析主要是通过编制借款还本付息计划表、利润与利润分配表,计算利息备付率、偿债备付率、借款偿还期等指标,反映项目的借款偿还能力,并通过编制资产负债表,计算资产负债率、流动比率、速动比率等指标,考察项目的财务状况。

(1) 利息备付率和偿债备付率

通常,项目债务融资的贷款期限已预先约定,这时可以根据年利率、还款方式等条件,计算利息备付率和偿债备付率,以考察项目偿还利息或债务的保障能力。

① 利息备付率

$$利息备付率 = \frac{息税前利润}{应付利息}$$

$$= \frac{(利润总额 + 应付利息)}{应付利息}$$

式中,应付利息是指计入总成本的全部利息。

利息备付率可以分年计算,也可以按整个借款期计算,分年计算的结果更能反映项目的偿债能力。利息备付率至少应大于1,一般不低于2;若低于1则表示没有足够的资金支付利息,偿债风险很大。

② 偿债备付率

$$偿债备付率 = \frac{可用于还本付息的资金}{应还本付息额}$$

式中,可用于还本付息的资金是指息税折旧摊销前利润(息税前利润加上折旧和摊销)减去所得税后的余额,即包括可用于还款的利润、折旧和摊销,以及在成本中列支的利息费用;应还本付息额包括还本金额及计入成本的利息额。

偿债备付率应分年计算。偿债备付率至少应大于1,一般不宜低于1.3;若低于1则表示没有足够的资金偿还当期债务,偿债风险较大。

(2) 借款偿还期

借款偿还期是分析项目清偿能力的主要指标,是在国家财税规定及项目计算方案的具体财务条件下,以项目投产后可用于还款的收益(利润、折旧、摊销费及其他收益)来偿还建设投资借款本金和利息所需的时间。其表达式为:

$$I_d = \sum_{t=1}^{P_d}(B + D + R_o - B_r)_t$$

式中:I_d——投资借款本金和利息(不包括已用自有资金支付的部分)之和;

P_d——借款偿还期(从借款开始年计算;当从投产年算起时,应注明);

B——第t年可用于还款的利润;

D——第t年可用于还款的折旧和摊销;

R_o——第t年可用于还款的其他收益;

B_r——第t年企业留利。

在实际工作中,借款偿还期可由资金来源与运用表和国内借款还本付息计算表直接推算得到,以年表示。其具体推算公式如下:

$$P_d = T - t + \frac{R'_T}{R_T}$$

式中：T —— 借款后开始出现盈余年份数；
t —— 开始借款年份数；
R'_T —— 第 T 年偿还借款额；
R_T —— 第 T 年可用于还款的资金额。

借款偿还期满足贷款机构的要求期限时，可认为项目是有清偿能力的。

涉及外资的项目，其国外借款部分的还本付息应按相应的借款偿还条件（包括偿还方式及偿还期限）计算。

(3) 资产负债率

资产负债率是指一定时点上负债总额与资产总额的比率，表示总资产中有多少是通过负债得来的。它是评价项目负债水平的综合性指标，反映项目利益债权人提供资金进行经营活动的能力，并反映债权人发放贷款的安全程度。资产负债率可由资产负债表求得，其计算公式为：

$$资产负债率 = \left(\frac{负债总额}{资产总额}\right) \times 100\%$$

一般认为，过高的资产负债率表明企业财务风险太大，而过低的资产负债率则表明企业对财务杠杆利用不够，适宜的水平在 40%~60% 左右。对于经营风险较高的企业，例如高科技企业，为减少财务风险应选择比较低的资产负债率；对于经营风险低的企业，例如供水、供电企业，资产负债率可以较高；我国交通、运输、电力等基础设施行业，资产负债率平均为 50%，加工业为 65%，商贸业为 80%。

需要指出的是，资产负债率可以在长期债务还清后不再计算。

(4) 流动比率

流动比率是指一定时点上流动资产与流动负债的比率，反映项目流动资产在短期债务到期以前可以变为现金用于偿还流动负债的能力。流动比率可以由资产负债表求得，其计算公式为：

$$流动比率 = \frac{流动资产总额}{流动负债总额}$$

国际公认的标准比率为 2.0，理由是变现能力差的存货通常占流动资产总额的一半左右。行业间流动比率会有很大差异，行业周期较长的流动比率应相应提高。

(5) 速动比率

速动比率是指一定时点上速动资产与流动资产的比率，反映项目流动资产中可以立即用于偿付流动负债的能力。速动比率可由资产负债表求得，其计算公式为：

$$速动比率 = \frac{流动资产总额 - 存货}{流动负债总额}$$

国际公认的标准比率为 1.0。在有些行业，例如小型零售商很少有赊销业务，故很少有应收账款,因此速动比率低于一般水平,但并不意味着缺乏流动性。

6) 财务生存能力分析

财务生存能力分析主要是考察项目在整个计算期内的资金充足程度,分析财务可持续性,判断项目在财务上的生存能力。对于非经营性项目,财务生存能力分析还兼有寻求政府补助维持项目持续营运的作用。

财务生存能力分析主要是通过编制财务计划现金流量表,同时兼顾借款还本付息计划和利润分配计划进行,应从下面两方面加以分析。

(1) 是否有足够的净现金流量维持正常运营

根据财务计划现金流量表考察项目在计算期内各年的投资、融资和经营活动,通过计算净现金流量和累计盈余资金,分析项目是否有足够的净现金流量来维持正常经营。拥有足够的净现金流量是财务上可持续的基本条件,特别是在项目的运营初期,更要注意维持项目的资金平衡。

(2) 各年累计盈余资金不出现负值是财务上可持续的必要条件

在整个运营期内,允许个别年份的净现金流量出现负值,但不能允许任一年的累计盈余资金出现负值。一旦出现累计盈余资金为负值的年份,则要分析能否通过适当的调整满足财务上可持续的必要条件。例如,可以通过调整还款计划或融资方案,减少当年还本付息的负担;可以调整利润分配计划,以保证一定数量的累计盈余资金;也可以通过短期融资,以维持累计盈余资金不出现负值。

2.5.2 项目国民经济评价

国民经济评价(又称经济分析)是项目经济评价的重要组成部分。它是按照资源合理配置的原则,采用影子价格、影子工资、影子汇率和社会折现率等国民经济评价参数,从国家整体角度考察和确定项目的效益和费用,分析计算项目对国民经济带来的净贡献,以评价项目经济上的合理性。

项目的财务评价是国民经济评价的基础,国民经济评价是决定工程项目是否可行的主要依据。项目财务评价和国民经济评价各有其任务和作用,一般以国民经济评价的结论作为项目或方案取舍的主要依据。

对建设期和生产期较短、不涉及进出口平衡的项目,如其财务评价结果能满足最终决策的需要时,可以不做国民经济评价。对国计民生有重大影响的、投资规模较大的重大项目,应做国民经济评价。

1) 国民经济评价的作用

(1) 正确反映项目对社会福利的净贡献,评价项目的经济合理性

由于企业利益与国家和社会利益不总是一致的,因此基于企业(项目)利益的财务评价至少在几个方面难以全面正确地反映项目的经济合理性:国家给予项目的补贴;企业向国家缴纳的税金;某些货物市场价格的扭曲;项目的外部效果(间

接效益和间接费用)等。因而需要按照资源合理配置的原则,从国家(社会)的角度判断项目对社会福利的净贡献。

(2) 为政府合理配置资源提供依据

在现行的经济体制下,需要政府在资源配置中发挥调节作用,国民经济评价的结果将有助于政府做出资源配置决策。即对于那些本身财务效益好,但经济效益差的项目实行限制,而对那些本身财务效益差,但经济效益好的项目予以鼓励。

(3) 政府审批或核准项目的重要依据

在新的投资体制下,国家对项目的审批和核准的重点放在项目的外部性、公共性方面。而国民经济评价强调对项目的外部效果进行分析,因此可以作为政府审批或核准项目的重要依据。

(4) 为市场化运作的基础设施等项目提供财务方案的制定依据

对部分或完全市场化运作的基础设施,例如桥梁、公路、隧道等项目,可通过国民经济评价来论证项目的经济价值,为制定财务方案提供依据。

(5) 有利于实现企业利益、地区利益和全社会利益有机地结合和平衡

国家实行审批和核准的项目,应当特别强调要从社会经济的角度评价和考察,支持和发展对社会经济贡献大的产业项目。正确运用国民经济评价方法,在项目决策中可以有效地避免盲目建设、重复建设项目,有效地将企业利益、地区利益和全社会利益有机地结合起来。

2) 国民经济评价的内容和步骤

并非所有项目都要做国民经济评价,例如依赖市场自行调节的行业项目,政府不必参与具体的项目决策,而由投资者通过财务评价自行决策,因此这类项目不必进行国民经济评价。而有些项目由于市场配置资源的失灵或者需要由政府进行干预,这类行业的建设项目必须进行国民经济评价。

需要进行国民经济评价的建设项目有:具有自然垄断特征的项目;产出具有公共产品特征的项目;外部效果显著的项目(如对环境和公共利益影响重大的项目);国家控制的战略性资源开发和关系国家经济安全的项目;受过度行政干预的项目;国家及地方政府参与投资的项目(如交通运输、农林水利、基础产业建设项目)等。

国民经济评价包括国民经济盈利能力分析、外汇效果分析和外部效果分析等内容。它以经济内部收益率为主要指标,根据项目特点和实际需要,计算经济净现值等指标。对产品出口或替代进口节汇的项目,还要计算经济外汇净现值、经济换汇成本和经济节汇成本等指标。对外部效果可以进行定性分析。

国民经济评价可以直接进行,也可以在财务评价的基础上进行调整得到。在财务评价基础上进行调整的方法简便可行,常常被采用。一般的步骤为:

(1) 效益和费用范围的调整

主要是指剔除已计入财务效益和费用中的转移支付;识别项目的间接效益和

间接费用。

（2）效益和费用数值的调整

① 固定资产投资的调整。包括剔除属于国民经济内部转移支付的引进设备、材料的关税和增值税,并用影子价格、影子运费和贸易费用进行调整;用影子价格调整建筑费用,或通过建筑影子价格工程换算系数直接调整建筑费用;用土地的影子费用替代占用土地的实际费用;剔除涨价预备费;调整其他费用等工作。

② 流动资金的调整。调整由于流动资金估算的变动引起的流动资金占用量的变动。

③ 经营费用的调整。先用货物的影子价格、影子工资等参数调整费用要素。然后求和得到总的经营费用。

④ 销售收入的调整。先确定项目产出物的影子价格,然后重新计算销售收入。

⑤ 当项目涉及外汇借款时,用影子汇率计算外汇借款本金和利息的偿付额。

（3）编制项目国民经济效益费用流量表

编制项目国民经济效益费用流量表,并计算全部投资经济内部收益率和经济净现值指标。对使用国外贷款的项目,还应编制国民经济效益费用流量表(国内投资),并计算国内投资内部收益率和经济净现值指标。

（4）编制产出物出口或替代进口的项目经济评价表

有关产出物出口或替代进口的项目的经济评价要编制经济外汇流量表、国内资金流量表,计算经济外汇净现值、经济换汇成本和经济节汇成本。

3）国民经济评价的主要指标

（1）经济内部收益率(EIRR)

经济内部收益率是指项目在计算期内各年经济净效益流量的现值累计等于零时的折现率。它是反映项目对社会经济所做净贡献的相对指标,也表示项目占用资金所获得的动态净收益。其计算公式为：

$$\sum_{t=1}^{n}(B_t - C_t)(1 + EIRR)^{-t} = 0$$

式中：B_t——第 t 年效益流入量；

C_t——第 t 年费用流出量；

n——计算期。

经济内部收益率与社会折现率相比较,当经济内部收益率大于或等于社会折现率时,表明项目对社会经济的净贡献超过或达到了社会收益率的要求,应认为项目是可以接受的。

（2）经济净现值(ENPV)

经济净现值是指用社会折现率将项目计算期内各年的净效益折算到建设起点

(建设初期)的现值之和。它是反映项目对社会经济所做净贡献的绝对指标。其计算公式为:

$$ENPV = \sum_{t=1}^{n} (B_t - C_t)(1+i_s)^{-t}$$

式中:i_s——社会折现率。

其他符号的含义均与经济内部收益率表达式中的符号含义相同。

当经济净现值大于零时,表示社会经济为拟建项目付出代价后,除可得到符合社会折现率的补偿外,还可以得到以现值计算的超额社会盈余。所以,当经济净现值大于或等于零的项目,国民经济评价应认为是可以接受的。

(3) 经济外汇净现值($ENPV_f$)

经济外汇净现值是反映项目实施后对国家外汇收支直接或间接影响的重要指标,它用来衡量项目对国家外汇真正的净贡献或消耗水平。经济外汇净现值可通过经济外汇流量表计算得到。其计算公式为:

$$ENPV_f = \sum_{t=1}^{n} (FI_t - FO_t)(1+i_s)^{-t}$$

式中:FI_t——第 t 年外汇流入量;

　　　FO_t——第 t 年外汇流出量;

　　　n——计算期。

(4) 经济换汇成本

经济换汇成本是产品直接出口换取单位外汇需要消耗(投入)的国内资源。它是指用货物的影子价格、影子工资和社会折现率计算的为生产出口产品而投入的国内资源现值(以人民币表示)与生产出口产品的经济外汇现值(通常用美元表示)之比,即换取 1 美元外汇需要投入的人民币金额。其计算公式为:

$$经济换汇成本 = \frac{\sum_{t=1}^{n} DR_t (1+i_s)^{-t}}{\sum (FI'_t - FO'_t)(1+i_s)^{-t}}$$

式中:DR_t——项目在第 t 年为出口投入的国内资源(包括投资、原材料、工资、其他投入和贸易费用),单位为人民币;

　　　FI'_t——第 t 年生产出口产品的外汇流入,单位为美元;

　　　FO'_t——第 t 年生产出口产品的外汇流出(包括应由出口产品分摊的固定资产投资和经营费用中的外汇流出),单位为美元;

　　　n——计算期。

经济换汇成本是分析项目的产品出口对国民经济是否真正有益。它的判断标准是影子汇率,当经济换汇成本小于或等于影子汇率时,表明该项目产品出口在经济上是可行的。

(5) 经济节汇成本

经济节汇成本是指产品替代进口节省外汇所需要投入的国内资源。它是用影子价格计算的为生产替代进口产品所投入的国内资源的现值与替代进口产品的经济外汇净现值之比,即节约1美元外汇所需要的人民币金额。

经济节汇成本指标反映项目以产品生产替代进口在经济上是否合理。它的判断标准也是影子汇率,当节汇成本小于或等于影子汇率,表明项目产品替代进口在经济上是可行的,否则从外汇节约的角度看是不合算的。

2.5.3 社会评价

社会评价是分析拟建项目对当地社会的影响和当地社会条件对项目的适应性和可接受程度,评价项目的社会可行性。

1) 社会评价作用与范围

社会评价旨在系统调查和预测拟建项目的建设、运营产生的社会影响与社会效益,分析项目所在地区的社会环境对项目的适应性和可接受程度。通过分析项目涉及的各种社会因素,评价项目的社会可行性,提出项目与当地社会协调关系,规避社会风险,促进项目顺利实施,保持社会稳定的方案。

进行社会评价有利于国民经济发展目标与社会发展目标协调一致,防止单纯追求项目的财务效益;有利于项目与所在地区利益协调一致,减少社会矛盾和纠纷,防止可能产生不利的社会影响和后果,促进社会稳定;有利于避免或减少项目建设和运营的社会风险,提高投资效益。

社会评价适用于那些社会因素较为复杂,社会影响较为久远,社会效益较为显著,社会矛盾较为突出,社会风险较大的投资项目。其中主要包括需要大量移民搬迁或者占用农田较多的水利枢纽项目、交通运输项目、矿产和油气田开发项目,扶贫项目、农村区域开发项目,以及文化教育、卫生等公益性项目。

2) 社会评价主要内容

社会评价从以人为本的原则出发,研究内容包括项目的社会影响分析、项目与所在地区的互适性分析和社会风险分析。

(1) 社会影响分析

项目的社会影响分析旨在分析预测项目可能产生的正面影响(通常称为社会效益)和负面影响。

① 项目对所在地区居民收入的影响,主要分析预测由于项目实施可能造成当地居民收入增加或者减少的范围、程度及其原因;收入分配是否公平,是否扩大贫富收入差距,并提出促进收入公平分配的措施建议。扶贫项目,应着重分析项目实

施后,能在多大程度上减轻当地居民的贫困和帮助多少贫困人口脱贫。

② 项目对所在地区居民生活水平和生活质量的影响,分析预测项目实施后居民居住水平、消费水平、消费结构、人均寿命的变化及其原因。

③ 项目对所在地区居民就业的影响,分析预测项目的建设、运营对当地居民就业结构和就业机会的正面影响与负面影响。其中正面影响是指可能增加就业机会和就业人数,负面影响是指可能减少原有就业机会及就业人数,以及由此引发的社会矛盾。

④ 项目对所在地区不同利益群体的影响,分析预测项目的建设和运营使哪些人受益或受损,以及对受损群体的补偿措施和途径。兴建露天矿区、水利枢纽工程、交通运输工程、城市基础设施等一般都会引起非自愿移民,应特别加强这项内容的分析。

⑤ 项目对所在地区弱势群体利益的影响,分析预测项目的建设和运营对当地妇女、儿童、残疾人员利益的正面影响或负面影响。

⑥ 项目对所在地区文化、教育、卫生的影响,分析预测项目建设和运营期间是否可能引起当地文化教育水平、卫生健康程度的变化以及对当地人文环境的影响,提出减小不利影响的措施建议。公益性项目要特别加强这项内容的分析。

⑦ 项目对当地基础设施、社会服务容量和城市化进程等的影响,分析预测项目建设和运营期间,是否可能增加或者占用当地的基础设施,包括道路、桥梁、供电、给排水、供气、服务网点,以及产生的影响。

⑧ 项目对所在地区少数民族风俗习惯和宗教的影响,分析预测项目建设和运营是否符合国家的民族和宗教政策,是否充分考虑了当地民族的风俗习惯、生活方式或者当地居民的宗教信仰,是否会引发民族矛盾、宗教纠纷,影响当地社会安定。

通过以上分析,对项目的社会影响作出评价。编制项目社会影响分析表,如表2.2。

表2.2 项目社会影响分析表

序号	社会因素	影响的范围、程度	可能出现的后果	措施建议
1	对居民收入的影响			
2	对居民生活水平与生活质量的影响			
3	对居民就业的影响			
4	对不同利益群体的影响			
5	对脆弱群体的影响			
6	对地区文化、教育、卫生的影响			
7	对地区基础设施、社会服务容量和城市化进程的影响			
8	对少数民族风俗习惯和宗教的影响			

（2）互适性分析

互适性分析主要是分析预测项目能否为当地的社会环境、人文条件所接纳，以及当地政府、居民支持项目存在与发展的程度，考察项目与当地社会环境的相互适应关系。

① 分析预测与项目直接相关的不同利益群体对项目建设和运营的态度及参与程度，选择可以促使项目成功的各利益群体的参与方式，对可能阻碍项目存在与发展的因素提出防范措施。

② 分析预测项目所在地区的各类组织对项目建设和运营的态度，可能在哪些方面、在多大程度上对项目予以支持和配合。对需要由当地提供交通、电力、通信、供水等基础设施条件，粮食、蔬菜、肉类等生活供应条件，医疗、教育等社会福利条件的，当地是否能够提供，是否能够保障。国家重大建设项目要特别注重这方面内容的分析。

③ 分析预测项目所在地区现有技术、文化状况能否适应项目建设和发展。主要为发展地方经济、改善当地居民生产生活条件兴建的水利项目、公路交通项目、扶贫项目，应分析当地居民的教育水平能否适应项目要求的技术条件，能否保证实现项目既定目标。

通过项目与所在地的互适性分析，就当地社会对项目适应性和可接受程度作出评价。编制社会对项目的适应性和可接受程度分析表，如表2.3。

表2.3　社会对项目的适应性和可接受程度分析表

序号	社会因素	适应程度	可能出现的问题	措施建议
1	不同利益群体			
2	当地组织机构			
3	当地技术文化条件			

（3）社会风险分析

项目的社会风险分析是对可能影响项目的各种社会因素进行识别和排序，选择影响面大、持续时间长，并容易导致较大矛盾的社会因素进行预测，分析可能出现这种风险的社会环境和条件。那些可能诱发民族矛盾、宗教矛盾的项目要注重这方面的分析，并提出防范措施。编制项目社会风险分析表，如表2.4。

表2.4　社会风险分析表

序号	风险因素	持续时间	可能导致的后果	措施建议
1				
2				

续表 2.4

序号	风险因素	持续时间	可能导致的后果	措施建议
3				
4				
5				

3）社会评价步骤与方法

（1）社会评价步骤

① 调查社会资料

调查了解项目所在地区的社会环境等方面的资料。调查的内容包括项目所在地区的人口统计资料，基础设施与服务设施状况；当地的风俗习惯、人际关系；各利益群体对项目的反应、要求与接受程度；各利益群体参与项目活动的可能性，如项目所在地区干部、群众对参与项目活动的态度和积极性，可能参与的形式、时间，妇女在参与项目活动方面有无特殊情况等。社会调查可采用多种调查方法，如查阅历史文献、统计资料，问卷调查，现场访问、观察，开座谈会等。

② 识别社会因素

分析社会调查获得的资料，对项目涉及的各种社会因素进行分类。一般可分成三类：即影响人类生活和行为的因素；影响社会环境变迁的因素；影响社会稳定与发展的因素。从中识别与选择影响项目实施和项目成功的主要社会因素，作为社会评价的重点和论证比选方案的内容之一。

③ 论证比选方案

对项目可行性研究拟定的建设地点、技术方案和工程方案中涉及的主要社会因素进行定性、定量分析，比选推荐社会正面影响大、社会负面影响小的方案。

（2）社会评价方法

项目涉及的社会因素、社会影响和社会风险不可能用统一的指标、量纲和判据进行评价，因此社会评价应根据项目的具体情况采用灵活的评价方法。在项目前期准备阶段，采用的社会评价方法主要有快速社会评价法和详细社会评价法。

① 快速社会评价法

快速社会评价法是在项目前期阶段进行社会评价常用的一种简捷方法，通过这一方法可大致了解拟建项目所在地区社会环境的基本状况，识别主要社会影响因素，粗略地预测可能出现的情况及其对项目的影响程度。快速社会评价主要是分析现有资料和现有状况，着眼于负面社会因素的分析判断，一般以定性描述为主。快速社会评价的方法步骤如下：

a. 识别主要社会因素，对影响项目的社会因素分组，可按其与项目之间关系和预期影响程度划分为影响一般、影响较大和影响严重三级。应侧重分析评价那些影响严重的社会因素。

b. 确定利益群体,对项目所在地区的受益、受损利益群体进行划分,着重对受损利益群体的情况进行分析。按受损程度,划分为受损一般、受损较大、受损严重三级,重点分析受损严重群体的人数、结构,以及他们对项目的态度和可能产生的矛盾。

c. 估计接受程度,大体分析当地现有经济条件、社会条件对项目存在与发展的接受程度,一般分为高、中、低三级。应侧重对接受程度低的因素进行分析,并提出项目与当地社会环境相互适应的措施建议。

② 详细社会评价法

详细社会评价法是在可行性研究阶段广泛应用的一种评价方法。其功能是在快速社会评价的基础上,进一步研究与项目相关的社会因素和社会影响,进行详细论证,并预测风险度。结合项目备选的技术方案、工程方案等,从社会分析角度进行优化。详细社会评价采用定量与定性分析相结合的方法,进行过程分析。主要步骤如下:

a. 识别社会因素并排序,对社会因素按其正面影响与负面影响,持续时间长短,风险度大小,风险变化趋势(减弱或者强化)分组。应着重对那些持续时间长、风险度大、可能激化的负面影响进行论证。

b. 识别利益群体并排序,对利益群体按其直接受益或者受损,间接受益或者受损,减轻或者补偿受损措施的代价分组。在此基础上详细论证各受益群体与受损群体之间,利益群体与项目之间的利害关系,以及可能出现的社会矛盾。

c. 论证当地社会环境对项目的适应程度,详细分析项目建设与运营过程中可以从地方获得支持与配合的程度,按好、中、差分组。应着重研究地方利益群体、当地政府和非政府机构的参与方式及参与意愿,并提出协调矛盾的措施。

d. 比选优化方案,将上述各项分析的结果进行归纳、比选、推荐合理方案。

在进行项目详细社会评价时一般采用参与式评价,即吸收公众参与评价项目的技术方案、工程方案等。这种方式有利于提高项目方案的透明度;有助于取得项目所在地各有关利益群体的理解、支持与合作;有利于提高项目的成功率,预防不良社会后果。一般来说,公众参与程度越高,项目的社会风险越小。参与式评价可采用下列形式:

咨询式参与,由社会评价人员将项目方案中涉及当地居民生产、生活的有关内容,直接交给居民讨论,征询意见。通常采用问卷调查法。

邀请式参与,由社会评价人员邀请不同利益群体中有代表性的人员座谈,注意听取反对意见,并进行分析。

委托式参与,由社会评价人员将项目方案中特别需要当地居民支持、配合的问题,委托给当地政府或机构,组织有关利益群体讨论,并收集反馈意见。

复 习 思 考 题

1. 什么是项目策划?项目策划的作用有哪些?项目策划可分为哪几种类型?
2. 简述项目前期策划工作的必要性。
3. 简述工程项目决策策划的程序和主要工作内容。
4. 工程项目决策策划过程中,为什么要进行环境的调查与分析?
5. 什么是项目构思?项目构思应注意哪些问题?
6. 什么是项目定位和定义?项目定位和定义主要包括哪些内容?
7. 简述工程项目目标系统的构成。
8. 简述工程项目建议书的主要内容。
9. 什么是项目可行性研究?可行性研究的作用有哪些?
10. 简述项目可行性研究报告的内容。
11. 简述项目财务评价、国民经济评价和社会评价的有关评价指标。

3 工程项目管理体制

工程项目管理体制与经济体制相适应,不同的经济体制具有不同的项目管理体制。项目管理体制对项目的决策、实施和项目的经济社会效益都影响很大。

3.1 工程项目管理在我国的发展历史

我国进行工程项目管理的实践源远流长,至今有2 000多年的历史。我国许多伟大的工程,如都江堰水利工程、北京故宫等都是名垂史册的工程项目管理实践活动的成果,其中许多工程应用了科学的思想和组织方法,反映了我国古代建设工程项目管理的水平和成就。

新中国成立以来,随着我国经济发展和人民生活需求的日益增长,建设事业得到了迅猛的发展,因此进行了数量更多、规模更大、成就更辉煌的工程项目管理实践活动。如第一个五年计划期间的156项重点工程项目管理实践;第二个五年计划期间的十大国庆工程项目管理的实践;大庆油田建设的实践;还有南京长江大桥工程、长江葛洲坝水电站工程、宝钢工程、三峡工程等都进行了成功的项目管理实践活动,这说明我国的建设工程项目管理有能力、有水平、有速度、有效率。

然而我国长期以来大规模的建设工程项目管理实践活动并没有系统地上升为建设工程项目管理理论和科学。相反,在计划经济管理体制影响下,许多做法违背了经济规律和科学道理,如违背建设程序、盲目抢工而忽视质量和节约、不按合同进行管理、施工协调的主观随意性等。所以,长时间以来,我国在建设工程项目管理科学理论上是一片盲区,更谈不上按建设工程项目管理模式组织建设了。

随着我国改革、开放的不断深入和社会主义市场经济的逐步建立,工程建设管理体制中的许多弊端逐渐显露出来,并影响着投资效益的发挥和建筑业的发展。

众所周知,我国建筑业自改革开放以来,率先被推向市场,先后进行了放权让利,第一轮和第二轮承包、转换经营机制和工程招标投标制的改革。特别是1986年国务院提出要把建筑业管理体制改革和学习推广鲁布革工程管理经验放在一起思考的要求后,引进和借鉴国外项目管理的先进做法,以"项目法施工"为突破口的企业项目管理体制改革先后又经历了探索研究、试点推广、深化完善和提升规范的四个阶段。使我国建筑业企业管理体制发生明显的变化,具体体现在:

(1)建筑业企业的任务揽取方式发生了变化:由过去按企业固有规模、专业类别和企业组织结构状况分配任务,转变为企业通过工程招投标和市场竞争揽取任务,并按建设工程项目的大小、类别调整组织结构和管理方式,以适应工程项目管理的需要;

(2) 建筑业企业的责任关系发生了明显变化:由过去企业注重与上级行政主管部门的竖向领导关系,转变为更加注重对业主和投资者负责的责任关系;

(3) 建筑业企业的经营环境发生了变化:由过去的部门分割、行业垄断、地区保护,转变为跨地区、跨部门、跨行业、远离基地揽取并完成施工任务。

这三个深刻变化标志着中国建筑市场已初步形成,建设工程项目管理方法已被逐渐全面采用,并开始取得了成果。

1) 鲁布革工程的项目管理经验

鲁布革水电站系统工程是我国第一个利用世界银行贷款,并按世界银行规定进行国际竞争性招标和项目管理的工程。该工程1982年进行国际招标,1984年11月正式开工,1986年10月隧洞全线开通,比合同工期提前5个月,1988年7月全部竣工。在4年多的时间里,创造了著名的"鲁布革工程项目管理经验",受到中央领导的重视,号召建筑业企业进行学习。国家计委等五单位于1987年7月28日以"计施(1987)2002号"发布《关于批准第一批鲁布革工程管理经验试点企业有关问题的通知》之后,于1988年8月17日发布"(88)建施综字第7号"通知,确定了18个试点企业共66个项目。1990年10月23日,建设部和国家计委等五单位以"(90)建施字第511号"发出通知,将试点企业调整为50家。在试点过程中,建设部先后五次召开座谈会并进行了指导、检查和推动。1991年9月,又提出了《关于加强分类指导、专题突破、分步实施、全面深化施工管理体制综合改革试点工作的指导意见》,把试点工作转变为全行业推进的综合改革。

鲁布革工程的经验主要有以下几点:

(1) 最核心的是把竞争机制引入工程建设领域,实行铁面无私的工程招标投标制。

(2) 工程建设项目实行全过程总承包方式和项目管理。

(3) 施工现场的管理机构和作业队伍精干高效,真正能战斗。

(4) 科学组织施工,采取先进的施工技术和施工方法,讲求综合经济效益。

2) 项目法施工与工程项目管理

1987年,在推广鲁布革工程经验的活动中,建设部提出了在全国推行"项目法施工",并展开了广泛的实践活动。"项目法施工"的内涵包括两个方面:一是加快建筑业企业经营机制的转换,以工程项目管理为突破口,进行企业生产方式的变革和内部配套改革;二是加强工程项目管理,在项目上按照建筑产品的特性及其内在规律组织施工。为了加强这一工作的推动力度,建设部于1992年8月成立了中国项目法施工研究工作委员会(后改为工程项目管理专业委员会)。1994年9月中旬,在召开的"工程项目管理工作会议"上进一步明确要把"项目法施工"包含的两方面内容的工作向前推进一步,强化以项目管理为核心,继续推进和不断深化工程项目管理体制的改革,并提出了推进工程项目管理要实现"四个一"的管理目标。要求围绕建立现代企业制度,重点抓好"二制"建设:一是完善"项目经理责任制",解决好项目经理与企业法人之间、项目层次与企业层次之间的职责和职权关系;二是完善"项目成本核算制",切实把企业的成本核算工作的重心落到工程项目上。

3)从项目经理资质认证到建造师执业资格

建设部1992年委托中国建筑业协会工程项目管理委员会开始进行项目经理培训,并颁发了《建筑业企业项目经理资质管理规定》,全面实行项目经理持证上岗制度。截止到2002年底,全国已培训项目经理80多万人,其中有75万人获得了"全国建筑业企业项目经理培训合格证";在此基础上,通过注册已有50万人取得了"全国建筑业企业项目经理资质证书"。十多年来项目经理培训和资质认证工作自始至终实行"两个坚持"、"三个结合"、"四个统一"、"五个严格"的管理制度,即坚持教师授课满学时,坚持学员听课出满勤;与国际惯例结合,与实践结合,与市场及企业的需要结合;统一培训教材,统一授课师资,统一教学大纲,统一考试题库;严格组织管理,严格培训质量,严格教学时间,严格收费标准,严格考核发证。从而使我国建筑业企业项目经理培训和资质认证工作纳入了科学化、制度化和规范化管理。

为了适应中国加入WTO后建设工程项目管理人才与国际接轨的需要,自2000年开始,建设部又统一部署了项目经理继续教育工作,明确提出取得"全国建筑施工企业项目经理资质证书"的项目经理,必须接受按统一的培训提纲进行的继续教育培训,特别是国际工程项目管理方面的内容,并把接受继续教育列入对项目经理资质进行检查的内容。

2002年12月5日原人事部和建设部发布《建筑师执业资格制度暂行规定》(人发〔2002〕111号)。该制度规定,国家对工程项目总承包和项目管理的专业技术人员实行专业资格制度,纳入全国专业技术人员专业资格制度统一规划。这一制度的推行有利于工程项目管理人才与国际接轨和实现项目经理职业化建设向社会化、市场化、专业化、国际化的方向发展。

2003年2月27日《国务院关于取消第二批行政审批项目和改变一批行政审批项目管理方式的决定》(国发〔2003〕5号)规定:取消建筑施工企业项目经理核准,由注册建造师代替,并设立过渡期。

4)大力推进工程项目管理规范化

为了不断丰富和完善工程项目管理的理论,以指导工程项目管理实践的进一步深化和发展,建设部以"建建工〔1996〕27号"文发布的《关于进一步推行建筑业企业工程建设项目管理的指导意见》,总结8年实践的经验和教训,提出了19条指导意见,对统一认识、端正方向、提高建设工程项目管理水平产生了重大的促进作用。

1999年初,建设部又委托中国建筑业协会工程项目管理委员会召开了"工程项目管理专题研讨会"并形成了会议纪要。在贯彻19条指导意见的基础上,对项目经理部的组建,企业管理层、项目经理层和劳务作业层的关系,项目经理责任制,项目成本核算制,项目经理的地位与合法权利以及项目经理资质认证管理等问题,提出了比较完整的规范性意见。

从2000年3月开始,根据建设部建筑管理司和标准定额司的指示,由中国建筑业协会工程项目管理委员会组织编写了《建设工程项目管理规范》,并于2002年5月1日颁发执行。该规范在吸收和借鉴国际上以美国项目管理协会(PMI)和欧洲主要国家为主的国际项目管理协会(IPMA)两大体系所涵盖的九大知识领域和标准的同时,重点突出了我国建筑业企业十多年推行工程项目管理体制改革的经验。它既是实践经验的总结,又是理论研究的提升,也是国际惯例以规范的形式在中国工程项目管理的应用、发展、创新的具体体现。从而使我国的建设工程项目管理提高到一个崭新的阶段,成为工程项目管理在中国实践运用和理论发展创新的里程碑。

5)具有中国特色的建设工程项目管理基本框架

实践证明,从"项目法施工"到"工程项目管理"具有坚实的理论基础,符合马克思、列宁、毛泽东关于解放发展生产力的理论和"三个代表"的重要思想,具有把企业导向适应社会主义市场经济的实践意义,既能借鉴吸取国际先进的管理方法,又能启动我国建筑行业企业组织结构的调整,并在实践中逐步形成了一套具有中国特色并与国际惯例接轨比较完整规范的工程项目管理基本框架。该基本框架有以下6点内容:

(1)工程项目管理的主要特征是"动态管理,优化配置,目标控制,节点考核"。

(2)工程项目管理的运行机制是"总部宏观调控,项目委托管理,专业施工保障,社会力量协调"。

(3)工程项目管理的组织结构要处理好"两层分离,三层关系",即管理层与作业层分离;项目层次与企业层次的关系,项目经理与企业法人代表的关系,项目经理部与劳务作业层的关系。

(4)工程项目管理要推行主体"二制建设",即项目经理责任制和项目成本核算制。

(5)工程项目管理的基本内容是"四控制,三管理,一协调",即进度、质量、成本、安全控制,现场(要素)、信息、合同管理和组织协调。

(6)工程项目管理的管理目标是"四个一",即一套新方法,一支新队伍,一代新技术,一批好工程。

这里需要指出的是,项目管理是一门科学,有其规律性。在国际上,它被广泛用来进行一次性任务(即特殊过程)的管理,已经形成国际惯例。但国际上的项目管理体系属于广义上的项目管理,对中国建筑业企业来说,缺乏行业和专业适用性。而我国通过实践经验总结和理论提升创新所形成的工程项目管理规范化框架体系不但吸收了国际项目管理的通用标准,具有国际通用性,而且最重要的是结合了中国建筑业企业近20年来推行项目管理体制改革的实际,比较注重企业管理层次的作用和业务系统化管理。同时,它包含企业项目管理行为和项目管理过程两个方面,与国际上有关项目管理体系或标准(包括ISO)比较,更加具体化、专业化、系统化,具有较强的实用性和操作性。

3.2 工程项目管理体制

1) 我国现行的工程项目管理体制

我国现行的工程项目管理体制是在政府有关部门的监督管理之下,由项目业主、承包商、监理单位直接参加的"三方"管理体制,它的组织结构如图3.1所示。

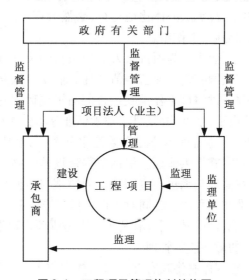

图3.1 工程项目管理体制结构图

这种管理体制的建立,使我国工程项目管理体制与国际惯例更加接近,它比我国传统的管理体制具有许多优点。

(1) 现行的工程项目管理体制形成了完整的项目组织系统

长期以来,我国一直采用建设单位自筹自管和工程指挥部两种工程项目管理方式。经过数十年的工程实践,特别是我国进入改革开放的新时期以后,这些传统的工程项目建设管理模式的各种弊端越来越明显地暴露出来。建设单位自筹自管的模式是一种典型的封闭式、小生产的管理模式,它与社会化、专业化的大生产方式相比是十分不相称的。这种管理模式使工程项目主体与施工项目管理主体、设计项目管理主体之间在管理水平、技术水平上形成严重的失衡状态,导致了工程项目建设水平难以提高,项目的经济社会效益低下。

工程指挥部模式是高度集中的计划经济的产物,在市场经济条件下,存在许多弊端。首先,它不符合政企分开的原则。它是政府直接组织管理生产的方式在工程项目建设领域的集中表现。其次,它不符合项目管理原则。工程指挥部凌驾于建设单位之上,取代了建设单位的投资管理权,但它既不对投资成本负责,又不对投资的回收负责,导致了工程项目投资决策者不承担任何决策风险。再次,工程指挥部的组织机构往往由来自各单位的人员临时组成,主要负责人多由政府行政部门的领导兼职。这种临时性决定了它的管理水平不高,管理效率低下。

现行的工程管理体制,使直接参加项目建设的业主、承包商、监理单位通过承发包关系、委托服务关系和监理与被监理关系有机地联系起来,形成了既有利相互协调又有利于相互约束的完整的工程项目组织系统。这个项目组织系统在政府有关部门的监督管理之下规范地、一体化地运行,必然会产生巨大的组织效应,对顺利完成工程项目建设起到巨大作用。

在现行管理体制下,业主作为项目法人承担项目的策划、资金的筹措、组织建设、生产经营、偿还债务、国有资产保值增值责任。业主可以充分利用市场竞争机制择优选择承包商,并通过签订工程承发包合同与承包商建立承发包关系。承包商在合同和信誉的约束下,依据法律法规、技术标准等实施项目建设。同时业主可以利用委托合同的方式,与监理单位建立委托服务关系,利用监理的协调约束机制,为工程项目的顺利实施提供保证。根据工程建设监理制的规定以及工程承包合同的进一步明确,在监理与承包商之间建立起监理与被监理关系。监理单位依据法律法规、技术标准和工程建设合同对工程项目实施监理。

（2）现行的工程项目管理体制既有利于加强工程项目建设的宏观监督管理又有利于加强工程项目的微观监督管理

现行的工程项目管理体制将政府有关部门摆在宏观监督管理的位置,对项目业主、承包商和监理单位实施纵向的、强制性的宏观监督管理,改变了过去既抓工程项目的宏观监督,又抓工程项目建设的微观管理的不切合实际的做法,使他们能集中精力去做好立法和执法工作,加强了宏观监督管理。同时现行的管理体制在直接参加项目建设的监理单位与承包商之间又存在着横向、委托性的微观监督管理,使工程项目建设的全过程在监理单位的参与下得以科学有效地监督管理,从而加强了工程项目的微观监督管理。

这种政府与民间相结合、强制与委托相结合、宏观与微观相结合的工程项目监督管理模式,对提高我国工程项目管理水平起到了重要的作用。

2) 工程项目管理体制的发展和完善

我国工程项目管理体制经过多年的改革在体制结构上已经和国际惯例接近,但整个运作体制还需要进行不断的发展和完善,以适应社会经济的发展要求。

首先,要加快发展工程咨询业。在国际上,工程项目管理是以咨询工程师为中心的管理体制。目前我国工程咨询发展尚不完善,从业人员的专业素质有待提高,人才结构有待改善,法律法规体制也不够健全,影响工程项目管理水平的提高。

其次,进一步强化项目法人责任制度。通过现代企业制度改造、项目审批决策程序的改革等措施,使项目法人能够做到对工程项目的筹划、筹资、设计、施工和生产经营负责并承担全部投资风险。在项目建设过程中,项目法人在国家规定的范围内,有权决定投资规模、人事机构、自行决定中标单位、组织工程设计、施工和工程管理,但应对决策和实施管理的失误承担责任。通过改革投资融资体制,使项目法人可以通过市场融资。

再次,严格推行工程合同管理制、工程质量监督制。严格推行工程项目合同管理是我国企业走向国内外市场的重要途径,也是在项目实施中处理好各种关系的基础。我国推行工程合同制已经多年,但在工程实践中存在的主要问题是合同执行不严格,没有真正起到规范甲、乙双方行为的作用。工程项目质量不仅影响项目业主和承包商的利益,还影响到人民的生活质量甚至影响到社会的稳定,它在某种程度上是建筑市场秩序的反映。规范建筑市场,严格推行工程质量监督制对工程项目高质量的实施有着重要的意义。

3.3 工程项目管理的类型和任务

3.3.1 工程项目管理的类型

一个建设工程项目往往有许多参与单位承担不同的建设任务和管理任务(如勘察、设计、施工、设备安装、工程监理、建设物资供应、业主方管理、政府主管部门的监督管理等),各参与方的工作性质、任务和利益不尽相同,因此就形成了代表不同利益方的项目管理。按建设工程项目不同参与方的工作性质和组织特征划分,项目管理有如下几种类型,如图 3.2 所示。

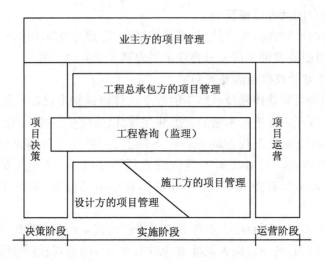

图 3.2 工程项目管理类型示意图

1）业主方的项目管理

业主是项目的责任人,他对项目的结果负责,所以业主方的工程项目管理是全过程的,包括项目的决策阶段、实施阶段和运营阶段的各个环节。在实施阶段的主要目标是投资、质量、进度,主要工作是组织协调、合同管理、投资控制、质量控制、进度控制、信息管理。

在市场经济条件下,为了充分利用社会分工与协作条件,提高工程项目的管理效率,项目业主可以把部分的任务和管理权力委托给咨询公司、监理公司、工程管理公司,由这些公司实施对工程项目的管理。由于这些公司具有很强的专业技术力量和工程项目管理经验,可以对工程项目实施有效的管理,有利于实现工程项目目标。目前我国为了加强对工程项目的管理,规定了强制性实施工程项目监理的范围,由监理公司接受项目业主的委托,对工程项目实施监理,取得很好的社会经济综合效益。

2）设计方的项目管理

设计方的项目管理是指设计单位在接受业主的委托后,以设计合同约定的工作目标以及责任义务作为管理的对象、内容和条件所实施的管理活动。设计项目管理从设计方的角度看,是以履行工程设计合同和实现设计单位经营目标为目的,它在地位、作用和利益追求上与项目业主不一样,但是它是项目设计阶段项目管理的主要内容。项目业主通过与设计方签订合同、通过协调和监督(或委托监理实施),依靠设计方的设计项目管理贯彻业主的建设意图和实施设计阶段的投资、质量和进度控制。设计方通过有效的项目管理实现以最低的成本完成业主满意的设计产品,以实现自己的经营目标。

3）施工方的项目管理

施工方的项目管理也称为施工项目管理,是指建筑施工企业以施工合同界定的工程范围和要求为内容和条件所进行的项目管理。施工项目管理的周期是指施工项目的生命周期,包括施工投标、签订施工合同、施工准备、施工、交工验收和保修等施工全过程。施工过程包括土建工程施工和设备安装工程施工,最终成果能形成具有使用功能的建筑产品。施工项目管理的总目标是实现企业的经营目标和履行施工合同,具体的目标是施工质量、成本、进度、施工安全和现场标准化。这一目标体系既是企业经营目标的体现,也和工程项目的总目标密切联系。项目业主在施工阶段通过合同以及对施工工程的监督来实施对项目的管理是业主方的项目管理,不属于施工项目管理。

施工项目管理的主体是以施工项目经理为首的项目经理部,管理的客体是具体的施工对象、施工活动以及相关的生产要素。它的主要内容包括:

(1) 组织的建立和协调

根据施工项目的目标、工作内容、组织原则、项目特点和企业具体情况建立一个精干高效的施工项目组织,并根据组织协调原则进行协调,保证组织的有效运行。

(2) 施工项目管理规划

施工规划是对施工项目管理工作做出具体安排的纲领性文件,主要内容有:施工基础规划,是各项规划的基础,包括施工项目概况、施工项目总目标、施工项目组织结构和组织协调、施工布置和施工方案等;施工项目成本规划;施工项目进度规划;施工项目质量规划;施工项目合同管理规划;施工项目信息管理规划;施工项目准备规划等。

(3) 施工项目的目标控制

施工项目的目标控制主要是对施工项目的具体目标实施控制,包括进度目标控制、质量目标控制、成本目标控制、安全目标控制、施工后现场目标控制。

(4) 施工项目的合同管理

合同管理好坏直接影响施工项目的技术经济效果和项目目标的实现,因此它是施工项目管理的一项重要内容,包括合同的签订管理、合同的履行管理和档案管理三个环节。

(5) 施工项目的信息管理

施工项目管理是一项复杂的管理活动,必须依靠一个强有力的信息系统来支持。施工项目的信息管理就是建立一个信息系统并使其高效运行,以保证项目管理系统的有效运行。

4) 工程总承包方的项目管理

工程承包方项目管理是指当工程项目采用设计—施工一体化承包模式时,由工程总承包公司根据承包合同的工作范围和要求对工程的设计、施工阶段进行一体化管理。总承包方的项目管理贯穿于项目实施的全过程,包括设计阶段和施工阶段的全面管理。工程总承包的项目管理在性质上和设计方、施工方的项目管理相同,但是总承包可以依据自身的技术和管理优势,通过对设计和施工方案的一体化优化以及实施中的整体化管理来实施项目管理。

3.3.2 工程项目管理的任务

项目管理种类不同,具体的工作内容也不一样,但是从总的方面归纳,相同或相似的工作内容主要包括以下几项:

1) 项目组织的建立

目前我国实现建设项目法人责任制,新建项目在项目建议书被批准后,应及时组建项目法人筹备组,具体负责项目法人的筹建工作。项目法人筹备组应主要由项目的投资方派代表组成。在申报项目可行性研究报告时,须同时提出项目法人的组建方案。在可行性报告批准后,正式成立项目法人。原有企业负责建设的项目,只设分公司或分厂时,原有的企业法人就是项目法人。项目法人的组织形式是,国有独资公司设董事会;国有控股或参股的有限责任公司、股份有限公司设立股东会、董事会和监事会。由董事会负责聘请项目总经理,负责项目的实施。在项目建设期间至少应有一名董事常驻现场。项目管理要充分发挥咨询单位、监理党委、会计师事务所和律师事务所等各类社会中介组织的作用。

承包方的组织在签订合同后正式组建。

2) 组织协调

工程项目组织协调是项目管理的重要职能,是实现项目目标必不可少的方法和手段。法约尔认为"协调就是联结、联合、调和所有的活动及力量"。比较全面地表述了协调的内容和方法。协调管理在美国项目管理中称为"界面管理",界面管理是指主动协调相互作用的子系统之间的能量、物质、信息交换以实现系统目标的活动。系统是由若干个相互联系、相互制约的要素有组织、有秩序地组成的具有特定功能和目标的统一体。工程项目系统就是一个由人员、物质、信息等构成的系统。它存在以下界面:

(1) 人员/人员界面。项目组织系统是由各类人员组成。他们每个人的性格、爱好、能力、文化、对未来的期望,以及所在岗位和具有的职权都不一样,当他们在一起工作时,往往会有潜在的人员矛盾或危机。这种人与人之间的间隔,就是人员/人员界面。

(2) 系统/系统界面。项目系统中的各个子系统的功能、目标和要求都不一样,往往会产生相互不协调或相互排斥现象。这种子系统与子系统之间的间隔,就是系统/系统界面。

(3) 系统/环境界面。项目系统是一个开放系统,具有环境适应性,能主动地从外部环境取得必要的能量、物质和信息。但是,在和环境进行能量和信息交流中往往也会遇到障碍和阻力。这种系统和环境之间的间隔,就是系统/环境界面。

(4) 人员/系统界面。在项目管理系统中,人总是怀有控制系统的期望,而系统却受到多种因素的影响,甚至受到不可控因素的影响,往往产生和人的控制愿望不一致的现象。这种人员和系统之间的间隔,就是人员/系统界面。

(5) 人员/环境界面。在项目管理系统中,人总是想利用项目的小环境和大环境来实现他们的系统目标,但是环境的变化往往是迅速而复杂,会产生和人的愿望不一致的现象。这种人员与环境的间隔,就是人员/环境界面。

(6) 环境/环境界面。项目系统既受到近层小环境的影响,又受到远层大环境的影响。这些环境之间往往会产生不一致的现象,这种环境与环境之间的间隔,就是环境/环境界面。

工程项目的组织协调就是在这些界面之间,对所有的活动及力量进行联结、联合、调和的工作。为了顺利实现工程项目的系统目标,必须重视组织协调工作,发挥组织系统的整体功能。

3) 合同管理

工程建设合同、监理委托合同、物资采购合同以及工程项目实施过程所必需的其他经济合同,都是项目参与者之间为了明确责任权利关系的具有法律效力的协议文件。它是在市场经济条件下组织项目实施的基本手段,它将具有不同经营目标的单位联结为一个整体,以实现项目目标。从某种意义上说,项目的实施过程就是合同的订立和履行的过程。

项目的合同管理,主要是指对与项目相关的各类合同的订立和履行过程的管理,包括合同文本的选择、合同条件的协商、合同书的签署、合同的履行、合同变更、违约和纠纷的处理等。由于项目的各个参与者在合同中的地位、责任、利益不同,他们对合同管理的观点和内容也不一样。

业主方的合同管理主要包括:

(1) 合同结构的策划。通过科学合理的合同结构,建立项目内部有效的完整的管理关系。以合同关系确定各参与者的分工与协作关系。

(2) 订立前管理。主要是对承包方的资质、资信和履约能力进行调查和审核。

(3) 履行管理。项目业主在合同履行过程中,应该严格按照合同规定,履行应尽的义务和行使权利,主要是行使工期控制权、质量检验权、数量验收权、竣工验收权和履行工程支付、竣工结算义务等。

承包方的合同管理主要包括:

(1) 签订管理。承包方的签订管理,主要是对工程项目以及项目发包方的了解,对承包合同的权利义务和合同条件进行分析,对承包合同的可行性进行研究。

（2）履行管理。在对合同进行详细分析的基础上建立一套有效的合同实施保证体系，并采用主动控制和被动控制原理对合同的履行过程实施控制。首先，应组织项目管理人员和各工程小组负责人学习合同条文和合同总体分析结果，使大家熟悉合同中的主要内容、各种规定、各种管理程序，了解承包合同的责任和工程范围，各种行为的法律后果等。使管理人员树立全局观念，避免在执行中的违约行为。其次，将各种合同事件的责任分解落实到各工程小组或分包商，并对这些活动实施的技术问题进行解释和说明。通过经济手段来保证合同责任的完成。再次，建立合同管理的工作程序。为了使承包合同管理实现科学化、系统化、规范化，项目管理组织应建立一套完整的合同管理制度。包括协商制度、检查验收制度、行文制度等。

（3）合同索赔管理。索赔是指作为合法的权利所有者，根据自己的权利和事实上受损的情况向合同另一方提出的有关某一资格、财产、金钱等方面的要求。它是合同和法律赋予损失者的权利，是合同效力的具体体现。做好索赔管理可以落实和调整合同双方经济责权利关系，保证工程合同的实施。

4）目标控制

控制的一般含义是指掌握被控制对象使它不能任意活动或超出规定的范围活动。控制的科学概念首先是由美国科学家 N. 维纳于 1948 年在《控制论——关于在动物和机器中控制和通讯的科学》一书中正式提出来的。维纳认为，控制论的目的在于创造一种语言和技术，使我们能有效地研究一般的控制和通讯问题，同时也能寻找一套恰当的思想和技术，以便通讯和控制问题的各种特殊表现都能借助一定的概念加以分类。

工程项目系统及其外部环境是复杂多变的，项目系统在运行中将出现大量的为管理主体不可控的随机因素，即系统的实际运行轨迹是由预期量和干扰量共同作用而决定的。在工程项目实施过程中，得到的中间结果可能与预期目标不符，甚至相差甚远，因此必须及时调整人力、时间及其他资源，改变实施方法以期达到预期的目标和纳入原计划的轨道。如果这样做还不能奏效，就不得不调整或修改目标。这个过程称为工程项目的控制。

工程项目控制的主要任务有两个方面：一是把计划执行情况与计划目标进行比较，找出差异，对比较的结果进行分析，排除产生差异的原因，使总体目标得以实现。这个过程可归纳为"出现偏差—纠偏—再偏—再纠偏……"，称为被动控制。二是预先找出项目目标的干扰因素，预先控制中间结果对计划目标的偏离，以保证项目目标的实现，称为主动控制。

5）风险管理

随着工程项目规模的不断增大和技术的复杂化，以及社会经济政治对工程项目影响的不断加强，项目参与者所面临的风险越来越多，风险的影响因素也越来复杂。项目参与者必须加强风险管理,避免或减少由于风险所造成的损失,以实现自己的目标。

6）信息管理

信息是一个内涵十分丰富而且相当深刻的概念,而且随着时代的发展和科学的进步,其内涵与外延都在不断地变化和发展,因此信息作为科学的概念和范畴的定义,在科学界尚未取得一致的意见。从综合的角度理解,信息是指客观事物以数据形式传送交换的知识,它反映事物的客观状态和变化规律。这里的数据是广义的数据,包括文字、语言、数值、图表、图像等表达形式。

工程项目信息管理是指对工程项目的各类信息的收集、整理、处理、存储、传递与使用等一系列工作的总称。工程项目信息管理是项目目标控制的基础,其主要的任务是及时、准确地向项目管理的各级管理人员提供所需的综合程度不同的信息,以便在项目实施过程中能迅速准确的做出各种决策,并及时检查决策的执行结果,以便进行动态的控制,保证项目目标的实现。

信息管理工作的重要环节是信息的获取、传递、处理和存储：

（1）信息获取。为了有效地获取信息,应明确信息的收集部门和收集人,信息的收集规格、时间和方式等,信息收集的最重要标准是及时、准确和全面。

（2）信息传递。为了保证信息畅通无阻和快速准确的传递,应建立具有一定流量的信息通道、明确规定合理的信息流程以及尽量减少传递的层次。

（3）信息处理。是指对原始信息去粗取精、去伪存真的加工过程,其目的是使信息更加真实、更加有用。

（4）信息存储。信息的存储应该做到存储量大,能全面存储工程项目信息,并便于查阅,为此应建立存储量大的数据库和知识库。

工程项目信息管理的基础是构建一个以项目管理工作为中心的信息流结构,建立各种信息管理制度和会议制度等。

3.4 工程项目采购的模式

工程项目采购是一种商业行为,交易双方为项目业主和承包商,双方签订承包合同,明确双方各自的权利与义务,承包商为业主完成工程项目的全部或部分项目建设任务,并从项目业主处取得相应的报酬。

工程项目采购的方式有多种,适用于不同的情况,项目业主可以根据自己的管理能力和经验、工程项目的具体情况和自己的意愿选择有利于自己的方式进行项目管理,达到节省投资、缩短工期、确保质量和降低风险的发包方式。

3.4.1 项目管理委托的模式

在国际上,项目管理咨询公司(咨询事务所、或称顾问公司)可以接受业主方、设计方、施工方、供货方以及建设项目工程总承包方的委托,提供代表委托方利益的项目管理服务。项目管理咨询公司所提供的这类服务的工作性质属于工程咨询(工程顾问)服务。

在国际上业主方项目管理的方式主要有:业主方自行项目管理;业主方委托项目管理咨询公司承担全部业主方项目管理的任务;业主方委托项目管理咨询公司与业主方人员共同进行项目管理;业主方从事项目管理的人员在项目管理咨询公司委派的项目经理的领导下工作。

为了深化我国工程建设项目组织实施方式改革,培育发展专业化的工程总承包和工程项目管理企业,2003年原建设部发布了《关于培育发展工程总承包和工程项目管理企业的指导意见》(建市〔2003〕30号)。对工程项目管理的基本概念和方式作出了相应的规定。

(1) 工程项目管理是指从事工程项目管理的企业(以下简称工程项目管理企业)受业主委托,按照合同约定,代表业主对工程项目的组织实施进行全过程或若干阶段的管理和服务。

(2) 工程项目管理企业不直接与该工程项目的总承包企业或勘察、设计、供货、施工等企业签订合同,但可以按合同约定,协助业主与工程项目的总承包企业或勘察、设计、供货、施工等企业签订合同,并受业主委托监督合同的履行。

(3) 工程项目管理的具体方式及服务内容、权限、取费和责任等,由业主与工程项目管理企业在合同中约定。

一般来说,业主委托项目管理有以下几种模式。

1) 业主自行组织工程项目管理机构进行管理的模式

业主自行组织项目管理机构进行全过程项目管理,项目完成后,项目管理机构即解散。由于项目管理机构是临时性的,所以往往缺乏经验,不利于项目目标的实现。

2) 委托咨询公司协助业主进行项目管理的模式

业主委托咨询工程师进行前期的各项有关工作。例如,进行机会研究、可行性研究等。项目实施过程中,业主委托咨询工程师或监理工程师进行工程监督管理。咨询工程师或监理工程师长期从事工程项目的咨询和管理工作,具有丰富的工程管理经验。因此,该模式有利于保证工程项目质量和工期,有利于节省投资。

3) 设计—招标—建造模式

设计—招标—建造模式(Design-Bid-Build,简称D-B-B模式),是国际上最为通用的模式,世行援助或贷款项目、FIDIC施工合同条件和我国的工程项目法人责任制等都采用这种模式。这种模式的特点是:建设单位进行工程项目的全过程管理,将设计和施工过程通过招标发包给设计单位和施工单位完成。施工过程中,业主代表、施工总承包商、监理工程师一起对工程项目进行成本、进度、质量和安全的控制与管理。这种模式有长期以来前人积累的丰富管理经验,有利于合同管理、风险管理和节约投资。

D-B-B模式最显著的特点是,工程项目的实施是按顺序进行,一个阶段的工作结束后,后一个阶段的工作才能开始。因此,该模式的工程建设周期长,业主管理费用高,设计、施工之间的冲突多。

4) 建设管理模式(CM模式)

建设管理模式(Construction Management, CM)是由美国人 Charles B. Thomsen 在研究如何加快设计与施工的速度以及改进控制方法时提出的。该模式的基本特征是将设计工作分为若干阶段完成,每一阶段设计工作完成后,就组织相应工程内容的施工招标。在该模式下,发包人、发包人委托的建筑工程经理(CM经理)、工程设计人员组成联合小组,共同负责工程项目的规划、设计和施工的组织与管理工作。CM单位的服务内容主要包括对设计技术、经济的咨询;施工前期和施工阶段进度控制;施工费用(造价)控制;对分包施工质量控制;施工单位管理与协调;工程信息档案资料管理;零星工程和业主指定的临时工作等。

(1) CM模式的含义及其特点

CM模式是指CM单位接受业主的委托,采用"Fast Track"组织方式来协调设计和进行施工管理的一种工程项目管理模式。它具有以下特点:

① 采用"Fast Track"生产组织方式。CM模式的出发点是为了缩短工程建设工期,它的基本思想是通过采用"Fast Track"快速路径法这一生产组织方式,即设计一部分,招标一部分,施工一部分的方式,实现设计与施工的充分搭接,以缩短整个建设工期,如图3.3所示。

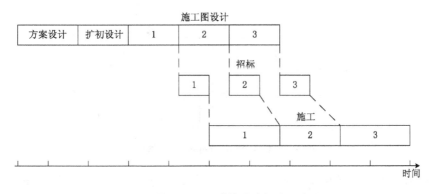

图3.3 "Fast Track"快速路径法示意图

② 委托CM单位。由于管理工作的相对复杂性,业主需要委托一个CM单位来承担管理的角色。CM单位的基本属性是承包商,而不是咨询单位,它与咨询单位的最大不同是他可以直接参与施工活动。但是,它又区别于一般的承包商,CM承包是一种管理型承包,CM单位的工作重点是协调设计与施工的关系,他在设计阶段就介入项目,他不是单纯的按图施工,而可以通过合理化建议在一定程度上影响设计。它也不同于仅有技术和管理人员的纯管理型公司,CM单位一般拥有可以直接从事施工活动的力量。CM单位被称为CM承包商。

③ 计价方式。由于签约时设计还没有结束,因此CM合同价通常既不采用总价合同,也不采用单价合同,而采用成本加利润的方式。CM单位向业主收取其工作成本,再加上一定比例的利润。CM单位不赚总包与分包之间的差价,它与分包商的合同价对业主是公开的。

(2) CM模式的类型及其合同结构

按照CM模式的合同结构,该模式有两种基本类型:非代理型(CM/Non-Agency)和代理型(CM/Agency)。

① 非代理型(CM/Non-Agency)

非代理型是指CM单位不是以"业主的代理"的身份,而是以承包商的身份工作,也就是说,在业主与CM单位签约后由CM单位直接进行分包的发包,并由CM单位直接与分包商签订分包合同。但是由于CM合同和承包合同不同,CM单位并不是真正意义上的承包商。其合同结构如图3.4所示。

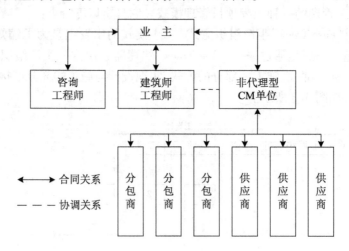

图3.4 CM/Non-Agency 合同结构图

a. 业主与CM单位签订CM合同,而与大部分分包商和供应商没有直接的合同关系,所以对业主来说,合同关系简单,对分包商和供应商的协调和管理量较少。

b. CM合同与承包合同不同。CM单位介入项目的时间较早,CM合同不需要等到施工图纸完成后才签。CM合同一般采用"成本加利润"的方式,即合同价由工程费用(CMcost)和利润(CMfee)两个部分组成。工程费用是指CM单位在工程中所发生的全部费用,包括:CM单位的工作成本;分包商、供应商合同价;其他工程费用等。Cmfee是CM单位向业主收取的作为CM单位利润的费用,其中包含了业主对CM单位承担管理工作所具有的风险的补偿。从CM合同价的构成可以看出,CMcost要在CM单位与分包商签订合同后才能确定,这也和施工承包合同有很大的差别。

由于CM合同价不能预先确定,CM单位要对工程费用承担GMP责任,GMP是保证最大工程费用(Guaranteed Maximum Price)的英文缩写。所谓GMP是CM单位向业主保证的最大的合同价,就是通过CM单位进行的管理工作,保证实际工程的总费用和Cmfee不超过预先商定的一个目标值。当实际工程成本超过这个目标值时,超过部分的费用由CM单位承担,而业主不给予支付,但节省的部分仍归业主。

c. CM单位与设计单位之间没有合同关系,但为了实现有效的"Fast Track"方式,以缩短项目工期,必须与设计单位紧密协调与合作。CM单位可以从施工的可能性和经济性角度向设计者提出合理化建议,以提高设计质量。CM单位与设计单位的关系有时需要业主进行协调。

d. 原则上业主与分包商或供应商之间没有合同关系,但在很多情况下,当业主对某个分包商十分信任,希望在某些分项工程上继续合作,或者某个供应商对某些材料设备方面有可靠的供应渠道,可以得到价格便宜、质量可靠的供货时,业主将保留和这些分包商或供应商签约的权力。但业主过多地保留与分包商或供应商的签约权,将可能对CM模式带来不利影响。

② 代理型(CM/Agency)

代理型CM是指CM单位以"业主的代理"的身份参与工作,它不负责进行分包的发包,与分包的合同由业主直接签订,它的合同结构如图3.5所示。

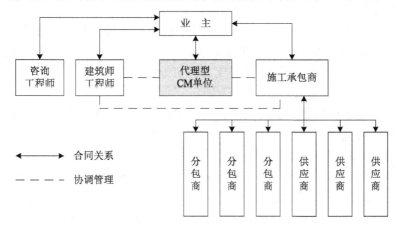

图3.5 CM/Agency合同结构图

代理型 CM 的合同结构具有以下特点：

a. 由于业主直接与分包商或供应商签订合同，合同的数量多，因此合同管理量以及组织协调工作量也增大。因为没有 CM 单位对 GMP 责任，业主承担的风险也会增加。

b. CM 单位的身份是业主的代理，它将不直接从事施工活动，与分包商也没有合同关系，因此 CM 单位不承担 GMP 责任，它的风险较小。CM 单位将不向业主收取 CMfee。

c. 和非代理型一样，代理型 CM 单位在设计阶段就介入项目，与设计单位的协调关系也相同。CM 单位要协助业主主持施工招标工作，在施工阶段管理和协调各个分包商。

代理型 CM 和非代理型 CM 的最大区别在于 CM 单位是否与分包商签订分包合同。

5) 委托项目管理模式

由业主委托专业机构(咨询公司或项目管理公司)代表业主进行项目管理，这是国际工程项目管理的一种新的趋势。专业机构具有丰富的项目管理经验，弥补了业主管理经验不足的弱点，有利于提高项目管理效果。委托项目管理的方式主要有以下两种：

（1）项目管理服务(PM)。项目管理服务是指工程项目管理企业按照合同约定，在工程项目决策阶段，为业主编制可行性研究报告，进行可行性分析和项目策划；在工程项目实施阶段，为业主提供招标代理、设计管理、采购管理、施工管理和试运转(含竣工验收)等服务，代表业主对工程项目进行质量、安全、进度、费用、合同、信息管理和控制。工程项目管理企业一般应按照合同约定承担相应的管理责任。工程项目管理企业受业主委托，代表业主对工程项目的组织实施进行全过程或若干阶段的管理和服务。

（2）项目管理承包(PMC)。项目管理承包是指工程项目管理企业按照合同约定，除完成项目管理服务(PM)的全部工作内容外，还可以负责完成合同约定的工程初步设计等工作。当然，需要完成工程初步设计工作的工程项目管理企业应具有相应的工程设计资质。

PMC 模式是 PM 模式的延伸和发展，在 PM 模式的基础上增加了工程初步设计等工作，工作范围更加广泛，对 PMC 承包人的能力要求更高。

6) PPP 模式

PPP 模式(Public-Private-Partnership)是指政府与私人组织之间，为了合作建设城市基础设施项目，或是为了提供某种公共物品和服务，以特许权协议为基础，彼此之间形成一种伙伴式的合作关系，并通过签署合同来明确双方的权利和义务，以确保合作的顺利完成，最终使合作各方达到比预期单独行动更为有利的结果。

公私合营模式(PPP),以其政府参与全过程经营的特点受到国内外广泛关注。PPP模式将部分政府责任以特许经营权方式转移给社会主体(企业),政府与社会主体建立起"利益共享、风险共担、全程合作"的共同体关系,政府的财政负担减轻,社会主体的投资风险减小。

从各国和国际组织对PPP的理解来看,PPP有广义和狭义之分。狭义的PPP泛指公共部门与私人部门为提供公共产品或服务而建立的各种合作关系,而广义的PPP可以理解为一系列项目融资模式的总称,包含BOT、TOT等多种模式。

PPP模式的内涵主要包括以下四个方面:

(1) PPP是一种新型的项目融资模式。项目PPP融资是以项目为主体的融资活动,是项目融资的一种实现形式,主要根据项目的预期收益、资产以及政府扶持措施的力度而不是项目投资人或发起人的资信来安排融资。项目经营的直接收益和通过政府扶持所转化的效益是偿还贷款的资金来源,项目公司的资产和政府给予的有限承诺是贷款的安全保障。

(2) PPP融资模式可以使民营资本更多地参与到项目中,以提高效率,降低风险。这也正是现行项目融资模式所欠缺的。政府的公共部门与民营企业以特许权协议为基础进行全程的合作,双方共同对项目运行的整个周期负责。PPP方式的操作规则使民营企业参与到城市基础设施项目的确认、设计和可行性研究等前期工作中来,这不仅降低了民营企业的投资风险,而且能将民营企业在投资建设中更有效率的管理方法与技术引入项目中来,还能有效地实现对项目建设与运行的控制,从而有利于降低项目建设投资的风险,较好地保障国家与民营企业各方的利益。这对缩短项目建设周期,降低项目运作成本甚至资产负债率都有值得肯定的现实意义。

(3) PPP模式可以在一定程度上保证民营资本"有利可图"。私营部门的投资目标是寻求既能够还贷又有投资回报的项目,无利可图的基础设施项目是吸引不到民营资本的投入的。而采取PPP模式,政府可以给予私人投资者相应的政策扶持作为补偿,从而很好地解决了这个问题,如税收优惠、贷款担保、给予民营企业沿线土地优先开发权等。通过实施这些政策可提高民营资本投资城市基础设施项目的积极性。

(4) PPP模式在减轻政府初期建设投资负担和风险的前提下,提高城市基础设施项目的服务质量。在PPP模式下,公共部门和民营企业共同参与城市基础设施项目的建设和运营,由民营企业负责项目融资,有可能增加项目的资本金数量,进而降低较高的资产负债率,而且不但能节省政府的投资,还可以将项目的一部分风险转移给民营企业,从而减轻政府的风险。同时双方可以形成互利的长期目标,更好地为社会和公众提供服务。

7）伙伴合同模式

伙伴合同模式，也称合作管理模式，是指两个或两个以上的组织之间为了获取特定的商业利益，充分利用各方资源而做出的相互承诺。工程项目管理中的伙伴合同模式是建立在发包人与参与方的相互信任、资源共享的基础上，构成基本的伙伴或同盟关系。伙伴合同并不能作为一种独立的工程项目管理模式，而是与其他模式结合采用。

伙伴合同模式以确保项目的成功和相互利益作为共同的目标，订立联合方式的基本合同，并围绕回避合同纠纷，确定一些具体的解决方法和程序。

伙伴合同需要工程项目参与各方共同签署，包括发包人、总承包商、分包商、设计单位、咨询单位和主要材料设备供应商等。伙伴合同一般围绕着工程项目的主要目标以及工程变更、争议和索赔管理、安全管理、信息沟通和管理、公共关系等问题所做出的规定。

伙伴合同模式强调理解、合作和信任，有利于发包人的投资、进度和质量控制；伙伴合同改善了项目的环境和参与工程建设各方的关系，有利于减少索赔和诉讼的发生。

3.4.2 设计任务委托的模式

一般工程项目（包括民用建筑），按初步设计和施工图设计两个阶段进行设计；技术复杂而又缺乏经验的项目，可与业主或主管部门商定，增加技术设计阶段；大型联合企业、矿区和水利枢纽、小区建设等为解决总体部署和开发的问题，还要进行总体规划设计或总体设计；有些简单的建设项目，根据实际情况，也可以把初步设计和施工图设计合并进行，或直接进行施工图设计。

工程项目设计任务有招标委托和直接委托两种方式。依法必须进行招标的项目，必须通过招标投标的方式来委托，否则所签订的设计合同无效。

工程项目设计任务无论是招标委托还是直接委托，均可采用下列两种模式：

（1）业主方委托一个设计单位或多个设计单位组成的设计联合体或设计合作体作为设计总负责单位，设计总负责单位视需要再委托其他设计单位配合设计；

（2）业主方不委托设计总负责单位，而平行委托多个设计单位进行设计。

3.4.3 项目总承包的模式

《中华人民共和国建筑法》第24条规定："建筑工程的发包单位可以将建筑工程的勘察、设计、施工、设备采购一并发包给一个工程总承包单位，也可以将建筑工程勘察、设计、施工、设备采购的一项或者多项发包给一个工程总承包单位；但是，不得将应当由一个承包单位完成的建筑工程肢解成若干部分发包给几个承包单位"。

原建设部《关于培育发展工程总承包和工程项目管理企业的指导意见》（建

市[2003]30号文)关于工程总承包的定义是:工程总承包是指从事工程总承包的企业受业主委托,按照合同约定对工程项目的勘察、设计、采购、施工、试运行(竣工验收)等实行全过程或若干阶段的承包。工程总承包企业按照合同约定对工程项目的质量、工期和造价等向业主负责。工程总承包企业可以依法将所承包工程中的部分工作发包给具有相应资质的分包企业,分包企业按照分包合同的约定对总承包企业负责,所有的设计、施工分包工作都由总承包企业对业主负责。工程总承包有多种模式:设计—采购—施工总承包模式、交钥匙总承包模式、设计—施工总承包模式、设计—采购总承包模式、采购—施工总承包模式等,具体如表3.1所示。

表3.1 工程总承包模式

总承包模式＼项目程序	项目决策	初步设计	技术设计	施工图设计	材料设备采购	施工安装	试运行
交钥匙	━	━	━	━	━	━	━
设计—采购—施工		━	━	━	━	━	━
设计—施工		━	━	━		━	
设计—采购		━	━	━	━		
采购—施工					━	━	
施工总承包						━	

1) 设计—采购—施工总承包模式

设计—采购—施工总承包(Engineering-Procurement-Construction,简称EPC),是指工程总承包企业按照合同约定,承担工程项目的设计、采购、施工和试运行服务等工作,并对承包工程的质量、安全、工期和造价全面负责。其合同结构如图3.6所示。

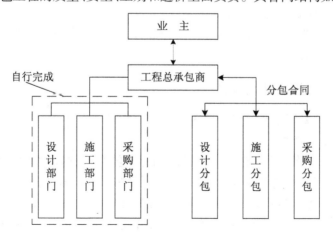

图3.6 EPC模式

2）交钥匙总承包模式

交钥匙（Turnkey）总承包模式是设计—采购—施工工程总承包模式向两头扩展延伸而形成的业务和责任范围更广的总承包模式，其中总承包商不仅承包工程项目的建设实施任务，而且提供建设项目前期工作和运营准备工作的综合服务。

交钥匙模式与 EPC 模式相比较：承包范围更大，工期更稳定，合同总价更固定，承包商风险更大，合同价相对较高。

3）设计—施工总承包模式

设计—施工总承包模式（Design-Build，简称 DB），业主根据项目的要求和原则选定设计—施工承包商（DB 承包人），DB 承包人可以自行完成全部设计和施工任务，也可以采用竞争性招标方式选择分包商，完成设计和部分施工任务。DB 模式有效地避免了设计与施工分离所产生的建设周期长、不利于设计优化、设计不考虑施工的可行性、施工者机械地按图施工等弊端，有利于设计优化、节省投资、缩短工期、提高效益。

DB 模式的基本出发点是促进设计与施工的早期结合，以发挥设计和施工双方的优势，提高项目的经济性。根据承包起点时间不同，DB 模式可分为以下几种类型：从方案设计到竣工验收的总承包（DB1）、从初步设计到竣工验收的总承包（DB2）、从技术设计到竣工验收的总承包（DB3）、从施工图设计到竣工验收的总承包（DB4）。

DB 承包商承包的时间越早，承包商的风险越大；承包的时间越晚，设计与施工结合而产生的优势就越弱。

4）设计—采购总承包模式

设计—采购总承包模式（Engineering-Procurement，简称 EP），是将设计与采购结合，由 EP 总承包商承包。

5）采购—施工总承包模式

采购—施工总承包模式（Procurement-Construction，简称 PC），是将采购与施工结合，由 PC 总承包商承包。

3.4.4 施工任务委托的模式

施工任务的委托主要有以下模式：

1）平行发包模式

平行发包，又称分别发包，是指项目业主（发包方）根据建设项目的特点、项目进展情况和控制目标的要求等因素，将工程项目按照一定原则分解，将工程项目的设计、施工和设备材料采购的任务分解后分别发包给若干个设计、施工单位和材料设备供应商，并分别和各个承包方签订合同，合同结构图如图 3.7 所示。各个承包方之间的关系是平行的，他们在工程实施过程中接受业主或业主委托的监理单位的协调和监督。

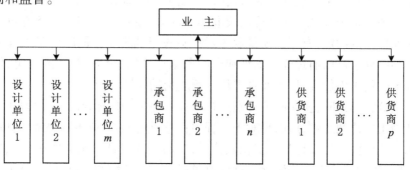

图3.7 平行发包模式的合同结构图

采用这种承发包模式,首先应合理地分解工程项目任务。在进行工程项目分解时应符合我国建筑法关于禁止将建筑工程肢解发包的规定,即不得将应当由一个承包单位完成的建筑工程肢解成若干部分发包给几个承包单位。

采用这种承发包模式,由于项目任务经过分解后发包,在设计和施工阶段有可能形成搭接关系,可以缩短整个项目工期。由于项目任务的细分,减少了工作的不确定性,从而减少承包商对风险补偿的要求和总包的管理费用,可以节省投资。但是,这种承发包模式要求业主分别和各承包方签订合同,因此合同数量众多,造成业主方的合同管理困难。由于合同关系多,项目系统内部的界面增多,加上众多的承包方没有的统一指挥和协调的单位,导致业主的组织协调、管理工作量增大,要求业主有很强的专业管理能力和管理经验,否则应将各种管理任务委托给监理公司或项目管理公司。

2) 设计、施工总分包模式

这种模式与工程项目总承包不同,业主将工程项目设计和施工任务分别发包给一个设计总承包单位和一个施工总承包单位,并分别与设计和施工总包单位签订承包合同。它是处于工程项目总承包和平行承包之间的一种承发包模式。如图3.8所示。

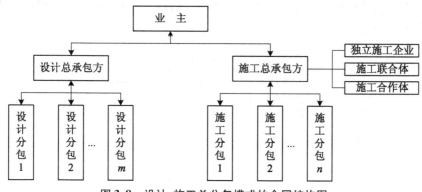

图3.8 设计、施工总分包模式的合同结构图

由于施工招标是在设计完成后进行,所以工程的造价可以根据施工图、工程量清单和有关的费用计算资料进行比较准确的计算,结算方式和支付条件也可以在合同中作详细的约定,有利于项目业主对项目投资的控制。同时由于工程的质量标准和功能要求可以通过施工图纸和合同条款作详细、全面、具体的规定,使工程质量标准的约束力加强,便于业主进行工程质量的控制。

采用这种模式时,业主必须分别进行设计和施工的招标,在施工阶段还要进行设计和施工的协调工作,所以相对于工程项目总承包模式,业主的协调和管理工作量增加。这种模式使设计与施工相互分离,容易造成设计方案与实际施工条件脱节,忽视施工的可能性和经济性。这就要求通过业主的协调,使设计与施工尽可能相互结合,设计单位要重视施工技术、施工方法、材料用途等方面的变化,而施工单位要及早了解设计意图,反馈工程信息。在设计与施工分离的情况下,施工单位原则上是按图施工,并保证实际的施工成果与设计所规定的标准、规格和要求一致。由于工程质量具有很强的过程性,这就要求业主派代表到现场或者委托监理工程师对施工的中间和最终成果进行确认。

这种模式是建筑业中广泛采用的一种模式。我国建筑法规定,建筑工程主体结构的施工必须由施工总承包单位自行完成。

3）施工总承包管理模式

施工总承包管理模式(Managing Contractor,简称MC),意为"管理型承包",它不同于施工总承包模式。采用该模式时,业主与某个具有丰富施工管理经验的单位(或联合体、合作体)签订施工总承包管理协议,负责整个建设项目的施工组织与管理。一般情况下,施工总承包管理单位不参与具体工程的施工,而具体工程施工需要再进行分包的招标与发包,把具体施工任务分包给分包商来完成。但如施工总承包管理单位也想承担部分工程的施工,它可以参加该部分工程的投标,通过竞争取得施工任务。

施工总承包管理模式的合同关系有两种可能,即业主与分包单位直接签订合同或者由施工总承包管理单位与分包单位签订合同,其合同结构图分别如图3.9和图3.10所示。

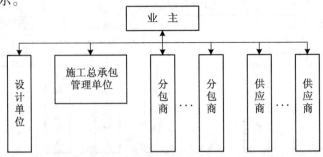

图3.9 施工总承包管理模式下的合同结构图1

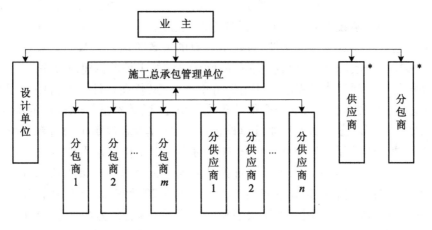

*注：此为业主自行采购和分包的部分

图 3.10　施工总承包管理模式下的合同结构图 2

3.5　项目实施的政府监督

政府建设主管部门不直接参与工程项目的建设过程，而是通过法律和行政手段对项目的实施过程和相关活动实施监督管理。由于建筑产品所具有的特殊性，政府机构对工程项目的实施过程的控制和管理比对其他行业的产品生产都要严格，它贯穿项目实施的各个阶段。政府对工程项目的监督管理主要在工程项目和建设市场两个方面。

3.5.1　对项目的监督管理

我国政府对项目的监督管理包括对项目的决策阶段和项目的实施阶段的监督管理。按照我国政府机关行政分工的格局，大体上是项目的决策阶段由计划、规划、土地管理、环保、公安（消防）等部门负责；项目实施阶段主要由建设主管部门负责。它们代表国家行使或委托专门机构行使政府职能，依照法律法规、标准等依据，运用审查、许可、检查、监督、强制执行等手段，实现监督管理目标。

1）建立工程项目建设程序

工程项目建设程序是指一项工程项目从设想、提出到决策，经过设计、施工直至投产使用的整个过程中应当遵循的内在规律和组织制度。工程项目是一次性任务，项目之间千差万别，但它的实施过程有着共同的规律。只有尊重这个客观规律，按照科学的建设程序办事，项目建设才能取得预定的成效和综合的社会效益。

我国现行的工程项目建设程序是随着我国社会主义建设的进行,在不断地总结长期工程项目建设经验的基础上逐步建立、发展起来的。1952年我国出台了第一个有关建设程序的全国性文件,对基本建设的大致阶段做了规定。在这基础上进行了多次的修改和补充,形成了现行的比较科学的工程项目建设程序。

我国的工程项目建设程序在计划经济中产生,又长期在计划经济中运用和发展,因此计划经济体制的影响至今依然很深。但是,随着经济体制改革的深入,市场经济的因素逐步渗透到工程项目建设程序中,使建设程序更加合理和科学。现行的工程项目建设程序与计划经济体制下的建设程序相比最大的变化是以下几点:首先是在项目决策阶段增加了咨询评估制度。也就是在决策阶段增加了项目建议书、可行性研究和评估等系列性工作。我国在20世纪80年代初首先在利用外资、引进技术项目中采用项目建议书和可行性研究报告的做法,后来要求在所有的项目都实行。它使工程项目的决策更加科学化、民主化。其次是实行了工程建设监理制。工程建设项目监理制的实行,使我国形成了在政府有关部门的监督管理之下,由业主、承包商、监理单位直接参加的"三方"管理体制。监理作为一种协调和约束机制的出现,对我国工程项目管理体制产生深刻的影响。最后是实行工程项目招投标制。工程招投标是在市场经济条件下进行工程建设项目的发包与承包所采用的一种交易方式。它的出现,把市场竞争机制引进项目建设中,使工程项目建设活动更具有活力。

2)工程项目决策阶段监督管理

政府对项目决策阶段的监督管理包括宏观管理和微观管理,在宏观上是确定固定资产投资规模、方向、结构、速度和效果,在微观上则是对工程项目的审定,包括项目建议书和可行性报告的审批等工作。

(1)工程项目建议书的审批

根据我国现行规定,项目的性质不同,它的建议书的审批程序也不同。如对基本建设项目的建议书的审批规定是,大中型项目由国家计委审批;投资在2亿元以上的重大项目,由国家计委审核后报国务院审批;小型项目按隶属关系,由主管部门或省、自治区、直辖市的计委审批;由地方投资安排建设的院校、医院及其他文教卫生事业的大中型基本建设项目,其项目建议书均不报国家计委审批,由省、自治区、直辖市和计划单列市计委审批,同时抄报国家计委和有关部门备案。

(2)可行性研究报告的审批

可行性研究报告编制完成后,由投资部门正式报批。根据规定,大中型项目的可行性研究报告,由各主管部、省、市、自治区或各全国性专业公司负责预审,报国家计委审批或由国家计委委托有关单位审批。重大或特殊项目的可行性研究报告,由国家计委会同有关部门预审,报国务院审批,小型项目的可行性研究报告按隶属关系由各主管部、省、市、自治区或全国性专业公司审批。

3）工程项目实施过程的监督管理

政府对项目实施过程的监管涉及工程项目实施的各个阶段各个方面。主要有以下几个方面：

（1）设计文件的审查。我国建设工程管理条例规定，业主应当将施工图纸设计文件报县级以上人民政府建设行政主管部门或者其他有关部门审查。没有经过审查批准的施工设计文件不得使用。

（2）建筑许可。建筑工程在开工前，业主应当按照国家有关规定向工程所在地县级以上人民政府建设行政主管部门申请领取施工许可证。对国务院建设行政主管部门确定的限额以下的小型工程和按照国务院规定的权限和程序批准开工报告的建筑工程不需领取施工许可。业主应当在领取施工许可之日起三个月内开工。因故不能开工的，应当向发证机关申请延期；延期以两次为限，每次不超过三个月。在建工程因故中止施工的，业主自中止施工起一个月内，应当向发证机关报告，恢复施工时也应当向发证机关报告；中止施工满一年的工程恢复施工时，业主应当报发证机关核验施工许可证。

（3）工程质量监督。工程项目质量的好坏，既影响到承发包双方的利益，也影响到国家和社会的公共利益，因此国家实行工程质量监督制度。根据我国工程质量管理条例规定，建设部对全国的建设工程质量实施统一监督管理；国务院铁路、交通、水利等部门按照国务院规定的职责分工，负责对全国的有关专业建设工程质量的监督管理；县级以上地方人民政府建设行政主管部门对本行政区内的建设工程质量实施监督管理，县级以上地方人民政府交通、水利等有关部门在各自的职责范围内，负责对本行政区域内的专业建设工程质量的监督管理。建设工程质量监督管理，可以由建设行政主管部门或者其他有关部门委托的建设工程质量监督机构具体实施。在履行监督检查职责时有权采取以下措施：

① 要求被检查单位提供有关工程质量的文件和资料；

② 进入被检查单位的施工现场进行检查；

③ 发现影响工程质量的问题时，责令改正。

工程质量监督的基本程序是，业主在领取施工许可证或者开工报告前，按照国家的有关规定办理工程质量监督手续，提交勘察设计资料等有关文件，监督部门在接到文件后确定该工程的监督员，提出监督计划，并通知业主、勘察设计、施工单位，按照监督计划依法实施监督检查。

（4）竣工验收管理。业主在接到建设工程竣工报告后，应当组织设计、施工、监理等单位进行竣工验收，验收合格后才可交工使用。业主在竣工验收合格之日起15日内，将建设工程竣工报告和规划、公安消防、环保等部门出具的认可或者许可使用文件报建设行政主管部门或者其他有关部门备案。

(5) 安全与环保监督管理。安全与环保是工程项目建设的两个重要目标,它涉及人民的生活质量和生命财产的大事,是政府对工程项目实施监督管理的重要内容。政府各部门对安全与环保的监督管理贯穿于项目建设的全过程。

3.5.2 对建设市场的监督管理

市场是指商品供求关系的总和,所以建筑市场可以理解为建筑产品供求关系的总和。建筑市场由建筑交易市场体系、生产要素市场体系、信誉体系、法律和监督管理体系组成,它的主体是发包方、承包方和中介服务方,它的客体主要是指各类工程项目。一个成熟的、秩序良好的建筑市场对建设事业的发展具有重大的推动作用,对国家政治经济的稳定也有很大的影响。因此对建筑市场的监督管理是政府部门的一项重要任务。

1) 法律体系和监督管理体系的建立

市场经济是法制经济,为了对实现市场调控,必须建立一套完整的法律体系。为了加强对建筑市场的管理,国家和有关部门陆续实施了《建筑法》、《合同法》、《招标投标法》、《反不正当竞争法》、《建设工程质量管理条例》等一系列法律法规,同时建立了一套与我国建筑市场发展相适应的监督管理体系。

信誉体系对市场的运行有很大的影响,政府应该注意引导和鼓励建立一套与我国法律和文化相适应的信誉体系。

2) 市场主体的管理

为了规范业主的行为,我国建立了建设项目法人责任制。对从事工程勘察、设计、施工、监理、造价咨询等单位实行资质认证和审批制度,对它们的人员素质、管理水平、资金数量、业务能力等资质条件进行认证和审批,确定其所承担的业务范围,并核发相应的资质证书。规定从事建筑活动的专业技术人员必须取得相应的执业资格,并在执业资格证书许可的范围内从事建筑活动。

3) 建筑产品价格管理

价格是市场管理的重要因素,政府部门通过对建筑产品的宏观控制来实现对建筑市场的管理。

4) 工程项目合同管理

工程项目合同管理是政府对建筑市场管理的重要内容之一,主要的工作包括:

(1) 制订和贯彻合同管理的法律法规,管理方法和实施细则;

(2) 指导和督促有关单位按照国家法律、法规、政策订立工程项目的各种合同;

(3) 调解和仲裁工程项目合同的各种纠纷。

复习思考题

1. 简述我国工程项目管理的发展历史。
2. 简述工程项目各参与方的项目管理的主要内容。
3. 简述工程项目管理的任务。
4. 工程项目管理委托的模式有哪些?各有什么特点?
5. 项目总承包的模式有哪些?各有什么特点?
6. 施工任务委托的模式有哪些?各有什么特点?
7. 施工总承包管理模式的特点有哪些?与施工总承包模式的不同点是什么?
8. 什么是 CM 模式?CM 单位的主要任务是什么?CM 合同价包括哪些费用?
9. 为什么建设项目的实施要进行政府监督?从哪些方面进行监督?

4 工程项目管理组织

项目组织是实现有效的项目管理的前提和保障。项目组织管理是项目管理的首要职能，其他各项管理职能都要依托组织机构去执行，管理的效果以组织为保障。

4.1 工程项目组织概述

4.1.1 组织的含义

组织是管理的一个重要职能。"组织"一词可以作为名词来理解也可以作为动词来理解。作为名词理解时是指组织机构，它原本是生物学中的概念，是指机体中构成器官的单位，是由许多形态和功能相同的细胞按一定的方式结合而成的。这一含义被引申到社会经济系统中，是指按照一定的宗旨和系统建立起来的集体。我们日常工作中的组织正是这种意义上的组织，它们是构成整个社会经济系统的基本单位。组织作为动词来理解时，是指一种活动的过程，即安排分散的人或事物使之具有一定的系统性或整体性。在这一过程中，体现了人类对自然的改造。管理学中的组织职能，是上述两种含义的有机结合而产生和起作用的。

组织作为一种机构形式，是为了使系统达到它的特定目标，使全体参加者经分工与协作以及设置不同层次的权力和责任制度而构成的一种人的组合。它可以理解为：

（1）它是人们具有共同目标的集合体；
（2）它是人们相互影响的社会心理系统；
（3）它是人们运用知识和技术的技术系统；
（4）它是人们通过某种形式的结构关系而共同工作的集合体。

组织作为一种活动过程，是指为达到某一目标而协调人群活动的一切工作。作为一种活动的过程，组织的对象是组织内各种可调控的资源。组织活动就是为了实现组织的整体目标而有效配置各种资源的过程。

在此概念的基础上组织理论出现了两个相互联系的研究方向，即组织结构和组织行为。组织结构侧重于组织的静态研究，以建立精干、合理、高效的组织结构为目的；组织行为侧重于组织的动态研究，以建立良好的人际关系保证组织的高效运行为目的。

4.1.2 组织论和组织工具

组织论是一门非常重要的基础理论学科,是项目管理的母学科,它主要研究系统的组织结构模式、组织分工,以及工作流程组织。

组织结构模式反映了一个组织系统中各子系统之间或各元素(各工作部门或各管理人员)之间的指令关系。

组织分工反映了一个组织系统中各子系统或各元素的工作任务分工和管理职能分工。组织结构模式和组织分工都是一种相对静态的组织关系。

工作流程组织则反映一个组织系统中各项工作之间的逻辑关系,是一种动态关系。就图4.1中的物质流程组织对于工程项目而言,是指工程项目实施的工作流程组织,如设计的工作流程组织可以是方案设计、初步设计、技术设计、施工图设计,也可以是方案设计、扩初设计、施工图设计。

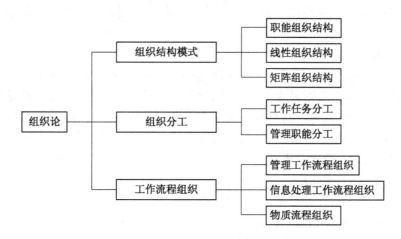

图4.1 组织论的基本内容

组织工具是组织论的应用手段,用图或表等形式表示各种组织关系,包括:组织结构图(管理组织结构图)、工作任务分工表、管理职能分工表和工作流程图等。

4.1.3 项目组织的特点

由于项目的特点决定了项目组织和其他组织相比具有许多不同的特点,这些特点对项目的组织设计和运行有很大的影响。

1)项目组织的一次性

工程项目是一次性任务,为了完成项目目标而建立起来的项目组织也具有一次性。项目结束或相应项目任务完成后,项目组织就解散或重新组成其他项目组织。

2）项目组织的类型多、结构复杂

由于项目的参与者比较多，他们在项目中的地位和作用不同，而且有着各自不同的经营目标，这些单位对项目进行管理，形成了不同类型的项目管理。不同类型的项目管理，由于组织目标不同，它们的组织形式也不同，但是为了完成项目的共同目标，这些组织形式应该相互适应。

为了有效地实施项目系统，项目的组织系统应该和项目系统相一致，由于项目系统比较复杂，导致项目组织结构的复杂性。在同一项目管理中可能用不同的组织结构形式组成一个复杂的组织结构体系，例如某个项目的监理组织，总体上采用直线制组织形式，而在部分子项目中采用职能制组织形式。项目组织还要和项目参与者的单位组织形式相互适应，这也会增加项目组织的复杂性。

3）项目组织的变化较大

项目在不同的实施阶段，其工作内容不一样，项目的参与者也不一样，同一参与者，在项目的不同阶段的任务也不一样。因此，项目的组织随着项目的不同实施阶段而变化。

4）项目组织与企业组织之间关系复杂

在很多的情况下项目组织是企业组建的，它是企业组织的组成部分。企业组织对项目组织影响很大，从企业的经营目标、企业的文化到企业资源、利益的分配都影响到项目组织效率。从管理方面看企业是项目组织的外部环境，项目管理人员来自企业，项目组织解体后，其人员回企业。对于多企业合作进行的项目，虽然项目组织不是由一个企业组建，但是它依附于企业，受到企业的影响。

4.1.4 项目组织结构设计

所谓组织结构是指组织内部各构成部分和各部分间所确立的较为稳定的相互关系和联系方式。组织结构的主要作用有：

（1）组织结构是一切协调活动的前提和基础。组织结构是促成管理绩效产生的工具，没有组织结构一切协调活动都不可能有效地进行。

（2）组织结构确定了正式关系与职责的形式，形成了组织的责任体系。组织成员的职责和责任的分派直接与组织结构有关，组织结构规定职位、职责，是责任的分配和确定的基础。管理是以机构和人员职责的分派和确定为基础，对组织成员的评价也是以职责为基础的。责任体系是责、权、利系统的核心。

（3）组织结构确定了一定的权力系统。组织结构与职权形态之间存在着直接的相互关系。组织结构与职位以及职位间关系的确立密切相关，为职权关系提供了一定的格局。没有组织结构，就没有职权结构，也就没有权力的运用，不能形成权力系统。

（4）组织结构形成信息沟通体系。信息沟通是组织力形成的重要因素。信息产生在组织的活动中，上级需要下级的信息作为决策的基础，越是高层领导越需要信息，有了充分的信息才能进行有效的决策；下级需要上级的指令、指导性信息和其他信息来执行行动；同级不同部门之间为了相互协调而需要横向的信息传递。快捷、真实的信息传递是组织活动高效的前提。组织结构形式决定了信息传递的路径和方式，形成组织信息沟通体系。

工程项目管理的组织结构建立是项目管理的重要内容，项目管理的组织结构是项目管理取得成效的前提和保障。

1）组织结构的构成因素

组织结构由管理层次、管理跨度、管理部门、管理职责四个因素组成。这些因素相互联系、相互制约。在进行组织结构设计时，应考虑这些因素之间的平衡与衔接。

（1）合理的管理层次

管理层次是只从最高管理者到最低层操作者的等级层次的数量。合理的层次结构是形成合理的权力结构的基础，也是合理分工的重要方面。管理层次多，信息传递就慢，而且会失真。层次越多，所需要的人员和设备就越多，协调的难度越大。

（2）合理的管理跨度

管理跨度也称管理幅度，是指一个上级管理者能够直接管理的下属的人数。跨度大，管理的人员的接触关系增多，处理人与人之间关系的数量随之增大，他所承担的工作量也增大。法国管理顾问格兰丘纳斯在1933年首先提出了通过计算一个管理者所直接涉及的工作关系数来计算他所承担的工作量的模型：

$$C = N(2^{N-1} + N - 1)$$

式中：C——可能存在的工作关系数；

N——管理幅度。

通过这个模型，我们可以发现，管理者所管理的下属人数按算术级数增加时，该管理者所直接涉及的工作关系数则呈几何级数增加。当 $N=2$ 时，$C=6$；当 $N=8$ 时，$C=1\,080$。所以跨度太大时，管理者所涉及的关系数太多，所承担的工作量过大，而不能进行有效的管理。

管理跨度与管理层次相互联系、相互制约，二者成反比例关系，即管理跨度越大，则管理层次越少；反之，管理跨度越小，则管理层次越多。合理地确定管理跨度，对正确设置组织等级层次结构具有重要的意义。确定管理跨度的最基本原则是最终使管理人员能有效地领导、协调其下属的活动。确定管理跨度应考虑以下几个影响因素：

① 管理者所处的层次的高低。一般处于较高管理层次的管理者,应有较小的管理跨度,而处于较低管理层次的管理者可以有较高大的管理跨度。

② 被管理者素质的高低。下属的素质越高,处理上下级关系所需的时间和次数就越少。具有高度责任感、受训良好的下属不但能少占用上级管理者的时间,而且接触的次数也少,可以设置较宽的管理跨度。

③ 工作性质。工作性质复杂就应设置较窄的管理跨度,相反,完成简单的工作,则可以设置较宽的管理跨度。因为面对复杂的工作,管理者需要与其下属之间保持经常的接触和联系,一起探讨完成工作的方法和措施,所以已经能够设置较窄的管理跨度。

④ 管理者的意识。对授权意识较强的管理者,可以设置较宽的管理跨度,这样可以充分发挥下属的积极性,使他们能从工作中得到满足。

⑤ 组织群体的凝聚力。对具有较强的群体凝聚力的组织,即使设置较宽的管理跨度,也可以满足管理和协调的需要,而群体凝聚力较弱的组织则应设置较窄的管理跨度。

此外,确定管理跨度还应考虑空间因素、组织环境、管理现代化程度以及组织信息传递方式等因素的影响。

(3) 部门的划分

部门的划分是将完成组织目标的总任务划分为许多具体的任务,然后把性质相似或具有密切关系的具体工作合并归类,并建立起负责各类工作的相应管理部门,并将一定的职责和权限赋予相应的单位或部门。部门的划分应满足专业分工与协作的要求。组织部门划分有多种方法,如按职能划分、按产品划分、按地区划分、按顾客划分、按市场渠道划分等。项目管理组织常用的是按职能划分和按产品划分两种。

① 按职能划分。按职能划分就是按照为实现组织目标所需做的各项工作的性质和作用,把性质相同的或相似的具体工作归并为一个专门的单位负责。如建立计划、财务、技术、劳务、机械设备、材料、合同等部门。按职能划分是一种合乎逻辑并经过时间考验的方法,最能体现专业化分工的原则,因而有利于提高人力的利用效率。但是,按这种方法划分的部门,由于具有相对独立性,容易造成各部门之间的不协调,各部门往往只强调本部门的目标的重要性而忽视组织的整体目标,而且由于协调功能较差,当组织环境变化时,应变能力较差。

② 按产品划分。按产品划分就是以某种产品为中心,将为实现管理目标所需做的一切工作,按是否与该产品有关而进行分类,与同一产品或服务有关的工作都归为一个部门。在这些产品部门下还可以按职能进一步划分职能部门。这种划分方法的优点是,有利于使用专用设备,部门内部的协调也比较容易,管理绩效的评价比较容易,有助于激发各个部门的主动性和创造性。缺点是,由于机构的重叠造

成管理资源的浪费;由于部门独立性较强难以做到统一指挥。

(4) 管理职责

职责是责、权、利系统的核心。职责的确定应明确,有利于提高效率,而且应便于考核。为了到达这个目标,在明确职责时应坚持专业化的原则,这样有利于提高管理的效率和质量。同时应授予与职责相应的权力和利益,以保证和激励部门完成其职责。

2) 项目组织结构设计的原则

工程项目的组织结构设计,关系到项目管理的成败,所以项目组织结构的设计应根据遵循一定的组织原则:

(1) 目的性原则

从"一切为了确保项目目标实现"这一根本目标出发,因目标而设事,因事而设人、设机构、分层次,因事而定岗定责,因责而授权。这是组织设计应遵循的客观规律,颠倒这种规律或离开项目目标,就会导致组织的低效或失败。

(2) 集权与分权统一的原则

集权是指把权力集中在上级领导的手中,而分权是指经过领导的授权,将部分权力分派给下级。在一个健全的组织中不存在绝对的集权,绝对的集权意味着没有下属主管,也不存在绝对的分权,绝对的分权意味着上级领导职位的消失,也就不存在组织了。合理的分权既可以保证指挥的统一,又可以保证下级有相应的权力来完成自己的职责,能发挥下级的主动性和创造性。为了保证项目组织的集权与分权的统一,授权过程应包括确定预期的成果、委派任务、授予实现这些任务所需的职权,以及行使职责使下属实现这些任务。

(3) 专业分工与协作统一的原则

分工就是为了提高项目管理的工作效率,把为实现项目目标所必须做的工作,按照专业化的要求分派给各个部门以及部门中的每个人,明确他们的目标、任务、该干什么和怎样干。分工要严密,每项工作都要有人负责,每个人负责他所熟悉的工作,这样才能提高效率。

分工要求协作,组织中只有分工没有协作,组织就不能有效运行。为了实现分工协作的统一,组织中应明确部门和部门内部的协作关系与配合方法,各种关系的协调应尽量规范化、程序化。

(4) 管理跨度与层次划分适当的原则

适当的管理跨度,加上适当的层次划分和适当的授权,是建立高效率组织的基本条件。在建立项目组织时,每一级领导都要保持适当的管理跨度,以便集中精力在职责的范围内实施有效的领导。

(5) 系统化管理的原则

这是由于项目的系统性所决定的。项目是一个开放的系统,是由众多的子系统组成的有机整体,这就要求项目组织也必须是一个完整的组织结构系统,否则就会出现组织和项目系统之间的不匹配,不协调。

(6) 弹性结构原则

现代组织理论特别强调组织结构应具有弹性,以适应环境的变化。所谓弹性结构,是指一个组织的部门结构、人员职责和工作职位都是可以变动的,保证组织结构能进行动态的调整,以适应组织内外部环境的变化。工程项目是一个开放的复杂系统,它以及它所处的环境的变化往往较大,所以弹性结构原则在工程项目组织结构设计中的意义很大,项目组织结构应能满足由于项目以及项目环境的变化而进行动态调整的要求。

(7) 精简高效原则

项目组织结构设计应该把精简高效的原则放在重要的位置。组织结构中的每个部门、每个人和其他的组织要素为了一个统一的目标,组合成最适宜的结构形式,实行最有效的内部协调,使决策和执行简捷而正确,减少重复和扯皮,以提高组织效率。在保证必要职能的履行前提下,尽量简化机构,这也是提高效率的要求。

3) 项目组织结构设计的程序

在设计组织结构时,可按图 4.2 所示的程序进行。

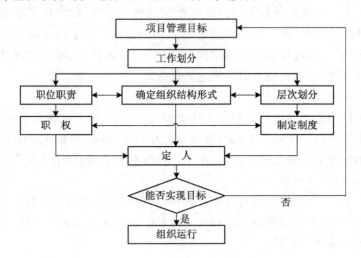

图 4.2 组织结构设置程序图

(1) 确定项目管理目标

项目管理目标是项目组织设立的前提,明确组织目标是组织设计和组织运行的重要环节之一。项目管理目标取决于项目目标,主要是工期、质量、成本三大目标上。这些目标应分阶段根据项目特点进行划分和分解。

(2) 确定工作内容

根据管理目标确定为实现目标所必须完成的工作,并对这些工作进行分类和组合,在进行分类和组合时,应以便于目标实现为目的,考虑项目的规模、性质、复杂程度以及组织人员的技术业务水平、组织管理水平等因素。

(3) 选择组织结构形式、确定岗位职责、职权

根据项目的性质、规模、建设阶段的不同,可以选择不同的组织结构形式以适应项目管理的需要。组织结构形式的选择应考虑有利于项目目标的实现、有利于决策和执行、有利于信息的沟通。根据组织结构形式和例行性工作确定部门和岗位以及它们的职责,并根据职权一致的原则确定他们的职权。

(4) 设计组织运行的工作程序和信息沟通的方式

以规范化、程序化的要求确定各部门的工作程序,规定它们之间的协作关系和信息沟通方式。

(5) 人员配备

按岗位职务的要求和组织原则,选配合适的管理人员,关键是各级部门的主管人员。人员配备是否合理直接关系到组织能否有效运行、组织目标能否实现。根据授权原理将职权授予相应的人员。

4.2 工程项目的组织形式

组织结构形式是组织的模式,是组织各要素相互联结的框架的形式。项目组织形式可按组织结构和项目组织与企业组织联系方式分类。按组织的结构分,项目组织形式常见的有:直线制、职能制、直线职能制、矩阵制、事业部制等。按项目组织与企业组织联系方式分,项目组织的常见形式有:职能式(部门控制式)、纯项目式、矩阵式等。

4.2.1 线性组织结构

线性组织结构来自于严谨的军事组织系统。在线性组织结构中,每一个工作部门只能对其直接的下属部门下达工作指令,不能越级指挥,每一个工作部门也只有一个直接的上级部门。因此,线性组织结构的特点是每一个工作部门只有一个指令源,避免了由于矛盾的指令而影响组织系统的运行。

线性组织结构模式是工程项目管理组织系统的一种常用模式,因为一个工程项目的参与单位很多,在项目实施过程中矛盾的指令会给工程项目目标的实现造成很大的影响,而线性组织结构模式可确保工作指令的唯一性。但在一个较大的组织系统中,由于线性组织结构模式的指令路径很长,有可能会造成组织系统中一

定程度上运行的困难。

线性组织结构图如图 4.3 所示。

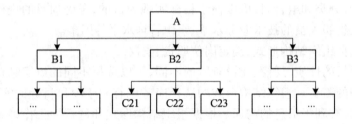

图 4.3 线性组织结构

在图 4.3 所示的线性组织结构中：

（1）A 可以对其下属部门 B1、B2、B3 下达指令；

（2）B2 可以对其下属部门 C21、C22、C23 下达指令；

（3）虽然 B1 和 B3 比 C21、C22、C23 高一个组织层次，但是，B1 和 B3 并不是 C21、C22、C23 的直接上级部门，不允许他们对 C21、C22、C23 下达指令。

在该组织结构中，每一个工作部门的指令源是唯一的。

4.2.2 职能式组织结构

职能式也称部门控制式项目组织形式，是指按职能原则建立的项目组织。通常指项目任务以企业中现有的职能部门作为承担任务的主体组织完成项目。一个项目可能是由某一个职能部门负责完成，也可能是由多个职能部门共同完成。各职能部门与项目相关的协调工作需在职能部门主管这一层次上进行。职能组织形式的示意图如图 4.4 所示。

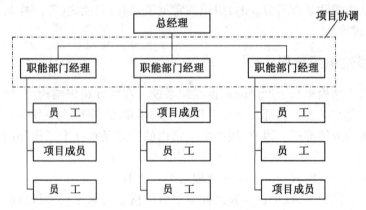

图 4.4 职能式组织结构

职能式组织结构的优点：

(1) 在人员的使用上具有较大的灵活性。不同专业技术人员可以被临时调配使用，工作完成后又可以返回他们原有的工作岗位。

(2) 有利于同一部门的专业人员一起交流知识和经验，可使项目获得部门内所有的知识和技术支持，对创造性地解决项目技术问题很有帮助。

(3) 具有较广专业基础的技术人员可同时参加不同的项目。

(4) 当有人员离开项目组甚至离开公司时，职能部门可作为保持项目技术持续性的基础，人员风险较小。

(5) 将项目委托给企业某一职能部门组织，不需要设立专门的组织机构，所以项目的运转启动时间短。

职能式组织结构的缺点：

(1) 职能部门有其日常工作，项目及客户的利益往往得不到优先考虑。

(2) 调配给项目的人员往往把项目看作是他们额外的工作甚至负担，其工作积极性不是很高。

(3) 经常会出现没有一个人承担项目全部责任的现象。

(4) 项目常常得不到很好的支持，与职能部门利益直接有关的问题能得到很好的处理，而那些超出其利益范围的问题则容易被忽视。

(5) 技术复杂的项目通常需要多个职能部门的共同合作，但跨部门之间的交流沟通较困难。

职能式组织结构一般适用于小型或单一的、专业性较强、不需要涉及许多部门的项目。

4.2.3 项目式组织结构

项目式组织结构也称工作队式组织形式，是指公司首先任命项目经理，由项目经理负责从企业内部招聘或抽调人员组成项目组织。所有项目组织成员在项目建设期间，中断与原部门组织的领导和被领导关系，原单位负责人只负责业务指导及考察，不得随意干预其工作或调回人员。项目结束后项目组织撤销，所有人员仍回原部门和岗位。项目式组织结构如图4.5。

项目式组织结构的主要优点：

(1) 项目经理权利集中，可以及时决策，指挥方便，有利于提高工作效率；

(2) 项目经理从各个部门抽调或招聘的是项目所需要的各类专家，他们在项目管理中可以相互配合、相互学习、取长补短，有利于培养一专多能的人才并充分发挥其作用；

(3) 各种专业人才集中在一起，减少了等待或扯皮的时间，解决问题快，办事效率高；

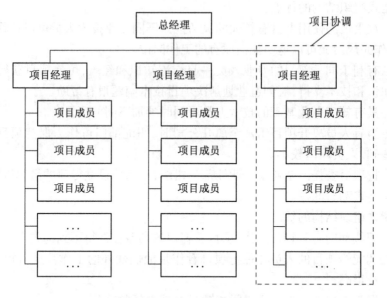

图 4.5 项目式组织结构

(4) 由于减少了项目组织与企业职能部门的结合部,使协调关系减少,同时弱化了项目组织与企业组织部门的关系,减少或避免了本位主义和行政干预,有利于项目经理顺利地开展工作。

项目式组织结构的主要缺点:

(1) 各类人员来自不同的部门,具有不同的专业背景,缺乏合作经验,难免配合不当。

(2) 各类人员集聚在一起,但在同一时期内他们的工作量可能有很大的差别,因此很容易造成忙闲不均,从而导致人员的浪费。对专业人才,企业难以在企业内进行调剂,往往导致企业的整体工作效率的降低。

(3) 项目管理人员长期离开原单位,离开他们所熟悉的工作环境,容易生产临时观念和不满情绪,影响积极性的发挥。

(4) 专业职能部门的优势无法发挥,由于同一专业人员分散在不同的项目上,相互交流困难,职能部门无法对他们进行有效的培训和指导,影响各部门的数据、经验和技术积累,难以形成专业优势。

项目式组织结构适用于大型项目、工期要求紧迫的项目、要求多工种多部门密切配合的项目。

4.2.4 矩阵式组织结构

矩阵式组织结构是现代大型工程项目广泛应用的一种新型组织形式。它把职能原则和对象原则结合起来,既发挥了职能部门的纵向优势,又发挥项目组织的横向优势,形成了独特的组织形式。从组织职能上看,以实施企业目标为宗旨的企业组织要求专业化分工并且长期稳定,而一次性项目组织则具有较强的综合性和临时性。矩阵式组织形式能将企业组织职能与项目组织职能进行有机的结合,形成了一种纵向职能机构和横向项目机构相互交叉的"矩阵"形式。矩阵式组织结构又有弱矩阵、平衡矩阵和强矩阵之分。

(1) 弱矩阵式组织结构。其示意图如图 4.6 所示。

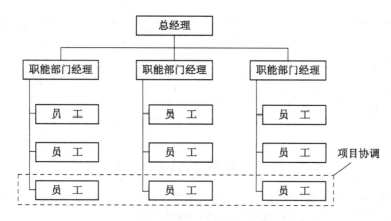

图 4.6 弱矩阵组织结构示意图

弱矩阵式组织结构的特点:从企业相关职能部门安排专门人员组成项目团队,但无专职的项目经理。该组织形式偏向于职能式组织结构,所以其优缺点和适用条件与职能式组织结构相似。

(2) 平衡矩阵式组织结构。其示意图如图 4.7 所示。

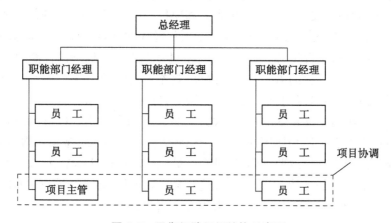

图 4.7 平衡矩阵组织结构示意图

平衡矩阵式组织结构的特点:从企业相关职能部门安排专门人员组成项目团队,有专职的项目经理,且项目经理一般从企业某职能部门选聘。

(3) 强矩阵式组织结构。其示意图如图4.8所示。

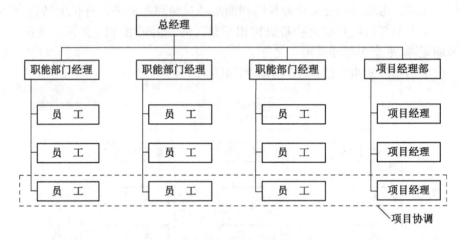

图4.8　强矩阵组织结构示意图

强矩阵式组织结构的特点:项目经理独立于企业职能部门之外,项目团队成员来源于相关职能部门,项目完成后再回到原职能部门。

在矩阵式组织形式中,永久性专业职能部门和临时性项目组织同时交互起作用。纵向表示不同的职能部门是永久性的,横向表示不同的项目是临时性的。职能部门的负责人对本部门参与项目组织的人员有组织调配、业务指导和管理考核的责任。项目经理将参加本项目的各种专业人员按项目实施的要求有效地组织协调在一起,为实现项目目标共同配合工作,并对他们负有领导责任。矩阵式组织中的每个成员,都应接受原职能部门负责人和项目经理的双重领导,他们参加项目从某种意义上说只是"借"到项目上,既接受项目经理的领导又接受原职能部门负责人的领导。在一般情况下,部门负责人的控制力大于项目经理的控制力。部门负责人有权根据不同项目的需要和工作强度,将本部门专业人员在项目之间进行适当调配,使专业人员可以同时为几个项目服务,避免某种专业人才在一个项目上闲置而在另一个项目上又奇缺的现象,大大提高人才的利用率。项目经理对参加本项目的专业人员有控制和使用的权力,当感到人力不足或某些成员不得力时,他可以向职能部门请求支持或要求调换,没有人员包袱。在这种体制下,项目经理可以得到多个职能部门的支持,但为了实现这些合作和支持,要求在纵向和横向有良好的沟通与协调配合,从而对整个企业组织和项目组织的管理水平和工作效率提出更高的要求。

一个大型建设工程项目如采用矩阵式组织结构,则纵向工作部门可以是投资控制、进度控制、质量控制、合同管理、人事管理、财务管理、物资管理、信息管理等职能部门,而横向工作部门可以是各子项目的项目管理部,如图4.9所示。

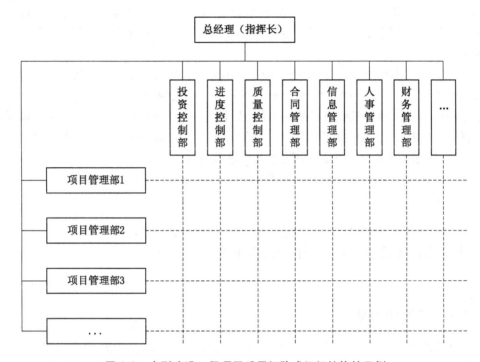

图4.9 大型建设工程项目采用矩阵式组织结构的示例

矩阵式组织形式的主要优点:

(1)兼有职能式和工作队式两种组织形式的优点。它把职能原则和对象原则有机地结合起来,既发挥了纵向职能部门的优势,又发挥了横向项目组织的优势,解决了传统组织模式中企业组织和项目组织相互矛盾的难题,增强企业长期例行性管理和项目一次性管理的统一性。

(2)能有效地利用人力资源。它可以通过职能部门的协调,将一些项目上闲置的人才及时转到急需项目上去,实现以尽可能少的人力实施多个项目管理的高效率,使有限的人力资源得到最佳的利用。

(3)有利于人才的全面培养。它既可以使不同知识背景的人在项目组织的合作中相互取长补短,在实践中拓宽知识面,有利于人才的一专多能,又可以充分发挥纵向专业职能集中的优势,使人才的成长有深厚的专业训练基础。

矩阵式组织形式的主要缺点:

(1)双重领导。矩阵式组织中的成员要接受来自横向、纵向领导的双重指令。当双方目标不一致或有矛盾时,会使当事人无所适从。当出现问题时,往往会出现相互推诿,无人负责的现象。

(2)管理要求高,协调较困难。矩阵式组织形式对企业管理和项目管理的水平、领导者的素质、组织机构的办事效率、信息沟通渠道的畅通均有较高的要求。由于矩阵式组织的复杂性和项目结合部分的增加,往往导致信息沟通量的膨胀和沟通渠道的复杂化,致使信息梗阻和信息失真增加,这就使组织关系协调更困难。

(3)经常出现项目经理的责任与权力不统一的现象。在一般情况下职能部门对项目组织成员的控制力大于项目经理的控制力,导致项目经理的责任大于权力,工作难以开展。项目组织成员受到职能部门的控制,所以凝聚在项目上的力量减弱,使项目组织的作用发挥受到影响。同时,管理人员同时身兼多职的管理多个项目,难以确定管理项目的前后顺序,有时会顾此失彼。

(4)矩阵式组织形式主要适用于大型复杂项目;公司同时承担多个项目;当公司对人工利用率要求高时的项目。

4.3 组织分工和工作流程组织

4.3.1 工作任务分工

在组织结构确定后,应对各个部门或个体的主要职责进行分配。项目工作任务分工就是对项目组织结构的说明和补充,将组织结构中各个单位部门或个体的职责进行细化扩展。工作任务分工是建立在工作分解结构(WBS)的基础上的,工作分解结构是以可交付成果为导向对项目要素进行分组,它归纳和定义了项目的整个工作范围,每下降一层代表该项目工作的更详细定义。项目管理任务分工体现组织结构中各个单位或个体的职责任务范围,从而为各单位部门或个体指出工作的方向,将多方向的参与力量整合到同一个有利于项目开展的合力方向。

每一个项目都应编制项目任务分工表。在编制项目管理任务分工表前,应结合项目的特点,对项目实施的各阶段的费用(投资或成本)控制、进度控制、质量控制、合同管理、信息管理和组织与协调等管理任务进行详细的分解。在项目管理任务分解的基础上,明确项目经理和费用(投资或成本)控制、进度控制、质量控制、合同管理、信息管理和组织与协调等主管部门或主管人员的工作任务,从而编制工作任务分工表。表4.1和表4.2分别为某项目的项目管理任务分解示例表和工作任务分工表。

表4.1 某项目设计阶段管理任务分解表

3	设计阶段项目管理的任务	
	3.1	设计阶段的投资控制
	3101	在可行性研究的基础上,进一步分析、论证项目总投资目标
	3102	根据方案设计,审核项目总投资估算,供委托方确定投资目标参考,并基于优化方案协助委托方对投资估算作出调整
	3103	编制项目总投资切块、分解规划,并在设计过程中控制其执行;在设计过程中若有必要,及时提出调整总投资切块、分解规划的建议
	3104	审核项目总投资概算,在设计深化过程中严格控制在总概算所确定的投资计划值中,对设计概算作出评价报告和建议
	3105	根据工程概算和工程进度表,编制设计阶段资金使用计划,并控制其执行,必要时对上述计划推出调整建议
	3106	从设计、施工、材料和设备等多方面作必要的市场调查分析和技术经济比较论证,并提出咨询报告,如发现设计可能突破投资目标,则协助设计人员提出解决办法,供业主参考
	3107	审核施工图预算,调整总投资计划
	3108	采用价值工程方法,在充分满足项目功能的条件下考虑进一步挖掘节约投资的潜力
	3109	进行投资机会值和实际值的动态跟踪比较,并提交各种投资控制报表和报告
	3110	控制设计变更,注意检查变更设计的结构性、经济性、建筑造型和使用功能能否满足业主的要求
	3.2	设计阶段的进度控制
	3201	参与编制项目总进度计划,有关施工进度与监理单位协商讨论
	3202	审核设计方提出的详细的设计进度计划和出图计划,并控制其执行,避免发生因设计单位推迟进度而造成施工单位要求索赔
	3203	协助起草主要甲供材料和设备的采购计划,审核甲供材料设备清单
	3204	协助业主确定施工分包合同结构及招标方式
	3205	督促业主对设计文件尽快作出决策和审定
	3206	在项目实施过程中进行计划值和实际值的比较,并提出各种进度控制报表和报告
	3207	协调室内装修设计、专业设备设计与主设计的关系,使专业设计进度能满足施工进度的要求
	3.3	设计阶段的质量控制
	3301	协助业主确定项目质量的要求和标准,满足设计质监部门质量评定标准要求,并作为质量控制目标值,参与分析和评价建筑物使用功能、面积分配、建筑设计标准等,根据业主的要求,编制详细的设计要求文件,作为方案设计优化任务书的一部分

续表 4.1

	3302	研究图纸、技术说明和计算书等设计文件,分析问题,及时向设计单位提出;对设计变更进行技术经济合理性分析,并按照规定的程序办理设计变更手续,凡对投资和进度带来影响的变更,须会同业主核签
	3303	审核各设计阶段的图纸、技术说明和计算书等设计文件是否符合国家有关设计规范、有关设计质量要求和标准,并根据需要提出修改意见,确保设计质量获得有关部门审查通过

表 4.2 某项目工作任务分工表

	工作项目	经理室	技术委员会	专家顾问组	办公室	总工程师室	综合部	财务部	计划部	工程部	设备部	运营部	物业开发部
1	人事	☆					△						
2	重大技术审查决策	☆	△	○	○	△	○	○	○	○	○	○	○
3	设计管理			○		☆			○	△	△	○	
4	技术管理			○		☆				△	△	○	
5	科研管理					☆		○	○				
6	行政管理				☆		○	○					
7	外事管理			○	☆		○						
8	档案管理			○	☆	○	○	○	○	○	○	○	○
9	资金管理						○	☆	○				
10	财务管理						○	☆	○				
11	审计						○	○	○				
12	计划管理						○	○	☆	△	△		
13	合同管理						○	○	☆	△	△		
14	招投标管理			○		○			☆	△	△		
15	工程筹划			○		○				☆	○		
16	土建工程项目管理					○				☆	○		
17	工程前期工作					○			○	☆	○		○
18	质量管理			○		△				☆	△		

续表 4.2

	工作项目	经理室	技术委员会	专家顾问组	办公室	总工程师室	综合部	财务部	计划部	工程部	设备部	运营部	物业开发部
19	安全管理					○	○			☆	△		
20	设备选型			△		○					☆	○	
21	设备材料采购						○	○	△	△	☆		
22	安装工程项目管理			○					○	△	☆		
23	运营准备			○		○					△	☆	
24	开通、调试、验收			○		△				△	☆	△	
25	系统交接			○	○	○	○			☆	☆	☆	
26	物业开发						○	○	○	○	○	○	☆

注：☆——主办；△——协办；○——配合

4.3.2 管理职能分工

管理职能分工与工作任务分工一样也是组织结构的补充和说明，体现在对于一项工作任务，组织中各任务承担者管理职能上的分工。

管理职能分工表是用表的形式反映项目管理班子内部项目经理、各工作部门和各工作岗位对各项工作任务的项目管理职能分工。表 4.3 为某项目的管理职能分工表示例。

表 4.3 某项目管理职能分工表

序号	任务		业主方	项目管理方	监理方
		设计阶段			
1	审批	获得政府有关部门的各项审批	E		
2		确定投资、进度、质量目标	DC	PC	PE
3	发包与合同管理	确定设计发包模式	D	PE	
4		选择总包设计单位	DE	P	
5		选择分包设计单位	DC	PEC	PC
6		确定施工发包模式	D	PE	PE
7	进度	设计进度目标规划	DC	PE	
8		设计进度目标控制	DC	PEC	

续表 4.3

序号	任务		业主方	项目管理方	监理方
9	投资	投资目标分解	DC	PE	
10		设计阶段投资控制	DC	PE	
11	质量	设计质量控制	DC	PE	
12		设计认可与批准	DE	PC	
招标阶段					
13	发包	招标、评标	DC	PE	PE
14		选择施工总包单位	DE	PE	PE
15		选择施工分包单位	D	PE	PEC
16		合同签订	DE	P	P
17	进度	施工进度目标规划	DC	PC	PE
18		项目采购进度规划	DC	PC	PE
19		项目采购进度控制	DC	PEC	PEC
20	投资	招标阶段投资控制	DC	PEC	
21	质量	制定材料设备质量标准	D	PC	PEC

注：P——筹划；D——决策；E——执行；C——检查。

4.3.3 工作流程组织

项目管理涉及众多工作，其中必然产生数量庞大的工作流程。工作流程组织是在工作任务分解后，用图表表达这些工作在时间上和空间上开展的先后顺序，如图 4.10 所示。工作流程组织一般包括：

（1）管理工作流程组织，如投资控制、进度控制、合同管理、付款和设计变更等流程；

（2）信息处理工作流程组织，如与生成月度进度报告有关的数据处理流程；

（3）物质流程组织，如钢结构深化设计工作流程，弱电工作物资采购工作流程，外立面施工工作流程等。

每一个工程项目应根据其特点，从多个可能的工作流程方案中确定以下几个主要的工作流程组织：

（1）设计准备工作的流程；

（2）设计工作的流程；

（3）施工招标工作的流程；

（4）物资采购工作的流程；

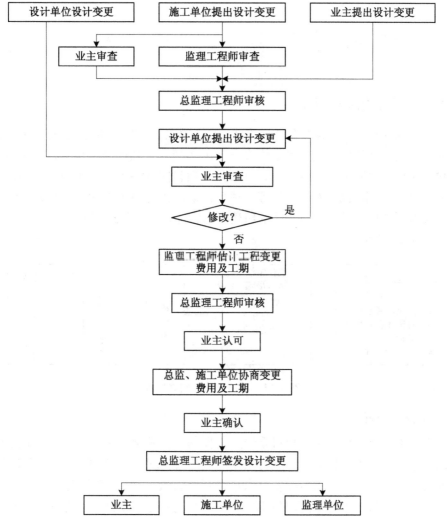

图 4.10 设计变更工作流程图示例

(5) 施工作业的流程；

(6) 各项管理工作(投资控制、进度控制、质量控制、合同管理和信息管理等)的流程；

(7) 与工程管理有关的信息处理的流程。

工作流程应视需要逐层细化,如投资控制工作流程可细化为初步设计阶段投资控制工作流程、施工图设计阶段投资控制工作流程和施工阶段投资控制工作流程等。

不同的项目参与方,工作流程组织的任务不同。业主方和项目各参与方都有各自的工作流程组织的任务。

4.4 项目团队

4.4.1 项目团队的组建

成功的项目管理不能仅依靠一个人,而必须依靠一群投身于完成某一特定目标的人。团队就是指一组项目个体成员为了实现一个共同的目标,按照一定的分工和工作程序协同工作而组成的有机整体。项目团队一般包括项目经理、项目副经理、项目办公室人员、专业人员等。项目团队的组建可能既漫长又费时,特别是针对大型复杂项目时。项目团队的组建应非常谨慎。一般组建项目团队的主要过程如图 4.11 所示。

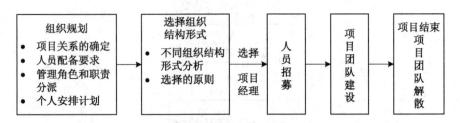

图 4.11 项目团队的组建过程

1) 项目团队的人员配备

人员配备要求规定了在项目管理中需要何种人或哪个部门、需要哪些技能以及需要的时间范围。针对同一项目采用不同的人员配备方式,成本虽然不等,但一般均可达到预期目的。人员配备要求还包括后备人员说明,后备人员说明指出哪些人员在项目管理过程中可以使用。后备人员说明的具体数量和能力水平因情况而异。

人员的配备应按各个部门的需要合理配备。项目部只保留少量的管理及技术人员,不保留作业人员,这是国际上的一种通行做法。作为项目部,它只保留具有核心价值的那部分,其他业务可以外包、分包或临时雇佣作业队来完成。这样,就不用长期供养着一批闲置人员,留下的只是企业的核心竞争力。

2) 项目团队的发展阶段

只有经过时间的积累,人们之间的友谊和感情才能进一步深化,才能最终彼此了解和默契配合。同样,项目团队的建设也会经历不同的发展阶段。在大多数项目中,由于项目团队成员以前从未在一起工作过,因此要想达到团队成员的最终一致,需要经过不断的磨合,从而形成一个有效的团队。

一般项目团队有四个发展阶段:组建、磨合、规范、进入正轨。在各个阶段有不同的特性,团队成员也有不同的工作效率和积极性。

在组建项目团队时,还要进行项目团队的优化:经理层的优化和年龄的优化。

3) 项目团队的建设

项目团队经常制定一系列正式的管理措施来加强项目团队建设,提高项目管理能力。由于项目团队建设的制度主要是奖励和表彰制度。这些制度使个人和集体的工作表现与奖励之间的联系非常清楚,可以促使他们的工作行为更加有利于项目管理。

在项目团队组建之初,项目经理应该意识到团队建设的重要性。把一组人员组织起来实现项目目标是一个持续不断的过程,这需要项目经理和项目团队的共同努力。最终项目团队成员有统一感,形成一种开放和自信的气氛,都强烈地希望为实现项目目标做出贡献。

4) 项目团队文化

企业文化是指一个企业独特的外观形象标志、内在的经营理念、服务特色、价值认同感、责任心和主人翁精神、人际关系和行为规范。如果说规章制度的奖励约束是外在的、硬性的、固化的,那么好的企业文化对增强企业员工凝聚力起着无形而巨大的作用。良好的企业文化也是企业的核心竞争力。

4.4.2 项目经理

1) 项目经理的角色与地位

工程项目的项目经理是工程项目承担单位的法定代表人在该工程项目上的全权委托代理人,是负责项目组织、计划及实施过程,处理有关内外关系,保证项目目标实现的项目负责人,是项目的直接领导与组织者。严格意义上说,只负责沟通、传递指令,而不能或无权对项目制订计划、进行组织实施的负责人不能称为项目经理,只能称为协调人。

项目经理与部门经理在公司中所担任的角色、责任、义务等均有不同。部门经理一般是公司的一个专业部门负责人,其管理限于对某一方面的专业技术或职能进行管理。因此项目经理在确定其项目团队的人员时往往要通过人员所在部门的部门经理及人力资源部经理,确定费用时可能要通过财务部门经理。项目经理在项目确定后对经费的具体使用、工作安排及项目计划控制等有一定的决定权,但在项目技术的选择及专业人员的安排使用上部门经理有一定的影响力。项目经理在项目工作结束后,其工作职责也就基本完成,而部门经理的职责往往不是与项目结束与否相衔接的。项目经理的权限只局限于对项目的工作及项目团队,而部门经理负责本部门的业务与人员。

项目经理必须取得公司总经理的支持与信任,否则在资源获得等方面容易出现困难。

项目经理一般由公司高层领导任命,工作绩效也由高层考核,因此其培养与发展往往也是由高层决定,项目经理的权限也往往由公司高层授予。

项目经理在承担工程项目施工管理过程中,履行下列职责:

(1) 贯彻执行国家和工程所在地政府的有关法律、法规和政策,执行企业的各项管理制度;

(2) 严格财经制度,加强财经管理,正确处理国家、企业与个人的利益关系;

(3) 执行项目承包合同中由项目经理负责履行的各项条款;

(4) 对工程项目施工进行有效控制,执行有关技术规范和标准,积极推广应用新技术,确保工程质量和工期,实现安全、文明生产,努力提高经济效益。

项目经理在承担工程项目施工的管理过程中,应当按照建筑施工企业与建设单位签订的工程承包合同,与本企业法定代表人签订项目承包合同,并在企业法定代表人授权范围内,行使以下管理权力:

(1) 组织项目管理班子;

(2) 以企业法定代表人代表的身份处理与所承担的工程项目有关的外部关系,受委托签署有关合同;

(3) 指挥工程项目建设的生产经营活动,调配并管理进入工程项目的人力、资金、物资、机械设备等生产要素;

(4) 选择施工作业队伍;

(5) 进行合理的经济分配;

(6) 企业法定代表人授予的其他管理权力。

同时,项目经理在承担工程项目施工的管理过程中,应当接受企业领导和上级有关部门的工作检查及职工民主管理机构的监督。

2) 项目经理应具备的能力和素质

(1) 项目经理应具备的能力

① 具备承担项目管理任务的专业技术、管理、经济、法律和法规知识

一定的专业技术能力是项目经理的基本要求。项目经理是项目目标完成的领导者,一个对项目技术一无所知的人是无法在日常工作中作出正确决策的,更无法在出现紧急突发事件时采取适宜的应变对策。项目经理要有一定的技术能力,但并不一定是技术权威。在项目团队内往往会有一些技术专家专门负责有关技术问题,因此项目经理往往不一定要求其技术能力特别强,但必须有一定的技术基础。

工程项目建设过程中,除了技术问题外,还涉及大量的经济、管理问题,因此项目经理还应具备相关的经济、管理方面的知识。同时项目经理还要懂法,掌握与工程建设相关的法律法规知识,如《合同法》《招标投标法》《建筑法》等,这样工作当中才能得心应手。

② 管理能力

这里指的管理能力包括决策能力、领导能力和组织协调能力。

a. 项目经理的工作中决策是重要的一环,许多事情必须当机立断,即刻作出决策,没有足够的时间进行讨论、征求意见,也不应该再去请示上级决策者。因此,较好的决策能力是项目经理人所必须具备的。

b. 领导能力主要表现在组织、指挥、协调、监督、激励等方面,项目经理是整个团队的负责人,需要独立地领导团队完成项目任务。项目的计划、组织、实施、检查和调整等都由项目经理领导完成,团队成员的积极性也需要项目经理的工作来调动。因此,项目经理必须具备良好的领导能力。

c. 项目经理的工作绝大部分是和人打交道的工作,需要指挥下属工作,也需要向上级汇报项目执行的情况,同时还要和业主、监理单位以及其他参与单位进行沟通、协调,因此,良好的组织协调能力是项目经理必须具备的能力。

③ 社交与谈判能力

项目的工作不可能是完全封闭在项目团队内部的,或多或少要与团队外部甚至是公司外部发生各种业务上的联系,包括接触、谈判、合作等。所以,一定的社交与谈判能力也是项目经理所应该具备的。但对于不同的项目,社交与谈判能力的要求会有所不同。对于开放程度大、社会合作性强的项目,对项目经理的社交与谈判能力的要求可能就高一些,反之可能就低一些,要视项目具体情况而定。

④ 应变能力

项目运作中的情况是不断发生变化的,虽然事先制订了比较细致、周密的计划,但可能由于外部环境、内部情况等因素发生变化,而要求对计划与方案随时进行调整。此外,有些突发事件的出现,也可能在没有备选方案的情况下要求项目经理立即做出应对。所有这些都要求项目经理必须具备较强的应变能力。

⑤ 学习能力

项目经理不可能对项目所涉及的所有知识都有比较好的知识储备,相当一部分知识需要在项目工作中学习掌握,因此项目经理必须善于学习,包括从书本中学习、从团队成员身上学习,以及从相关参与单位那里学习。

⑥ 项目管理经验

项目经理除了具备以上的各项能力外,还应具有相应的项目管理经验,因为有些能力是不能通过书本学习的,只有通过实践才能掌握。比如,如何应对突发事件,如何与各种人员沟通等。因此,在考核项目经理时,相应的项目管理经验是其中的一项重要内容。

(2) 项目经理应具备的素质

① 良好的社会道德

项目经理是社会的成员之一,良好的社会道德既是项目经理的基本要求,同时也是项目经理的职业要求。项目经理所完成的项目大都是以社会公众为最终消费对象的,没有良好的社会道德作为基础,很难在利益面前进行正确的选择。

2001年,国际咨询工程师联合会出版了《工程咨询业的廉洁管理指南》,提出了廉洁管理的原则和工程咨询公司的廉洁管理框架,包括道德规范、政策宣示、检查表格等可操作的管理工具。如何设计并实践一套公开、公平、公正及高度透明的工程项目管理制度,以避免腐败问题的发生,也越来越受到工程项目管理者的重视。

② 高尚的职业道德

项目经理是在一定时期和范围内掌握一定权力的职业,这种权力的行使将会对项目的成败产生关键性的影响。项目所涉及的资金少则几百万、几千万,多则几十亿、几百亿,甚至上千亿元,因此要求项目经理必须正直、诚实、勇于负责、心胸坦荡,有较强的敬业精神和高尚的职业道德。

③ 心理素质

由于工程项目建设过程中不确定性因素多,所以项目经理在工作中经常会碰到技术上的、组织协调上的意外事件和风险。当面对这些事件时,项目经理必须处乱不惊,能够迅速地找到解决的办法,能游刃有余地处理突发事件,而不能遇到事情后手足无措。因此要求项目经理必须具备良好的心理素质。

4.4.3 项目团队建设

1)团队与团队精神

(1)团队

所谓的团队就是指一组项目个体成员为了实现一个共同的目标,按照一定的分工和工作程序协同工作而组成的有机整体。构成团队的基本条件是:成员之间必须有一个共同的目标,而不是各有各自的目标;团队内有一定的分工和工作程序。上述两项条件缺一不可,否则只能称为群体,不能称之为团队。

(2)团队精神

不少项目建成后没有达到预期目标的一个重要原因是由于项目团队工作出现了问题。一个团队要实现其工作目标,重要的是其成员要有团队精神。

团队精神主要是指团队成员为了实现团队的利益与目标,工作中相互协作、相互信任、相互支持、尽心尽力的意愿与作风。

团队精神的形成是逐渐的,是通过少数人的带动与悉心培养而逐步形成的。团队内成员之间的团队精神的程度也是有差别的,有的团队精神很强,有的表现较差。

培养团队精神,关键是项目经理要率先垂范,倡导和推动团队精神的形成。也可以是通过少数核心人员的行动来带动团队精神的形成,并使之影响和扩展到整个团队。

团队精神总体来说是相同的,但不同的团队,其团队精神又是有差别的,有其自身的文化特色。因此,在培养团队精神时要注意与本国、本民族、本地区的传统文化特色相结合,也要紧跟时代步伐不断创新,从而使培养的团队精神更加具有生命力。

2)项目团队的发展过程

项目的团队并不是将项目成员简单组合在一起就能形成的,项目团队的形成必须经历一个过程。这个过程对有的项目来说可能时间很长,有的项目则可能在很短的时间内就形成了一个团队,而有的项目可能在项目工作结束时也没能形成一个真正意义上的团队。

项目团队从组建到发展起来主要经历形成、磨合、规范、表现与休整几个阶段。

(1) 形成阶段

团队的形成阶段主要是组建团队的过程。在这一过程中,主要是依靠项目经理来指导和构建团队。团队形成的基础有两种:一是以整个运行的组织为基础,即一个组织构成一个团队的基础框架,团队的目标为组织的目标,团队的成员为组织的全体成员;二是在组织内的一个有限范围内为完成某一特定任务或为一共同目标等形成的团队。在项目管理中,这两种团队的形式都是会出现的,具体根据项目的大小、项目采取的组织形式而有所不同。

在构建项目团队时还要注意建立起团队与外部的联系,包括团队与其上一级或所在组织的联系方式与渠道,与客户的联系方式与渠道,同时明确团队的权限等。

(2) 磨合阶段

磨合阶段是团队从组建到规范阶段的过渡过程。在这一过程中,团队成员之间,成员与内外环境之间,团队与所在组织、上级、客户之间都要进行一段时间的磨合。

① 成员与成员之间的磨合。由于成员之间的文化、教育、家庭、专业等各方面的背景与特点不同,他们的观念、立场、方法和行为等都会有各种差异。在工作初期成员相互之间可能会出现各种程度与不同形式的冲突。

② 成员与内外环境之间的磨合。成员与环境之间的磨合包括成员对具体任务的熟悉和专业技术的掌握与运用,成员对团队管理与工作制度的适应与接受,成员与整个团队的融合及与其他部门关系的重新调整。

③ 团队与其所在组织、与其上级和与客户之间的磨合。对于一个新的团队，其所在组织会产生一个观察、评价与调整的过程。二者之间的关系有一个衔接、建立、调整、接受、确认的过程，同样对于其上级和其客户来说也有一个类似的过程。

在以上的磨合阶段中，可能有的团队成员因不适应而退出团队，为此，团队要进行重新调整与补充。在实际工作中应尽可能缩短磨合时间，以便使团队早日形成合力。

（3）规范阶段

经过磨合阶段，团队的工作开始进入有序化状态，团队的各项规则经过建立、补充与完善，成员之间经过认识、了解与相互定位，形成了自己的团队文化、新的工作规范，培养了初步的团队精神。

这一阶段的团队建设要注意以下几点：

① 团队工作规则的调整与完善。工作规则要在使工作高效率完成和工作规范合情合理、成员乐于接受之间寻找最佳的平衡点。

② 团队价值取向的倡导。创建共同的价值观。

③ 团队文化的培养。注意鼓励团队成员个性的发挥，为个人成长创造条件。

④ 团队精神的奠定。团队成员相互信任、互相帮助，尽职尽责。

（4）表现阶段

经过上述三个阶段，团队进入了表现阶段，这是团队的最好状态的时期。团队成员彼此高度信任，相互默契，工作效率有较大的提高，工作效果明显，这时团队已比较成熟。

需要注意问题有：

① 牢记团队的目标与工作任务。不能单纯讲团队的建设而抛弃了团队的组建目的。要时刻记住，团队是为项目服务的。

② 警惕一种情况，即有的团队在经过前三个阶段后，在第四阶段很可能并没有形成高效的团队状态，团队成员之间迫于工作规范的要求与管理者权威而出现一些成熟的假象，使团队没有达到最佳状态，无法完成预期的目标。

（5）休整阶段

休整阶段包括休止与整顿两个方面的内容。

团队休止是指团队经过一段时期的工作，工作任务即将结束，这时团队将面临着总结、表彰等工作，所有这些暗示着团队前一时期的工作已经基本结束。团队可能面临马上解散的状况，团队成员要为自己的下一步工作进行考虑。

团队整顿是指在团队的原工作任务结束后，团队也可能准备接受新的任务。为此团队要进行调整和整顿，包括工作作风、工作规范、人员结构等各方面。如果这种调整比较大，那么实际上是构建成一个新的团队。

3）项目团队能力的开发

（1）项目团队能力开发的含义和目的

项目团队能力的开发包括两个方面：一是提高参与项目个人的贡献力；二是提高项目团队整体能力。个人能力在管理和技术方面的提高是项目团队发展的基础。为了使项目团队能力满足项目要求，团队作为一个完整的整体来开发是项目团队实现预定目标的关键。

（2）项目团队能力开发的途径与手段

团队能力包括面很广泛，不但包括项目工作中所需的各种专业技术能力，团队成员的应变能力、克服困难的能力，成员间协调与配合的能力，还有团队成员特别是项目中的各专业或子项负责人的管理与领导能力，以及自我提高和独立解决问题的能力，等等。

① 改善环境

工作环境指是团队成员工作地点的周围情况和工作条件。工作环境的状况可以影响人的工作情绪、工作效率、工作的主动性和创造性，进而影响工作质量与工作进度。换句话说，工作环境可以影响团队成员的能力的发挥与调动。一个良好的工作环境可以使团队成员有良好、健康的工作热情，可以使人产生工作的愿望，是使团队保持并提高工作动力的一个重要方面。因此，作为团队的负责人应注意通过改善团队的工作环境来提高团队的整体工作质量与效率，特别是对于工作周期较长的项目。

② 培训

培训包括为提高项目团队技能、知识和能力而设计的所有活动。项目培训可以是正式的，例如，有培训教室和计算机等；也可以是非正式的，例如，通过其他项目团队成员的反馈进行非正式培训等。

工程项目管理中对团队成员的培训，相对于单位人力资源部门的培训而言要简单一些，但更为实用，主要分为项目开展初期培训与项目工作中培训。

a. 项目开展初期的培训

在项目工作正式开展前，项目经理要通过不同的方式对项目团队成员进行短期培训。这种培训可能是几天，也可能是几小时。培训的目的主要是解决对项目的认识，项目的工作方法，工作要求，工作计划，相互分工，如何相互合作等。具体的培训时间与工作量、培训内容等要根据项目的具体情况酌定。这种项目开展初期培训的负责人一般是项目经理，有时也请项目委托方进行必要的说明与讲解。对于新手的培训则还要安排一些基础知识及工作要求的内容。

b. 项目工作中的培训

项目工作中的培训是指在项目进行当中针对工作中遇到的问题而进行的短期并富有针对性的培训。这种培训的主讲人往往是请来的专家，也可能是团队内部成员。比如对一项新技术的培训,对某一思维方式的培训等。对于这种工作中的项目培训要注重实际成效,切忌只讲形式,不求效果,否则不但增加项目费用支出,还可能对项目团队文化与团队精神的形成产生不利的影响,进而影响项目工作效率和项目的工作质量。

c. 人员配合训练

人员配合训练是为了加快团队成员之间的了解,提高团队相互之间默契性和互动式协调能力而设计和组织的训练性活动。例如将全部或大部分项目团队成员放在同一个不具备基本生活条件的自然地点,让他们自己去安排生活,在特殊环境下学会相互依存和相互适应,或想办法去改善生活条件等,以此提高团队整体的行动能力。

③ 开展团队建设性活动

开展项目团队建设性活动是指以提高项目团队的能力而设计和组织的,让团队成员通过活动的参与使能力得以提高。这种团队建设性活动有很多,包括为改进项目团队的管理而设计的活动,为改进项目团队完成能力而专门设计的活动,为提高项目团队成员有关基本知识水平而组织的一些活动,等等。团队建设性活动还可以结合团队的实际工作进行,例如,让项目团队计划执行链中处于最末端的团队成员参与团队计划的制订过程;让那些没有管理能力和处理问题经验的项目团队成员参加为暴露和解决矛盾的基本规则的制订过程;请一个没有主持过会议的团队成员主持一个五分钟的会议日程表的调整会,等等。另外还可以搞一个正规的工作检查会议,进行专业性的经验交流等。通过这些活动的开展,将有利于改善团队成员之间的人际关系,提高其对团队工作的参与热情,激活其内在潜能。

④ 评价

评价是指对员工的工作业绩、工作能力、工作态度等方面进行调查与评定。评价是激励的方式之一。正确地开展评价可以使团队内形成良好的团队精神和团队文化,可以树立正确的是非标准,可以让人产生成就与荣誉感,从而使团队成员能够在激励中产生工作动力,提高团队的整体能力。团队评价的具体方式可以采取指标考核、团队评议、自我评价等多种方式。

⑤ 表彰与奖励体系

表彰与奖励体系是正式管理活动的重要组成部分之一,它可以提高或强化管理者所希望的行为。要使表彰与奖励成为行之有效的工具,就必须在取得的成绩与奖励之间建立起清晰、明确、有效的联系。否则,一旦表彰与奖励让人产生模糊的甚至是错误的理解,就可能产生反向的引导,使表彰与奖励活动对整个项目团队士气与团队精神产生消极的影响。例如,如果要通过奖励一个降低了项目成本的项目管理者来带动整个项目成本控制水平有一个大的提高的话,就应至少具备两个方面的前提条件:一是有一个公认的或事先经过公布的成本降低标准,及奖励标准;二是被奖励者在成本控制方面确实达到了上述规定的水平。在建立和运用表彰与奖励体系时要注意的还有,项目团队有必要建立自己的表彰与奖励标准体系,以使这一工具更容易执行。例如,在对于加班进行奖励上就应区分加班是为了实现项目的急迫时间目标计划而主动加班,还是由于工作效率低下而引起的加班,前者应当受到表彰或奖励,而后者则不能。

除表彰体系外,增加职工福利等方式也可使项目团队成员保持较高的工作积极性和工作热情。

⑥ 外部反馈

前面我们说的项目人员配备、项目计划、项目执行报告都只反映了项目内部对团队发展的要求,除此之外项目团队还必须对照项目之外的期望进行定期检查,使项目团队建设尽可能符合团队外部对其发展的期望。在外部反馈的信息中主要包括委托方的要求,项目团队领导层的意见,以及其他相关客户的评价与建议等。

⑦ 调整

项目团队成员不是不可改变的,由于各种原因,使项目团队成员的表现不能满足项目的要求或不适应团队的环境,使项目经理不得不对项目团队成员进行调整。对这种调整项目经理要及早准备,及早发现问题,早做备选方案,以免影响项目工作的顺利开展。

除上面的内容外,项目团队调整的另一项内容是对团队内的分工进行调整,这种调整有时是为了更好地发挥团队成员的专长,或为了解决项目中的某一问题,也可能是为了化解团队成员之间出现的矛盾。

无论是哪一种调整,调整的目的都是为了使团队更适合项目工作的要求。

4.5　工程项目组织协调

项目组织协调是提高项目组织运行效率的重要措施,是项目成功的关键因素之一。从组织系统角度看,项目组织的协调可分为项目组织内部关系协调和组织系统外部的协调,组织系统外部的协调,根据项目组织与外部联系的程度又可分为近外层协调和远外层协调。近外层协调是指项目直接参与者之间的协调,远外层的协调是指项目组织与间接参与者以及其他相关单位的协调。图 4.12 表示承包商的组织协调范围。

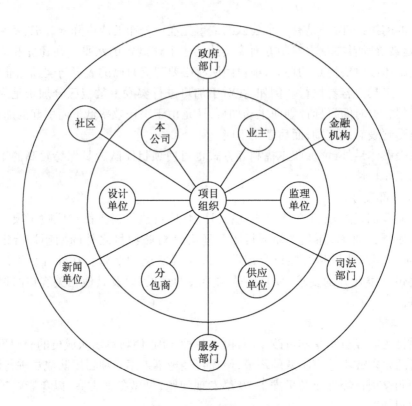

图 4.12 组织协调范围示意图

4.5.1 项目组织内部关系的协调

项目组织关系有多种,项目组织内部关系的协调也有多方面的内容,主要包括:项目组织内部人际关系的协调、项目组织内部组织关系的协调、项目组织内部需求关系的协调等。

1) 项目组织内部人际关系的协调

人是项目组织中最重要最活跃的要素,组织的运行效率,很大程度上取决于人际关系的协调程度。为了顺利地完成工程项目目标,项目经理应该十分注意项目组织内部人际关系的协调。

项目组织内部人际关系协调的内容多而复杂,因此协调的方法也是多种多样的,为了做好项目组织内部人际关系的协调工作,应该注意以下工作:

(1) 正确对待员工,重视人的能力建设

正确对待员工是搞好项目人际关系协调的基础。项目管理者要以新的管理理念来协调项目内部的人际关系,不要把人只看成是项目管理的基本要素之一,这种以"经济人"假设为基础和前提的"物本管理",见物不见人,强调的是对人经济上和物质上的鼓励,把协调工作简单化。在项目管理实践中,应既要把人看作"社会人",以人为本,以行为科学的理论指导协调工作;又要把人看成是"能力人",以能力为本,大力开发人力资源,营造一个能发挥能力的环境,充分调动人的创造能力和智力,为实现项目目标服务。

(2) 重视沟通工作

沟通是协调各个个体、各个要素,使项目成为一个整体的凝聚剂。每个工程项目组织都由许多人组成,项目每天的活动也由许许多多的具体工作所构成,由于各个个体的地位、利益和能力不同,他们对项目目标的理解、所掌握的信息也不同,这就使得各个个体的目标有可能偏离项目目标,甚至完全背离,这就需要相互交流意见,统一思想认识,自觉地协调各个个体的工作,以保证项目目标的实现。没有沟通就没有协调,也就不可能完成项目目标。

(3) 做好激励工作

激励是协调工作的重要内容,在项目中每个员工都有自己特性,他们的需求、期望、目标等都各不相同。项目管理者应根据激励理论,针对部下的不同特点采用不同的方法进行激励。在项目管理中常用的方法主要有工作激励、成果激励、批评激励和教育培训激励。工作激励是通过分配恰当的工作来激发员工的内在工作热情;成果激励是指通过在正确评估工作成果的基础上给员工以合理的奖惩,以保证员工行为的良性循环;批评激励是指通过批评来激发员工改正错误行为的信心和决心;教育激励是指用思想教育、建设和能力培训等手段,通过提高员工的素质来激发其工作热情。

(4) 及时处理各种冲突

冲突是指由于某种差异而引发的抵触、争执或争斗的对立状态。员工之间由于利益、观点、掌握的信息以及对事物的理解都可能存在差异,有差异就有可能引起冲突。这些冲突在很多情况下有一个发展过程,项目管理者要及时处理好各种冲突,以减少由于冲突所造成的损失。

2) 项目组织内部组织关系的协调

项目组织是由若干个子系统组成的系统。每个子系统都有自己的目标和任务,并按规定和自定的方式运行。组织内部关系协调的目的是,使各个子系统都能从项目组织整体目标出发,理解和履行自己的职责,相互协作和支持,使整个组织系统处于协调有序的状态,以保证组织的运行效率。因此,项目经理应当用很大的精力进行组织关系的协调。

组织关系协调的工作很多,但主要事解决项目组织内部的分工与协作问题,可以从以下几个方面入手:

(1) 合理地设置组织机构和岗位

根据组织设计原则和组织目标,合理地设置组织机构和岗位,既要避免机构重叠、人浮于事，又要防止机构不全、缺人少物的情况出现。

（2）明确每个机构和岗位的目标职责和合理的授权，建立合理的责权利系统

根据项目组织目标和工作任务来确定机构和岗位的目标职责，并根据职责受权，建立执行、检查、考核和奖惩制度。

（3）建立规章制度，明确各机构在工作中的相互关系

通过制度明确各个机构和人员的工作关系，规范工作程序和评定标准。

（4）建立信息沟通制度

信息沟通是消除不协调，到达相互配合的前提，项目组织应该通过组织关系建立正常的信息沟通制度，使项目的信息沟通得到基本保证。项目组织内部信息沟通的方式灵活多样，项目组织既要注意通过制度明确的正式信息沟通，又要注意各种非正式的信息沟通，倡导相互主动信息沟通。

（5）建立良好的组织文化。

组织文化是组织全体成员共同接受的价值观念、行为准则、团队意识、思维方式、工作作风、心理预期和团体归属感等群体意识。良好的组织文化鼓励创新、鼓励竞争、鼓励开拓，要求企业与企业之间、员工与员工之间，创造一种合作、协调、沟通、互助的氛围，通过团队精神的开发和利用，充分发挥企业人、财、物的资源优势，达到"1＋1＞2"的目的；良好的组织文化还在企业文化中提倡一种严谨的工作作风。

（6）及时消除工作中的不协调现象

项目系统比较复杂，影响因素多，各种利益关系复杂，在实施过程中不可避免地存在各种不协调现象，这些不协调的现象可能随着项目的进一步展开，诱发各种严重的矛盾或冲突，导致组织的无序。因此，项目经理应该注意及时消除各种不协调现象，防止产生严重的后果。

3）项目内部需求关系的协调

在工程项目实施过程中，组织内部的各个部门为了完成其任务，在不同的阶段，需要各种不同的资源，如对人员的需求、材料的需求、设备的需求、能源动力的需求、配合力量的需求等。工程项目始终是在有限资源的约束条件下实施，因此搞好项目组织内部需求关系，既可以合理使用各种资源，保证工程项目建设的需要，又可以充分地提高组织内部各部门的积极性，保证组织的运行效率。

工程项目的需求关系复杂，协调工作量大，在实际工作需要注意以下重点环节：

（1）计划环节

项目内部需求关系协调的目的是解决各种资源的供求平衡和均衡配置问题，而搞好供求平衡和均衡配置的关键在于计划环节。工程项目的不同实施阶段，组织内部的各个部门对资源的需求不同，为了搞好需求关系的协调，首先应该在项目

的总体目标和资源约束条件下,编制各种资源的需求计划,并严格按计划来供应各种资源。各种资源供应计划既是资源的供应依据,也是供求关系是否平衡的评价标准。抓计划环节,注意计划在期限上的及时性、规格上的明确性、数量上的准确性、质量上的规定性,以充分发挥计划的指导性。

(2)瓶颈环节

工程项目在实施过程中,项目的内部环境和外部环境千变万化,由于这些变化导致某些环节受到人力、材料、设备、技术等资源的限制或人为因素的影响而成为影响整个项目实施的瓶颈环节。这些环节是主要矛盾,是对项目全局产生较大影响的关键性环节,协调好这些环节可以为整个项目的需求平衡创造条件。因此,在协调中抓瓶颈环节,就是抓重点和关键。

(3)调度环节

工程项目的实施需要土建、机械化施工、机电安装、材料供应等各个专业工种的交替进行或配合进行。为了保证各工种能合理衔接、密切配合,就应该注意做好调度工作。通过调度,使各种配合力量及时到位,保证项目的顺利实施。

4.5.2 项目组织与近外层关系的协调

不同类型的项目管理,其项目组织与近外层关系协调的工作内容不同,但协调的原理和方法是相似的。下面以承包商的项目组织为例说明项目组织与近外层的关系协调。施工承包商的项目组织的近外层关系的协调主要工作包括与本公司关系的协调、与业主关系的协调、与监理单位关系的协调、与设计单位关系的协调、与供应单位的协调和与分包商关系的协调等。

1)项目组织与本公司关系的协调

项目组织是项目经理受公司的委派,为了完成项目的目标而建立的工作体系。在管理角度看,项目组织是公司内部的一个管理层次,要接受公司的检查、指导和监督、控制。从合同关系看,项目组织往往和公司签订内部承包合同,是平等的合同关系。项目组织与本公司的关系协调的主要工作如下:

(1)经济核算关系的协调

项目成本核算是项目管理的基本特征之一。项目组织作为公司一个相对独立的核算单位,应根据公司的核算制度、方法、资金有偿使用制度,负责整个工程项目的财务收支和成本核算工作。核算的结果应真实反映项目组织的经营成果。

(2)材料供应关系的协调

公司与项目的材料供应关系常见有三种方式。一是统一供应,工程项目所需的建筑材料、钢木门窗及构配件、机电设备,由项目经理部按工程用料计划与公司材料供应部门签订供需合同,材料供应部门根据合同向项目经理部派出管理机构,实行加工、采购、运输、管理一体化服务。二是项目组织单独供应。由项目组织的材料采购部门根据项目材料需用计划、材料采购计划与材料供应商签订供需合同,由材料供应商直接供料。三是混合供应,项目上需要的材料部分由公司供应,部分由项目组织直接向市场采购。

(3) 周转料具供应关系的协调

工程项目所需机械设备及周转性材料,主要由公司供应部门供应,部分机械设备及周转性材料由项目组织向物资租赁市场租赁使用。设备进入项目施工现场后由项目组织统一管理使用。

(4) 预算关系协调

工程项目的预算和结算是公司与项目组织应该密切配合、认真做好的一件重要工作,项目组织的预算人员要和公司预算管理部门分工合作,及时做好预算和结算。

(5) 技术、质量、安全、测试等工作关系的协调

公司对项目组织的管理方式不同,这些工作的协调关系也不同,一般是由公司通过业务管理系统,对项目实施的全过程进行的监控、检查、考核、评比和严格的管理。

(6) 计划统计关系的协调

项目组织的计划统计工作应该纳入公司的计划统计工作体系,项目组织应该根据公司的规定,向公司报送项目的各种统计报表和计划,并接受公司的计划统计部门的指导、检查。

2) 项目组织与业主关系的协调

项目组织和业主对工程承包负有共同履约的责任。项目组织与业主的关系协调,不仅影响到项目的顺利实施,而且影响到公司与业主的长期合作关系。在项目实施过程中,项目组织和业主之间发生多种业务关系,实施阶段不同,这些业务关系的内容也不同,因此项目组织与业主的协调工作内容也不同。

(1) 施工准备阶段的协调

项目经理作为公司在项目上的代表人,应参与工程承包合同的洽谈和签订,熟悉各种洽谈记录和签订过程。在承包合同中应明确相互的权、责、利,业主要保证落实资金、材料、设计、建设场地和外部水、电、路,而项目组织负责落实施工必需的劳动力、材料、机具、技术及场地准备等。项目组织负责编制施工组织设计,并参加业主的施工组织审核会。开工条件落实后应及时提出开工报告。

(2) 施工阶段的协调

施工阶段的主要协调工作有:

① 材料、设备的交验

项目组织负责提出根据合同规定应由业主提供的材料、设备的供应计划,并根据有关规定对业主提供的材料、设备进行交接验收。供应到现场的各类物资必须

在项目组织调配下统一设库、统一保管、统一发料、统一加工,按规定结算。

② 进度控制

项目组织和业主都希望工程项目能按计划进度实施。双方应密切合作,创造条件保证项目的顺利进行。项目组织应及时向业主提出施工进度计划表、月份施工作业计划、月份施工统计表等,并接受业主的检查、监督。

③ 质量控制

项目组织在进行质量控制时应注意尊重业主对质量的监督权,对重要的隐蔽工程和关键工序,如地槽及基础的质量检查,应请业主代表参加认证并签字,确认合格后方可进入下道工序。项目组织应及时向业主或业主代表提交材料报验单、进场设备报验单、施工放样报验单、隐蔽工程验收通知、工程质量事故报告等材料,以便业主或业主代表进行分析、监督和控制。

④ 合同关系

承包商和业主是平等的合同关系,双方都应真心实意共同履约。项目经理作为承包商在项目上的代表,应注意协调与业主的合同关系。对合同纠纷,首先应协商解决,协商不成才向合同管理机构申请调解、仲裁或法院审判解决。施工期间,一般合同问题切忌诉讼,遇到非常棘手的合同问题,不妨暂时回避,等待时机,另谋良策。只有当对方严重违约而使自己的利益受到重大损失时才采用诉讼手段。

⑤ 签证问题

在项目的施工过程中,出现工程变更和项目的增减现象是不可避免的。对较大的设计变更和材料代用,应经原设计部门签证,合同双方在根据签证文件办理工程增减,调整施工图预算。国家规定的材料、设备价格的调整等,可请业主或业主代表签证,作为工程结算的依据。

⑥ 收付进度款

项目组织应根据已完成工程量及收费标准,计算已完工程价值,编制"工程价款结算单"和"已完工程月报表"等送交业主代表办理签证结算。

(3) 交工验收阶段的协调

当全部工程项目或单项工程完工后,双方应按规定及时办理交工验收手续。项目组织应按交工资料清单整理有关交工资料,验收后交业主保管。

3) 项目组织与监理单位的关系协调

监理单位与承包商都属于企业的性质,都是平等的主体。在工程项目建设中,他们之间没有合同关系。监理单位之所以对工程项目建设行为具有监理的身份,一是因为业主的授权,二是因为承包商在承包合同中也事前予以承认。同时,国家建设监理法规也赋予监理单位具有监督建设法规、技术标准实施的职责。监理单位接受业主的委托,对项目组织在施工质量、建设工期和建设资金使用等方面,代表业主实施监督。项目组织必须接受监理单位的监理,并为其开展工作提供方便,按照要求提供完整的原始记录、检测记录、技术及经济资料。

4）项目组织与设计单位关系的协调

项目组织与设计单位都是具有承包商性质的单位,他们均与业主签订承包合同,但他们之间没有合同关系。虽然他们没有合同关系,但他们是图纸供应关系,设计与施工关系,需要密切配合。为了协调好两者关系,应通过密切接触、相互信任、相互尊重、友好协商的方法。有时也可以利用业主或监理单位的中介作用,做好协调工作。

5）项目组织与分包商关系的协调

项目组织在处理与分包商的关系时,应注意做好以下几方面工作。首先是选好分包商。为了顺利地实施项目目标,应选择具有相应资质条件的分包商,最好是选择实力较强、信誉好、曾经有过良好合作关系的分包单位。除了总包合同约定的分包外,所选择的分包商,必须经过业主的认可。其次是明确总承包单位与分包单位的责任。总承包单位与分包商应通过分包合同的形式,明确双方的责任、义务和权利。总包单位按照总承包合同的约定对业主负责,分包单位按照分包合同的约定对总承包单位负责,总承包单位和分包单位就分包工程对业主承担连带责任。第三是处理好总承包单位与分包的经济利益。第四是及时解决总分包之间的纠纷。对在项目实施过程中所发生的总分包之间的纠纷应及时解决,双方应本着相互理解的原则,依据合同条款协商解决;协商解决不了时,提请主管部门调解;调解不成,可向合同仲裁机关申请仲裁或提出诉讼。

6）项目组织与供应单位关系的协调

材料设备供应的及时与否将直接影响到施工过程能否顺利进行,必须采取有效措施,以确保材料设备供应及时,满足施工要求。项目组织在处理与供应单位的关系时,应注意做好以下几方面的工作。

① 选择信誉可靠、实力雄厚的供应单位,并进行供应单位评价。

② 根据施工进度,及时提供各种材料采购计划。

③ 编制物资供应计划控制表,所需材料设备根据工作表中的最迟进场时间提前5天开始每天监控,确保材料设备按时或提前进场。

④ 签订完善的物资供应合同,根据合同来履行材料的采购任务。

⑤ 制定应急措施,对某种或某几种材料设备不能按时到场的情况事先确定应急方案。

4.5.3 项目组织与远外层关系的协调

项目组织与远外层关系是指项目组织与项目间接参与者和相关单位的关系,一般是非合同关系。有些处于远外层的单位对项目的实施具有一定的甚至是决定性的控制、监督、支持、帮助作用。项目组织与远外层关系协调的目的是得到批准、许可、支持或帮助。协调的方法主要是请示、报告、汇报、送审、取证、宣传、沟通和说明等。项目组织与远外层关系的协调主要包括与政府部门、金融组织、社会团体、新闻单位、社会服务单位等单位的协调。协调这些关系没有固定的模式，协调的内容也不相同，项目组织应按有关法规、公共关系准则、经济联系规定来处理。

复习思考题

1. 简述组织设计的主要内容。
2. 简述项目组织结构的构成要素和设计原则。
3. 什么是线性组织结构？线性组织机构有哪些优缺点？
4. 什么是职能式组织机构？职能式组织机构有哪些优缺点？
5. 什么是项目式组织机构？项目式组织机构有哪些优缺点？
6. 什么是矩阵式组织机构？矩阵式组织机构有哪些优缺点？
7. 试分析工作任务分工和管理职能分工的作用和意义。
8. 简述项目团队建设的基本过程。
9. 为什么说项目经理是项目管理的核心？项目经理应具备哪些能力和素质？
10. 工程项目组织有哪些协调工作？

5 工程项目计划

5.1 工程项目计划概述

项目组织建立以后,项目管理就从制订项目计划开始。项目计划是有效协调项目工作、推动项目工作顺利进行的重要工具。

5.1.1 计划与项目计划

1)计划

计划是组织为实现一定目标而科学地预测并确定未来行动的方案。任何计划都是为了解决三个问题:一是确定组织目标;二是确定为达到目标的行动时序;三是确定行动所需的资源。

所以制订计划就是根据既定目标,确定行动方案,分配相关资源的综合管理过程。具体而言,就是通过对过去和现在、内部和外部的有关信息进行分析和评价,对未来可能的发展进行评估和预测,最终形成一个有关行动方案的建议说明——计划文件,并以此文件作为组织实施工作的基础。计划通常需要在多个方案中进行分析、评价和筛选,最终形成一个可行的、能够实施并达到预期目标、实现资源最佳配置的方案。

2)项目计划

项目计划是项目组织根据项目目标的规定,对项目实施工作进行的各项活动作出周密安排。项目计划围绕项目目标的完成系统地确定项目的任务、安排任务进度、编制完成任务所需的资源预算等,从而保证项目能够在合理的工期内,用尽可能低的成本、尽可能高的质量完成。

项目计划是项目实施的基础。计划如同航海图或行军图,必须保证有足够的信息,决定下步该做什么,并指导项目组成员朝目标努力,最终使项目由理想变为现实。

在项目管理与实践中,制订项目计划是最先发生并处于首要地位的职能。项目计划是龙头,它引导项目各种管理职能的实现,是项目管理活动的首要环节,抓住这个首要环节,就可以提挈全局。项目计划是项目得以实施和完成的基础和依据,项目计划的质量是决定项目成败、优劣的关键性因素之一。

3）项目计划的目的及作用

（1）项目计划的目的

项目计划便于高层管理部门与项目经理、职能经理、项目组成员及项目委托人、承包商之间的交流沟通,项目计划是沟通时最有效工具。因此,从某种程度上说,项目计划是为方便项目的协商、交流及控制而设计的,不在于为参与者提供技术指导。

（2）项目计划的作用

如何一个项目都会有一个明确的工期、费用和质量目标。为完成这些目标,项目实施之前必须制订项目计划。具体而言,项目计划的作用表现为:

① 可以确定完成项目目标所需的各项任务范围,落实责任,制订各项任务的时间表,明确各项任务所需的人力、物力、财力并确定预算,保证项目顺利实施和目标实现。

② 可以确定项目实施规范,成为项目实施的依据和指南。

③ 可以确立项目组各成员及工作责任范围和地位以及相应的职权,以便按要求去指导和控制项目的工作,减少风险。

④ 可以促进项目组成员及项目委托人和管理部门之间的交流与沟通,增加顾客满意度,并使项目各工作协调一致,并在协调关系中了解哪些是关键因素。

⑤ 可以使项目组成员明确自己的奋斗目标、实现目标的方法、途径及期限,并确保以时间、成本及其他资源需求的最小化实现项目目标。

⑥ 可作为进行分析、协商及记录项目范围变化的基础,也是约定时间、人员和经费的依据。这样就为项目的跟踪控制过程提供了一条基线,可用以衡量进度、计算各种偏差及决定预防或整改措施,便于对变化进行管理。

4）项目计划的原则

制订项目计划作为项目管理的重要阶段,在实施项目中起承上启下的作用,因此在制订过程中要按照项目总目标、总计划进行详细计划。计划文件在批准后作为项目工作的指南。因此,在项目计划制订过程中一般应遵循以下原则:

（1）目的性。任何项目都有一个或几个确定的目标,以实现特定的功能、作用和任务,而任何项目计划的确定正是围绕项目目标的实现展开的。在制订计划时,首先必须分析目标,弄清任务。因此项目计划具有目的性。

（2）系统性。项目计划本身是一个系统,由一系列子计划组成。各个子计划不是孤立存在的,彼此之间相对独立,又紧密相关,从而使制订出的项目计划也具有必要的目的性、相关性、层次性、适应性、整体性等基本特征,使项目计划形成有机协调的整体。

（3）动态性。项目计划的目标不仅要求项目实施有较高的效率,而且要有较高的效益。所以在计划中必须提出多种方案进行优化分析。

(4) 动态性。这是由项目的寿命周期所决定的。一个项目的寿命周期短则数月,长则数年。在这期间,项目环境常处在变化之中,会使计划的实施产生偏离,因此项目计划要随着环境和条件的变化而不断调整和修改,以保证完成项目目标,这就要求项目计划要有动态性,以适应不断变化的环境。

(5) 相关性。项目计划是一个有机的整体,构成项目计划的任何子计划的变化都会影响到其他子计划的制订和执行,进而最终影响到项目计划的正常实施。制订项目计划要充分考虑各子计划间的相关性。

(6) 职能性。项目计划的制订和实施不是以某个组织或部门内的机构设置为依据,也不是以自身的利益及要求为出发点,而是以项目和项目管理的总体及职能为出发点,涉及项目管理的各个部门和机构。

5) 项目基准计划与项目基线

(1) 项目基准计划

项目基准计划是项目在最初启动时订出的计划,也即初始拟定的计划。在项目管理过程中,它可用来与实际进展情况进行比较、对照、参考,便于对变化进行管理与控制,从而监督保证使项目计划能得以顺利实施。

项目基准计划一经确定是不变的。

(2) 项目基线

项目基线是特指项目的范围、应用标准、进度指标、成本指标,以及人员和其他资源使用指标等。基线不可能是固定不变的,它将随着项目的进展而变化。

5.1.2 项目计划的形式与内容

1) 项目计划的形式

项目计划作为项目管理的职能工作,贯穿于项目生命周期的全过程。在项目实施过程中,计划会不断地得到细化、具体化,同时又不断地进行修改和调整,形成一个动态体系。

项目计划按计划制订的过程,可分为概念性计划、详细计划和滚动计划三种。

(1) 概念性计划

概念性计划通常称为自上而下的计划。概念性计划的任务是确定初步的工作分解结构图(WBS),并根据图里的任务进行估计,从而汇总出最高层的项目计划。在项目计划中,概念性计划的制订规定了项目的战略导向和战略重点。

(2) 详细计划

详细计划通常称为由下而上的计划。详细计划的任务是制订详细的工作结构分解图,该图需要详细到为实现项目目标必须做的每一项具体任务。然后由下而上再汇总估计,成为详细项目计划。在项目计划中,详细计划的制订提供了项目的详细范围。

（3）滚动计划

滚动计划意味着用滚动的方法对可预见的将来逐步制订详细计划,随着项目的推进,分阶段重估自下而上计划制订过程中所定的进度和预算。每次重新评估时,对最后限定日期和费用的预测会一次比一次更接近实际。最终会有足够的信息,范围和目标也就能很好地确定下来,能给项目的剩余部分准备自下而上的详细计划。

滚动计划的制订是在已经编制出的项目计划基础上,再经过一阶段(如一周、一月、一季度等,这个时期叫滚动期),根据变化了的项目环境和计划实际情况,从确保实现项目目标出发,对原项目计划进行主动调整。而每次调整时,保持原计划期限不变,而将计划期限顺序逐期向前推进一个滚动期。图5.1显示了一个5月期滚动计划的编制过程。

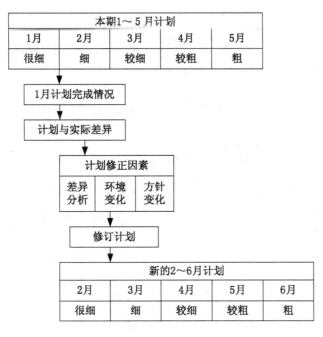

图5.1 滚动计划示意图

2）项目计划的种类

项目计划可分为以下几类：

（1）工作计划

工作计划也称实施计划,是为保证项目顺利开展、围绕项目目标的最终实现而制订的实施方案。

工作计划主要说明采取什么方法组织实施项目,研究如何最佳地利用资源,用尽可能少的资源获得最佳效益。具体包括工作细则、工作检查及相应措施等。工作计划也需要时间、物资、技术资源,应反映到项目总计划中去。

(2) 人员组织计划

人员组织计划主要是表明工作分解结构图中的各项工作任务应该由谁来承担以及各项工作间的关系如何。其表达形式主要有框图式、职责分工说明式和混合式三种。

① 框图式。是用框图及框图间的关系连线来表示人员组织结构。这种形式直观易懂,关系表达比较清楚。但并非所有的职责及相互关系全部能用框图加线条表示清楚。因此,这种表示形式适用于项目组成员做过许多类似项目,且经验均比较多,不必再详细说明就清楚自己的职责范围和相互之间的关系的情况。图5.2是某项目的人员计划框图。

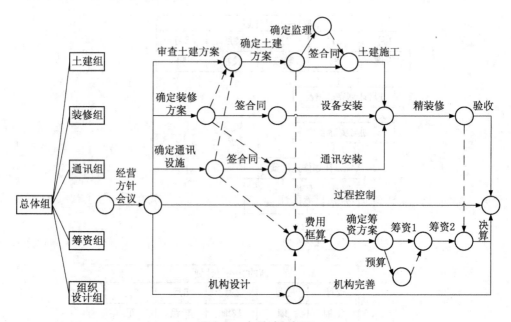

图5.2 人员计划框图

② 职责分工说明式(规章制度式)。这是针对用框图加线条不能完整地表达清楚所有职责及关系而产生的一种表达方式。即通过公布项目组成员的职责、职责范围及规章制度来说明各项工作之间的关系。此种形式,仅用文字说明,不如框图直观,但容易把项目组成员的职责及关系表达得清楚、完整,所以它适用于过去很少做过的新项目。

③ 混合式。这种方式吸取了以上两种形式的优点,有的部分用框图形式表示,有的部分用文字说明,既解决了仅用框图不能表达完整清楚的问题,又解决了

仅用文字说明不直观、规定条件太细琐的缺点。此种形式在实践中被用得较多,特别适合于没有先例的大型特殊项目。

人员组织计划的编制通常是先自上而下地进行,然后再自下而上进行修改确定,这是项目经理与项目组成员共同商讨确定的结果。为此,项目经理在与项目组主要成员商讨前,对将要分配给各个主要成员的职责范围大小及其能力预先要有估计。实际上这个估计是个预测性和试验性的计划,并要对项目组成员的能力有深入的了解。而且,这个计划的预计结果将在成本估计和进度计划中反映出来。

(3) 技术计划

包括项目的主要技术特征,通常为参考要求、规格、系统图、工具、技术参数、支持功能、标准与其他有关项目性质的技术文件。还要规定设计要求的详细程度,例如是采用外购、分包,还是自行进行详细设计。

(4) 文件控制计划

文件控制计划是由一些能保证项目顺利完成的文件管理方案构成,需要阐明文件控制方式、细则,负责建立并维护好项目文件,以供项目组成员在项目实施期间使用。包括文件控制的人力组织和控制所需的人员及物资资源数量。

项目管理的文件包括全部原始的及修订过的项目计划、全部里程碑文件、有关标准结果、项目目标文件、用户文件、进度报告文件以及项目文书往来。项目一结束,文件须全部检查一遍,有选择地处理一些不再具有使用价值的文件,并保存好仍然具有使用价值的文件(包括老项目的工作分解结构图与网络图),收入文件库以备将来项目组参考。

(5) 应急计划

项目经理在制订计划时就要保持一定的弹性,在工期和预算方面留有余地,以备应急需要。这种难以预料的需要称作"意外需要",这是预先无法确定的需要,这种需要并不包括那些预先能估计到的困难和问题而产生的需要。

(6) 支持计划

项目管理有众多的支持手段,需要有软件支持、培训支持和行政支持。

软件支持计划。软件支持是使用自动化工具处理项目管理的各种资料数据,用于模拟研究及起草内容充实的报告。

培训支持计划。培训支持是把项目管理方法教给有兴趣的学员,并告知各个项目管理程序和有关工具盒以及所选的软件工具,使学员学会计划、监控及跟踪项目。

培训支持为项目管理的基本工具和技术提供基础训练,培训可使项目组织立于不败之地。

行政支持计划。行政支持是给项目主管和项目组的职能经理们配备合格的助手,目的是收集、处理及传达项目管理的有关信息。

行政支持单位是项目组织结构里的管理部门，其功能是发放、编辑、制作、修改文件，可帮助项目主管输入计划资料，负责制作定期的多项目报告，还可为机构发挥档案管理的功能。

行政支持计划可确保项目主管们有更多的时间用于实施他们的项目。

3) 项目计划的内容

项目计划的内容十分广泛，按项目管理的知识领域划分，项目计划应包括以下几个方面：

(1) 项目范围计划

项目范围计划就是确定项目范围并编写项目范围说明书的过程。项目范围说明书的作用有下列几点：

① 说明了为什么要进行这个项目，形成项目的基本框架，使项目所有者或项目管理者能够系统、逻辑地分析项目关键问题及项目形成中的相互作用要素，使得项目的有关利益人员在项目实施前或项目有关文件书写以前，能就项目的基本内容和结构达成一致认识；

② 产生项目有关文件格式的注释，用来指导项目有关文件的产生；

③ 形成项目结果核对清单，作为项目评估的一个工具，在项目施工完成以后或项目最终报告完成以前使用，以此作为评价项目成败的依据；

④ 可以作为项目整个寿命周期中监督和评价项目实施情况的背景文件，作为有关项目计划的基础。

(2) 项目进度计划

项目进度计划是表达项目中各项工作的开展顺序、开始及完成时间及相互衔接关系的计划。通过进度计划的编制，使项目实施形成一个有机整体。进度计划是进度控制和管理的依据。按进度计划所包含的内容不同，可分为总体进度计划、分项进度计划、年度进度计划等。这些不同的进度计划构成了项目的进度计划系统。

进度计划可以分为进度控制计划与状态报告计划。

① 进度控制计划。进度计划是根据实际条件和合同要求，以拟建项目的交付使用时间为目标，按照合理的顺序所安排的实施日程。其实质是把各项活动的时间估计值反映在逻辑关系图上，通过调整，使得整个项目能在工期和预算允许的范围内最好地安排任务。

进度计划也是物资、技术资源计划编制的依据，如果进度计划不合理，将导致人力、物力使用的不均衡，影响经济效益。

项目实施前所编制的进度计划是期望完成各项活动的工作量和时间值。但项目实施工作一开展，问题会逐渐暴露出来，实际进度与计划进度就会有出入。因此，要定期检查实际进度与计划进度的差距，并且，要预测有关活动的发展速度。

为了完成所定工期、成本和质量目标,需要修改原来的计划和调整有关活动的速度,此即为进度控制计划。

在进度控制计划中,要确定应该监督哪些工作,何时监督,谁去监督,用什么样的方法收集和处理信息,怎样按时检查工作进展和采取何种调整措施,并把这些控制工作所需的时间和资源等列入项目总计划中去。

② 状态报告计划。项目经理在项目实施过程中需要随时了解项目的进展情况和存在的问题,以便预测今后发展的趋势,解决存在的问题。而且,项目委托人也要根据项目的进展情况,及时做好各种必须的准备。

状态报告计划要求文字简要、表达清楚。必须明确谁负责编写报告、向谁报告、报告的内容和报告所需的信息涉及面的大小。

所写的内部报告与对项目委托人的报告应协调一致,避免互相矛盾,影响问题的解决。有关信息方面的报告也应该发给有关使用该信息的单位或个人。这样,同类资料和信息不会因为使用对象的不同而需要重新计算、收集和编写报告,造成工作的重复和浪费。

状态报告计划也应反映到总计划中去,总计划中要为这项工作提供资源和安排必要的时间。

状态报告计划可起到提示通知、报告进展、督促落后者的作用。

(3) 项目费用计划

项目费用计划包括资源计划、费用估算、费用预算。资源计划就是要决定在每一项工作中用什么样的资源以及在各个阶段用多少资源。资源计划必然和费用估算联系在一起,而且是费用估算的基础。费用估算指的是完成项目各项工作所需资源(人、材料、设备等)的费用近似值。费用预算是给每一个独立工作分配全部费用,以获得度量项目执行的费用基线。

(4) 项目质量计划

项目质量计划包括与维护项目质量有关的所有活动。质量计划的目的主要是确保项目的质量标准能够得以满意的实现。质量计划是对特定的项目、产品、过程或合同,规定由谁监控,应使用哪些程序和相关资源的文件;是针对具体项目的要求,以及重点控制的环节所编制的对设计、采购、项目实施、检验等质量环节的控制方案。质量计划的形式在很大程度上取决于承包方组织的质量环境。若一个组织已经开发了实施项目的质量过程,则现有的质量手册就已经规定了项目管理的方式;若一个组织没有质量手册,或其质量手册没有涉及项目的问题,那么在这样的组织中,项目的质量计划部分会很长,以清楚地表明如何保证质量。

(5) 项目沟通计划

项目沟通计划就是确定利益关系者的信息交流和沟通的要求。简单地说,也就是谁需要何种信息、何时需要以及应如何将其交到他们手中。虽然所有的项目都需要交流项目信息,但信息的需求和分发方法大不相同。识别利益关系者的信息需求,并确定满足这些需求的合适手段,是获得项目成功的重要保证。

(6) 项目风险应对计划

项目风险应对计划是针对风险量化结果,为降低项目风险的负面效应制定风险应对策略和技术手段的过程。

(7) 项目采购计划

项目采购计划是在考虑了买卖双方之间的关系后,从采购者的角度来进行的。项目采购计划过程就是识别项目的哪些需要可以通过从项目实施组织外部采购产品和设备来得到满足,采购计划应当考虑合同和分包商。

对于设备的采购供应,有设备采购供应计划。在项目管理过程中,多数的项目都会涉及仪器设备的采购、订货等供应问题。有的非标准设备还包括试制和验收等环节。如果是进口设备,还存在选货、订货和运货等环节。设备采购问题会直接影响到项目的质量及成本。

除设备外的其他资源的采购和供应,需要有其他资源供应计划。如果是一个大型的项目,不仅需要设备的及时供应,还有许多项目建设所需的材料、半产品、物件等资源的供应问题。因此,预先安排一个切实可行的物资、技术资源供应计划,将会直接关系到项目的工期和成本。

(8) 项目变更控制计划

由于项目的一次性特点,在项目实施过程中,计划与实际不符的情况是经常发生的。这往往是由下列原因造成的:开始时预测得不够准确;在实施工程中控制不力;缺乏必要的信息等。

有效处理项目变更可使项目获得成功,否则可能会导致项目失败。变更控制计划主要是规定处理变更的步骤、程序,确定变更行动的准则。

值得指出的是,不同的项目、不同的项目参与者所负责的计划内容和范围不一样。项目计划一般按照任务书或合同规定的工作范围、工作责任确定。项目计划的各种基础资料和计划的结果应形成文件,以便沟通,且具有可追溯性。项目计划应采用适应不同用户需要的统一的标准化的表达方式,如规定的报告、图、表等形式。

5.1.3 项目计划过程

1) 项目计划过程的基本问题

一个完整的项目计划通常需要明确具体任务分工、执行人、时间、费用预算和预期成果。因此,在项目计划制订过程中必须清楚五个基本问题:项目做什么、如何做、谁去做、何时做及花费多少。

（1）做什么（What）：明确项目要实现什么样的目标、项目最终交付的成果,这是项目经理和项目组成员在检查项目目标时必须清楚的。

（2）如何做（How）：通过制订工作分解结构图可以将项目目标分解到具体的可实现的任务,工作分解结构图提供了必须完成的各项任务的一张清单。

（3）谁去做（Who）：决定何人做何事,可以通过人员使用计划来解决,并在工作分解结构图中注明。

（4）何时做（When）：决定每一项工作在何时实施、需多长时间、每项工作需要哪些资源等问题。

（5）花费多少（How much）：实施这一项目总目标需要多少经费,并将经费总额分解到每一个具体工作包上。

2）项目计划前的准备工作

（1）计划必须在相应阶段对目标和任务进行精确定义后完成,即在相应阶段项目目标的细化、技术设计和实施方案的确定后做出的。

（2）详细的微观的项目环境调查,掌握影响计划和项目的一切内外部影响因素,作调查报告。

（3）项目结构分析的完成。通过项目的结构分析不仅获得项目的静态结构,而且通过逻辑关系分析,获得项目动态的工作流程——网络。

（4）各项目单元基本情况的定义,即将项目目标、任务进行分解,例如项目范围、质量要求、工程量计算等。

（5）详细的实施方案的制定。为了完成项目的各项任务,使项目经济、安全、稳定、高效率地实施和运行,必须对实施方案进行全面研究。

3）项目计划过程的步骤

项目计划过程可分为九个步骤：

（1）定义项目的交付物。这里的交付物不仅指项目的最终产品,也包括项目的中间产品。例如,一个系统设计项目标准的项目产品可以是系统需求报告、系统设计报告、项目实施阶段计划、详细的程序说明书、系统测试报告、程序及程序文件、程序安装计划、用户文件等。

（2）确定任务。确定实现项目目标必须做的各项工作,并以工作分解结构图（WBS）反映。

（3）建立逻辑关系图。建立逻辑关系图是假设资源独立,确定各项任务之间的相互依赖关系。

（4）为任务分配时间。根据经验或应用相关的方法给任务分配可支配的时间。

（5）确定项目组成员可支配的时间。可支配的时间是指具体花在项目中的确切时间,应扣除正常可支配时间中的假期、教育培训等。

（6）为任务分配资源并进行平衡。对任务持续时间、任务开始日期、任务分配进行调整，从左到右平衡计划，保持各项任务之间的相互依赖关系及其合理性。通过资源平衡可使项目组成员承担合适的工作量，还可调整资源的供应状况。

（7）确定管理支持性任务。管理支持性任务贯穿项目的始终，具体指项目管理、项目会议等管理支持性任务。

（8）重复上述过程直到完成。

（9）准备计划汇总。

5.2 工程项目的工作结构分解

5.2.1 工作结构分解的概念与作用

1）工程项目结构分解的概念

将一个完整的工程项目分解成若干工作单元是工程项目管理最基本也是最重要的工作。工程项目分解的目的是明确一个工程项目所包含的各项工作，也就是将复杂的工程项目逐步分解成一层一层的要素（工作），直到具体明确为止。工程项目分解的工具是工作结构分解原理。

工作结构分解，即WBS(Work Breakdown Structure)方法，是一种在项目全范围内分解和定义各层次工作的方法。它将项目按照其内在结构或实施过程的顺序进行逐层分解，将项目分解到相对独立、内容单一、易于成本核算与检查的工作单元，并将各工作单元在项目中的地位与构成直观地表示出来。

2）工程项目结构分解的作用

工程项目结构分解是将整个项目系统分解成可控制的活动，以满足项目计划和控制的需求。它是项目管理的基础工作，是对项目进行设计、计划、目标和责任分解，成本核算、质量控制、信息管理、组织管理的对象。工程项目结构分解的基本作用有：

（1）保证项目结构的系统性和完整性。分解结果代表被管理的项目的范围和组成部分，还包括项目实施的所有工作，不能有遗漏，这样才能保证项目的设计、计划、控制的完整性。

（2）通过结构分解，使项目的形象透明，使人们对项目一目了然，使项目的概况和组成明确、清晰。这使项目管理者，甚至不懂项目管理的业主、投资者也能把握整个项目，方便地观察、了解和控制整个项目过程，同时可以分析可能存在的项目目标的不明确性。

（3）用于建立目标保证体系。将项目的任务、质量、工期、成本目标分解到各个项目单元。在项目实施过程中，各责任人就可以针对项目单元进行详细的设计，确定施工方案，作各种计划和风险分析，进行实施控制，对完成状况进行评价。

（4）项目结构分解是进行目标分解，建立项目组织，落实组织责任的依据。通过它可以建立整个项目所有参加者之间的组织体系。

（5）项目结构分解是进行工程项目网络计划技术分析的基础，其各个项目单元是工程项目实施进度、成本、质量等控制的基础。

（6）项目结构分解中的各个项目单元是工程项目报告系统的对象，是项目信息的载体。项目中的大量信息，如资源使用、进度报告、成本开支账单、质量记录与评价、工程变更、会谈纪要等，都是以项目单元为对象收集、分类和沟通的。

项目结构分解的作用可用图 5.3 表示。

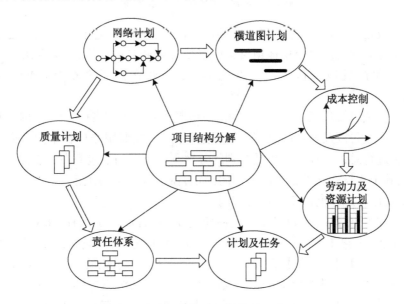

图 5.3　项目结构分解的作用示意图

5.2.2　工程项目分解结构的表示

1) 工程项目分解结构的层次

工程项目的分解结构是一个树型结构，以实现项目最终成果所需进行的工作为分解对象，依次逐级分解，形成愈来愈详细的若干级别（层次）、类别，并以编码标识的若干大小不同的项目单元。WBS 结构应能使项目实施过程中便于进行费用和各种信息数据的汇总。WBS 还考虑诸如进度、合同以及技术作业参数等其他方面所需的结构化数据。对大型工程项目，在实施阶段的工作内容相当多，其工作分解结构通常可以分为六级,如图 5.4 所示。一级为总项目,二级为单体工程,三级为项目任务,四级为子任务,五级为工作包,六级为作业层。

	级别(层次)	说明
管理层	1	总项目(Total Program)
	2	单体项目(Project)
	3	项目任务(Task)
技术层	4	子任务(Subtask)
	5	工作包(Work Package)
	6	作业层(Level of effort)

图 5.4　项目结构分解的层次示意图

第 1 级是总项目,由一系列单体项目(第 2 级)组成,这些单体项目之和构成了整个工程总项目。每个单体项目又可以分解成许多项目任务(第 3 级),这些项目任务之和构成该单体项目。以此类推,一直分解到第 6 级(或认为合适的等级)。

从工程项目管理角度看,WBS 的前三级是由项目组织者(业主)根据工程项目可行性研究报告以及业主的最高决策层进行分解,主要用作项目组织者向业主报告进度和进行总进度控制。更低级别的分解则由不同的承包商在其投标时或中标后,根据其工程投标文件或合同范围的约定,在其以上级别分解的基础上继续进行分解,主要用作承包商内部计划与控制。

由于许多工程项目,如工业与民用建筑工程、石油化工工程、水利水电工程、送变电工程、公路工程、铁路工程、地铁工程、核工程等的对象系统或技术系统有很大的差别特征,因而造成不同的工程项目实施行为系统的差别,导致工程项目结构分解很难有非常明确的分解规则和定义。但针对不同的工程项目类别,可以形成 WBS 相对明确的定义,如石化行业就建立了一套自己的 WBS 体系。每一个行业甚至每个咨询或施工企业都可以根据其工作业务的特点去建立一些标准的体系。

图 5.4 所表示的项目结构分解的级别或层次只是一种形式,由于工程项目的复杂程度不同,WBS 分解的级别或层次应根据工程的具体情况确定。但工作包是 WBS 中的一个关键级别,它构成了工程项目计划明确的活动,是承包商设计、准备、采购、施工、控制和验收的对象。所以必须对工作包进行明确的进度、成本、质量责任等方面的定义。同一 WBS 中,不同的工作内容(设计、准备、采购、施工、验收等)工作包内涵的大小(工作范围)可以不同。工作包可用工作包表(如表 5.1)进行说明。

表 5.1 工作包说明表

项目包： 子项目包：	工作包编码：	日期： 版次：
工作包名称： 结果： 前提条件： 工程活动（或事件）： 负责人：		
费用： 计划： 实际：	其他参加者：	工期： 计划： 实际：

2）工作包描述

在结构分解的基础上可以把项目的目标（工程量、工期、成本、质量）逐一分解到工作包，用工作包说明表来描述和定义该工作包的各项目标和计划内容。工作包说明表的内容包括任务范围、前导活动、工作包所包含的工序及子网络、责任人、所需资源量以及工期计划、费用计划，实际工期和费用对比等。下面以施工项目为例，对这些要素——说明。

（1）工程（作）量。通过预算定额，根据本工作包的工作范围，从图纸中计算得到。因为企业投标报价需计算工程量，现在有些招标文件中就附有工程量清单，所以工作包中的工程量也可从总的工程量表中直接分解得到。

（2）质量。按照合同的质量等级，根据国家制定的规范及质量验收评定标准，结合企业 ISO 9000 质量管理体系，落实各工作包的质量要求。应提出保证质量的措施。

（3）工序或子网络。根据施工方案、施工方法、施工习惯等来确定工作包所含的工序及子网络。

（4）前导活动。根据施工部署和施工方案，判断出每一工作包的前导活动。前导活动与工期目标也有联系。它确定了工程活动之间的逻辑关系，是构成网络的基础。

（5）所需资源量。对工作包中的工程量，通过工料分析，计算出所需各种资源的数量。为使资源优化配置，应定义资源的优先级。

（6）持续时间。根据工程量的大小，视合同工期的要求，请有经验的工程技术人员估计，或通过工程量、劳动效率和投入人数等关系分析得到。与持续时间相适应的是完成该工作包所需的工人人数，这两个要素应互相调整，以满足工期要求。

（7）成本。可根据中标价或企业下达给项目部的成本目标分解落实到工作包中。可通过工程量比例分摊，或通过定额进行计算。

实际上,工作包说明表形成某一项目或某一部分工作任务的综合计划内容。工作包表在作结构分解时,是用来帮助对结构分解的描述,并使总目标得以分解落实。工作包说明表还有其他用途:

① 项目实施后,每一份说明表即是一份工作任务单,下达给实施责任人。

② 责任人任务完成后,可作为对责任人的考核标准。

③ 所有的任务完成后,即可作为已完工程输入计算机,并与计划进行对比,以实现计划的动态管理。

5.2.3 项目结构分解的基本原则

项目结构分解有其基本规律,如果不能正确分解,则会导致以其为基础的各项项目管理工作的失误。项目结构分解的基本原则有:

(1) 确保各项目单元内容的完整性,不能遗漏任何必要的组成部分。

(2) 项目结构分解是线性的,一个项目单元 J_i 只能从属于一个上层项目单元 J,不能同时交叉属于两个上层项目单元 J 和 I。否则,这两个上层项目单元 J 和 I 的界面不清。一旦发生这种情况,则必须进行处理,以保证项目结构分解的线性关系。

(3) 项目单元 J 所分解得到的 J_1、$J_2 \cdots J_n$ 应具有相同的性质,或同为功能,或同为要素,或同为实施过程。

(4) 每一个项目单元应能区分不同的责任人和不同的工作内容,应有较高的整体性和独立性。项目单元之间的工作责任、界面应尽可能小而明确,这样才能方便工程项目目标和责任的分解和落实以及进行工程项目实施成果评价和责任的分析。

(5) 项目结构分解是工程项目计划和控制的主要对象,应为项目计划的编制和工程实施控制服务。

(6) 项目结构分解应有一定的弹性,当项目实施中作设计变更与计划的修改时,能方便地扩展项目的范围、内容和变更项目的结构。

(7) 项目结构分解应详细得当。过粗或过细的分解都会造成项目计划与控制的失误。详细程度应与项目的组织层次、参加单位的数量、各参加单位内部的职能部门与人员的数量、工程项目的大小、工期的长短、项目的复杂程度等因素相适应。一般而言,项目的结构分解随着项目的实施进展而逐步细化。

5.2.4 工程项目的结构分解的方法

1) 基于成果或功能的分解方法

以完成该项目应交付的成果或所包含的部分为导向,确定相关的任务、工作、活动和要素。上层一般为可交付成果,下层一般为可交付成果的工作内容。图 5.5 所示的工作分解结构就是基于成果的分解方法。

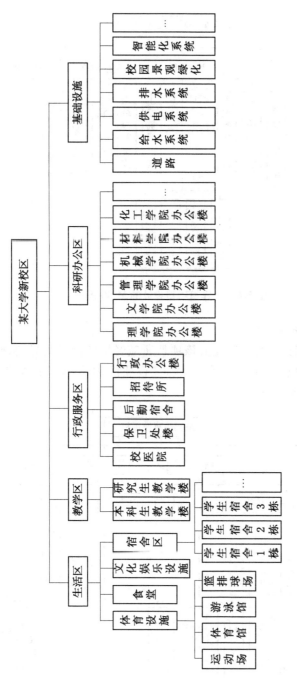

图 5.5 某大学新校区建设项目基于成果的工作分解结构图

图 5.6 是某宾馆项目设计的 WBS 图,也是基于成果的工作分解结构图。

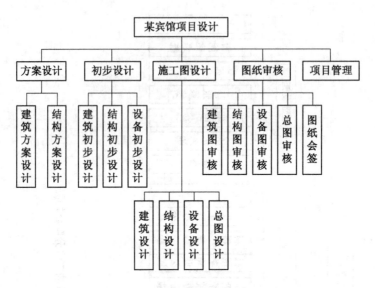

图 5.6　某宾馆项目设计的 WBS 图

2) 基于流程的分解方法

基于流程的分解方法是指以完成该项目所应经历的流程为导向,确定相关的任务、工作、活动和要素。例如,某宾馆大楼建设项目,采用基于流程的分解方法进行分解,其结构如图 5.7 所示。

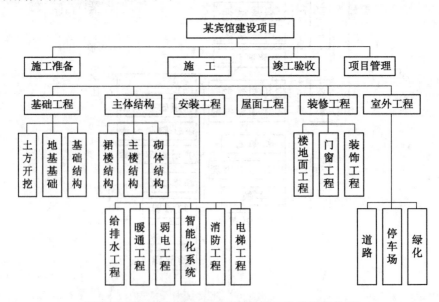

图 5.7　某宾馆建设项目基于流程的工作分解结构图

采用何种方法进行分解,应针对项目的具体情况加以确定,并非对任何项目都可以任意选择。

3) 项目结构分解注意事项

(1) 分解的结果应包含项目所有的工作要素,不能有遗漏,也不能重复。

(2) 分解的每一个工作要素都应有明确的范围和内容,并应用任务描述表对其进行描述。

(3) 分解粗细程度应根据项目管理的需要加以确定。

(4) 分解应运用系统思想,充分考虑项目各层次、各要素之间的相关性,即子母关系。

(5) 分解过程中,不考虑工作要素之间的顺序关系。

(6) 分解后的任务应该是可管理的、可定量检查的、可分配任务的、独立的。

(7) 包括管理活动。

(8) 对分解结构中的各层次、各个工作要素都需要编码。

5.2.5 工程项目分解结构的编码

编码是工程项目结构分解的一项主要工作,是 WBS 的组成部分。通过编码标识并区别每一个项目单元,使人们以及计算机可以方便"读出"某一个项目单元的信息。这样在工程项目的信息管理中,就能方便实现工作包及其有关资料信息的存档、查询与汇总。由于项目结构分解是项目计划编制、责任分配和信息传输(报告系统)的基础性工作,所以在同一项目中,WBS 编码的统一、规范和使用方法明确,是项目管理规范化的要求,也是项目管理系统集成的前提条件。

项目的编码设计直接与 WBS 结构有关,并采用"父码+子码"的方法编制。项目结构分解中第一级表示某一项目,为了表示项目的特征以及与其他项目的区别,可用 1~2 位的数字或字母来表示,或英文缩写,或汉语拼音缩写,方便识别。第二级或代表实施过程的主要工作,或代表关键的单项工程或各个承建合同,同样可采用 1~2 的数字或英文宿写,汉语拼音缩写等表示,依次类推,一般编到工作包级为止。每一级前面的编码决定了该级编码的含意。编码中应注意:当某一级项目单元(一般是下面几级)具有同样的性质(如实施工作、分区、功能和要素等),而它们的上一级单元彼此不相同时,最后采用同一意义的代码,这有利于项目管理与计划工作的细化。

根据项目分解结构从高层向低层对每项工作进行编码,要求每项工作有唯一的编码。编码的方法有两种。

方法 1:多位编码方法,如图 5.8 所示。

方法 2:少位编码方法,如图 5.9 所示。

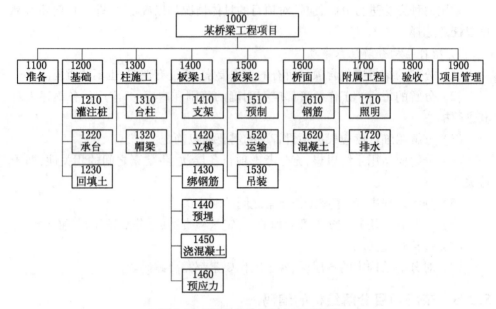

图 5.8　WBS 多位编码方法示意图

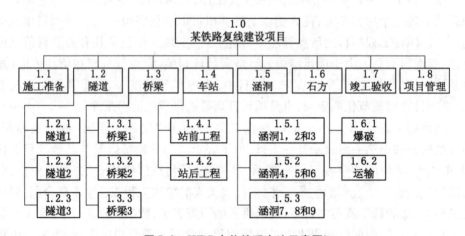

图 5.9　WBS 少位编码方法示意图

5.3　网络计划技术基础

网络计划技术是随着现代科学技术和工业生产的发展而产生的,20 世纪 50 年代中期出现于美国,目前在工业发达国家已广泛应用,已成为比较盛行的一种现代生产管理的科学方法。我国从 20 世纪 60 年代初开始,在华罗庚教授的倡导下,开始在生产管理中推行网络计划技术。近 50 年来,网络计划技术作为一门现代管理技术已逐渐被各级领导和广大科技人员所重视。1992 年、2009 年国家技术监督局颁布(修订)了中华人民共和国国家标准《网络计划技术》,1991 年、1999 年、2015 年国家住房和城乡建设部(原建设部)先后颁布(修订)了中华人民共和国行业标准《工程网络计划技术规程》,使工程网络计划技术在计划编制与控制管理的实际应用中,有了一个可以遵循的、统一的技术标准。

5.3.1 网络图

网络图是由箭线和节点组成,用来表示一项工程或任务进行顺序的有向、有序的网状图线。在网络图上加注工作的时间参数,就形成了网络形式的进度计划。一般网络计划技术的网络图,有双代号网络图和单代号网络图两种。

1)双代号网络图

双代号网络图由若干表示工作的箭线和节点所组成,其中每一道工作都用一根箭线和箭线两端的两个节点来表示,每个节点都编以号码,箭线两端两节点的号码即代表该箭线所表示的工作,"双代号"的名称即由此而来。图 5.10 所示的就是双代号网络图。

(1)双代号网络图的构成与基本符号

① 工作(工序、活动)

工作就是计划任务按需要粗细程度划分而成的一个消耗时间或消耗资源的子项目或子任务,也是双代号网络图的组成要素之一,用一根箭线和两个节点表示。箭线的箭尾表示该工作的开始,

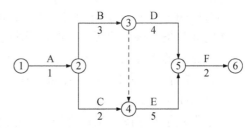

图 5.10 双代号网络图

箭头表示其结束,工作的名称写在箭线的上方,完成该工作所需要的时间写在箭线的下方。如图 5.11 所示。

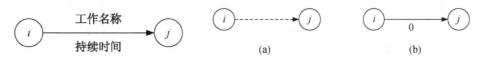

图 5.11 双代号网络图工作的表示图   图 5.12 虚工作的表示图

工作通常可以分为三种:需要消耗时间和资源,如框架施工中的浇筑混凝土梁或柱;只消耗时间而不消耗资源,如混凝土的养护;既不消耗时间,也不消耗资源。前两种是实际存在的工作,而后一种是人为虚设的工作,只表示相邻前后工作之间

的逻辑关系,通常称其为"虚工作"。虚工作通常以虚箭线表示,如图5.12(a)表示。有时也用实箭线下标以零时间表示,如图5.12(b)所示。

网络计划中的工作视一项工程的规模大小、划分的粗细程度和大小范围而定,其包含的工作量会大不相同。如对于一个规模较大的建设项目来讲,一项工作可能代表一个单位工程或一个构筑物;而对于一个单位工程,一项工作可能只代表一个分部或分项工作。

在无时标的网络图中,箭线的长短并不反映该工作占用时间的长短。原则上讲,箭线的形状怎么画都行,可以是水平直线,也可以画成折线、曲线和斜线,但不得中断。在同一张网络图上,箭线的画法要求统一,图面要求醒目整齐,最好都画成水平直线或带水平直线的折线。

两道工作前后连续施工时,代表两工作的箭线也前后连续画下去。工程施工时还经常出现平行工作,其箭线也应平行绘制,如图5.13所示。就某工作而言,紧靠其前面的工作叫紧前工作,紧靠其后面的工作叫紧后工作,与

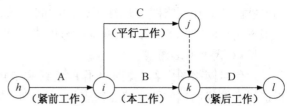

图5.13　工作之间的关系示意图

之平行的叫平行工作,该工作本身则叫"本工作"。在网络图中,自起点节点至本工作之间各条线路上的所有工作称为本工作的先行工作,本工作之后至终点节点各条线路上的所有工作称为本工作的后续工作。没有紧前工作的工作称为起始工作,没有紧后工作的工作称为结束工作。

② 事件(节点、结节)

事件就是网络图中工作之间的交接之点,用圆圈表示。双代号网络中的事件一般是表示该节点前面一项或若干项工作的结束,同时也表示该节点后面一项或若干项工作的开始。

在网络图中,事件与工作不同,它标志着工作的开始和完成的瞬间,具有承上启下的衔接作用,它既不消耗时间也不消耗资源。如图5.10中的节点5,它只表示D、E两项工作的结束时刻,也表示F工作的开始时刻。在网络图中一项工作可用其前后两个节点的编号表示。如图5.10中,F工作可用"5-6"表示。

箭线尾部的节点称箭尾节点,箭线头部的节点称箭头节点,前者又称开始节点,后者又称完成节点。网络图中第一个节点叫起点节点,它意味着一项工程或任务的开始,网络图中的最后一个节点叫终点节点,它意味着一项工程或任务的完成。除网络计划的起点节点和终点节点以外,其余任何一个节点都有双重含义,既是前道工作的完成节点,又是后道工作的开始节点。这类节点称之为中间节点。如图5.14所示。

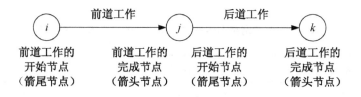

图 5.14 节点示意图

在网络图中,对一个节点来讲,可能有许多箭线通向该节点,这些箭线就称为内向箭线或内向工作;同样也可能有许多箭线由该节点出发,这些箭线就称为外向箭线或外向工作。

③ 线路

网络图中从起点节点开始,沿箭线方向连续通过一系列箭线与节点,最后到达终点节点所经过的路径称为线路。线路上所有工作持续时间的总和称为该条线路的长度。一个网络图中有多条线路,其中最长的线路称为关键线路,位于关键线路上的工作称为关键工作。关键工作完成的快慢直接影响整个网络计划的工期。关键线路宜用粗线、双线或彩色线绘制。

网络图中关键线路可能不止一条,但各条关键线路上的计算工期相等。

网络图中除了关键线路之外的线路都称为非关键线路。

关键线路、非关键线路、关键工作和非关键工作都不是一成不变的,在一定条件下,关键线路和非关键线路、关键工作和非关键工作可以相互转化。当采用了一定的技术组织措施,缩短了关键线路上有关工作的持续时间,就有可能使关键线路发生转移,使原来的关键线路变成非关键线路,而原来的某一条或几条非关键线路却变成关键线路。

(2) 双代号网络图的绘制

网络图必须正确地表达整个工程或任务的工艺流程和各工作开展的先后顺序以及它们之间相互制约、相互依赖的约束关系。所绘制的网络图遵守绘图的基本规则,力求使网络图的图面布置合理、条理清楚、重点突出,尽量减少箭杆交叉和减少不必要的虚工作,并按一定格式来布置。

① 网络图各种逻辑关系的正确表示方法

逻辑关系是指工作进行时客观上存在的一种相互制约或依赖的关系,也就是先后顺序关系。在表示工程项目施工进度计划的网络图中,根据施工工艺和施工组织的要求,应正确反映各道工作之间的相互依赖和相互制约的关系。

在网络图中,各工作之间的逻辑关系是变化多端的。表 5.2 所列的是两种网络图中常见的一些逻辑关系及其表示方法的对照。

表 5.2 两种网络图中各种逻辑关系的表示方法对照表

序号	逻辑关系	双代号网络图	单代号网络图
1	A完成后进行B B完成后进行C	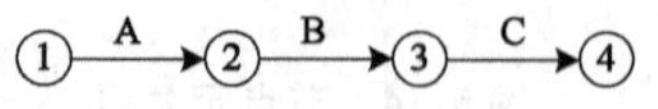	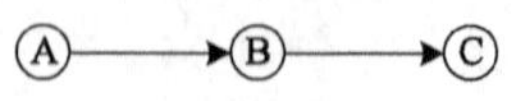
2	A完成后同时进行B、C	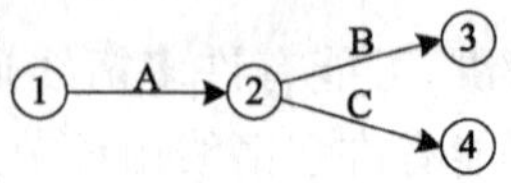	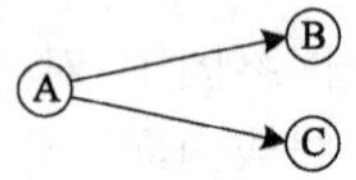
3	A和B都完成后进行C	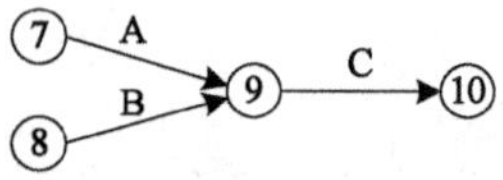	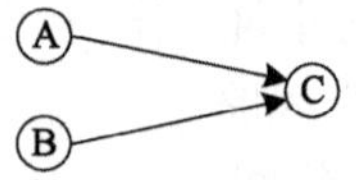
4	A完成后进行C B完成后进行D A和B可同时开始	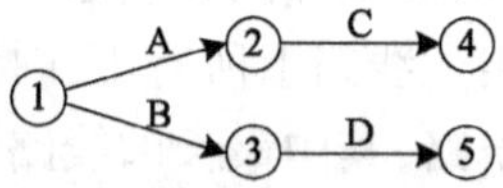	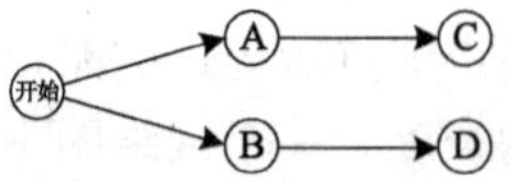
5	A完成后进行C A和B都完成后进行D	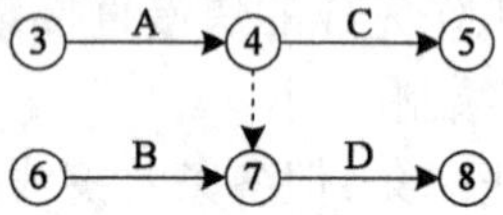	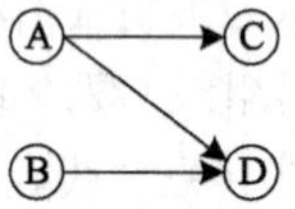
6	A完成后同时进行B、C B和C都完成后进行D	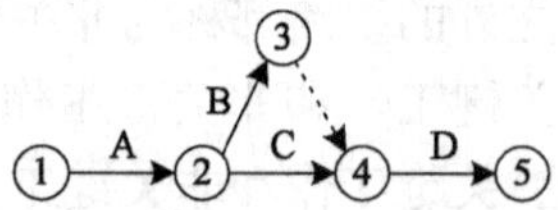	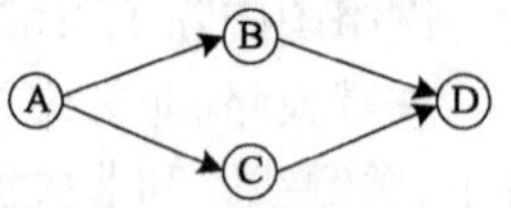
7	A和B都完成后同时进行C和D	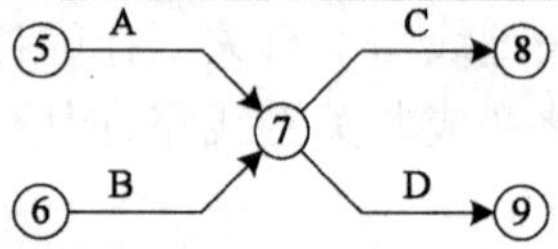	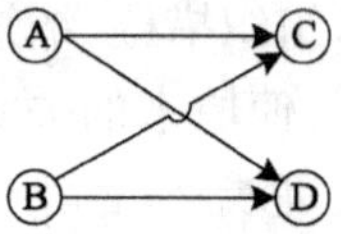
8	A和B都完成后进行D B和C都完成后进行E	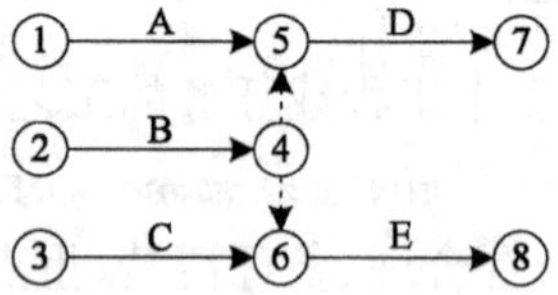	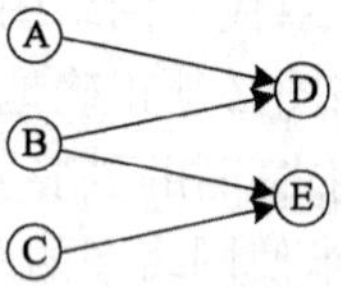
9	A完成后进行C B完成后进行E A和B都完成后进行D	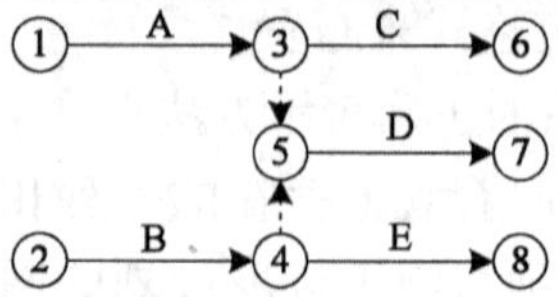	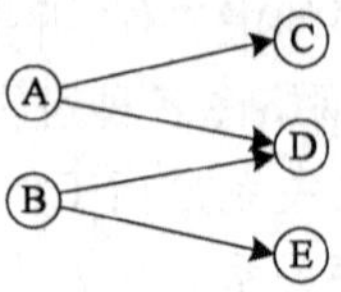
10	A、B两项先后进行的工作各分为三个施工段进行 A_1完成后进行A_2、B_1 A_2完成后进行A_3、B_2 B_1完成后进行B_2 A_3、B_2完成后进行B_3	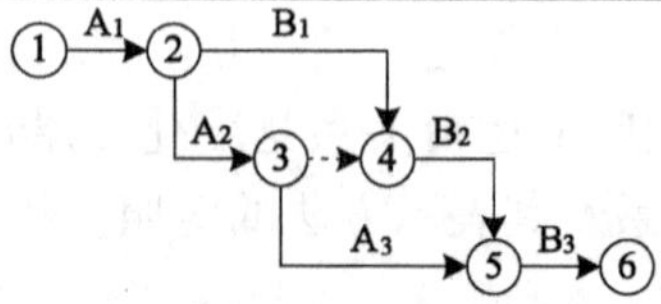	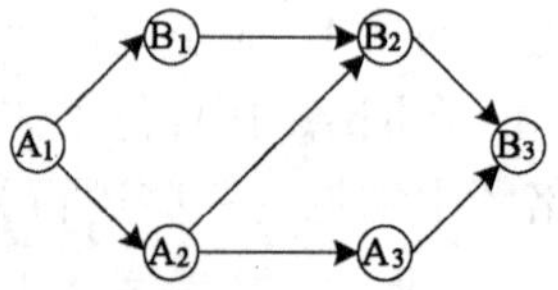

② 绘制双代号网络图的基本规则

绘制双代号网络图时,除要正确地表达工作之间的逻辑关系外还必须遵循下列有关的绘图基本规则:

a. 确定各工作之间的衔接关系,根据施工的先后次序逐步把代表各工作的箭线连接起来,绘制成网络图。

b. 双代号网络图中不得出现回路。在网络图中如果从一个节点出发顺箭线方向又回到原出发点,这种线路就称作回路。例如图 5.15 中的 2 ⟶ 3 ⟶ 5 ⟶ 2 和 2 ⟶ 4 ⟶ 5 ⟶ 2 就是回路。它们表示的逻辑关系是错误的,在工艺顺序上是相互矛盾的。

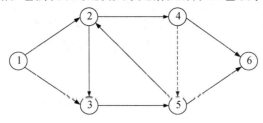

图 5.15　循环回路示意图

c. 双代号网络图中不得出现双向箭头或无箭头的线段。用于表示工程施工进度计划的网络图是一种有向图,是沿着箭头指引的方向前进的。因此,一条箭线只能有一个箭头,不允许出现双向箭头,如图 5.16(a)所示;同样也不允许出现无箭头的线段,如图 5.16(b)所示。

(a) 双向箭头　　　　　　(b) 无箭头线段

图 5.16　错误的箭线画法

d. 双代号网络图中不得出现代号相同的箭线。网络图中每一条箭线都各有一个开始节点和完成节点的代号,号码不能重复。一项工作只能有唯一的代号。例如图 5.17(a)中的两条箭线在网络图中表示两项工作,但其代号均为 1-2,这就无法分清 1-2 究竟代表哪项工作。正确的表示方法应该增加一个节点和一条虚箭线,如图 5.17(b)所示。

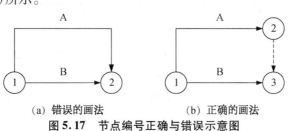

(a) 错误的画法　　　　　　(b) 正确的画法

图 5.17　节点编号正确与错误示意图

e. 双代号网络图中不得出现没有箭尾节点的箭线(图 5.18a)和没有箭头节点的箭线(图 5.18b)。

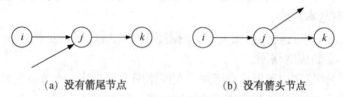

(a) 没有箭尾节点　　　　　　(b) 没有箭头节点

图 5.18　缺少节点的箭线画法

f. 当双代号网络图的起点节点有多条外向箭线或终点节点有多条内向箭线时,对起点节点和终点节点可使用母线法绘图,使多条箭线经一条共用的母线线段从起点节点引出(但应满足一项工作用一条箭线和相应的一对节点表示的要求),如图 5.19。

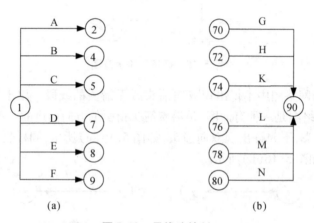

图 5.19　母线法绘制

g. 绘制网络图时,箭线不宜交叉;当交叉不可避免时,可用过桥法、断线法或指向法,如图 5.20。

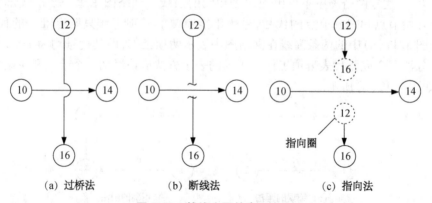

(a) 过桥法　　　　　(b) 断线法　　　　　(c) 指向法

图 5.20　箭线交叉的表示方法

h. 网络图中应只有一个起点节点;在不分期完成任务的网络图中,应只有一个终点节点;其他所有节点均应是中间节点。

如图 5.21(a)所示的网络图中出现了三个没有紧前工作的节点 1、2 和 3,这三个节点的同时存在造成了逻辑关系混乱。如果遇到这种情况,应根据实际的施工工艺流程增加虚箭线(图 5.21b)。同样,在图 5.21(a)中也出现三个没有箭线向外引出的节点 6、8 和 9,它们亦造成了网络逻辑关系的混乱,同样加入虚箭线作调整(图 5.21b)。

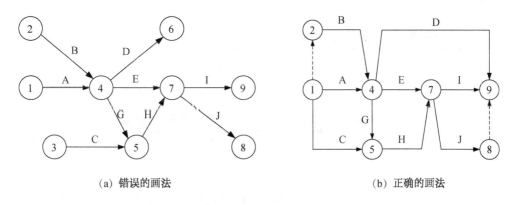

(a) 错误的画法　　　　　　　　　(b) 正确的画法

图 5.21　一个网络图只允许有一个起点节点和一个终点节点的画法

在进行上述处理时,应注意不改变原工作间的相互关系,并符合绘制网络图的基本规则,使虚箭线尽可能少。

(3) 绘制网络图应注意的问题

① 网络图的布局要条理清楚,重点突出

虽然网络图主要用以反映各项工作之间的逻辑关系,但是为了便于运用,还应排列整齐,条理清楚,重点突出。尽量把关键工作和关键线路布置在中心位置,尽可能把密切相连的工作安排在一起,尽量减少斜向箭线而采用带有水平线段的折线;尽可能避免交叉箭线的出现。

对比图 5.21(a)和图 5.21(b),前者的布置条理不清楚、重点不突出,而后者则相反。

② 母线法的使用

当网络图的起点节点有多条外向箭线或终点节点有多条内向箭线时,为使图形简洁,可使用母线法绘图。使多条箭线经一条共用的母线线段从起点节点引出,如图 5.19(a),或使多条箭线经一条共用的母线线段引入终点节点,如图 5.20(b)。

但箭线的线型不同(粗线、细线、虚线或其他线),易导致误解时,不得用母线法绘图。

③ 网络图中的"断路法"

绘制网络图时必须符合施工顺序的关系,符合流水施工的要求和网络逻辑连接关系。一般来说,对施工顺序和施工组织上必须衔接的工作,绘图时不易产生错误,但是对于不发生逻辑关系的工作就容易发生错误。遇到这种情况时,采用增加节点和虚箭线的方法加以处理。用虚箭线在线路上隔断无逻辑关系的各项工作,这种方法称为"断路法",断路法的应用是双代号网络计划技术的关键所在,必须熟练掌握。

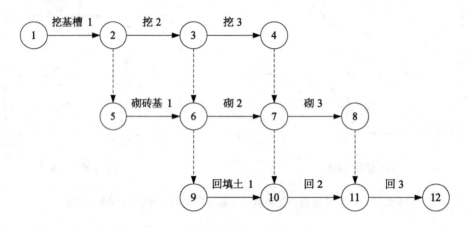

图 5.22 某双代号网络图(错误画法)

图 5.22 所示的网络图,从施工顺序分析,挖基槽→砌砖基→回填土,符合施工工艺顺序的要求;从流水关系分析,同工种的工作队由第一施工段转入第二施工段再转入第三施工段也符合要求。但在网络逻辑关系上有不符合之处:第一施工段的回填土(回填土 1)与第二施工段的挖土(挖 2)没有逻辑上的关系;同样,第二施工段的回填土(回 2)与第三施工段的挖土(挖 3)也无逻辑上的关系,但在图中却相连起来了,这是网络图中原则性的错误。产生错误的原因是把前后具有不同工作性质、不同关系的工作用一个节点(事件)连接起来所致,这在流水施工网络图中最容易发生。用断路法可以纠正此类错误,具体操作如下:

a. 有逻辑关系的线路上,把该节点的紧前工作切断,并增加一个新节点。如图 5.23 中,把工作 5—6 切断后增加一个新节点 4。

b. 把新节点与原节点用虚箭线连接起来,虚箭线的方向与原箭线的方向相同,如图 5.23 中的虚箭线 4-5。

c. 把与切断工作有逻辑关系的紧后工作同新增加的节点相连,并把它们之间的位置适当调整,使图形比较整齐。如图 5.23 所示。

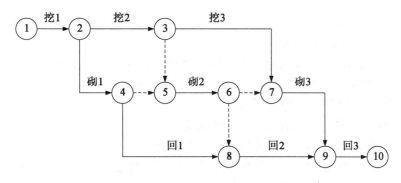

图 5.23 "断路法"应用示意图

④ 避免使用反向箭线

在一个网络图中,应尽量避免使用反向箭线。因为反向箭线容易发生错误,可能会造成循环回路,在时标网络图(以时间坐标为尺度绘制的网络图)中更是绝对不允许的。

(4)网络图的编号

按照每项工作的逻辑顺序将网络图绘成之后,即可进行节点编号。编号的目的是赋予每项工作一个代号,以便于识别;且便于对网络图进行时间参数的计算。当采用计算机进行计算时,工作编号是绝对必要的。节点的编号必须遵循以下两条规则:

① 一个工作的箭头节点编号必须大于箭尾节点编号,即 $i<j$。编号时号码应从小到大,箭头节点编号必须在其前面的所有箭尾节点都已编号之后进行。如图 5.24(a)中,为要给节点 3 编号,就必须先给节点 1 和节点 2 编号。值得指出的是,正确的编号可以避免线路循环。

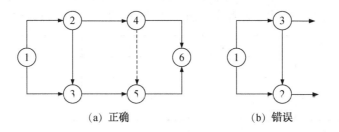

(a) 正确　　　　(b) 错误

图 5.24　网络图节点编号规则示意图

② 在一个网络计划中,所有的节点不能出现重复编号。有时考虑到可能在网络中会增添或改动某些工作,可在节点编号时,预先留出备用节点号,即采用不连续编号的方法,以便于调整,避免以后由于中间增加一项或几项工作时而改动整个

网络图的节点编号。

(5) 双代号网络绘制示例

为使绘制的网络图不出现反向箭线和竖直向实箭线,在绘制网络图之前,宜先确定出网络图中各节点的位置号,再按节点位置号绘制网络图。

① 确定网络图中各节点的位置

网络图中各节点的位置按下列规则确定:

a. 无紧前工作的工作,其开始节点位置号为零;

b. 有紧前工作的工作,其开始节点位置号等于其紧前工作的开始节点位置号的最大值加 1;

c. 有紧后工作的工作,其完成节点位置号等于其紧后工作的开始节点位置号的最小值;

d. 无紧后工作的工作,其完成节点位置号等于网络图中各个工作的完成节点位置号的最大值加 1。

② 编制双代号网络图

已知某网络计划的各工作之间的逻辑关系如表 5.3 所示,试画出其双代号网络图。

表 5.3 某网络图中各工作之间的逻辑关系表

工作名称	A	B	C	D	E	F	G	H
紧前工作	—	A	B	B	B	D, E	C, E	F, G

绘制双代号网络图的步骤如下:

① 根据已知的紧前工作确定出紧后工作

对于逻辑关系比较复杂的网络图,可绘出关系矩阵图,以确定紧后工作,如图 5.25 所示。图中横向标注 1 者为紧前工作,竖向标注 1 者即为紧后工作。

	A	B	C	D	E	F	G	H
A								
B	1							
C		1						
D		1						
E		1						
F				1	1			
G			1		1			
H						1	1	

图 5.25 工作逻辑关系矩阵图

② 确定出各工作的开始节点位置号和结束节点位置号。如表5.4所示。

表5.4 某网络图的节点位置号表

工作	A	B	C	D	E	F	G	H
紧前工作	—	A	B	B	B	D、E	C、E	F、G
紧后工作	B	C、D、E	G	F	F、G	H	H	—
开始节点位置号	0	1	2	2	2	3	3	4
结束节点位置号	1	2	3	3	3	4	4	5

无紧前工作的工作A其开始节点位置号为零;工作B的开始节点位置号等于其紧前工作A的开始节点位置号加1,即0+1=1;工作C、D、E的紧前工作B的开始节点位置号为1,则C、D、E的开始节点位置号为1+1=2;同理可得工作G、H的开始节点位置号分别为3和4。

工作A的完成节点位置号等于其紧后工作B的开始节点位置号,即工作A的完成节点的位置号为1;工作B的紧后工作C,D,E的开始节点位置号均为2,则工作B完成节点位置号为2;同理可得工作C、D、E、F、G的完成节点的位置号分别为3、3、3、4、4。工作H的完成节点位置号等于各工作中完成节点位置号的最大值加1,即4+1=5。

③ 根据节点位置号和逻辑关系绘出网络图。如图5.26所示。

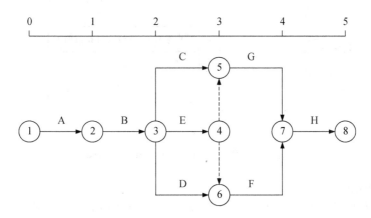

图5.26 双代号网络图绘制示例图

2)单代号网络图
(1)单代号网络图的构成与基本符号
单代号网络图也由许多节点和箭线组成,但是构成单代号网络图的基本符号的含义却与双代号不同。单代号网络的节点是代表工作,而箭线仅表示各项工作之间的逻辑关系。由于用节点表示工作,因此,单代号网络图又称节点式网络图。

单代号网络图与双代号网络图相比,具有如下优点:工作之间的逻辑关系容易表达,且不用虚箭线。网络图便于检查,修改。所以单代号网络图也有广泛的应用。图5.27中(a)、(b)两个网络图都是四项工作,逻辑关系也一样,但(a)图是用双代号表示的,而(b)图则是用单代号表示的。

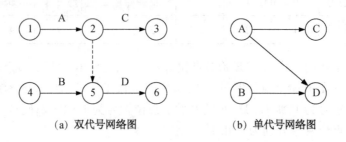

图5.27　两种网络图

① 节点

节点是单代号网络图的主要符号,它可以用圆圈或方框表示。一个节点代表一项工作。节点所表示的工作名称、持续时间和节点编号一般都标注在圆圈或方框内,有的甚至将时间参数也标注在节点内,如图5.28所示。

图5.28　单代号网络图节点标注方法图

② 箭线

箭线在单代号网络图内,仅用以表示工作间的逻辑关系,既不占用时间,也不消耗资源。单代号网络图不用虚箭线,箭线的箭头表示工作的前进方向,箭尾节点表示的工作为箭头节点的紧前工作。有关箭线前后节点的关系如图5.29所示。

(2) 单代号网络图的绘制规则

同双代号网络图一样,绘制单代号网络图也必须遵循一定的规则。这些基本

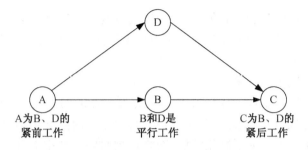

图 5.29 节点所表示的工作关系

规则主要有:
① 单代号网络图应正确表达已定的逻辑关系;
② 单代号网络图中不得出现回路;
③ 单代号网络图中不得出现双向箭头或无箭头的线段;
④ 单代号网络图中不得出现没有箭尾节点的箭线和没有箭头节点的箭线;
⑤ 绘制网络图时,箭线不宜交叉。当交叉不可避免时,可采用过桥法或指向法绘制;
⑥ 单代号网络图应只有一个起点节点和一个终点节点;当网络图中有多项起点节点或多项终点节点时,应在网络图两端分别设置一项虚拟节点,作为网络图的起点节点和终点节点。

(3) 单代号网络图常见逻辑关系的表示

单代号网络图基本逻辑关系见表 5.2 所示。

5.3.2 网络计划时间参数计算

在网络图上加注工作的时间参数等而编制成的进度计划叫网络计划。用网络计划对任务的工作进度进行安排和控制,以保证实现预定目标的计划管理技术叫网络计划技术。网络计划技术的种类很多,有关键线路法、计划评审技术、搭接网络计划法、图示评审技术、决策网络计划法、风险评审技术、仿真网络计划法、流水网络计划法等。

网络计划时间参数计算的目的在于确定网络计划中各项工作和各个节点的时间参数,为网络计划的优化、调整和执行提供明确的时间概念。网络计划的时间参数计算有许多方法,一般常用的有分析计算法、图上计算法、表上计算法、矩阵计算法和电算法等,它们的计算原理完全相同,只是表达形式不同而已。

本节只叙述网络计划在工作持续时间、工作之间的逻辑关系都确定的情况下,网络计划时间参数的计算。

1) 双代号网络计划时间参数计算

双代号网络计划时间参数包括各个节点的最早时间和最迟时间;各项工作的

最早开始时间、最早完成时间、最迟开始时间、最迟完成时间;各项工作的有关时差及计算工期。网络计划的时间参数既可以按工作为计算对象,也可以按节点计算。下面分别加以说明。

(1) 工作时间参数计算

工作时间参数以工作为计算对象,包括最早开始时间和最早完成时间、最迟开始时间和最迟完成时间(实际工作中一般只计算最早时间和最迟时间),以及工作的总时差和自由时差。为了简化计算,网络计划时间参数中的开始时间和完成时间都以时间单位的结束瞬间时刻为准。如第3天开始即指第3天结束(下班)瞬间开始,实际上是第4天才开始,第2周完成即指第2周结束时完成。

网络计划时间参数计算的依据是工作的持续时间。下面以图上计算法为例介绍网络计划工作时间参数的计算过程。

网络计划的时间参数计算应在确定各项工作持续时间以后进行,时间参数的基本内容和标注形式应符合图5.30中的规定。

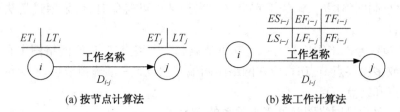

(a) 按节点计算法　　　　　(b) 按工作计算法

图5.30　双代号网络计划时间参数标注形式图

现以图5.31所示的网络图为例说明图上计算法。

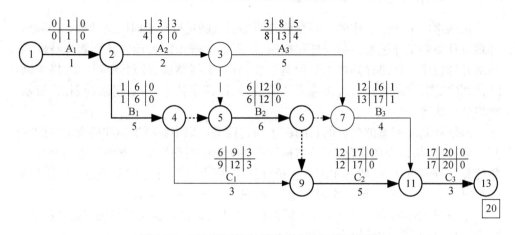

图5.31　双代号网络计划时间参数计算示例图

① 工作的最早开始时间——ES_{i-j}

工作的最早开始时间是指在紧前工作和有关时限约束下,工作有可能开始的最早时刻。

计算工作的最早开始时间应从网络计划的起点节点开始(即顺向计算),顺着箭线方向自左至右依次逐项计算,直到终点节点为止。必须先计算其紧前工作,然后才能计算本工作。整个计算是一个加法过程。

凡与起点节点相连的工作,都是首先进行的工作,所以它们的最早开始时间都设为零(相对时间)。本例中,工作1—2 的最早开始时间等于零,即 $ES_{1-2}=0$。

确定其他任一工作的最早开始时间时,首先将其所有各紧前工作的最早开始时间分别与该工作的持续时间相加,然后从这些和数中选取一个最大的数,即为该工作的最早开始时间。用公式表示(图5.32)为:

$$ES_{i-j} = \max\{ES_{h-i} + D_{h-i}\} \tag{5.1}$$

式中:ES_{i-j}——工作 i—j 的最早开始时间;

ES_{h-i}——工作 i—j 的紧前工作 h—i 的最早开始时间;

D_{h-i}——工作 h—i 的作业持续时间。

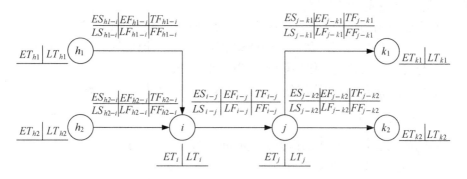

图5.32 双代号网络计划时间参数计算图

在本例中,工作2—3 和工作2—4 只有一个紧前工作1—2,故它们的最早开始时间都是 $0+1=1$。同理工作3—7 的最早开始时间为 $1+2=3$。需要注意的是,网络图中的虚工作也可按相同的方法进行参数计算。

② 工作的最早完成时间——EF_{i-j}

工作的最早完成时间就是其最早开始时间与持续时间之和,计算公式为:

$$EF_{i-j} = ES_{i-j} + D_{i-j} \tag{5.2}$$

由公式(5.2),公式(5.1)可改写成:

$$EF_{i-j} = \max\{ES_{h-i} + D_{h-i}\} = \max\{EF_{h-i}\} \tag{5.3}$$

式中:EF_{h-i}——工作 i—j 的紧前工作 h—i 的最早完成时间。

③ 网络计划的计算工期(T_c)按下式计算：

$$T_c = \max\{EF_{i-n}\} \tag{5.4}$$

式中：EF_{i-n}——以终点节点($j=n$)为箭头节点的工作 $i-n$ 的最早完成时间。

在本例中，网络计划的计算工期为：

$$T_c = \max\{EF_{i-n}\} = EF_{11-13} = 20$$

将计算工期 20 标注在网络计划终点节点边上的方框内，见图 5.31。

④ 网络计划的计划工期(T_p)按下列情况确定：

当已规定要求工期(T_r)时，$T_p \leq T_r$ \hfill (5.5)

当未规定要求工期(T_r)时，$T_p = T_c$ \hfill (5.6)

在本例中，假设没有要求工期，则 $T_p = T_c = 20$。

⑤ 工作的最迟完成时间——LF_{i-j}

工作的最迟完成时间是指在不影响任务按期完成和有关时限约束的条件下，工作最迟必须完成的时刻。

计算工作的最迟完成时间应从终点节点逆箭线方向向起点节点逐项进行计算。必须先计算紧后工作，然后才能计算本工作，整个计算是一个减法过程。

a. 与终点节点相连工作的最迟完成时间

与终点节点($j=n$)相连的各项工作最迟完成时间，按下式计算：

$$LF_{i-n} = T_p \tag{5.7}$$

在本例中，工作 11—13 的最迟完成时间 $LF_{11-13} = T_p = 20$。

b. 其他工作 $i-j$ 最迟完成时间

其他工作 $i-j$ 的最迟完成时间是其紧后工作最迟完成时间与该紧后工作的持续时间之差的最小值，按下式计算(图 5.32)：

$$LF_{i-j} = \min\{LF_{j-k} - D_{j-k}\} \tag{5.8}$$

式中：LF_{i-j}——工作 $i-j$ 的最迟完成时间；

LF_{j-k}——工作 $i-j$ 的紧后工作 $j-k$ 的最迟完成时间；

D_{j-k}——工作 $i-j$ 的紧后工作 $j-k$ 的持续时间。

本例中，工作 7—11 和工作 9—11 只有一个紧后工作 11—13，则工作 7—11 和工作 9—11 的最迟完成时间为：$LF_{7-11} = LF_{9-11} = LF_{11-13} - D_{11-13} = 20 - 3 = 17$。同理，工作 3—7 的最迟完成时间为 13。工作 5—6 有两个紧后工作 7—11 和 9—11，则其最迟完成时间 $LF_{5-6} = \min(LF_{7-11} - D_{7-11}, LF_{9-11} - D_{9-11}) = \min(17 - 4, 17 - 5) = 12$。其他工作的最迟完成时间都可仿此计算，计算结果见图 5.31 所示。

⑥ 工作的最迟开始时间——LS_{i-j}

工作的最迟开始时间是指在不影响任务按期完成和有关时限约束的条件下,工作最迟必须开始的时刻。

工作的最迟开始时间可按下式计算:

$$LS_{i-j} = \min\{LS_{j-k}\} - D_{i-j} = LF_{i-j} - D_{i-j} \tag{5.9}$$

式中:LS_{i-j}——工作 i—j 的最迟开始时间;

　　LS_{j-k}——工作 j—k 的最迟开始时间;

　　LF_{i-j}——工作 i—j 的最迟完成时间;

　　D_{i-j}——工作 i—j 的持续时间。

本例中,工作 11-13 的最迟开始时间为:

$$LS_{11-13} = LF_{11-13} - D_{11-13} = 20 - 3 = 17$$

其余工作都可以仿此计算,不再赘述。所有工作的最迟开始时间均已列在图 5.31 的网络图中。

⑦ 工作的总时差——TF_{i-j}

工作的总时差是指在不影响工期和有关时限的前提下,一项工作可以利用的机动时间的极限值。一项工作的活动范围要受其紧前、紧后工作的约束,从其最早开始时间到最迟完成时间,在扣除工作本身作业必须占用的时间之后,其余时间才可以机动使用。可以在总时差范围内,推迟开工或提前完成,如可能,也可以断续施工或延长其作业时间。

根据上述含义,工作的总时差应按公式(5.10)或(5.11)计算。

$$TF_{i-j} = LF_{i-j} - EF_{i-j} \tag{5.10}$$

$$TF_{i-j} = LS_{i-j} - ES_{i-j} \tag{5.11}$$

式中:TF_{i-j}——工作 i—j 的总时差;

　　其余符号含义同前。

在图 5.31 所示网络图中,有关工作的总时差计算如下

工作 1—2　　$TF_{1-2} = LS_{1-2} - ES_{1-2} = 0 - 0 = 0$

工作 2—3　　$TF_{2-3} = LS_{2-3} - ES_{2-3} = 4 - 1 = 3$

其余工作的总时差见图 5.31。

⑧ 工作的自由时差——FF_{i-j}

工作的自由时差是总时差的一部分,指一项工作在不影响其紧后工作最早开始时间的前提下可以机动灵活使用的时间。这时工作的活动范围被限制在本工作最早开始时间与其紧后工作的最早开始时间之间,从这段时间中扣除本身的作业

时间之后,剩余的时间即为自由时差。如果一项工作的紧后工作不止一项,则上述差值的最小值为该项工作的自由时差。

根据上述含义,工作的自由时差应按公式(5.12)或(5.13)计算。

$$FF_{i-j} = \min\{ES_{j-k} - ES_{i-j} - D_{i-j}\} \tag{5.12}$$

$$FF_{i-j} = \min\{ES_{j-k} - EF_{i-j}\} \tag{5.13}$$

式中:FF_{i-j}——工作 i—j 的自由时差;

ES_{j-k}——工作 i—j 的紧后工作 j—k 的最早开始时间;

ES_{i-j}——工作 i—j 的最早开始时间;

EF_{i-j}——工作 i—j 的最早完成时间。

在图 5.31 所示的网络计划中,有关工作的自由时差计算如下:

工作 1—2　　$FF_{1-2} = ES_{2-3}(或 ES_{2-4}) - ES_{1-2} - D_{1-2} = 1 - 0 - 1 = 0$

工作 2—3　　$FF_{2-3} = ES_{3-7} - EF_{2-3} = 3 - 3 = 0$

其他工作的自由时差都可以仿此计算,计算结果见图 5.31。

自由时差是总时差的构成部分,数值上总是小于或等于总时差,因此,总时差为零的工作,其自由时差也必为零,可以不必专门计算。一般情况下,自由时差也只可能存在于有多条内向箭线的节点之前的工作之中。

(2) 节点时间参数计算

节点时间参数以节点为计算对象。节点时间参数只有两个,即节点最早时间和节点最迟时间。

① 节点最早时间的计算

a. 节点最早时间 ET_i 应从网络图的起点节点开始,顺箭线方向逐个计算。

b. 起点节点的最早时间如无规定时,其值等于零,即:

$$ET_1 = 0 \tag{5.14}$$

c. 其他节点的最早时间 ET_i(图 5.32)应为:

$$ET_j = \max\{ET_i + D_{i-j}\} \tag{5.15}$$

式中:ET_i——工作 i-j 的箭尾节点 i 的最早时间。

在双代号网络计划中,节点最早时间也就是该节点各工作的最早开始时间,所以,节点最早时间与工作时间参数之间的关系可用下式表示。

$$ET_j = ES_{j-k} = \max\{ES_{i-j} + D_{i-j}\} = \max\{ET_i + D_{i-j}\} \tag{5.16}$$

式中:ES_{j-k}——以节点 j 为开始节点的工作 j—k 的最早开始时间;

ES_{i-j}——以节点 j 为完成节点的工作 i—j 的最早开始时间。

网络计划终点节点的最早时间就是该网络计划的计算工期,即

$$T_c = ET_n \tag{5.17}$$

式中：T_c——网络计划的计算工期；

ET_n——终点节点的最早时间。

② 节点最迟时间的计算

a. 节点 i 的最迟时间 LT_i 应从网络图的终点节点开始，逆着箭线的方向依次逐项计算。当部分工作分期完成时，有关节点的最迟时间必须从分期完成节点开始逆向逐项计算。

b. 终点节点的最迟时间按网络计划的计划工期或计算工期确定，即

$$LT_n = T_p（或 T_c） \tag{5.18}$$

式中：LT_n——网络计划终点节点的最迟时间；

T_p——网络计划的计划（或规定）工期。

c. 其他节点的最迟时间 LT_i 应为

$$LT_i = \min\{LT_j - D_{i-j}\} \tag{5.19}$$

式中：LT_i——节点 i 的最迟时间；

LT_j——工作 i—j 的箭头节点 j 的最迟时间。

节点最迟时间在双代号网络计划中就是该节点前各工作的最迟完成时间，两者间的关系可用下式表达：

$$LT_i = LF_{h-i} = \min\{LF_{i-j} - D_{i-j}\} = \min\{LT_j - D_{i-j}\} \tag{5.20}$$

式中：LF_{h-i}——以节点 i 为箭头节点的工作 h—i 的最迟完成时间。

③ 工作总时差的计算

工作总时差等于该工作的完成节点的最迟时间减该工作的开始节点的最早时间，再减该工作的持续时间，即

$$TF_{i-j} = LT_j - ET_i - D_{i-j} \tag{5.21}$$

式中：TF_{i-j}——工作 i—j 的总时差；

LT_j——工作 i—j 的完成节点的最迟时间；

ET_i——工作 i—j 的开始节点的最早时间。

④ 工作自由时差的计算

工作自由时差等于该工作的完成节点的最早时间减工作的开始节点的最早时间，再减该工作的持续时间，即

$$FF_{i-j} = ET_j - ET_i - D_{i-j} \tag{5.22}$$

式中：FF_{i-j}——工作 i—j 的自由时差；

ET_j——工作 $i—j$ 的完成节点的最早时间;
ET_i——工作 $i—j$ 的开始节点的最早时间。

节点时间参数计算也可采用图上计算法和表上计算法,现叙述如下:

仍以图 5.31 的网络计划为例用图上计算法进行时间参数计算,其结果见图 5.33。

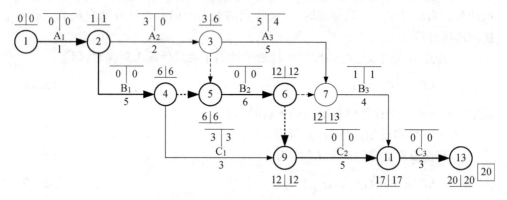

图 5.33 双代号网络计划节点时间参数计算示意图

其中:

节点最早时间:

$$ET_1 = 0$$
$$ET_5 = \max(ET_3 + D_{3—5}, ET_4 + D_{4—5}) = \max(3+0, 6+0) = 6$$

网络计划的计算工期 $T_c = ET_{13} = 20$

节点最迟时间:

$$LT_{13} = T_c = 20$$
$$LT_4 = \min(LT_5 - D_{4—5}, LT_9 - D_{4—9}) = \min(6-0, 12-3) = 6$$

工作的总时差:

工作 1—2 $TF_{1—2} = LT_2 - ET_1 - D_{1—2} = 1 - 0 - 1 = 0$

工作 4—9 $TF_{4—9} = LT_9 - ET_4 - D_{4—9} = 12 - 6 - 3 = 3$

工作自由时差:

工作 1—2 $FF_{1—2} = ET_2 - ET_1 - D_{1—2} = 1 - 0 - 1 = 0$

工作 4—9 $FF_{4—9} = ET_9 - ET_4 - D_{4—9} = 12 - 6 - 3 = 3$

为了进一步说明网络计划中各工作间的最早开始时间和最早完成时间,最迟开始时间和最迟完成时间,总时差和自由时差以及节点最早时间和最迟时间之本质关系,取出网络图中的一部分作分析,如图 5.34。

图 5.34 中每个节点都标出最早时间和最迟时间。工作 $i—j$ 可动用的时间范

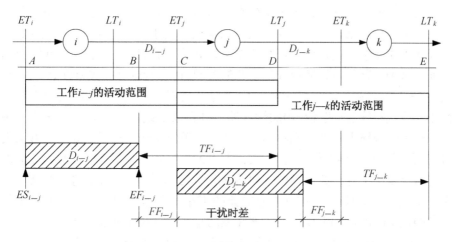

图 5.34 总时差与自由时差关系示意图

围应该从这一工作箭尾节点的最早时间 ET_i 一直到该工作箭头节点的最迟时间 LT_j。如图中的 AD 时间段。在这段时间内,扣除工作的持续时间 D_{i-j},余下的时间就是该工作的总时差 TF_{i-j},图中 BD 时间段就是工作 i—j 的总时差。如果动用了工作 i—j 的全部总时差,紧后工作 j—k 就不可能在最早时间 ES_{j-k} 进行了,因而影响紧后工作的最早开始时间。但是紧后工作 j—k 的总时差的计算方法与工作 i—j 的总时差的计算方法相同,即从时间段 CE 中扣除工作 j—k 的持续时间 D_{j-k},这样势必有一时间段是重复的,如图 5.34 中的 CD 时间段。这一时间段称为"松弛时间"或"干扰时差"。这一时间段既可作为紧前工作的总时差,也可作为紧后工作的总时差。如果紧前工作动用了总时差,紧后工作的总时差必须重新分配。当然,紧前工作的总时差也可以传给其后续工作利用。

自由时差是箭头节点的最早时间(即紧后工作的最早开始时间)与该工作最早完成时间之差,如图 5.34 中的 BC 时间段。因而不会出现重复的时间段,也就不会影响紧后工作的最早开始时间,也不会影响总工期。但是,一项工作的自由时差只能由本工作利用,不能传给后续工作利用。

(3) 网络计划的关键线路

计算网络计划时间参数的目的之一是找出网络计划中的关键线路。找出了关键线路也就抓住了工程进度计划的主要矛盾。这样就可使工程管理人员在生产的组织和管理工作中做到心中有数,以便于合理地调配人力和资源,避免盲目赶工和延误工期,保证工程有条不紊地进行。

在一个网络计划中,一般都有多条线路,如图 5.31 所示的网络计划,从起点到终点,就有六条线路。

每条线路都包含着若干道工作,这些工作的持续时间之和即为这条线路的总持续时间。任何一个网络计划中至少有一条时间最长的线路,这条线路的总持续时间决定了这个网络计划的计算工期。在这条线路中没有任何机动的余地:线路上的任何工作持续时间拖延了都会使总工期相应延长;缩短了也可能同时会缩短总工期。这种线路是按期完成计划任务的关键所在,所以称为关键线路。图 5.33 中线路 1—2—3—4—5—6—9—11—13 就是关键线路。为了醒目,在网络图中通常都用双线或粗线、红线等绘出关键线路。凡在关键线路上的各工作称为关键工作。凡在关键线路上的节点则称为关键节点。关键工作的最早开始时间和最迟开始时间是相同的,不存在任何时差,关键节点的最早时间和最迟时间也是相同的。

网络计划中关键线路以外的其他线路都称为非关键线路,在这种线路上总是或多或少地存在总时差,其中存在总时差的工作就是非关键工作。非关键工作总有一定的机动时间供调剂使用。需要注意的是非关键线路并非全由非关键工作组成,在任何线路中,只要有一个非关键工作存在,它的总持续时间之和就会小于关键线路,它就是非关键线路。凡不在关键线路上的节点都是非关键节点。图 5.31 中线路 1—2—4—9—11—13,它的总持续时间是 17,比关键线路的 20 短,所以是非关键线路,在这条线路中只有工作 4—9 是非关键工作。只有全部由关键工作组成的线路才能成为关键线路。还有一点值得注意的是,在所举的这条非关键线路上的节点全部是关键节点,这说明,用关键工作可以确定关键线路,但用关键节点却不一定能确定一条关键线路。

确定关键线路的方法很多,如前所述的线路时间长度比较法,还有破圈法、流网法与线性规划法等,下面仅介绍两种适于手算而又简单易行的方法。

① 利用关键工作的方法

当网络计划的时间参数以工作为计算对象时,网络计划的关键工作是该计划中总时差最小的工作。如果计划工期等于计算工期,则总时差为零的工作就是关键工作。只要把所有关键工作标示出来关键线路也就随之确定。

当采用图上计算法时,每个工作的最早、最迟开始时间都已经标列在箭线之上,只要直接把总时差和自由时差都为零的工作箭线用特殊线条标示即可。对关键工作时差可不作计算和不标出,以减少图面上的数字,使图看起来更加简明清晰,也不会因此发生任何误解。

② 利用关键节点的方法

如果网络计划的时间参数是按节点计算的,那么在所求的时间参数中就有了各节点的最早和最迟时间,凡是这两个时间相同的节点就是关键节点,这样就可以利用关键节点直接找出关键线路。因为这时若要通过时差计算再找关键线路是比较麻烦的,而且必须计算所有工作的时差。

由前述,单凭关键节点不一定能确定一条关键线路,然而关键线路必须要通过这些节点。当一个关键节点与多个关键节点相邻而可能出现多条关键线路时,必须加以判别。

方法是确定这些相邻关键节点之间的工作是否为关键工作。如果是关键工作,则相邻两关键节点可以加入关键线路,否则就不可以。判别两关键节点间的工作是否为关键工作,可用下列判别式:

$$\text{箭尾节点时间} + \text{工作持续时间} \geq \text{箭头节点时间} \tag{5.23}$$

如果以上不等式成立,那么这个工作就是关键工作,否则就是非关键工作。例如图5.33中节点9是关键节点,在它的前方与之相邻的关键节点有4和6,那么按式(5.23)判别:

工作4—9   6+3=9
工作6—9   12+0=12

工作6—9符合判别式要求,是关键工作,应在关键线路上。工作4—9不符合判别式要求,是非关键工作,不在关键线路上。

2) 单代号网络计划时间参数计算

单代号网络计划与双代号网络计划只是表现形式不同,其所表达的内容则完全相同。在对单代号网络计划作时间参数计算时,双代号网络计划时间参数的计算公式也完全适用于单代号网络计划,只要把双代号表示改为单代号表示即可。

单代号网络计划时间参数计算的步骤如下:

(1) 计算工作最早开始时间和最早完成时间

工作 i 的最早开始时间 ES_i 应从网络图的起点节点开始顺箭线方向依次逐个计算。

网络计划的起点节点的最早开始时间 ES_1 如无规定时,其值为零,即

$$ES_1 = 0 \tag{5.24}$$

工作的最早完成时间等于工作的最早开始时间加该工作的持续时间,即

$$EF_i = ES_i + D_i \tag{5.25}$$

式中:EF_i——工作 i 的最早完成时间;
    ES_i——工作 i 的最早开始时间;
    D_i——工作 i 的持续时间。

工作的最早开始时间等于该工作的各项紧前工作的最早完成时间的最大值,即

$$ES_i = \max\{ES_h + D_h\} \tag{5.26}$$

式中:ES_h——工作 i 的紧前工作 h 的最早开始时间;

D_h——工作 i 的紧前工作 h 的持续时间。

网络计划计算工期 T_c 应按下式计算：

$$T_c = EF_n \tag{5.27}$$

式中：EF_n——终点节点 n 的最早完成时间。

(2) 计算相邻两项工作之间的间隔时间($LAG_{i,j}$)

相邻两项工作之间的间隔时间是某项工作最早完成时间与其紧后工作最早开始时间的差值。工作 i 与其紧后工作 j 之间的间隔时间 $LAG_{i,j}$ 按下式计算：

$$LAG_{i,j} = ES_j - EF_i \tag{5.28}$$

(3) 计算工作最迟开始时间和最迟完成时间

工作的最迟完成时间应从网络的终点节点开始，逆着箭线方向依次逐项计算。终点节点所代表的工作 n 的最迟完成时间 LF_n，应按网络计划的计划工期 T_p 或计算工期 T_c 确定，即

$$LF_n = T_p (\text{或} T_c) \tag{5.29}$$

工作的最迟开始时间等于该工作的最迟完成的时间减工作的持续时间，即

$$LS_i = LF_i - D_i \tag{5.30}$$

工作的最迟完成时间等于该工作的各项紧后工作的最迟开始时间的最小值，即

$$LF_i = \min\{LS_j\} = \min\{LF_j - D_j\} \tag{5.31}$$

式中：LS_j——工作 i 的紧后工作 j 的最迟开始时间；

LF_j——工作 i 的紧后工作 j 的最迟完成时间；

D_j——工作 i 的紧后工作 j 的持续时间。

(4) 计算工作的总时差

工作总时差 TF_i 应从网络图的终点节点开始，逆着箭线方向依次逐项计算。终点节点所代表的工作 n 的总时差 TF_n 值为零，即

$$TF_n = 0 \tag{5.32}$$

其他工作总时差等于该工作与其各项紧后工作之间的时间间隔加该紧后工作的总时差所得之和的最小值，即

$$TF_i = \min\{LAG_{i,j} + TF_j\} \tag{5.33}$$

式中:TF_j——工作 i 的紧后工作 j 的总时差。

当已知各项工作的最早、最迟开始时间或最早、最迟完成时间时,工作的总时差也可按下式计算。

$$TF_i = LS_i - ES_i = LF_i - EF_i \tag{5.34}$$

(5)计算工作的自由时差

工作的自由时差等于该工作与其各项紧后工作之间的时间间隔最小值或等于其各项紧后工作最早开始时间减本工作的最早完成时间的最小值,即

$$FF_i = \min\{LAG_{i,j}\} \tag{5.35}$$

$$FF_i = \min\{ES_j - EF_i\} = \min\{ES_j - ES_i - D_i\} \tag{5.36}$$

(6)单代号网络计划时间参数计算实例(图5.35)。

① 工作最早开始时间和最早完成时间的计算

工作 A_1:$ES_1 = 0$(网络计划的起点节点)

$$EF_1 = ES_1 + D_1 = 0 + 3 = 3$$

工作 B_2:$ES_5 = \max(EF_2, EF_4) = \max(6,5) = 6$

$$EF_5 = ES_5 + D_5 = 6 + 2 = 8$$

其他工作的最早开始时间和最早完成时间均可按此计算,其结果见图5.35。

② 工作间间隔时间的计算

$$LAG_{1,2} = ES_2 - EF_1 = 3 - 3 = 0$$
$$LAG_{6,9} = ES_9 - EF_6 = 15 - 11 = 4$$

同样可计算其余工作时间的时间间隔,结果见图5.35。

③ 工作最迟完成和最迟开始时间的计算

工作 D_3:$LF_{12} = T_c = 22$;

$$LS_{12} = LF_{12} - D_{12} = 22 - 2 = 20$$

工作 C_2:$LF_8 = \min(LS_9, LS_{11}) = \min(15,15) = 15$

$$LS_8 = LF_8 - D_8 = 15 - 5 = 10$$

其他工作的最迟开始时间和最迟完成时间均可按此计算,其结果见图5.35。

工作的总时差、自由时差的计算过程在此不一一介绍了,其最终结果见图5.35。

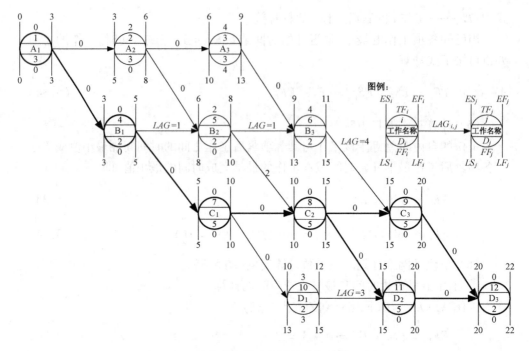

图 5.35 单代号网络计划时间参数计算示意图

5.3.3 双代号时标网络计划

前面所述的网络计划都是不带时标的,工作的持续时间由箭线下方标注的数字说明,而与箭线本身的长短无关,这种非时标网络计划与时标网络计划相比,虽修改方便,但因没有时标,看起来不太直观,不能一目了然地在图上直接看出各工作的开始时间和完成时间。

为了克服这种非时标网络计划的不足,就产生了时标网络计划。双代号时标网络计划(以下简称时标网络计划)是以时间坐标为尺度绘制的网络计划。时标的时间单位应根据实际工作的需要在编制网络计划之前确定,可分为时、天、周、旬或季等。

1) 时标网络计划的应用范围

时标网络计划吸取了横道图计划直观的优点,所以在建筑工地是比较受欢迎的。目前,时标网络计划多应用于以下几种情况:

(1) 编制工作项目较少且工艺过程较简单的建筑施工计划,能迅速地边绘、边算、边调整。

(2) 对于复杂大型的工程,特别是不使用电子计算机时,可先用时标网络图的形式绘制各分部分项工程的网络计划,然后再综合起来绘制较简单的总网络计划。

也可先编制一个总的施工网络计划,以后每隔一段时间,对下一时间段内应施工的部分绘制详细的时标网络计划。

（3）有时为了便于在图上直接表示每项工作的进程,可将已编制并计算好的网络计划再绘制成时标网络计划。

时标网络计划可以按最早时间或最迟时间绘制。

2）按最早时间绘制的双代号时标网络计划

（1）绘制时标网络计划的步骤

绘制时标网络计划的具体步骤如下：

① 计算网络计划的时间参数,作为画图的依据。

② 在有横向时间刻度的表格上确定各项工作最早开始的节点位置。

③ 按各工作的持续时间长短来绘制相应工作的实线部分。工作箭线一般沿水平方向画,箭线在时间刻度上的水平投影长度,即为该工作的持续时间。

④ 用水平波纹线把实线部分与其紧后工作的最早开始节点连接起来,两线连接处要加一圆点标明。波纹线部分的水平投影长度就是工作的自由时差。

⑤ 两工作之间的关系,如需要加虚箭线连接时,不占用时间的用垂直虚线表示,占用时间的部分可用波纹线来表示。

⑥ 把时差为零的工作连成由起点节点至终点节点的线路就是关键线路。终点节点所在的时间就是网络计划的计划工期。

（2）示例

现以图5.36所示的网络计划为例,将其按最早开始时间画成时标网络计划,如图5.37所示。

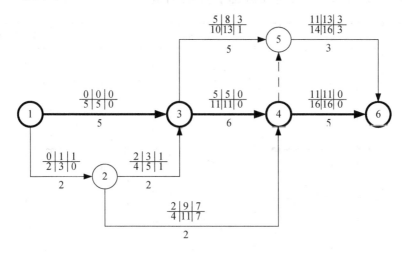

图5.36 非时标网络计划图

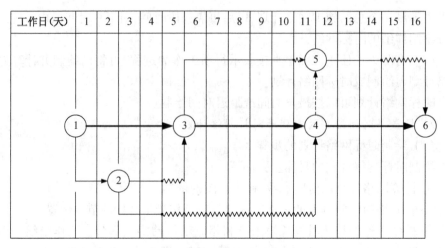

图 5.37 按最早时间绘制的时标网络计划图

对于较简单的网络计划,也可以不计算时间参数就直接绘制成时标网络图,在绘制时要注意以下几点:

① 在确定各节点位置时,一定要在所有内向箭线全画出以后才能最后确定该节点的位置。

② 每项工作的实箭线长度,必须严格按其持续时间来画,如与紧后工作的开始节点还有距离就补上波纹线,波纹线长度就是该工作的自由时差。

③ 在绘制时标网络时宜与原来网络图的形状相似,以便检查和核对。

3)按最迟开始时间绘制的时标网络计划

将图 5.36 按最迟开始时间画成时标网络计划,如图 5.38 所示。

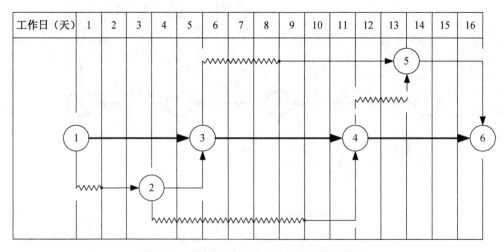

图 5.38 按最迟时间绘制的时标网络计划图

5.3.4 单代号搭接网络计划

前面所述的网络计划中,工作之间的逻辑关系是一种衔接关系,即紧前工作完成之后紧后工作才能开始,紧前工作的完成为紧后工作的开始创造条件。但在许多情况下,紧后工作的开始并不以紧前工作的完成为条件,只要紧前工作开始一段时间并能为紧后工作提供一定的开始工作的条件之后,紧后工作就可以插入而与紧前工作平行作业。工作间的这种关系称之为搭接关系。

1) 搭接关系及其表示方法

在搭接网络计划中,工作间的逻辑关系是由相邻两工作之间的不同时距决定的。时距就是搭接网络计划中相邻工作的时间差值。由于相邻工作各有开始和结束时间,故单代号搭接网络计划的基本时距有四种情况,即结束到开始时距、开始到开始时距、结束到结束时距和开始到结束时距。

(1) 结束到开始(Finish To Start, FTS)时距

图 5.39(a)表示紧前工作 A 的结束时间与紧后工作 B 的开始时间之间的时距连接方法。这种时距以 $FTS_{A,B}$ 表示。

例如,修建一条堤坝的护坡时,一定要等土堤自然沉降后才能修护坡。这种等待的时间就是 FTS 时距。

当 $FTS=0$ 时,就是说紧前工作 A 的结束时间等于紧后工作 B 的开始时间,这时紧前工作与紧后工作紧密衔接。当计划中所有相邻工作的 $FTS=0$ 时,整个搭接网络计划就成为前面所讲的一般单代号网络计划了。所以可以说,一般的衔接关系是搭接关系的一种特殊表现形式。

(2) 开始到开始(Start To Start, STS)时距

图 5.39(b)表示紧前工作 A 的开始时间与紧后工作 B 的开始时间之间的时距连接方法。这种时距以 $STS_{A,B}$ 表示。

例如,道路工程中的铺设路基和浇筑路面,待路基开始工作一定时间为路面工程创造一定工作条件之后,路面工程即可开始进行。这种开始工作时间之间的间隔就是 STS 时距。

(3) 结束到结束(Finish To Finish, FTF)时距

图 5.39(c)表示紧前工作 A 的结束时间与紧后工作 B 的结束时间之间的时距连接方法。这种时距以 $FTF_{A,B}$ 表示。

(4) 开始到结束(Start To Finish, STF)时距

图 5.39(d)表示紧前工作 A 的开始时间与紧后工作 B 的结束时间之间的时距连接方法。这种时距以 $STF_{A,B}$ 表示。

(5) 混合时距

在搭接网络计划中除了上面的四种基本连接关系外,还有一种情况,就是同时

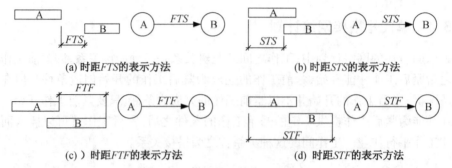

(a) 时距FTS的表示方法　　　　　　(b) 时距STS的表示方法

(c) 时距FTF的表示方法　　　　　　(d) 时距STF的表示方法

图5.39　搭接关系的表示方法图

由四种基本连接关系中的两种以上的关系来限制工作之间的逻辑关系。例如A，B两项工作可能同时由STS与FTF时距限制，或STF与FTS时距限制等，如图5.40(a)、(b)所示情形。

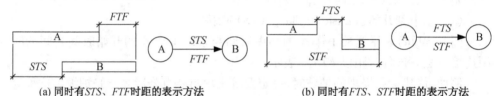

(a) 同时有STS、FTF时距的表示方法　　　(b) 同时有FTS、STF时距的表示方法

图5.40　混合时距表示方法图

2）单代号搭接网络计划时间参数的计算

单代号搭接网络计划时间参数计算的步骤同样分为三步：最早时间的计算、最迟时间的计算和时差的计算。其计算要点与双代号网络计划时间参数的计算相类似。但由于各工作之间搭接关系的缘故，单代号搭接网络计划时间参数的计算要复杂一些。图5.41所示是单代号搭接网络计划时间参数计算示例。

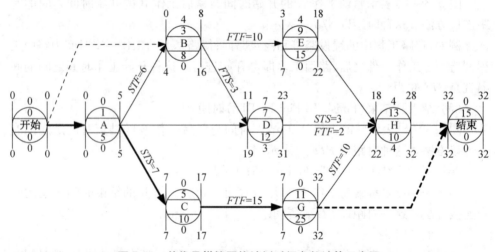

图5.41　单代号搭接网络计划时间参数计算示意图

5.4 工程项目进度计划

项目进度计划是在工作分解结构的基础上对项目实施中各项工作在日程时间进度方面所作的安排;是项目计划体系中最重要的组成部分;是项目管理和进度控制的基本依据;是其他各项计划的基础。进度计划是表达项目中各项工作、工序的开展顺序、开始及完成时间及相互衔接关系的计划。通过进度计划的编制,使项目实施形成一个有机整体。

根据进度计划所包含的内容不同,进度计划可分为项目总体进度计划、分项进度计划、年度进度计划等。这些不同的进度计划构成了项目的进度计划系统。当然,不同的项目,其进度计划的划分方法也会有所不同。例如,工程项目进度计划就可以分为工程项目总体进度计划、单项工程进度计划、单位工程进度计划、分部分项工程进度计划、年度进度计划等。

5.4.1 进度计划的编制依据及基本要求

1)编制进度计划的主要依据

(1)项目对工期的要求。

(2)项目的特点。

(3)项目的技术经济条件。

(4)项目的外部条件。

(5)项目各项工作的时间估计。

(6)项目的资源供应情况。

2)编制进度计划的基本要求

(1)运用现代科学管理方法编制进度计划,以提高计划的科学性和质量。

(2)充分落实编制进度计划的条件,避免过多的假定而使计划失去指导作用。

(3)大型、复杂、工期长的项目要实行分期、分段编制进度计划的方法,对不同阶段、不同时期,提出相应的进度计划,以保证指导项目实施的前锋作用。

(4)进度计划应保证项目实现工期目标。

(5)保证项目进展的均衡性和连续性。

(6)进度计划应与费用、质量等目标相协调,既有利于工期目标的实现,又有利于费用、质量、安全等目标的实现。

项目进度计划的编制通常在项目经理的主持下,由各职能部门、技术人员、项目管理专家及参与项目工作的其他相关人员共同参与完成。

5.4.2 进度计划的编制步骤

进度计划就是将为确保项目目标的实现所必须进行的工程活动,根据它们之间的内在联系及持续时间,用网络计划或横道图方法进行安排。尽管不同类型的进度计划,其编制步骤有所不同,但无论哪种类型的进度计划的编制,以下几项工作都是必不可少的。

1) 项目描述

项目描述就是用一定的形式列出项目目标、项目的范围、项目如何执行、项目完成计划等内容。项目描述是编制项目计划和绘制工作分解结构的依据。项目描述的目的是对项目总体做一个概要性的说明。项目描述的依据是项目的建议书、已经通过的初步设计方案和批准后的可行性研究报告。

项目描述可以用表格的形式表达,其主要内容包括:项目名称、项目目标、交付物、交付物完成准则、工作描述、工作规范、所需资源估计、里程碑事件等。

工程项目的进度目标是项目的目标之一,对工期计划具有规定性和限制性。进度目标首先是项目的开始与结束日期。一般在目标设计阶段就有定义,并在可行性研究阶段被分解、细化和修改。项目组织者在编制控制进度计划时,往往就是分析研究可行性研究报告中对于进度目标的定义。项目进度目标首先被分解到工程项目生命周期的各个主要阶段。各主要阶段的开始或结束时间作为工程项目的里程碑事件计划。项目组织者一般还根据工程项目的分标和总体合同模式,考虑项目各技术子系统的实施进度目标的分解。

各个阶段以及技术子系统的进度目标,以及确保各项工作完成的阶段性目标将作为重要的目标因素定义在一份份招标文件及合同文件中。招标文件及其合同条件是项目参加者或承包商确保其实施进度计划目标的依据。这里应注意的是进度目标与其他目标因素是相关联的,要考虑其他目标因素给进度计划可能带来的影响。

2) 项目分解与活动界定

项目提出后,比较明确的一般只是项目的目标,要制订出完善的项目进度计划,就必须进行项目分解,以明确项目所包含的各项工作和活动。项目分解后编制的进度计划是进行进度控制的基础。项目分解就是根据项目状况,采用 WBS 技术,将一个总体项目分解为若干项工作或活动,直到具体明确为止。

活动界定就是要明确实现项目目标需要进行哪些活动。活动是项目工作分解结构中确定的工作任务或工作元素。完成每一个项目,不论项目的大小,都必须完成特定的工作活动。对于一个较小的项目,活动可能会界定到每一个人。但对于一个较大的项目、复杂的项目,如果运用 WBS 技术对项目进行分解,项目经理就没有必要把每一个具体的活动都界定到每一个人。因此,对于运用 WBS 分解的项目,个人活动可以由工作任务的负责人或责任小组来界定。

3) 工作描述

在项目分解的基础上,为了更明确地描述项目所包含的各项工作的具体内容和要求,需要对工作进行描述。工作描述是编制项目计划的依据,同时便于项目实施过程中更清晰地领会各项工作的内容。工作描述的依据是项目描述和项目工作分解结构,其结果是工作描述表及项目工作列表。

工作描述表是对工作或任务的具体描述,如表5.5所示。项目工作列表的内容是工作描述表上所填项目所有工作的汇总,其基本形式如表5.6所示。

表5.5 工作(任务)描述表

工作名称	订购材料(D)
工作交付物	签发订单
验收标准	部门经理签字,订单发出
技术条件	本公司采购工作程序
工作描述	根据有关规定,完成订单并报批
假设条件	所需材料存在
信息源	采购部、供应商广告等
约束条件	必须考虑材料的价格
其他需要描述的问题	风险:材料可能不存在 防范计划:事先通知潜在的供应商,了解今后该材料的供货可能性
签名	

表5.6 项目工作列表

工作编码	工作名称	输入	输出	内容	负责单位	协作单位	相关工作

4) 工作责任分配

为了明确各部门或个人在项目中的责任,便于项目管理部门在项目实施过程中的管理协调,应根据项目工作分解结构图表或项目组织结构图表对项目的每一项工作或任务分配责任者并落实责任。工作责任分配的结果是形成工作责任分配表。

5）工作排序或工作关系确定

一个项目有若干项工作和活动,这些工作和活动在时间上的先后顺序称为逻辑关系。逻辑关系可分为两类:一是客观存在的,生产性工作之间由工艺过程决定的、非生产性工艺由工作程序决定的先后顺序关系,称为工艺关系。例如,建造一座建筑物,首先应进行基础施工,然后才能进行主体结构施工。二是工作之间由于组织安排需要或资源(劳动力、原材料、施工机具等)调配需要而规定的先后顺序关系,称为组织关系。一般来说,在工作排序的过程中,首先应分析工作之间客观存在的工艺关系,在此基础上进行分析研究,以确定工作之间的组织关系。

（1）工作排序考虑的因素

① 以提高经济效益为目标,选择所需费用最少的排序方案。

② 以缩短工期为目标,选择能有效节省工期的排序方案。

③ 优先安排重点工作,优先安排持续时间长、技术复杂、难度大的工作,以及先期完成的关键工作。

④ 考虑资源利用和供应之间的平衡、均衡,合理利用资源。

⑤ 考虑环境、气候对工作排序的影响。

（2）工作排序确定的主要内容

① 工艺关系的确定。这是工作排序的基础。工艺关系的确定主要根据项目的工艺、技术、空间关系等因素加以确定,因此比较明确,也比较容易确定,通常由管理人员与技术人员共同完成该项工作。

② 组织关系的确定。由于这类工作排序的随意性,其结果将直接影响进度计划的总体水平。该类工作关系的确定难度较大,需要通过方案分析、研究、比较、优化等工作确定。组织关系的确定对于项目的成功实施是至关重要的。

③ 外部制约关系的确定。在项目工作计划的安排过程中应考虑外部工作对项目工作的一些制约和影响,这样才能把握项目的发展。

④ 项目实施过程中的限制和假设。为了制订出切实可行的进度计划,应考虑项目实施过程中可能受到的各种限制,同时还应考虑项目计划制订所依赖的假设条件。

工作排序的最终结果是获得描述项目各项工作相互关系的项目网络图以及工作的详细关系列表。项目网络图是表示项目各项工作相互关系的基本图形,它包括了整个项目的详细工作流程;项目工作关系列表包含了项目各项工作关系的详细说明,是项目工作关系的基本描述,如表5.7所示。

表5.7　项目工作关系列表

任务编码	任务名称	紧前工作	紧后工作	持续时间(天)	负责人
110	招标		120	45	
120	勘察设计	110	130	180	
130	基础工程	120	140	60	
140	主体工程	130	150	120	
150	安装过程	140	160	90	
160	装修工程	150		100	

6）计算工程量或工作量

根据项目分解情况，计算各项工作或活动的工程量或工作量，并提出工作内容和工作要求。工程量的计算应根据施工图和工程量计算规则，针对所划分的各项工作或活动进行。计算工程量时应注意以下问题：

（1）工程量的计算单位应与现行定额手册中所规定的计量单位相一致，以便计算劳动力、材料和机械数量时直接套用定额，而不必进行换算。

（2）要结合具体的实施方案和安全技术要求计算工程量。例如，计算柱基础土方工程量时，应根据所采用的施工方法和边坡稳定要求进行计算。

7）估计工作持续时间

工作持续时间是指在一定的条件下，直接完成该工作所需时间与必要停歇时间之和，单位可为日、周、旬、月等。工作持续时间是计算工作时间参数和确定项目工期的基础。工作持续时间的估计是编制项目进度计划的一项重要的基础工作，要求客观正确。如果工作时间估计太短，则会造成被动紧张的局面；相反则会延长工期。在估计工作持续时间时，不应受到工作重要性及项目完成期限的限制，要在考虑各种资源供应、技术、工艺、现场条件、工作量、工作效率、劳动定额等因素的情况下，将工作置于独立的正常状态下进行估计。

工作持续时间通常涉及众多因素，一般难以用一个通用的计算方法进行计算，常供选用的方法有定量计算法、专家判断法和类比估计法。

（1）定量计算法

定量计算法是在确定了工作的工程量或工作量的基础上，根据作业人员的工作效率或人数确定持续时间的方法。该方法比较正确可靠，但前提条件是能比较正确地确定工作的工程量或工作量，并能正确地确定工作效率。

可用下列公式计算各项工作的持续时间：

$$D = \frac{Q \cdot H}{R \cdot B} = \frac{Q}{R \cdot B \cdot S} = \frac{P}{R \cdot B} \tag{5.37}$$

式中：D——完成工作或活动所需要的时间,即持续时间(工日)；

Q——工作或活动的工程量(m^3，m^2，t，…)；

H——综合时间定额(工日/m^3，工日/m^2，工日/t，…)；

S——工作所采用的人工产量定额(m^3/工日，m^2/工日，t/工日，…)或机械台班产量定额(m^3/台班，m^2/台班，t/台班，…)；

P——工作所需要的劳动量(工日)或机械台班数(台班)；

R——每班安排的工人数或机械台数；

B——每天工作班数。

(2) 估计法

① 单一时间估计法

采用这种方法估计各项工作的持续时间时,只估计一个最可能的工作持续时间,对应于 CPM 网络。估计时,应以完成该工作可能性最大的作业时间为准,不受工作重要程度和合同期限的影响。单一时间估计法主要适用于工作内容简单,不可知因素较少的状况,或有类似项目的工时资料可以借鉴的情况。

② 三种时间估计法

对于含有高度不确定性工作的项目,可以采用三种时间估计法估计各项工作的持续时间。即预先估计完成各项工作的三个时间值,然后根据概率统计的原理和方法,确定工作的持续时间。估计的三个时间分别是：

最乐观时间(t_0)：最乐观时间是指在最顺利的情况下,完成该工作可能需要的最短时间。估计时,要排除出现的所谓好运气,考虑在正常情况下,假设没有遇到任何困难时需要的时间。

最可能时间(t_p)：最可能时间是指在正常情况下,完成某项工作最可能出现的时间。即假设该工作在相同条件下重复多次,完成的时间中出现最多的时间值。

最悲观时间(t_m)：最悲观时间是指在最不利的情况下,完成该工作可能出现的最长时间。估计时,要排除出现的特殊不利情况。它应是在正常情况下,假设遇到最大困难时需要的最长时间。

t_0、t_p、t_m 三种时间都基于概率统计,是在综合分析项目特点、工作特点、环境等因素的基础上作出的估计。根据统计,某项工作实际消耗的持续时间及其出现的概率分布为正态分布。根据每项工作的三个时间估计值可以为每项工作算一个期望工时(平均或折中)t_e,期望工时的计算可用以下公式表示：

$$t_e = \frac{t_0 + 4t_p + t_m}{6} \tag{5.38}$$

三种时间估计法估计工作的持续时间,常用于工程量大、涉及面广、不确定性因素多的项目。

8）绘制进度计划图

绘制进度计划图，首先应选择进度计划的表达形式。目前，常用来表达工程项目进度计划的方法有横道图和网络图两种。横道图比较简单，而且非常直观，多年来被人们广泛用于施工进度计划。但是，采用横道图进行进度控制具有一定的局限性，随着计算机的广泛应用，网络计划技术越来越受到人们的青睐。

网络图的绘制主要依据项目工作关系表，通过网络图的形式将项目的工作关系表达出来。

9）进度安排

在完成了项目分解、确定各项工作和活动的先后顺序、计算工程量或工作量并估计出各项工作持续时间的基础上，即可安排项目的时间进度。

5.4.3 工程项目进度计划编制实例

1）工程项目施工网络计划的排列方法

为了使网络计划更条理化和形象化，在绘网络图时应根据不同的工程情况，不同的施工组织方法及使用要求等，灵活选用排列方法，以便简化层次，使各项工作之间在工艺上及组织上的逻辑关系准确清晰，便于施工组织者和施工人员掌握，也便于计算和调整。

（1）混合排列

这种排列方法可以使网络图形看起来对称美观，但在同一水平方向既有不同工种的工作，也有不同施工段的作业，如图5.42，一般用于画较简单的网络图。

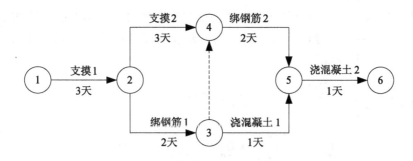

图5.42 网络计划的混合排列

（2）按流水段排列

这种排列方法是把同一施工段的作业排在同一水平线上，能够反映出建筑工程分段施工的特点，突出表示工作面的利用情况，如图5.43，这是建筑工地习惯使用的一种表达方式。

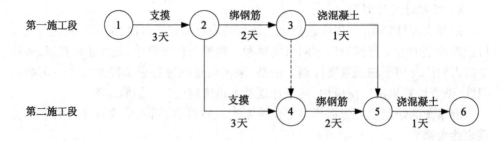

图 5.43 按流水段排列的网络计划

(3)按工种排列

这种排列方法是把相同工种的工作排在同一条水平线上,能够突出不同工种的工作情况,如图 5.44,也是建筑工地常用的一种表达方式。

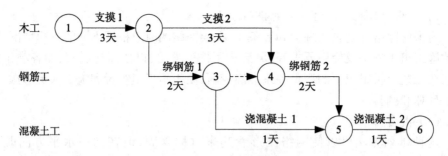

图 5.44 按工种排列的网络计划

(4)按楼层排列

图 5.45 是一个一般内装修工程的三项工作按楼层由上到下进行的施工网络计划。在分段施工中,当若干项工作沿着建筑物的楼层展开时,其网络计划一般都可以按楼层排列。如图 5.45。

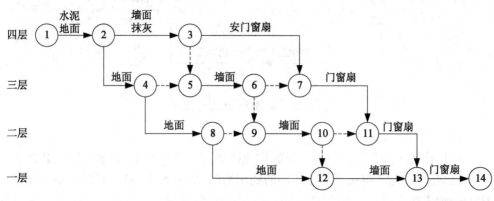

图 5.45 按楼层排列的网络计划

（5）按施工专业或单位排列

有许多施工单位参加完成一项单位工程的施工任务时，为了便于各施工单位对自己负责的部分有更直观的了解，而将网络计划按施工单位排列，如图5.46。

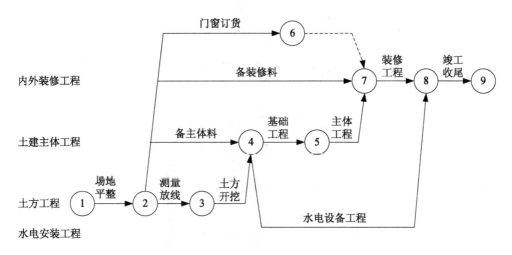

图5.46 按施工专业/单位排列的网络计划

实际工作中，可以按需要灵活选用以上几种网络计划的一种排列方法，或把几种方法结合起来使用。

网络计划的图面布置很重要，给施工现场基层人员使用时，图面的布置更重要，必须把施工过程中的时间与空间的变化反映清楚，要针对不同的使用对象分别采取适宜的排列方法。有许多网络计划在逻辑关系上是正确的，但往往因为图面混乱，别人就不易看懂，因而也就很难起到应有的作用。

2）工程项目施工网络计划实例

实例1：某四层住宅建筑的施工网络计划，如图5.47。

实例2：某现浇框架结构工程标准层施工网络计划，如图5.48。

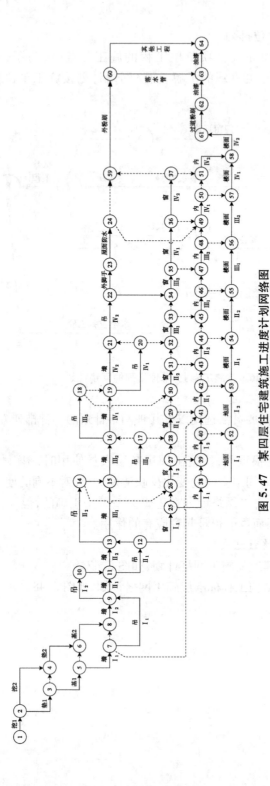

图 5.47 某四层住宅建筑施工进度计划网络图

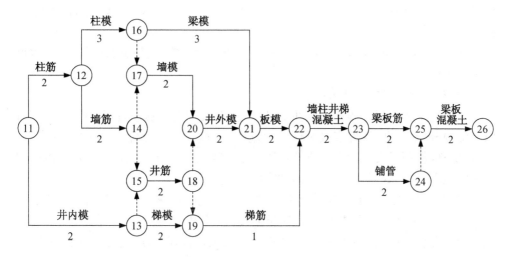

图 5.48 某现浇框架结构工程标准层施工网络计划

5.5 工程项目资源计划

项目资源包括项目实施中需要的人力、设备、材料、能源及各种设施等。项目资源计划涉及决定什么样的资源(人力、设备、材料)以及多少资源将用于项目的每一个工作的执行过程中,因此,它必然是与费用估计和费用计划相对应起来的,从而是费用估计和计划的基础。

5.5.1 资源计划概述

1) 工程项目资源的种类

资源作为工程项目实施的基本要素,它通常包括:

(1) 劳动力,包括劳动总量,各专业、各种级别劳动力,包括技术工与普通工。

(2) 原材料,包括构成土木工程实体所用工程材料。如常见的砂石、水泥、砖、钢筋、木材、各种型钢、工程塑料、沥青以及各种半成品,如预制构配件、卫生洁具、大理石、面砖、防水材料等,以及辅助材料,如促凝剂、减水剂、脱模剂、润滑物,其他材料如燃料、刮纸、棉纱,此外还有周转材料、工具等。

(3) 设备,包括生产运营设备,给排水、供电、消防、通讯、暖通、电梯、建筑智能化、计算机网络等技术子系统专业设备及其配套的管道、线路、管槽、桥架。

(4) 工程施工所需的施工设备、临时设施和必需的后勤供应设备设施。施工设备,如塔吊、混凝土搅拌机(站)、运输设备、各种木工、瓦工、钢筋、水电工等专用设备。临时设施如施工用仓库、宿舍、办公室、卫生设施、现场施工用供水排水系统。

此外,还可能包括项目部办公设备、计算机及专用软件、信息系统等,资金也可作为一种资源。

2）资源对工程项目的影响

资源是工程项目实施不可缺少的要素,资源费用占工程总费用70%左右。所以对资源分析、计划、管理直接对项目的进度、成本、质量三大目标产生重要影响。所以如何确保项目实施所需要资源按正确的标准、正确的时间、正确的数量供应到正确的地点,并降低消耗是资源计划的任务。

在实际工程中,如果资源供应不及时,材料质量不合格,则会造成工程活动不能正常进行,整个工程可能不能及时开工,或因此停工,或造成严重的窝工现象。这将给工程项目造成很大的损失。所以在工程项目管理中,应重视对资源的管理。

3）资源计划的特殊性

（1）资源的种类多,供应量大。材料有不同的品种、不同规模或型号,生产运营用设备、施工设备种类都很多,劳动力涉及各种工种、各种级别,而且它们随着工程的进展需求变化很大。单就劳动力而言,一些大型项目前后所需工人数可达数万之多。由于这一特点,资源计划的编制就显得很复杂,很繁琐,内容很多,工作量大,系统性强。即使仅是某品种某一规格的材料在计划中遗漏,都将可能导致工程项目误期或延期。

（2）由于工程项目生产过程的不均衡性,使资源的需求和供应不均衡,资源的品种和使用量在实施过程中大幅度起伏。所以进度计划需要以尽量保持资源均衡为目的而作出调整。

（3）资源供应过程的复杂性。根据时间进度计划和各工作任务所需资源量确定的仅是资源的使用计划,而资源的供应是一个非常复杂的过程,例如要保证劳动力使用,则必须安排招聘、培训、调遣以及相应的现场生活的设施,要保证材料的使用,必须安排好材料的采购、运输、储存等。所以资源计划应包含合理的供应方案、采购方案和运输方案。

（4）合理使用资源的困难性。由于资源对成本的影响很大,所以在实施过程中必须注意节约资源,但由于施工现场范围大,很多材料堆放、保存条件差,工地用料、领料用料控制、余料归还等环节众多,手续繁杂,造成资源很难得到合理的使用。此外,目前施工项目中对绩效的考核往往忽略了资源使用方面的因素,工人没有节约资源的积极性。

（5）资源对工程项目成本影响大。所以在资源计划阶段应在资源市场询价、采购、供应与使用、运输、储存等各个环节进行资源优化,如均衡使用资源、优化资源供应渠道,充分利用现有的企业资源,充分利用现场各种可用的资源、材料、已有建筑,以及已建好但未交付的永久工程。

(6)资源供应受外界影响大。这常常不是项目本身所能解决的,如供应商不能及时交货,受市场影响价格变化很大,运输因各种原因出现的中断与拖延现象等。所以在编制资源计划时应充分进行环境调查,根据以往经验进行风险预测。

(7)资源的使用往往出现多项目同时使用的情况,因此必须在多项目中协调平衡。

(8)资源计划对实施工程影响大。工程实施按时间进度计划开展后,资源计划任何不确定的因素或变更都对进度甚至成本产生巨大影响。

5.5.2 工程项目资源计划的编制

1)资源计划的主要依据

(1)工作分解结构 WBS

利用 WBS 进行项目资源计划时,工作划分得越细、越具体,所需资源种类和数量越容易估计。工作分解自上而下逐级展开,各类资源需要量可以自下而上逐级累加,便得到了整个项目各类资源需要量。

(2)项目工作进度计划

项目工作进度计划是项目计划中最主要的,是其他各项目计划(如质量计划、资金使用计划、资源供应计划)的基础。资源计划必须服务于工作进度计划,什么时候需要何种资源是围绕工作进度计划的需要而确定的。

(3)历史资料

历史信息记录了先前类似工作使用资源的需求情况,这些资料如能获得的话,无疑对现在工作资源需求确定有很大的参考作用。

(4)项目范围陈述

项目范围陈述包括了划定哪些工作属于项目应该做的,哪些工作是不包括在项目之内以及对项目目标的描述,这些在项目资源计划的编制过程中应特别加以考虑。

(5)资源安排的描述

什么样的资源(人、设备、材料)是否能够获得,是项目资源计划所必须掌握的,特别是资源水平的描述和对于资源安排的描述都是很重要的。例如,在工程项目的设计阶段可能需要大量的建筑、结构、给排水、电气、智能化等专业的高中级设计工程师,而在工程项目的后期常缺乏关于如何以项目早期的情况判断项目结果的人员。

(6)组织策略

在资源计划的过程中还必须考虑人事因素、设备的租赁和购买策略。比如工程项目施工过程中劳务人员是用外包工还是本企业职工,施工机械设备是租赁还是购买等,都会对资源计划产生影响。

2) 资源计划过程

(1) 在工程技术设计和施工方案的基础上确立资源的种类、质量、用量。目前我国是在工程预算中对各分项工程进行工料分析后可汇总得到某单位工程的各种资源的总用量。由于工程预算在实际工作中普遍使用预算软件,这种统计工作变得非常简单。但必须注意两个问题:一是通用预算软件使用的是地方统一预算定额,材料、人工、机械台班消耗量标准较低,实际工作中应按企业的技术水平与管理水平作适当调整;二是预算软件的统计目标是资源总量,而编制资源计划时需要针对工程项目结构分解中的工作包或项目单元,或者针对网络计划中的工作任务先进行计算然后进行汇总,这可能显得繁琐,但正是这种基础工作使资源计划的编制、资源管理以及成本管理变得简单一些。

(2) 资源供应情况调查和询价。调查资源的各种来源、渠道,各供应商资源的供应能力、质量和稳定性,通过市场比较确定各个资源的单位,进而确定各种资源的费用。

(3) 确立各种资源使用的约束条件,包括资源总量、单位时间用量限制、供应条件和过程的限制。编制工程网络计划时就必须考虑这些限制。

(4) 在工程项目进度计划的基础上,确定资源使用计划,即资源投入量—时间直方图表,确定各资源的使用时间和地点。由于与时间进度计划相关联,所以成本计划、资金计划、资源计划都属于进度计划。

(5) 确定各种资源的采购供应方案,各个供应环节,并确定它们的时间安排。如材料、设备的储存、运输、采购、订货计划,人员的调遣、培训、招雇、解聘计划等。

(6) 确定项目的后勤保障体系,确定现场的仓库、办公室、宿舍、工棚、运输工具的数量及平面布置,确定现场的水电管网及布置。

3) 劳动力计划

(1) 劳动力使用计划

劳动力使用计划是确定工程项目实施中,各工种劳动力在时间进度上需求量以及需求总量。劳动力使用计划与成本计划的编制方式大致相同,只是它只要作时间投入曲线,而不要作时间累计曲线。

劳动力使用计划首先需要确定各工作任务劳动力的投入量。

$$劳动力投入总工时 = \frac{工作量}{产量/单位时间} = 工作量 \times \frac{工时消耗}{单位工作} \quad (5.39)$$

$$工作任务劳动力投入量 = \frac{劳动力投入总工时}{\frac{班次}{日} \times \frac{工时}{班次} \times 活动持续时间} \quad (5.40)$$

劳动力数量的确定要考虑几方面的因素：

① 劳动效率。劳动效率的基准可参照各种定额，如企业施工定额、地方预算定额、全国统一劳动定额，这些定额代表的定额水平是不同的。在实际应用时，必须考虑具体情况，如环境、气候、地形、地质、工程特点、实施方案、现场平面布置、劳动组合以及工期的松紧程度等进行调整。一般应参考有长期实践经验的工程技术、管理人员的意见。

② 每日工作班次，每班工作小时，活动的持续时间等参数。

③ 实际工程中，劳动力有固定的班组配合，不要轻易打破这种结构。

④ 现场其他人员的使用计划，包括为劳动力服务的人员（如医生、厨师、司机等）和工地警卫、勤杂人员以及现场管理人员等，可根据劳动力投入量按比例（一般占总劳动量的10%~20%）计算，或根据现场的实际需要安排。

（2）劳动力的招雇、调遣、培训和解聘计划

为了保证劳动力的使用，在这之前必须进行招雇、调遣和培训工作，工程完工或暂时停工必须解聘或调整到其他工程项目工地工作。这些计划首先根据劳动力使用计划向前倒排，再考虑工程实际情况及企业专业工作队情况、劳务市场情况，作出相应的计划安排。

对于业主而言，还需考虑项目运行阶段所需操作人员、管理人员的招雇与培训等劳动力计划安排。

4）材料和设备供应计划

（1）材料和设备的使用计划

同样，在采用项目管理软件编制进度计划的同时，在最低项目单元的工作任务资源信息表中输入各种品种、规格材料、设备的需求量。计算机可按要求分别输出各种材料与设备的使用计划，由于资源的品种规格很多，因而计划工作量很大。

（2）材料的供应过程

① 根据材料使用计划需求目标，对主要的供应活动作出合理安排，作出供应子网络计划。

② 市场调查，了解各种材料市场供应能力，供应条件、价格等，了解供应商名称、地址、联系人，有时直接向供应商询价。

③ 采购订货，通过合同的形式委托供应任务，以保证正常的供应。

④ 运输、进场以后各种检验、储存等工作安排。

（3）设备的供应过程

大中型工程建设项目通常采用招标方式选择所需的通用设备、专用设备和非标准设备。设备采购招标可由业主直接组织招标，也可委托工程承包公司或具备资质的设备成套公司组织招标。一般采用公开招标或邀请招标。

① 通过招标确定设备供应商后签订供货合同。招标程序比较固定，与工程招

标相似。通过招标,可获得更为合理的合同价格、条件更为优惠的供应,通常这种供应方式时间较长。

② 设备供应商。项目所需设备通常成套供应,其质量不仅是各部分的内在质量,而且要保证系统运行效率,达到预定生产能力。为了确保设备质量符合要求,工程单位、监理单位或业主要介入设备的生产过程,对生产过程进行质量控制。

③ 要求设备供应商辅助安装、指导和协调解决安装中出现的问题。

④ 有时要求设备供应商为用户培训操作人员。

⑤ 设备供应还应包括一定的零配件和辅助设备,各种操作文件、设备生产的技术文件,以及运行软件,甚至包括运行的规章制度。

⑥ 设备在供应(或安装)后必须有一个责任保修期。

5) 资源计划的成果

依据工作分解结构、历史资料、项目范围说明和组织策略,通过专家的判断和数学模型进行选择确认,最终形成资源的需求计划。资源的需求安排一般应分解到具体的工作上,资源计划的成果可以用各种形式的表格予以反映:资源计划矩阵表(表5.8)、资源数据表(表5.9)、资源甘特图(图5.49)、资源负荷图或资源需求量曲线图(图5.50)、资源累计需求量曲线图(图5.51)。

表5.8 资源计划矩阵表

工作	资源需求量					相关说明
	资源1	资源2	资源3	…	资源n	
工作1						
工作2						
工作3						
⋮						
工作m						

表5.9 资源数据表

资源需求种类	资源需求总量	时间安排(不同时间资源需求量)						相关说明
		1	2	3	4	…	T	
资源1								
资源2								
资源3								
⋮								
资源n								

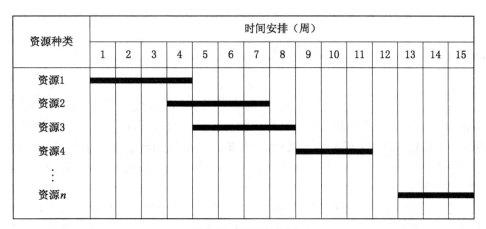

图 5.49 资源甘特图

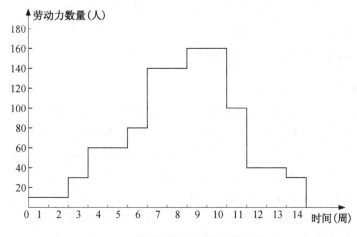

图 5.50 某项目劳动力需求量曲线图

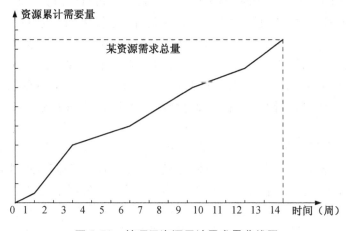

图 5.51 某项目资源累计需求量曲线图

5.6 工程项目成本计划

关于工程项目成本计划的含义,人们从不同的角度出发有不同的名称,而其含义也有所不同。从投资者的角度出发一般称为投资或投资计划;从承包商的角度出发,习惯上称为成本或成本计划;各种对象广泛使用的概念为费用和费用计划。但在财务上,"成本"和"费用"的概念不一样,有些费用可以进入成本,有的则不能作为成本开支。

由于习惯的用法,成本概念虽有不同的名称,但都是以工程价值上的消耗为依据的,所以实质上是统一的。无论从业主还是从承包商的角度,其计划和控制的原理和方法都是相同的。因此,本书在编写过程中采用了成本和成本计划这一术语,但有时也会用到"投资"和"费用"等术语,以区别不同的对象和角度。

5.6.1 工程项目成本计划的过程

1) 成本计划的基本原理

工程项目的成本是工程项目目标的一个重要方面。在工程项目的策划阶段,项目管理者根据项目总目标、项目的总规模、项目解决实际问题的能力、项目使用要求等方面对工程项目的定义,形成项目的目标系统(包括技术系统目标),从而初步确定了项目的技术系统构成。针对技术系统的各个专业系统进行投资估算,就可以估算并初步确定整个项目对象系统的投资。但工程项目的投资不仅如此,它还应包含为实现该对象系统的所有活动(包括设计/计划、准备、招标、设备采购、验收)的费用支出。

按照我国的基本建设程序,在工程项目建议书及可行性研究阶段,对工程项目投资所做的测算称之为"投资估算";在初步设计、技术设计阶段,对工程项目投资所做的测算称之为"投资概算";在施工图设计阶段,称之为"设计预算";在工程项目的招标投标阶段,称之为"投标报价";承包人与发包人签订工程承包合同时形成的价格称之为"合同价";在工程施工阶段,承包人与发包人结算工程价款时形成的价格称之为"结算价";工程竣工验收后,实际的工程造价称之为"竣工决算价"。

我国工程项目费用构成主要包含了建筑安装工程费用,设备、工器具购置费用,工程建设其他费用三大部分。我们已经知道,在项目实施阶段,项目的活动主要包括勘察设计、建设配置保障、建筑工程招投标、设备采购、施工、竣工验收等。实际上,施工的费用构成了建筑安装工程费用;设备采购构成了设备、工器具购置费用;勘察设计、建设配置保障、建筑工程招投标以及设备采购招投标等基本构成了工程建设其他费用。目前我国现行造价制度中,上述费用都是静态的,对实际工程中可能由于时间变化造成费用增加通过设备费和价差预备费来进行调整。但这仍然不能真正考虑到并计算出时间的影响。

工程项目的成本计划应建立在项目的分解结构、工程项目的进度计划以及项目资源计划之上,这是目前国外经常采用的一种成本估算方法。由于项目分解结构(WBS)能对工程项目进行全面、详细的描述,当这些活动的进度安排已确立,那么各项活动所需资源(人工、各种材料、生产或功能设施、施工设备)相对比较确定,所以,将其最低级别的项目单元的估算成本通过汇总来确定工程项目的总成本是比较准确的。

2)工程项目成本计划的过程与阶段

在项目的策划以及实施过程中,成本计划有若干个阶段,每个阶段都会产生成本计划。它们分别在项目目标设计、可行性研究、设计和计划、施工过程、最终结算中产生,形成一个不断修改、补允、调整、控制和反馈过程。成本计划工作与项目各阶段的其他管理工作融为一体,是一项专业性很强的技术工作。从总体看,成本计划通常是经过确定项目总成本目标、成本目标逐层分解、项目单元成本估算,再由下而上逐层汇总,并进行对比分析的过程。

(1)在项目的目标设计阶段提出总投资目标

可行性研究对总投资目标进行进一步分析论证。项目被批准立项后,则该项目的计划总成本确定。这个成本将对项目的功能、规模使用性能、标准等起决定性的影响;或者说,根据工程项目的自身特性(工业建筑、民用建筑、公路工程、桥梁工程、地铁工程、石油化工工程等)、项目的使用要求、项目的规模、项目的先进程度、设计规范等所确定的项目技术系统设计目标,对各个专业技术子系统进行成本估算,并汇总形成项目技术系统成本,同时分别估算设计和计划的成本,土地使用费、准备工作成本、招标成本、设备采购招标相关费用,最后将各项费用汇总成工程项目总成本计划。根据项目的规模,对后面几项费用也可通过它们的进一步分解去估算下一级各项目单元后再汇总,这样的估算可能更精确一些。由于这其中许多工作不是同一单位,同一专业完成的,各部分费用相对比较独立,具体估算的方法也可能不同,所以各专业技术系统应分开进行估算。通过可行性研究阶段利用价值工程原理进行设计方案、实施战略的选择与确定,各项费用可以得到进一步的调整和确定。当可行性研究经过批准后,其中各专业技术系统的成本值将成为各专业限额设计的标准。

这一阶段的工作主要由业主负责。业主可自行组织项目部负责,也可委托咨询公司、设计单位具体完成。为了使投资估算真正起控制作用,必须维护投资估算的严肃性,要反对故意压低造价,有意漏项,向国家"钓鱼",或有意抬高造价,向投资者多要钱的做法。

但由于这仅仅是投资估算,设计尚未开始,不可能有准确的成本计划。而且,在项目实施中,如果发生对项目新的期望,工期提前的要求,质量提高和工程范围的扩大,都必然导致成本的提高,实际工程还有许多影响因素,如通货膨胀、地质条件的变化、工程合同模式的不同,承包商的报价受市场竞争程度的影响等都可能导致实际成本产生变化。

所以投资估算的精确度在项目建议书阶段为±30%内,初步可行性研究阶段为±20%以内,详细可行性研究阶段为±10%以内,估算精确度的提高在于工程项目技术系统的进一步确定。

(2) 设计阶段的投资计划

有了投资估算基准,设计部门可依此进行限额设计。设计部门按照批准的设计任务书及投资估算控制初步设计,按照批准初步设计总概算控制施工图设计,同时各专业在保证达到使用功能的前提下,按照其专业技术子系统的投资限额控制设计。

当设计部门初步设计或扩大初步设计完成后,工程项目进一步确定,一般还制订相应的实施计划。这时,工程项目的结构分解完成进一步细化,刚分解的项目单元因各单位工程及分部工程设计的范围初步确定,可比较可靠地进行估算。工程初步设计阶段的成本计划版本就可形成。将这些估算值通过汇总形成各专业技术子系统的估算,并与其限额相比较,当其小于限额要求时,工程项目的设计规模、设计标准、工程数量就可确定下来,并进一步作施工图设计。在施工图设计阶段,人们对地质报告、设备、材料的供应、协作条件、物资采购供应价格等得到相对确认,这使得施工图设计深度加深,各单位工程的分部分项工作量可精确描述,相应地同样制订详细的实施计划,工程项目结构分解可在其工作包中对工作包的成本进行比较精确的计算。这样就形成了施工图阶段成本计划版本。

但由于不能确定具体的实施方案,工程估算一般按常规做法进行,所以施工图阶段成本计划与承包商的施工成本计划可能有比较明显的差别。

设计阶段的成本计划是由设计单位通过限额设计作出的,它要求不能突破投资估算的所允许精确范围,这是业主赋予设计单位的责任。目前我国业主一般聘请造价事务所根据施工图预算做标底。一旦施工图阶段的成本计划得到确认,则工程项目的成本计划就相对固定下来。

(3) 施工阶段的成本计划

业主一般通过招标投标选择承包商,承包商根据招标文件和对施工环境的调查和了解编制投标报价。由于承包商的管理水平和技术水平的差异,以及招投标市场手段的调节,承包商的投标策略的不同,各承包商的报价一般有比较明显的差额。业主往往选择报价较低的承包商,并签订工程承包合同。

承包商的投标报价是根据对材料、设备的市场询价、劳动力的组织、施工方案的确定、进度计划安排、施工准备工作要求等作出的。目前我国是按照建筑工程预算定额及费用定额计算的,其施工方案、工期、质量要求、临时设施等都在定额中作了基本假定。由于预算定额都是一个统一的标准,所以预算价格差别不大。

业主同样采用招标投标方法选择材料、设备供应商,并签订供货合同。

合同签订后,承包商及供应商的报价就成为合同价。这就形成了工程项目施工阶段的计划成本。事实上,业主是按施工项目的时间进度来分步支付合同价款的,同时,不同的项目实施进度,其成本计划不同,所以成本计划必然与项目进度计划相关。

承包商或供应商的合同价就成为其各自的成本责任,他们将依此控制其内部成本,并分解落实形成其内部的计划成本。

对业主而言,不要因为目前"买方市场"的因素,盲目压低承包商的报价。实际上成本与质量、进度是相对应的。如果承包商由于报价过低失去赢利或保本的可能性,他同样可能失去质量与进度控制的积极性,甚至可能中途退场,这都将对业主的工程项目的其他目标造成不良影响,甚至严重损害业主的项目战略。

目前承包商报价的编制方法,在我国一般采用建筑工程预算定额单价法或实物法编制,而国际工程中承包商首先对建筑资料市场进行咨询和预测,计算各种主要材料的单价、设备单价、人工单价、成品和半成品单价等,然后计算工程量清单中各个项目的单价,并按实计算工程管理费用,再分摊到工程量清单中各个项目中,最后形成其综合单价。具体方法有定额估法、作业估价法和匡算法。

工程实施中的成本计划,有以下几个方面:

① 完成或已支付成本,即在实际工程上的成本消耗,它表示工程和实际完成的进度。

② 追加成本费用。工程常见的工程变更、环境变化、合同条件变化都会导致合同价款的追加。上述这些原因远非一个有经验的承包商可以预料的,一旦出现,承包商可以根据合同约定向业主进行索赔,索赔成功后,合同价格则得到追加。

③ 剩余成本计划。即按当时的环境,要完成余下的工程还需要投入的成本。它实质上是项目前锋期以后的计划成本值。这样项目管理者可以一直对工程结束时成本状态、收益状态进行预测和控制。

④ 最终实际成本和清算价格。施工结束后,必须按照统一的成本规则(一般按建筑工程要素)对工程项目的成本状况进行统计分析,储存资料,作为以后编制工程成本计划的依据。

5.6.2 工程项目投资组成

1) 工程项目总投资的概念

建设工程项目总投资一般是指进行某项工程建设花费的全部费用。生产性建设工程项目总投资包括建设投资和铺底流动资金两部分;非生产性建设工程项目总投资则只包括建设投资。

建设投资由设备及工器具购置费、建筑安装工程费、工程建设其他费用、预备费(包括基本预备费和涨价预备费)、建设期利息组成。

设备及工器具购置费是指建设单位(或其委托单位)按照建设工程设计文件要求,购置或自制达到固定资产标准的设备和新、扩建项目配置的首套工器具及生产家具所需的费用。设备及工器具购置费由设备原价、工器具原价和运杂费(包括设备成套公司服务费)组成。在生产性建设工程项目中,设备及工器具投资主要表现为其他部门创造的价值向建设工程项目中的转移,但这部分投资是建设工程投资中的积极部分,它占项目投资比重的提高,意味着生产技术的进步和资本有机构成的提高。

建筑安装工程费是指建设单位用于建筑和安装工程方面的投资,它由建筑工程费和安装工程费两部分组成。建筑工程费是指建设工程涉及范围内的建筑物、构筑物、场地平整、道路、室外管道铺设、大型土石方工程费用等。安装工程费是指主要生产、辅助生产、公用工程等单项工程中需要安装的机械设备、电器设备、专用设备、仪器仪表等设备的安装及配件工程费,以及工艺、供热、供水等各种管道、配件、闸门和供电外线安装工程费用等。

工程建设其他费用是指未纳入以上两项的,根据设计文件要求和国家有关规定应由项目投资支付的,为保证工程建设顺利完成和交付使用后能够正常发挥效用而发生的一些费用。工程建设其他费用可分为三类:第一类是土地使用费,包括土地征用及迁移补偿费和土地使用权出让金;第二类是与项目建设有关的费用,包括建设管理费、勘察设计费、研究试验费等;第三类是与未来企业生产经营有关的费用,包括联合试运转费、生产准备费、办公和生活家具购置费等。

铺底流动资金是指经营性建设工程项目为保证生产和经营正常进行,按规定应列入建设工程项目总投资的铺底流动资金。一般按流动资金的30%计算。

建设投资可以分为静态投资部分和动态投资部分。静态投资部分由建筑安装工程费、设备及工器具购置费、工程建设其他费和基本预备费构成。动态投资部分是指在建设期内,因建设期利息和国家新批准的税费、汇率、利率变动以及建设期价格变动引起的建设投资增加额。包括涨价预备费、建设期利息。

工程造价一般是指一项工程预计开支或实际开支的全部固定资产投资费用,在这个意义上工程造价与建设投资的概念是一致的。因此,我们在讨论建设投资时,经常使用工程造价这个概念。需要指出的是,在实际应用中工程造价还有另一种含义,那就是指工程价格,即为建成一项工程,预计或实际在土地市场、设备市场、技术劳务市场以及承包市场等交易活动中所形成的建设工程价格。

2）建设工程项目总投资的组成

建设工程项目总投资的组成见表 5.10。

表 5.10　工程工程项目总投资组成表

建设工程项目总投资	建设投资	第一部分　工程费用	设备及工器具购置费 建筑安装工程费
		第二部分 工程建设其他费用	土地使用费 建设管理费 可行性研究费 研究试验费 勘察设计费 环境影响评价费 劳动安全卫生评价费 场地准备及临时设施费 引进技术和进口设备其他费 工程保险费 特殊设备安全监督检验费 市政公用设施建设及绿化补偿费 联合试运转费 生产准备费 办公和生活家具购置费
		第三部分 预备费	基本预备费 涨价预备费
		建设期利息	
	流动资产投资——铺底流动资金		

3）建筑安装工程费用的组成

根据《住房和城乡建设部、财政部关于印发〈建筑安装工程费用项目组成〉的通知》（建标〔2013〕44号），按费用构成要素划分的建筑安装工程费用项目组成如图5.52所示。

4）设备及工器具购置费的组成

设备及工器具购置费用是由设备购置费用和工具、器具及生产家具购置费用组成。在工业建设工程项目中，设备及工器具费用与资本的有机构成相联系，设备及工器具费用占投资费用的比例大小，反映着生产技术的进步的程度和资本有机构成的情况。

（1）设备购置费

设备购置费是指为建设工程项目购置或自制的达到固定资产标准的设备、工具、器具的费用。所谓固定资产标准是指使用年限在一年以上，单位价值在国家或

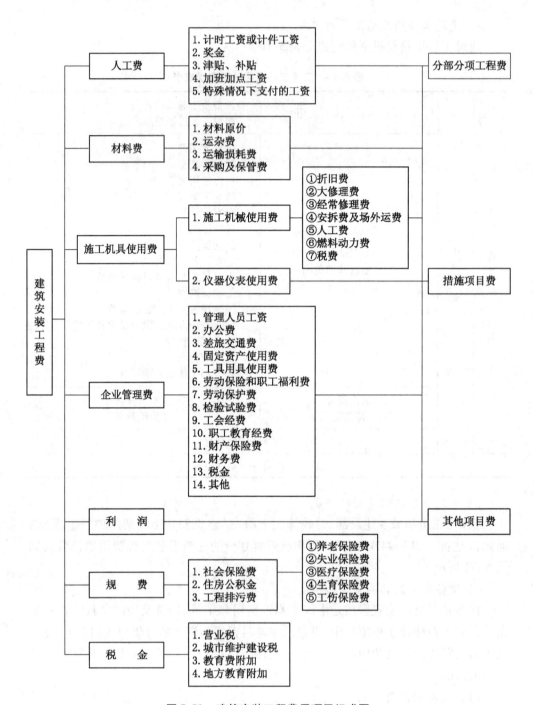

图 5.52 建筑安装工程费用项目组成图

各主管部门规定的限额以上。例如,1992年财政部规定,大、中、小型工业企业固定资产的限额标准分别为2 000元、1 500元和1 000元以上。新建项目和扩建项目的新建车间购置或自制的全部设备、工具、器具,不论是否达到固定资产标准,均计入设备及工器具购置费中。设备购置费包括设备原价和设备运杂费,即:

$$设备购置费 = 设备原价或进口设备抵岸价 + 设备运杂费$$

① 设备原价是指国产标准设备、非标准设备的原价。国产标准设备原价一般指的是设备制造厂的交货价,即出厂价。如设备是由设备成套公司供应,则以订货合同价为设备原价。有的设备有两种出厂价,即带有备件的出厂价和不带有备件的出厂价。在计算设备原价时,一般按带有备件的出厂价计算。非标准设备是指国家尚无定型标准,各设备生产厂不可能在工艺过程中采用批量生产,只能按一次订货,并根据具体的设备图纸制造的设备。非标准设备原价有多种不同的计算方法,如成本计算估价法、系列设备插入估价法、分部组合估价法、定额估价法等。但无论哪种方法都应该使非标准设备计价的准确度接近实际出厂价,并且计算方法要简便。

② 进口设备抵岸价是指抵达买方边境港口或边境车站,且交完关税以后的价格。进口设备如果采用装运港船上交货价(FOB),其抵岸价构成为:

$$\begin{aligned}进口设备抵岸价 =\ &货价 + 国外运费 + 国外运输保险贷 + 银行财务费 +\\ &外贸手续费 + 进口关税 + 增值税 + 消费税 + 海关监管手续费\end{aligned} \tag{5.41}$$

③ 设备运杂费系指设备原价中未包括的包装和包装材料费、运输费、装卸费、采购费及仓库保管费、供销部门手续费等。如果设备是由设备成套公司供应的,成套公司的服务费也应计入设备运杂费中。

(2) 工器具及生产家具购置费

工器具及生产家具购置费是指新建项目或扩建项目初步设计规定所必须购置的不够固定资产标准的设备、仪器、工卡模具、器具、生产家具和备品备件的费用。其一般计算公式为:

$$工器具及生产家具购置费 = 设备购置费 \times 定额费率 \tag{5.42}$$

5) 工程建设其他费用

工程建设其他费用是指工程项目从筹建到竣工验收交付使用止的整个建设期间,除建筑安装工程费用和设备及工器具购置费以外的,为保证工程建设顺利完成和交付使用后能够正常发挥效用而发生的一些费用。

工程建设其他费用,按其内容大体可分为三类:第一类为土地使用费,由于工程项目固定于一定地点与地面相连接,必须占用一定量的土地,也就必然要发生为获得建设用地而支付的费用;第二类是与项目建设有关的费用;第三类是与未来企业生产和经营活动有关的费用。

(1) 土地使用费

土地使用费是指按照《中华人民共和国土地管理法》等规定,建设工程项目征用土地或租用土地应支付的费用。

农用土地征用费由土地补偿费、安置补助费、土地投资补偿费、土地管理费、耕地占用税等组成,并按被征用土地的原用途给予补偿。征用耕地的补偿费用包括土地补偿费、安置补助费以及地上附着物和青苗的补偿费。

取得国有土地使用费包括:土地使用权出让金、城市建设配套费、拆迁补偿与临时安置补助费等。

(2) 与项目建设有关的其他费用

① 建设管理费

建设管理费指建设单位从项目筹建开始直至工程竣工验收合格或交付使用为止发生的项目建设管理费用。费用内容包括建设单位管理费、工程监理费、工程质量监督费。

② 可行性研究费

可行性研究费是指在建设工程项目前期工作中,编制和评估项目建议书(或预可行性研究报告)、可行性研究报告所需的费用等。

可行性研究费依据前期研究委托合同计列,或参照《国家计委关于印发〈建设工程项目前期工作咨询收费暂行规定〉的通知》(计投资〔1999〕1283号)规定计算。编制预可行性研究报告参照编制项目建议书收费标准并可适当调增。

③ 研究试验费

研究试验费是指为本建设工程项目提供或验证设计数据、资料等进行必要的研究试验及按照设计规定在建设过程中必须进行试验、验证所需的费用。研究试验费按照研究试验内容和要求进行编制。

④ 勘察设计费

勘察设计费是指委托勘察设计单位进行工程水文地质勘察、工程设计所发生的各项费用。

⑤ 环境影响评价费

环境影响评价费是指按照《中华人民共和国环境保护法》、《中华人民共和国环境影响评价法》等规定,为全面、详细评价本建设工程项目对环境可能产生的污染或造成的重大影响所需的费用。包括编制环境影响报告书(含大纲)、环境影响报告表和评估环境影响报告书(含大纲)、评估环境影响报告表等所需的费用。

环境影响评价费依据环境影响评价委托合同计列,或按照国家计委、国家环境保护总局《关于规范环境影响咨询收费有关问题的通知》(计价格〔2002〕125号)规定计算。

⑥ 劳动安全卫生评价费

劳动安全卫生评价费是指按照劳动部《建设工程项目(工程)劳动安全卫生监察规定》和《建设工程项目(工程)劳动安全卫生预评价管理办法》的规定,为预测和分析建设工程项目存在的职业危险、危害因素的种类和危险危害程度,并提出先进、科学、合理可行的劳动安全卫生技术和管理对策所需的费用。

⑦ 场地准备及临时设施费

场地准备及临时设施费是指建设场地准备费和建设单位临时设施费。

⑧ 引进技术和进口设备其他费

引进技术及进口设备其他费用,包括出国人员费用、国外工程技术人员来华费用、技术引进费、分期或延期付款利息、担保费以及进口设备检验鉴定费。

⑨ 工程保险费

工程保险费是指建设工程项目在建设期间根据需要对建筑工程、安装工程、机器设备和人身安全进行投保而发生的保险费用。包括建筑安装工程一切险、进口设备财产保险和人身意外伤害险等。不包括已列入施工企业管理费中的施工管理用财产、车辆保险费。不投保的工程不计取此项费用。

不同的建设工程项目可根据工程特点选择投保险种,根据投保合同计列保险费用。编制投资估算和概算时可按工程费用的比例估算。

⑩ 特殊设备安全监督检验费

特殊设备安全监督检验费是指在施工现场组装的锅炉及压力容器、压力管道、消防设备、燃气设备、电梯等特殊设备和设施,由安全监察部门按照有关安全监察条例和实施细则以及设计技术要求进行安全检验,应由建设工程项目支付的,向安全监察部门缴纳的费用。

⑪ 市政公用设施建设及绿化补偿费

市政公用设施建设及绿化补偿费是指使用市政公用设施的建设工程项目,按照项目所在地省一级人民政府有关规定建设或缴纳的市政公用设施建设配套费用,以及绿化工程补偿费用。按工程所在地人民政府规定标准计列;不发生或按规定免征项目不计取。

(3) 与未来企业生产经营有关的其他费用

① 联合试运转费

联合试运转费是指新建项目或新增加生产能力的项目,在交付生产前按照批准的设计文件所规定的工程质量标准和技术要求,进行整个生产线或装置的负荷联合试运转或局部联动试车所发生的费用净支出(试运转支出大于收入的差额部分费用)。试运转支出包括试运转所需原材料、燃料及动力消耗、低值易耗品、其他物料消耗、工具用具使用费、机械使用费、保险金、施工单位参加试运转人员工资以及专家指导费等;试运转收入包括试运转期间的产品销售收入和其他收入。

联合试运转费不包括应由设备安装工程费用开支的调试及试车费用,以及在试运转中暴露出来的因施工原因或设备缺陷等发生的处理费用。

不发生试运转或试运转收入大于(或等于)试运转支出的工程,不列此项费用。当联合试运转收入小于联合试运转支出时:

$$联合试运转费 = 联合试运转用支出 - 联合试运转收入 \qquad (5.43)$$

试运行期按照以下规定确定:引进国外设备项目按建设合同中规定的试运行期执行;国内一般性建设工程项目试运行期原则上按照批准的设计文件所规定期限执行。个别行业的建设工程项目试运行期需要超过规定试运行期的,应报项目设计文件审批机关批准。试运行期一经确定,建设单位应严格按规定执行,不得擅自缩短或延长。

② 生产准备费

生产准备费是指新建项目或新增生产能力的项目,为保证竣工交付使用进行必要的生产准备所发生的费用。费用内容包括:生产职工培训费、生产单位提前进厂参加施工、设备安装、调试以及熟悉工艺流程及设备性能等人员的工资、工资性补贴、职工福利费、差旅交通费、劳动保护费等。

③ 办公和生活家具购置费

办公和生活家具购置费是指为保证新建、改建、扩建项目初期正常生产、使用和管理所必须购置的办公和生活家具、用具的费用。改、扩建项目所需的办公和生活用具购置费,应低于新建项目。其范围包括办公室、会议室、资料档案室、阅览室、文娱室、食堂、浴室、理发室和单身宿舍等。

6) 预备费

按我国现行规定,预备费包括基本预备费和涨价预备费。

① 基本预备费

基本预备费是指在项目实施中可能发生难以预料的支出,需要预先预留的费用,又称不可预见费。主要指设计变更及施工过程中可能增加工程量的费用。计算公式为:

$$基本预备费 = (设备及工器具购置费 + 建筑安装工程费 + 工程建设其他费用) \times 基本预备费率 \qquad (5.44)$$

② 涨价预备费

涨价预备费是指建设工程项目在建设期内由于价格等变化引起投资增加,需要事先预留的费用。涨价预备费以建筑安装工程费、设备工器具购置费之和为计算基数。计算公式为:

$$PC = \sum_{t=1}^{n} I_t [(1+f)^t - 1] \qquad (5.45)$$

式中：PC——涨价预备费；

I_t——第 t 年的建筑安装工程费、设备及工器具购置费之和；

n——建设期；

f——建设期价格上涨指数。

7) 建设期利息

建设期利息是指项目借贷者建设期内发生并计入固定资产的利息。为了简化计算，在编制投资估算时通常假设借贷均在每年的年中支用，借贷第一年按半年计息，其余各年份按全年计息。计算公式为：

$$各年应计利息 = \left(年初借款本息累加 + \frac{本年借款额}{2}\right) \times 年利率 \qquad (5.46)$$

5.6.3 工程项目成本计划的确定

1) 工程项目成本计划的对象

工程项目的成本计划不仅用作成本估算、工程项目造价以及施工承包合同价格的确定，而且应成为工程项目实施中进行成本控制的依据。因此，工程项目成本计划对象的确定应有利于项目的成本控制。为了便于从各个方面、各个角度对项目成本进行精确、全面的计划和有效的控制，必须多方位、多角度地划分成本项目，形成一个多维的严密的体系。

（1）项目结构分解中各层次的项目单元成本计算。这对后面项目成本模型的建立，项目控制中成本责任落实与控制有至关重要的作用。

通常成本计划仅分解、核算到工作包。对工作包以下的工程活动、成本的分解、计划和核算十分困难，他们的成本计划与控制一般采用资源（如人工、材料、机械）消耗来进行。

（2）以建筑工程成本要素为基础。通常建筑工程项目成本可以分解为人工费、材料费、机械费、其他直接费、现场管理费、总部管理费、税金等。这些要素在实际工程中被分解到每一个分项工程或每一个工作包中。承包商的成本计划和核算通常以成本要素作为基础，成本要素是描述工程成本的一种比较重要的手段。

（3）按工程分项划分。这通常是将工程按工艺特点、工作内容、工程所处位置细分成分部分项工程。如招标文件中的工程量清单列出的项目。承包商按此报价，并作为业主和承包商之间实际工程价款结算的对象。

（4）项目费用分解结构。将项目按费用要素进行分解，则能得到项目的费用

(投资)结构,例如我国工程造价系统项目费用分解结构、我国工程建设项目费用构成。它重视的是工程项目或单位工程总成本值,但不利于实施过程中成本进度控制。项目结构分解中各层次项目单元重视的是项目单元的成本值,当工程项目结构分解进行时间进度安排后,则能形成本—时间进度计划,但项目单元成本的统计口径与正常报价体系不同。

(5)项目参加者及成本责任人。工程项目的成本控制所采取的一项重要措施就是将成本责任逐步分解落实到项目成本责任人。成本责任通常是随合同、任务书(责任书)委托给各项目参加者的,如承包商、供应商、分包商、工程队、职能部门或专业部门。他们是各项相关工作的承担者,又是成本责任的承担者。计划落实给他们的项目成本责任既是对他们工作的考核、评估、奖惩的依据,又是项目成本控制的各个分项目标。

2) 工程项目决策阶段的投资估算

投资估算是前期策划阶段决策的重要依据,所以必须科学和审慎地进行。这个阶段仅有总目标(包括技术系统的目标)和总功能要求的描述;对项目的技术要求、实施方案尚不清楚,所以精确度不可能很高。一般只能针对要求功能,按以往工程的经验或概算指标进行估算。

(1) 生产规模指数估算法

生产规模指数估算法是利用近期已建成的性质相同的工程项目的投资额或其设备投资额,估算拟建工程项目的投资额或设备投资额。其估算公式为:

$$x = y \cdot \left(\frac{C_2}{C_1}\right)^n \times C_f \tag{5.47}$$

式中:x——拟建建设项目的投资额;

y——已知性质相同的工程项目的投资额;

C_2——拟建工程项目的生产规模;

C_1——已知性质相同工程项目的生产规模;C_1 和 C_2 必须用统一的生产规模指标;

C_f——考虑不同时期、不同地点引起的价格调整系数;

n——生产规模指数,一般取 $0.6 < n < 1.0$。选取 n 值的原则是:当 C_1 和 C_2 相近时,取 n 近似等于1;当 C_1 和 C_2 差别较大,n 取 $0.6 \sim 0.7$;靠增加相同的设备或装置的数量扩大生产规模时,n 取 $0.8 \sim 0.9$。一般 C_2 与 C_1 的比值不宜超过50,10倍以内效果最好。

(2) 比例估算法

比例估算法是将建设项目投资分为设备投资、建筑物与构筑物投资和其他投资三部分,先估算设备投资额,然后再按一定比例估算出建筑物与构筑物的投资额及其他投资额,最后将三部分投资额相加就可估算出建设项目总投资。

① 设备投资估算

设备投资估算采用设备出厂价加运输费、安装费等,其估算公式是:

$$K_1 = \sum_{i=1}^{n} Q_i \times P_i(1 + L_i) \tag{5.48}$$

式中:K_1——设备的投资估算值;

Q_i——第 i 种设备所需数量;

P_i——第 i 种设备的出厂价格;

L_i——性质相同的建设项目同类设备的运输、安装费系数;

n——所需设备的种数。

② 建筑物与构筑物投资估算

$$K_2 = K_1 \times L_b \tag{5.49}$$

式中:K_2——建筑物与构筑物的投资估算值;

L_b——性质相同的工程项目中建筑物与构筑物投资占设备投资的比例,露天工程取 0.1~0.2,室内工程取 0.6~1.0。

③ 其他投资估算

$$K_3 = K_1 \times L_w \tag{5.50}$$

式中:K_3——其他投资的估算值;

L_w——性质相同的工程项目中其他投资占设备投资的比例。

④ 工程项目总投资额的估算值 K 则为:

$$K = (K_1 + K_2 + K_3) \times (1 + S\%) \tag{5.51}$$

式中:$S\%$——考虑不可预见因素而设定的费用系数,一般为 10%~15%。

(3) 资金周转率法

资金周转率法是从资金周转率的定义推算出投资额的一种方法。当资金周转率为已知时,则:

$$C = \frac{Q \times P}{T} \tag{5.52}$$

式中:C——拟建项目投资额;

Q——产品年产量;

P——产品单价;

T——资金周转率,$T = \dfrac{\text{年销售总额}}{\text{总投资}}$。

该法概念简单明了,方便易行但误差较大。不同性质的工厂或生产不同产品的车间,资金周转率都不同,要提高投资估算的精确度,必须做好相关的基础工作。

(4) 单位面积综合指标估算法

单位面积综合指标估算法适用于单项工程的投资估算,投资包括土建、给排水、采暖、通风、空调、电气、动力及其各种敷设管道等所需费用。其数学计算公式为:

$$单项工程投资额 = 建筑面积 \times 单位面积造价 \times 价格浮动指数 \pm 结构和建筑标准部分的价差 \qquad (5.53)$$

(5) 单元指标估算法

① 工业建设项目单元指标估算法

$$项目投资额 = 单元指标 \times 生产能力 \times 物价浮动指数 \qquad (5.54)$$

② 民用建筑单元指标估算法

$$项目投资额 = 单元指标 \times 民用建筑功能 \times 物价浮动指数 \qquad (5.55)$$

单元指标是指每个估算单位的投资额。例如:一般的工业项目按照单位生产能力投资指标(啤酒厂以"元/吨"、发电厂以"元/万千瓦时")、饭店以"元/客房间"、医院以"元/病床"、住宅小区或办公楼以"元/m²"等。

单元指标的估算一般都建立在以往工程的经验值或概算指标基础上的。为了保证估算值的准确,这些历史资料要尽量采用最近的。

(6) 专家咨询法

针对新项目,或对研究开发项目,由于它们很难进行系统说明,或很难确定其所有实施活动的组成,这时可用德尔菲(Delphi)法征询专家意见进行成本估算。这里所谓的专家就是从事实际工程估价、成本管理的造价工程师或工作者。征询意见可以采用头脑风暴法,或小组讨论法。征询意见时,应尽可能向专家提供有关此工程项目的详细资料,如工程项目目标的初步定义、工程项目的结构分解、相应的工程说明、环境条件等。按项目结构分解的层次引导各专家作出估算,并记录在卡片上再进行收集、归纳、整理。

3) 工程项目设计阶段的概算

(1) 设计概算的内容

设计概算是设计文件的重要组成部分,是由设计单位根据初步设计(或技术设计)图纸及说明、概算定额(或概算指标)、各项费用定额或取费标准(指标)、设备、材料预算价格等资料或参照类似工程预决算文件,编制和确定的建设工程项目从筹建至竣工交付使用所需全部费用的文件。

设计概算可分为单位工程概算、单项工程综合概算和建设工程项目总概算三级。各级概算之间的相互关系如图5.53所示。

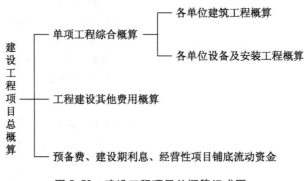

图5.53 建设工程项目总概算组成图

① 单位工程概算

单位工程概算是确定各单位工程建设费用的文件，它是根据初步设计或扩大初步设计图纸和概算定额或概算指标以及市场价格信息等资料编制而成的。

对于一般工业与民用建筑工程而言，单位工程概算按其工程性质分为建筑工程概算和设备及安装工程概算两大类。建筑工程概算包括土建工程概算、给排水采暖工程概算、通风空调工程概算、电气照明工程概算、弱电工程概算、特殊构筑物工程概算等；设备及安装工程概算包括机械设备及安装工程概算、电气设备及安装工程概算、热力设备及安装工程概算以及工器具及生产家具购置费概算等。

单位工程概算由直接费、间接费、利润和税金组成，其中直接费是由分部分项工程直接工程费的汇总加上措施费构成的。

② 单项工程综合概算

单项工程综合概算是确定一个单项工程所需建设费用的文件，是由单项工程中的各单位工程概算汇总编制而成的，是建设工程项目总概算的组成部分。对于一般工业与民用建筑工程而言，单项工程综合概算的组成内容如图5.54所示。

③ 建设工程项目总概算

建设工程项目总概算是确定整个建设工程项目从筹建开始到竣工验收、交付使用所需的全部费用的文件，它是由各单项工程综合概算、工程建设其他费用概算、预备费和建设期利息概算等汇总编制而成。

（2）单位建筑工程概算编制方法

① 概算定额法

概算定额法又叫扩大单价法或扩大结构定额法。它与利用预算定额编制单位建筑工程施工图预算的方法基本相同。其不同之处在于编制概算所采用的依据是概算定额，所采用的工程量计算规则是概算工程量计算规则。该方法要求初步设计达到一定深度，建筑结构比较明确时方可采用。

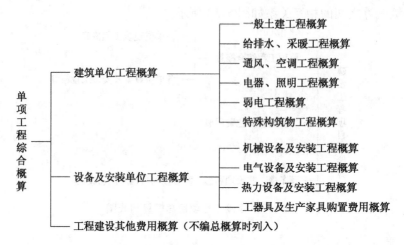

图 5.54 单项工程综合概算的组成图

利用概算定额法编制设计概算的具体步骤如下：

a. 按照概算定额分部分项顺序，列出各分项工程的名称。工程量计算应按概算定额中规定的工程量计算规则进行，并将计算所得各分项工程量按概算定额编号顺序，填入工程概算表内。

b. 确定各分部分项工程项目的概算定额单价(基价)。工程量计算完毕后，逐项套用相应概算定额单价和人工、材料消耗指标，然后分别将其填入工程概算表和工料分析表中。如遇设计图中的分项工程项目名称、内容与采用的概算定额手册中相应的项目有某些不相符时，则按规定对定额进行换算后方可套用。

有些地区根据地区人工工资、物价水平和概算定额编制了与概算定额配合使用的扩大单位估价表，该表确定了概算定额中各扩大分部分项工程或扩大结构构件所需的全部人工费、材料费、机械台班使用费之和，即概算定额单价。在采用概算定额法编制概算时，可以将计算出的扩大分部分项工程的工程量，乘以扩大单位估价表中的概算定额单价进行直接工程费的计算。概算定额单价的计算公式为：

$$\begin{aligned}概算定额单价 &= 概算定额人工费 + 概算定额材料费 + 概算定额机械台班使用费\\ &= \sum(概算定额中人工消耗量 \times 人工单价)\\ &\quad + \sum(概算定额中材料消耗量 \times 材料预算单价)\\ &\quad + \sum(概算定额中机械台班消耗量 \times 机械台班单价)\end{aligned}$$

(5.56)

c. 计算单位工程直接工程费和直接费。将已算出的各分部分项工程项目的工程量分别乘以概算定额单价、单位人工、材料消耗指标,即可得出各分项工程的直接工程费和人工、材料消耗量。再汇总各分项工程的直接工程费及人工、材料消耗量,即可得到该单位工程的直接工程费和工料总消耗量。最后,再汇总措施费即可得到该单位工程的直接费。如果地方建设行政主管部门规定了人工、材料价差调整指标,计算直接工程费时,按规定的调整系数或其他调整方法进行调整计算。

d. 根据直接费,结合其他各项取费标准,分别计算间接费、利润和税金。

e. 计算单位工程概算造价,其计算公式为:

$$单位工程概算造价 = 直接费 + 间接费 + 利润 + 税金 \qquad (5.57)$$

② 概算指标法

当初步设计深度不够,不能准确地计算工程量,但工程设计采用的技术比较成熟而又有类似工程概算指标可以利用时,可以采用概算指标法编制工程概算。概算指标法将拟建厂房、住宅的建筑面积或体积乘以技术条件相同或基本相同的概算指标而得出直接工程费,然后按规定计算出措施费、间接费、利润和税金等。概算指标法计算精确度较低,但由于其编制速度快,因此对一般附属、辅助和服务工程等项目,以及住宅和文化福利工程项目或投资比较小、比较简单的工程项目投资概算有一定实用价值。

a. 拟建工程结构特征与概算指标相同时的计算

在使用概算指标法时,如果拟建工程在建设地点、结构特征、地质及自然条件、建筑面积等方面与概算指标相同或相近,就可直接套用概算指标编制概算。

根据选用的概算指标的内容,可选用两种套算方法。

一种方法是以指标中所规定的工程每平方米或立方米的直接工程费单价,乘以拟建单位工程建筑面积或体积,得出单位工程的直接工程费,再计算其他费用,即可求出单位工程的概算造价。直接工程费计算公式为:

$$直接工程费 = 概算指标每平方米(立方米)直接工程费单价 \\ \times 拟建工程建筑面积(体积) \qquad (5.58)$$

这种简化方法的计算结果参照的是概算指标编制时期的价格标准,未考虑拟建工程建设时期与概算指标编制时期的价差,所以在计算直接工程费后还应该用物价指数进行调整。

另一种方法是以概算指标中规定的每 100 m^2 建筑物面积(或 1 000 m^3)所耗人工工日数、主要材料数量为依据,首先计算拟建工程人工、主要材料消耗量,再计算直接工程费。在概算指标中,一般规定了 100 m^2 建筑物面积(或 1 000 m^3 体积)

所耗工日数、主要材料数量,通过套用拟建地区当时的人工工资单价和主材预算价格,便可得到每 100 m²(或 1 000 m³)建筑物的人工费和主材费而无需再作价差调整。计算公式为:

100 m² 建筑物面积的人工费 = 指标规定的工日数 × 本地区人工工日单价

100 m² 建筑物面积的主要材料费 = $\sum$(指标规定的主要材料数量 × 地区材料预算单价)

100 m² 建筑物面积的其他材料费 = 主要材料费 × 其他材料费占主要材料费的百分比

100 m² 建筑物面积的机械使用费 = (人工费 + 主要材料费 + 其他材料费) × 机械使用费所占百分比

每 1 m² 建筑面积的直接工程费 = (人工费 + 主要材料费 + 其他材料费 + 机械使用费) ÷ 100　　　(5.59)

根据直接工程费,结合其他各项取费方法,分别计算措施费、间接费、利润和税金,得到每 1 m² 建筑面积的概算单价,乘以拟建单位工程的建筑面积,即可得到单位工程概算造价。

b. 拟建工程结构特征与概算指标有局部差异时的调整

由于拟建工程往往与类似工程的概算指标的技术条件不尽相同,而且概算编制年份的设备、材料、人工等价格与拟建工程当时当地的价格也会不同,在实际工作中,还经常会遇到拟建对象的结构特征与概算指标中规定的结构特征有局部不同的情况,因此必须对概算指标进行调整后方可套用。调整方法有两种:一是当设计对象的结构特征与概算指标有局部差异时,将原概算指标中的单位造价进行调整(仍使用直接工程费指标),扣除每 1 m²(或 1 m³)原概算指标中与拟建工程结构不同部分的造价,增加每 1 m²(或 1 m³)拟建工程与概算指标结构不同部分的造价,使其成为与拟建工程结构相同的工程单位直接工程费造价。二是将原概算指标中每 100 m²(或 1 000 m³)建筑面积(体积)中的工、料、机数量进行调整,扣除原概算指标中与拟建工程结构不同部分的工、料、机消耗量,增加拟建工程与概算指标结构不同部分的工、料、机消耗量,使其成为与拟建工程结构相同的每 100 m²(或 1 000 m³)建筑面积(体积)工、料、机数量。以上两种方法,前者是直接修正概算指标单价,后者是修正概算指标的工、料、机数量,修正之后,方可按上述第一种情况分别套用。

③ 类似工程预算法

类似工程预算法是利用技术条件与设计对象相类似的已完工程或在建工程的工程造价资料来编制拟建工程设计概算的方法。该方法适用于拟建工程初步设计与已完工程或在建工程的设计相类似且没有可用的概算指标的情况,但必须对建筑结构差异和价差进行调整。

(3) 设备及安装工程概算编制方法

① 设备购置费概算的编制

设备购置费由设备原价和运杂费两项组成。设备购置费是根据初步设计的设备清单计算出设备原价,并汇总求出设备总价,然后按有关规定的设备运杂费率乘以设备总价,两项相加即为设备购置费概算,计算公式为:

$$\text{设备购置费概算} = \sum(\text{设备清单中的设备数量} \times \text{设备原价}) \times (1 + \text{运杂费率}) \tag{5.60}$$

或

$$\text{设备购置费概算} = \sum(\text{设备清单中的设备数量} \times \text{设备预算价格}) \tag{5.61}$$

国产标准设备原价可根据设备型号、规格、性能、材质、数量及附带的配件,向制造厂家询价或向设备、材料信息部门查询或按主管部门规定的现行价格逐项计算。

国产非标准设备原价在编制设计概算时可以根据非标准设备的类别、重量、性能、材质等情况,以每台设备规定的估价指标计算原价,也可以以某类设备所规定吨重估价指标计算。

② 设备安装工程概算的编制

a. 预算单价法

当初步设计有详细设备清单时,可直接按预算单价(预算定额单价)编制设备安装工程概算。根据计算的设备安装工程量,乘以安装工程预算单价,经汇总求得。

用预算单价法编制概算,计算比较具体,精确性较高。

b. 扩大单价法

当初步设计的设备清单不完备,或仅有成套设备的重量时,可采用主体设备,成套设备或工艺线的综合扩大安装单价编制概算。

c. 概算指标法

当初步设计的设备清单不完备,或安装预算单价及扩大综合单价不全,无法采用预算单价法和扩大单价法时,可采用概算指标编制概算。概算指标形式较多,概括起来主要可按占设备价值的百分比(安装费率),按每吨设备安装费,按座、台、套、组、根或功率等为计量单位,以及按设备安装工程每平方米建筑面积等的概算指标进行计算。

4) 工程项目的施工图预算

(1) 施工图预算编制的模式

从传统意义上讲,施工图预算是指在施工图设计完成以后,按照主管部门制定的预算定额、费用定额和其他收费文件等编制的单位工程或单项工程预算价格的文件;从现有意义上讲,只要是按照施工图纸以及计价所需的各种依据在工程实施前所计算的工程价格,均可以称为施工图预算价格,该施工图预算价格可以是按照主管部门统一规定的预算单价、收费标准、计价程序计算得到的计划中的价格,也可以是根据企业自身的实力和市场供求及竞争状况计算的反映市场的价格。实际上,这体现了两种不同的计价模式。按照预算造价的计算方式和管理方式的不同,施工图预算可以划分为两种计价模式,即传统计价模式和工程量清单计价模式。

① 传统计价模式

我国的传统计价模式是采用国家、部门或地区统一规定的定额和取费标准进行工程造价计价的模式,通常也称为定额计价模式。由于清单计价模式中也要用到消耗定额,为避免造成歧义,此处将定额计价模式称为传统计价模式。传统计价模式是我国长期使用的一种施工图预算编制方法。

传统计价模式下,由主管部门制定工程预算定额,并且规定间接费的内容和取费标准。建设单位和施工单位均先根据预算定额作规定的工程量计算规则、定额单价计算直接工程费,再按照规定的费率和取费程序计取间接费、利润和税金,汇总得到工程造价。其中,预算定额单价既包括了消耗量标准,又含有单位价格。

虽然传统计价模式对我国建设工程的投资计划管理和招投标起到过很大的作用,但也存在一些缺陷。传统计价模式的工、料、机消耗量是根据"社会平均水平"综合测定,取费标准是根据不同地区价格水平平均测算,企业自主报价的空间很小,不能结合项目具体情况、自身技术管理水平和市场价格自主报价,也不能满足招标人对建筑产品质优价廉的要求。同时,由于工程量计算由投标的各方单独完成,计价基础不统一,不利于招标工作的规范性。在工程完成后,工程结算繁琐,易引起争议。

② 工程量清单计价模式

工程量清单计价模式是指按照工程量清单规范规定的全国统一工程量计算规则,由招标人提供工程量清单和有关技术说明,投标人根据企业自身的定额水平和市场价格进行计价的模式。

(2) 施工图预算的编制方法

《建筑工程施工发包与承包计价管理办法》(中华人民共和国建设部令第107号)第五条规定:施工图预算、招标标底和投标报价由成本、利润和税金构成。其编制可以采用工料单价法和综合单价法两种计价方法。工料单价法是传统计价模式采用的计价方式,综合单价法是工程量清单计价模式采用的计价方式。

① 工料单价法

工料单价法是指分部分项工程单价为直接工程费单价,以分部分项工程量乘以对应分部分项工程单价后的合计为单位工程直接工程费。直接工程费汇总后另加措施费、间接费、利润、税金生成工程承发包价。

按照分部分项工程单价产生方法的不同,工料单价法又可以分为预算单价法和实物法。

a. 预算单价法

预算单价法就是用地区统一单位估价表中的各分项工料预算单价乘以相应的各分项工程的工程量,求和后得到包括人工费、材料费和机械使用费在内的单位工程直接工程费。措施费、间接费、利润和税金可根据统一规定的费率乘以相应的计取基数求得。将上述费用汇总后得到单位工程的施工图预算。

预算单价法编制施工图预算的基本步骤如图 5.55 所示。

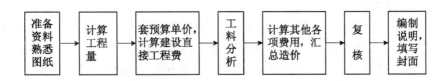

图 5.55 预算单价法编制施工图预算的步骤图

b. 实物法

实物法编制施工图预算是指按工程量计算规则和预算定额确定分部分项工程的人工、材料、机械消耗量后,按照资源的市场价格计算出各分部分项工程的工料单价,以工料单价乘以工程量汇总得到直接工程费,再按照市场行情计算措施费、间接费、利润和税金等,汇总得到单位工程费用。

实物法编制施工图预算的基本步骤如图 5.56 所示。

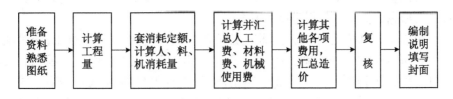

图 5.56 实物法编制施工图预算的步骤图

实物法编制施工图预算的步骤与预算单价法基本相似,但在具体计算人工费、材料费和机械使用费及汇总三种费用之和方面有一定区别。实物法编制施工图预算所用人工、材料和机械台班的单价都是当时当地的实际价格,编制出的预算可较准确地反映实际水平,误差较小,适用于市场经济条件波动较大的情况。由于采用该方法需要统计人工、材料、机械台班消耗量,还需搜集相应的实际价格,因而工作量较大、计算过程繁琐。

② 综合单价法

综合单价法是指分部分项工程单价综合了除直接工程费以外的多项费用内容的计算方法。按照单价综合内容的不同,综合单价法可分为全费用综合单价法和部分费用综合单价法。

a. 全费用综合单价法

全费用综合单价法即单价中综合了直接工程费、措施费、管理费、规费、利润和税金等的计算方法,以各分项工程量乘以综合单价的合价汇总后就生成工程承发包价。

b. 部分费用综合单价法

我国目前实行的工程量清单计价采用的综合单价法是部分费用综合单价法,分部分项工程单价中综合了直接工程费、管理费、利润,并考虑了风险因素,单价中未包括措施费、规费和税金,是不完全费用综合单价。以各分项工程量乘以部分费用综合单价的合价汇总,再加上项目措施费、规费和税金后,生成工程承发包价。

5) 工程项目成本计划模型

在工程项目计划分析的基础上,将计划成本分解到各个项目单元乃至活动上,将计划成本在相应的工作活动的继续时间上进行分配,便可以得到"工期—累加计划成本"曲线,即成本计划模型。从整个工程项目实施全过程的特征看,一般在项目的开始阶段和项目的收尾阶段,单位时间投入的资源、财力较少,而在项目实施的中间阶段单位时间投入的资源量较多,与其相关时间单位投入的财力或完成的任务量也呈同样的变化趋势。成本计划模型给项目管理者一个十分清晰的工程过程价值形态的概念和工程进度的概念。

利用成本计划模型可以进行不同工期方案、不同技术方案的对比,同时项目管理人员可以用它实施控制。还可以根据工程项目实施的实际工程承包和实际工程进度作出工程项目的实际成本模型,进行工程项目的"计划—实际"成本及进度的对比。这对把握整个工程项目进度,分析成本状况,预测成本趋向十分有用。

工程项目成本计划模型的绘制步骤如下:

① 经过网络计划分析后,按各项工作的最早开始时间绘制横道图计划,并确

定相应项目单元的工程成本。

② 假设工程承包在相应工程活动的持续时间内平均分配，即在各活动上计划成本—时间关系为直线，则可得到各活动的计划成本强度。

③ 按项目总工期将各期(如每天、每周、每月)的各活动的计划成本进行汇集，得各时间段的成本数值。

④ 作成本—工期表(图)。

⑤ 计算各期期末的计划成本累计值，并绘制曲线。

某基础工程的工程量及计划成本数据如表5.11和表5.12所示。

表5.11 某基础工程的工程量表

序号	项目名称	单位	工程量	序号	项目名称	单位	工程量
1011	机械挖土方	m³	2 100	1041	基础墙	m³	156.5
1021	砂石垫层	m³	960	1012	机械夯填土	m³	670
1022	混凝土垫层	m³	340	1033	基础圈梁	m³	32
1031	基础钢筋	t	31	1052	井点降水	套	50
1032	基础混凝土	m³	186				

表5.12 某基础工程各项活动的成本数据表

项目名称	挖土方	垫层	绑钢筋	浇混凝土	砖基础	圈梁	回填土	井点降水	合计
持续时间（天）	12	16	24	24	24	4	4	76	
计划成本（万元）	24	64	120	96	48	16	4	7.6	379.6
单位时间计划成本（万元/天）	2	4	5	6	2	4	1	0.1	
累计	24	88	208	304	352	368	372	379.6	

作成本—工期图，如图5.57。计算各期期末的计划成本累计值，并在时间与成本坐标图中连线得到累计计划成本曲线，如图5.57。

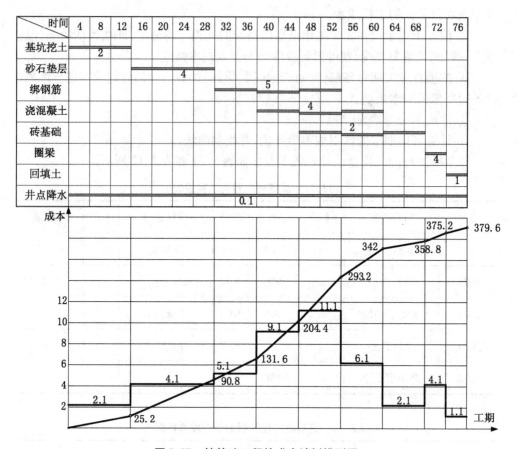

图 5.57 某基础工程的成本计划模型图

复习思考题

1. 项目计划有哪些作用?项目计划有哪些形式和内容?
2. 简述项目计划的编制过程。
3. 什么是项目分解结构(WBS)?WBS 的作用有哪些?
4. 简述工程项目结构分解的基本原则、分解过程及分解方法。
5. 什么是工作包?工作包应包括哪些信息?
6. 针对一个具体的工程项目,对其进行工作分解,画出 WBS 和责任矩阵图。
7. 什么是网络图、网络计划和网络计划技术?
8. 什么是工艺关系和组织关系?试举例说明。
9. 简述网络图的绘图规则。
10. 在确定工作的持续时间时,要考虑哪些因素?

11. 什么是工作的总时差和自由时差?
12. 确定网络计划关键工作和关键线路有哪些方法?
13. 双代号时标网络计划有哪些特点?如何绘制双代号时标网络计划?
14. 什么是搭接网络计划?试举例说明工作之间的各种搭接关系。
15. 已知工作之间的逻辑关系如下两表,请绘制双代号网络图。

工作	A	B	C	D	E	G
紧前工作	—	—	—	—	B、C、D	A、B、C

工作	A	B	C	D	E	G	H	I	J
紧前工作	E	H、A	J、G	H、I、A	—	H、A	—	—	E

16. 某工程网络计划的有关资料如下表所示。

(1) 绘制双代号网络图,并计算各工作的六个时间参数(时间单位:天),用双线标出网络计划的关键线路。

(2) 画出劳动力需求曲线和费用支出曲线。

工作	A	B	C	D	E	F	G	H	I	J	K
紧前工作	—	—	B、E	A、C、H	—	B、E	E	F、G	F、G	A、C、I、H	F、G
持续时间	22	10	13	8	15	17	15	6	11	12	20
劳动力(人/天)	12	16	20	14	24	20	18	26	22	28	20
费用(万元)	4.4	2.5	3.9	3.2	6.0	3.4	15.0	6.0	33.0	3.6	4.0

6 工程项目目标控制原理

6.1 目标控制概述

控制是建设工程项目管理的重要管理活动。在管理学中,控制通常是指管理人员按计划标准来衡量所取得的成果,纠正所发生的偏差,使目标和计划得以实现的管理活动。管理首先开始于确定目标和制订计划,继而进行组织和人员配备,并进行有效的领导,一旦计划付诸实施或运行,就必须进行控制和协调,检查计划实施情况,找出偏离目标和计划的误差,确定应采取的纠正措施,以实现预定的目标和计划。

6.1.1 目标控制原理

在开始一个新项目之前,项目经理和项目团队成员不可能预见到所有项目执行过程中的情况。尽管确定了明确的项目目标,并制订了尽可能周密的项目计划,包括进度计划、成本计划和质量计划等,仍然需要对项目计划的执行情况进行严密的监控,以尽可能地保证项目按基准计划执行,最大程度减少计划变更,使项目达到预期的进度、成本、质量目标。

项目目标控制的内容不是简单的动力学上所说的控制,项目目标控制的对象是项目本身,它需要许多不同的变量表示项目不同的状态形式。而且每个项目实施过程中,总有好多项作业同时展开进行,它的状态是多维的,其变量较难测量,所以说项目的目标控制过程比物理变化或化学变化的控制要复杂得多。

所谓控制就是为了保证系统按预期目标运行,对系统的运行状况和输出进行连续的跟踪观测,并将观测结果与预期目标加以比较,如有偏差,及时分析偏差原因并加以纠正的过程。图6.1是简单的系统控制原理图。

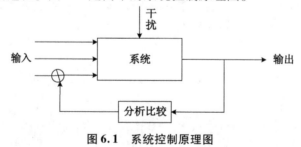

图 6.1 系统控制原理图

因为系统的不确定性和系统外界干扰的存在,系统的运行状况和输出出现偏差是不可避免的。一个好的控制系统可以保证系统的稳定,即可以及时地发现偏差、有效地缩小偏差并迅速调整偏差,使系统始终按预定轨道运行;相反一个不完善的控制系统有可能导致系统不稳定甚至系统运行失败,如图6.2。

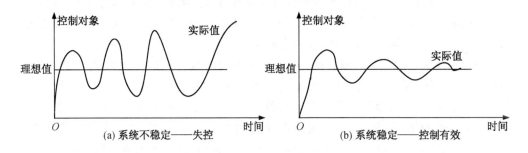

图 6.2　系统控制效果示意图

6.1.2　目标控制过程

根据以上控制和项目目标控制的定义,我们可以发现项目目标控制的依据是项目目标和计划。项目控制过程就是:制定项目控制目标,建立项目绩效考核标准,衡量项目实际工作状况,获得偏差信息,分析偏差产生的原因和趋势,采取适当的纠偏行动。

1）制定项目控制目标,建立项目绩效考核标准

项目控制目标就是项目的总体目标和阶段性目标。总体目标通常就是项目的合同目标,阶段性目标可以是项目的里程碑事件要达到的目标,也可以由项目总体目标分解来确定。

绩效标准通常根据项目的技术规范和说明书、预算费用计划、资源需求计划、进度计划等来制定。

2）衡量项目实际工作状况,获取偏差信息

通过将各种项目执行过程的绩效报告、统计等文件与项目合同、计划、技术规范等文件对比或定期召开项目控制会议等方式考查项目的执行情况,及时发现项目执行结果和预期结果的差异以获取项目偏差信息。

为了便于发现项目执行过程的偏差,还应在项目的计划阶段在项目的进程中设置若干"里程碑"事件。通过对里程碑事件的检测,有利于项目利益相关者及时发现项目进展的偏差。或者在项目活动中添加"准备报告"这一活动,而报告的期间要固定,定期地将实际进程与计划进程进行比较。根据项目的复杂程度和时间期限,可以将报告期定为月、周、日等。

3）分析产生偏差原因和趋势,采取适当的纠偏措施

项目进展中产生的偏差就是实际进展与计划的差值,一般会有正向偏差和负向偏差两种。

正向偏差意味着进度超前或实际的花费小于计划花费。这对项目来说是个好消息。正向偏差可以允许对进度进行重新安排,以尽早地或在预算约束内,或者以上两者都符合的条件下完成项目。资源可以从进度超前的项目中重新分配给进度延迟的项目,重新调整项目网络计划中的关键路线。

但并不是所有的正向偏差都是好的,正向偏差也很可能是进度拖延的结果。在考虑项目预算后,正向偏差很可能是由于在报告周期内计划完成的工作没有完成而造成的。另一方面,如果进度的超前是由于项目团队找到了实施项目更好的方法或捷径的结果,那么正向偏差确实是件好事。但这样也会带来另外的问题——进度超前,项目经理不得不重新修改进度计划,这将增加额外的负担。

负向偏差也是与计划的偏离,意味着进度延迟或花费超出预算。进度延迟或花费超出预算不是项目经理及项目管理层愿意听到的。但正如正向偏差不一定是好消息一样,负向偏差也不一定是坏事。举例来说,你可能超出预算,这是因为在报告周期内比计划完成了更多的工作,只是在这个周期内超出了预算。也许用比最初计划更少的花费完成了工作,但是不可能仅从偏差报告中看出来,因此成本与进度偏差要结合起来分析才能得出正确的偏差信息。

在大多数情况下,负向偏差只有在与关键线路上的活动有关时,或非关键线路活动的进度拖延超过了活动总时差时,才会影响项目完成日期。偏差会用完活动的机动时间,更严重的一些偏差会引起关键线路的变动。负向成本偏差可能是不可控因素造成的结果,如供应商的成本增加或者设备的意外故障。另一些负向偏差来自于低效率或设备故障。

造成偏差的原因可能是由项目相关的各责任方造成的。可能造成偏差的责任方有：

（1）业主(或客户)的原因。如业主(或客户)没有按期完成合同中规定的应承担的义务,应由业主(或客户)提供的资源在时间或质量上不符合合同要求,以及在项目执行过程中客户提出变更要求等。由于业主的原因造成的偏差应由业主承担损失。为了避免这类风险,应在项目合同中对甲、乙双方的责任和义务作出明确的规定和说明。

（2）项目承包方的原因。如合同中规定的由项目承包方负责的项目设计缺陷,项目计划不周,项目实施方案设计在执行过程中遇到障碍,项目执行过程中出现失误等。由于承包方的责任造成的偏差,应由承包人(项目团队或其所在企业)承担责任,承包商应按责任纠正偏差或承担损失。

（3）第三方的原因。第三方是指业主与之签订有关该项目的交易合同的承包

人以外的企业。第三方造成项目偏差的原因,如由第三方承担的设计问题,提供的设备问题等。这方面的原因造成的项目偏差,因由业主负责向第三方追究责任。

（4）供应商的原因。供应商是指与项目承包人签订资源供应合同的企业,包括分包商、原材料供应商和提供加工服务的企业等。供应商造成项目偏差的原因如提供的原材料延误,质量不合格,分包的任务没有按期、按质交付等。由供应商原因造成的项目偏差,应由承包商承担纠偏的责任和由此带来的损失。承包商可以依据其与供应商签订的交易合同向供应商提出损失补偿要求。为了避免这类风险,应在与供应商的合同中对供应商的责任和义务作出明确的规定和说明。

（5）由于不可抗力的原因。由于不确定性的、不可预见的各种客观原因造成的偏差,如战争、自然灾害、政策法规变化等。这方面原因造成的偏差应由业主和承包人共同承担责任。

除了分析造成项目偏差的责任以外,还要分析造成项目偏差的根源。项目偏差的根源包括:①项目方案设计的原因;②项目设计的原因;③项目计划的原因;④项目实施过程的原因等。

有经验的项目经理,通常在项目的计划阶段就对可能引起偏差的原因及其对偏差的影响程度进行充分地分析,以便在计划阶段采取相应的预防措施避免或减弱这些原因对项目的影响。在进行偏差原因分析时,常用的工具是因果分析图,如图 6.3 所示。

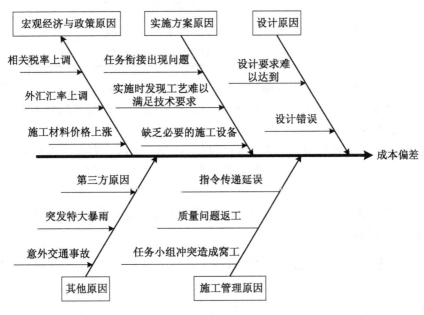

图 6.3　项目偏差因果分析图

对偏差原因的分析,还应分析各原因对偏差的影响程度,对影响程度大的原因要重点防范。利用项目偏差的因果分析图,找出全部偏差原因之后,可通过专家评分给出各种原因对偏差影响程度的权重。如表 6.1。

表6.1 项目偏差原因影响权重表

偏差类型	原因类型及其权重	具体原因及其权重
成本偏差	设计原因 0.13	设计要求难以达到 0.75
		设计错误 0.25
	实施方案原因 0.26	任务衔接出现问题 0.64
		实施时发现工艺难以满足技术要求 0.26
		缺乏必要的施工设备 0.10
	宏观经济与政策原因 0.51	施工材料价格上涨 0.65
		相关税率上调 0.23
		外汇汇率上调 0.12
	实施管理原因 0.06	指令传递延误 0.62
		质量问题返工 0.23
		任务小组冲突造成窝工 0.15
	其他原因 0.04	第三方原因 0.55
		突发特大暴雨 0.22
		意外交通事故 0.23

偏差趋势分析主要是分析偏差会随着项目的进展增加还是缩小,是偶然发生的还是必然会发生的,对项目后续工作的影响程度等。偏差分析的目的就是为了确定纠偏措施的力度。

掌握了项目偏差信息,了解了项目偏差的根源,就可以有针对性地采取适当的纠偏措施,如修改设计、调整项目实施方案、更新项目计划、改善项目实施管理等。

显然,只有清楚造成偏差的责任方和根源,才能分清由谁来承担纠正偏差的责任和损失以及如何纠正偏差。

6.1.3 目标控制流程及其基本环节

1) 目标控制流程

不同的控制系统都有区别于其他系统的特点,但同时又都存在许多共性。建设工程目标控制的流程可以用图 6.4 表示。

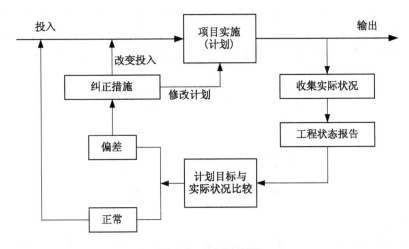

图 6.4 控制流程图

由于建设工程的建设周期长,在工程实施过程中所受到的风险因素很多,因而实际状况偏离目标和计划的情况是经常发生的,往往出现投资增加、工期拖延、工程质量和功能未达到预定要求等问题。这就需要在工程实施过程中,通过对目标、过程和活动的跟踪,全面、及时、准确地掌握有关信息,将工程实际状况与目标和计划进行比较。如果偏离了目标和计划,就需要采取纠正措施,或改变投入,或修改计划,使工程能在新的计划状态下进行。而任何控制措施都不可能一劳永逸,原有的矛盾和问题解决了,还会出现新的矛盾和问题,需要不断地进行控制,这就是动态控制原理。上述控制流程是一个循环的过程,直至工程建成交付使用,因而建设工程的目标控制是一个有限循环过程。

对于建设工程目标控制系统来说,由于收集实际数据、偏差分析、制定纠偏措施都主要是由目标控制人员来完成,都需要时间,这些工作不可能同时进行并在瞬间内完成,因而其控制实际上表现为周期性的循环过程。通常,在建设工程的项目管理实践中,投资控制、进度控制和常规质量控制问题的控制周期按周或月计,而严重的工程质量问题和事故,则需要及时加以控制。

动态控制的概念还可以从另一个角度来理解。由于系统本身的状态和外部环境是不断变化的,相应地就要求控制工作也随之变化。目标控制人员对建设工程本身的技术经济规律、目标控制工作规律的认识也是在不断变化的,他们的目标控制能力和水平也是在不断提高的。因而,即使在系统状态和环境变化不大的情况下,目标控制工作也可能发生变化,这表明,目标控制也可能包含着对已采取的目标控制措施的调整。

2)控制流程的基本环节

图 6.4 的控制流程可以进一步抽象为投入、转换、反馈、对比、纠正五个基本环

节,如图6.5所示。对于每个控制循环来说,如果缺少某一环节或某一环节出现问题,就会导致循环障碍,就会降低控制的有效性,就不能发挥循环控制的整体作用。因此,必须明确控制流程各个基本环节的有关内容并做好相应的控制工作。

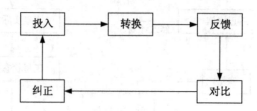

图6.5 控制流程的基本环节图

（1）投入

控制流程的每一个循环始于投入。对于建设工程的目标控制流程来说,投入首先涉及的是传统的生产要素,包括人力（管理人员、技术人员、工人）、建筑材料、工程设备、施工机具、资金等,此外还包括施工方法、信息等。工程实施计划本身就包含着有关投入的计划。要使计划能够正常实施并达到预定的目标,就应当保证将质量、数量符合计划要求的资源按规定时间和地点投入到建设工程实施过程中去。

（2）转换

所谓转换,是指由投入到产出的转换过程,如建设工程的建造过程、设备购置等活动。转换过程,通常表现为劳动力（管理人员、技术人员、工人）运用劳动资料（如施工机具等）将劳动对象（如建筑材料、工程设备等）转变为预定的产出品,如设计图纸、分项工程、分部工程、单位工程、单项工程,最终输出完整的建设工程。在转换过程中,计划的运行往往受到来自外部环境和内部系统的多因素干扰,从而造成实际状况偏离预定的目标和计划。同时,由于计划本身不可避免地存在一定问题,例如,计划没有经过科学的资源、技术、经济和财务可行性分析,从而造成实际输出与计划输出之间发生偏差。

转换过程中的控制工作是实现有效控制的重要工作。在建设工程实施过程中,工程管理人员应当了解工程进展情况,掌握第一手资料,为分析偏差产生原因、确定纠偏措施提供可靠依据。同时,对于可以及时解决的问题,应及时采取纠偏措施,避免"积重难返"。

（3）反馈

即使是一项制订得相当完善的计划,其运行结果也未必与计划一致。因为在计划实施过程中,实际情况的变化是绝对的,不变是相对的,每个变化都会对目标和计划的实现带来一定的影响。所以,控制部门和控制人员需要全面、及时、准确地了解计划的执行情况及其结果,而这需要通过反馈信息来实现。

反馈信息包括工程实际状况、环境变化等信息,如投资、进度、质量的实际状况,现场条件,合同履行条件,经济、法律环境变化等。控制部门和人员需要什么信息,取决于工作的需要以及工程的具体情况。为了使信息反馈能够有效地配合控制的各项工作,使整个控制过程流畅地进行,需要设计信息反馈系统,预先确定反馈信息的内容、形式、来源、传递等,使每个控制部门和人员都能够及时获得他们所需要的信息。

信息反馈方式可以分为正式和非正式两种。正式信息反馈是指书面的工程状况报告之类的信息,它是控制过程中应当采用的主要反馈方式;非正式信息反馈主要指口头方式,如口头指令,口头反映的工程实施情况,对非正式信息反馈也应当予以足够的重视。当然,非正式信息反馈应当适时转化为正式信息反馈,才能更好地发挥其对控制的作用。

(4) 对比

对比是将目标的实际值与计划值进行比较,以确定是否发生偏差。目标的实际值来源于反馈信息。在对比工作中,要注意以下几点:

① 明确目标实际值与计划值的内涵。目标的实际值与计划值是两个相对的概念。随着建设工程实施过程的进展,其实施计划和目标一般都将逐渐深化、细化,往往还要作适当的调整。从目标的形成时间来看,在前者为计划值,在后者为实际值。以投资目标为例,有投资估算、设计概算、施工图预算、标底、合同价、结算价等表现形式。其中,投资估算相对于其他的投资值都是目标值;施工图预算相对于投资估算、设计概算为实际值,而相对于标底、合同价、结算价则为计划值;结算价相对于其他的投资值均为实际值(注意不要将投资的实际值与实际投资两个概念相混淆)。

② 合理选择比较的对象。在实际工作中,最为常见的是相邻两种目标值之间的比较。在许多建设工程中,我国业主往往以批准的设计概算作为投资控制的总目标,这时,合同价与设计概算、结算价与设计概算的比较也是必要的。另外,结算价以外各种投资值之间的比较都是一次性的,而结算价与合同价(或设计概算)的比较则是经常性的,一般是定期(如每月)比较。

③ 建立目标实际值与计划值之间的对应关系。建设工程的各项目标都要进行适当的分解。通常,目标的计划值分解较粗,目标的实际值分解较细。例如,建设工程初期制订的总进度计划中的工作可能只达到单位工程,而施工进度计划中的工作却达到分项工程;投资目标的分解也有类似问题。因此,为了保证能够切实地进行目标实际值与计划值的比较,并通过比较发现问题,必须建立目标实际值与计划值之间的关系。这就要求目标的分解深度、细度可以不同,但分解的原则、方法必须相同,从而可以在较粗的层次上进行目标实际值与计划值的比较。

④ 确定衡量目标偏离的标准。要正确判断某一目标是否发生偏差,就要预先确定衡量目标偏离的标准。例如,某建设工程的某项工作的实际进度比计划要求

拖延了一段时间,如果这项工作是关键工作,或者虽然不是关键工作,但该项工作拖延的时间超过了它的总时差,则应当判断为发生偏差,即实际进度偏离计划进度。反之,如果该项工作不是关键工作,且其拖延的时间未超过总时差,则虽然该项工作本身偏离计划进度,但从整个工程的角度来看,实际进度并未偏离计划进度。又如,某建设工程在实施过程中发生了较为严重的超投资现象,为了使总投资控制在预定的计划值(如设计概算)之内,决定删除其中的某单项工程。在这种情况下,虽然整个建设工程投资的实际值未偏离计划值,但是,对于保留的各单项工程来说,投资的实际值可能均不同程度地偏离了计划值。

(5) 纠正

对于目标实际值偏离计划值的情况要采取措施加以纠正(或称纠偏)。根据偏差的具体情况,可以分为以下三种情况进行纠偏:

① 直接纠偏。就是指在轻度偏离的情况下,不改变原定目标的计划值,基本不改变原定的实施计划,在下一个控制周期内,使目标的实际值控制在计划值范围内。例如,某建设工程某月的实际进度比计划进度拖延了一两天,则在下个月中适当增加人力、施工机械的投入量即可使实际进度恢复到计划状态。

② 不改变总目标的计划值,调整后期实施计划。这是在中度偏离情况下采取的对策。由于目标实际值偏离计划值的情况已经比较严重,已经不可能通过直接纠偏在下一个控制周期内恢复到计划状态,因而必须调整后期实施计划。例如,某建设工程施工计划工期为 24 个月,在施工进行到 12 个月时,工期已经拖延 1 个月,这时通过调整后期施工计划,若最终能按计划工期建成该工程,应当说仍然是令人满意的结果。

③ 重新确定目标的计划值,并据此重新制订实施计划。这是在重度偏离情况下所采取的对策。由于目标实际值偏离计划值的情况已经很严重,已经不可能通过调整后期实施计划来保证原定目标计划值的实现,因而必须重新确定目标的计划值。例如,某建设工程施工计划工期为 24 个月,在施工进行到 12 个月时,工期已经拖延 4 个月(仅完成原计划 8 个月的工作量)。这时不可能在以后 12 个月内完成 16 个月的工作量,工期拖延已成定局。但是,从进度控制的要求出发,至少不能在今后 12 个月内出现等比例拖延的情况。如果能在今后 12 个月内完成原定计划的工程量,已属不易。而如果最终用 26 个月建成该工程,则后期进度控制的效果就是相当不错的。

特别需要说明的是,只要目标的实际值与计划值有差异,就发生了偏差。但是,对于建设工程目标控制来说,纠偏一般是针对正偏差(实际值大于计划值)而言,如投资增加、工期拖延。而如果出现负偏差,如投资节约、工期提前,并不会采取"纠偏"措施,故意增加投资、放慢进度,使投资和进度恢复到计划状态。不过,对于负偏差的情况,要仔细分析其原因,排除假象。例如,投资的实际值存在缺项、计算依据不当、投资计划值中的风险费估计过高。对于确实是通过积极而有效的目标控制方法和措施而产生负偏差效果的情况,应认真总结经验,扩大其应用范围,更好地发挥其在目标控制中的作用。

6.1.4 目标控制类型

根据划分依据的不同,可将控制分为不同的类型。例如,按照控制措施作用于控制对象的时间,可分为事前控制、事中控制和事后控制;按照控制信息的来源,可分为前馈控制和反馈控制;按照控制过程是否形成闭合回路,可分为开环控制和闭环控制;按照控制措施制定的出发点,可分为主动控制和被动控制。控制类型的划分是人为的(主观的),是根据不同的分析目标而选择的,而控制措施本身是客观的。因此,同一控制措施可以表述为不同的控制类型,或者说,不同划分依据的控制类型之间存在内在的同一性。

1) 主动控制和被动控制

(1) 主动控制

所谓主动控制,是在预先分析各种风险因素及其导致目标偏离的可能性和程度的基础上,拟订和采取有针对性的预防措施,从而减少乃至避免目标偏离。

主动控制也可以表述为其他不同的控制类型。

主动控制是一种事前控制。它必须在计划实施之前就采取控制措施,以降低目标偏离的可能性或其后果的严重程度,起到防患于未然的作用。

主动控制是一种前馈控制。它主要是根据已建同类工程实施情况的综合分析结果,结合拟建工程的具体情况和特点,将教训上升为经验,用于指导拟建工程的实施,起到避免重蹈覆辙的作用。

主动控制通常是一种开环控制,如图6.6。

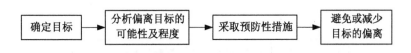

图6.6 主动控制程序图

综上所述,主动控制是一种面对未来的控制,它可以解决传统控制过程中存在的时滞影响,尽最大可能避免偏差已经成为现实的被动局面,降低偏差发生的概率及其严重程度,从而使目标得到有效控制。

(2) 被动控制

所谓被动控制,是从计划的实际输出中发现偏差,通过对产生偏差原因的分析,研究制定纠偏措施,以使偏差得以纠正,工程实施恢复到原来的计划状态,或虽然不能恢复到计划状态但可以降低偏差的严重程度。

被动控制也可以表述为其他不同的控制类型。

被动控制是一种事中控制和事后控制。它是在计划实施过程中对已经出现的偏差采取控制措施，它虽然不能降低目标偏离的可能性，但可以降低目标偏离的严重程度，并将偏差控制在尽可能小的范围内。

被动控制是一种反馈控制。它是根据工程实施情况（反馈信息）的综合分析结果进行的控制，其控制效果在很大程度上取决于反馈信息的全面性、及时性和可靠性。

被动控制是一种闭环控制，如图6.7所示。闭环控制即循环控制，也就是说，被动控制表现为一个循环过程：发现偏差，分析偏差产生的原因，研究制定纠偏措施并预计纠偏措施的成效，落实并实施纠偏措施，产生实际成效，收集实际实施情况，对实施的实际效果进行评价，将实际效果与预期效果进行比较，发现偏差……直至整个工程建成。

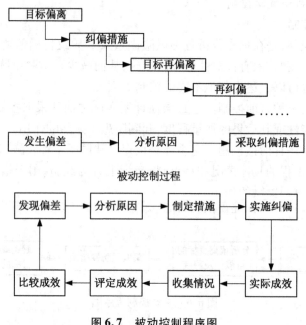

图6.7 被动控制程序图

综上所述，被动控制是一种面对现实的控制。虽然目标偏离已成为客观事实，但是，通过被动控制，仍然可能使工程实施恢复到计划状态，至少可以减少偏差的严重程度。不可否认，被动控制仍然是一种有效的控制，也是十分重要而且经常应用的控制方式。因此，对被动控制应当予以足够的重视，并努力提高其控制效果。

（3）主动控制与被动控制的关系

由以上分析可知，在建设工程实施工程中，如果仅仅采取被动控制措施，出现偏差是不可避免的,而且偏差可能有累积效应,即虽然采取了纠偏措施,但偏差可能越来越大,从而难以实现预定的目标。另一方面,主动控制的效果虽然比被动控制好,但是,仅仅采取主动控制措施却是不现实的,或者说是不可能的。因为建设工程实施过程中有相当多的风险因素是不可预见甚至是无法防范的,如政治、社会、自然等因素。而且,采取主动控制措施往往要付出一定的代价,即耗费一定的资金和时间,对于那些发生概率小而且发生后损失较小的风险因素,采取主动控制措施有时可能是不经济的。这表明,是否采取主动控制措施以及究竟采取什么主动控制措施,应在对风险因素进行定量分析的基础上,通过技术经济分析和比较来决定。在某些情况下,被动控制倒可能是较佳的选择。因此,对于建设项目的目标控制来说,主动控制和被动控制两者缺一不可,都是实现建设工程目标所必须采取的控制方式,应将主动控制与被动控制紧密结合起来,如图6.8所示。

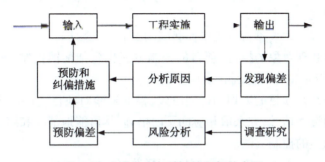

图 6.8　主动控制与被动控制相结合图

要做到主动控制与被动控制相结合,关键在于处理好以下两方面问题:一是要扩大信息来源,即不仅要从本工程获得实施情况的信息,而且要从外部环境获得有关信息,包括已建同类工程的有关信息,这样才能对风险因素进行定量分析,使纠偏措施有针对性;二是要把握好输入这个环节,即要输入两类纠偏措施,不仅有纠正已经发生的偏差的措施,而且有预防和纠正可能发生的偏差的措施,这样才能取得较好的控制效果。

需要说明的是,虽然在建设工程实施工程中仅仅采取主动控制是不可能的,有时是不经济的,但不能因此而否定主动控制的重要性。实际上,牢固确立主动控制的思想,认真研究并制定多种主动控制措施,尤其要重视那些基本上不需要耗费资金和时间的主动控制措施,如组织、经济、合同方面的措施,并力求加大主动控制在控制过程中的比例,对于建设工程目标控制的效果,具有十分重要而现实的意义。

2)全过程控制和全方位控制

按建设程序的含义,全过程控制是指对工程建设全过程的控制,即从建设工程项目的立项、可行性研究、投资决策、规划设计、建设施工及竣工验收与保修。由于工程建设项目全过程具有阶段性,全过程控制可以按建设阶段划分为投资前期阶段、设计阶段、施工阶段及保修阶段等阶段控制。由于各阶段建设主体不同、建设要求及建设标准不同,阶段控制的目标确定和目标偏离判断及纠偏措施也不尽相同。因此,全过程控制的目的是通过对建设各阶段目标的控制来实现对建设总目标的控制。

工程项目建设过程是一种复杂的系统活动过程。工程项目建设活动涉及参与各方主体,工程项目建设活动需要投入数量庞大的资源,工程项目建设需要从事各类复杂的技术经济活动,建设主体行为、投入物的状态及技术经济活动的效果等都会对建设目标的偏离产生影响。因此,对工程项目建设目标的控制必须实行全方位的控制。由于建设程序的阶段性,工程项目建设目标的控制不仅具有全过程控制的特点,因各建设阶段控制对象的复杂性和控制主体不同,工程项目建设目标控制还具有全方位控制的特点。所以,工程控制是全过程控制与全方位控制相结合的一种控制模式。

3)前馈控制、过程控制和反馈控制(按控制方式分类)

类似于对物理对象的控制,项目的控制方式也包括前馈控制(事先控制)、过程控制(现场控制)和反馈控制(事后控制)。

前馈控制是在项目的策划和计划阶段,根据经验对项目实施过程中可能产生的偏差进行预测和估计,并采取相应的预防措施,尽可能地消除和缩小偏差。这是一种防患于未然的控制方法。

过程控制是在项目实施过程中进行现场监督和指导的控制。

反馈控制是在项目的阶段性工作或全部工作结束,或偏差发生之后再进行纠偏的控制。

三种控制类型如图6.9。

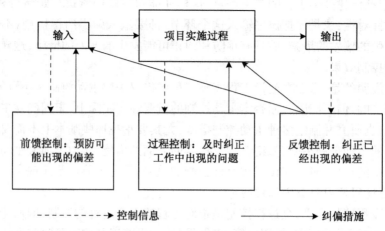

图6.9 项目控制类型示意图

4）进度控制、费用控制和质量控制（按控制内容分类）

项目控制的目的是为了确保项目的实施能满足项目的目标要求。对于项目可交付成果的目标描述一般都包括交付期、成本和质量这三项指标。因此，项目控制的基本内容就包括进度控制、费用控制和质量控制三项内容，俗称三大控制。

（1）进度控制。项目进行过程中，必须不断监控项目的进程以确保每项工作都能按进度计划进行。同时，必须不断掌握计划的实施状况，并将实际情况与计划进行对比分析，必要时应采取有效的对策，使项目按预定的进度目标进行，避免工期的拖延。这一过程称之为进度控制。按照不同管理层次对进度控制的要求可分为总进度控制、主进度控制和详细进度控制。

（2）费用控制。费用控制就是要保证各项工作要在它们各自的预算范围内进行。费用控制的基础是事先就对项目进行的费用预算。

费用控制的基本方法是规定各部门定期上报其费用报告，再由控制部门对其进行费用核算，以保证各种支出的合法性和合理性，然后再将已经发生的费用与预算相比较，分析其是否超支，并采取相应的措施加以弥补。

费用管理不能脱离技术管理和进度管理独立存在，相反要在成本、技术、进度三者之间作综合平衡。及时、准确的成本、进度和技术跟踪报告，是项目费用控制的依据。

（3）质量控制。质量控制的目标是确保项目质量能满足有关方面所提出的质量要求。质量控制的范围涉及项目质量形成全过程的各个环节。

在项目控制过程中，这三项控制指标通常是相互矛盾和冲突的。如加快进度往往会导致成本上升和质量下降；降低成本也会影响进度和质量；同样过于强调质量也会影响工期和成本。因此，在项目的进度、成本和质量的控制过程中，还要注意三者的协调。

三项控制构成了项目控制最主要的内容，除此之外，项目整个寿命周期的控制过程还涉及项目的范围控制、项目变更控制等内容。

5）工程项目建设目标的综合控制

工程项目建设目标的综合控制模式，简称项目综合控制模式，也是工程控制的一种基本模式。

工程项目建设目标控制的基本内容包含有项目总投资（费用）控制、建设进度控制、建设质量控制及建设信息管理、建设合同管理、安全生产管理。费用、进度、质量、生产安全、信息及合同相互之间不是独立的，而是存在着各种相互关系。项目综合控制的目的，一方面要控制各项建设目标的实现，另一方面又要协调各项建设目标之间的各种关系，并通过各目标间的协调保证建设目标的最终实现。因此，在项目综合控制模式中，建设信息及建设合同在项目建设目标控制中起着关键性的目标控制与目标协调的作用。加强项目建设信息管理与合同管理，是实现投资目标、进度目标、质量目标、环境目标的综合控制的根本。

实施项目综合控制模式,要求控制管理人员具备综合控制能力和协调能力。控制管理人员必须具有较为广泛的知识,包括工程技术知识、经济知识、法律知识、管理知识及人文社会知识等。同时,在开展项目综合控制时,首先应开展项目的单目标控制和建设阶段目标控制,所获得的单目标控制和阶段目标控制的信息,正是控制项目综合控制的依据。一般来说,综合控制模式多适用于上层管理组织机构,为高层管理人员制定建设目标控制纠偏措施提供依据。

6.1.5 目标控制的前提工作

为了进行有效的目标控制,必须做好两项重要的前提工作:一是目标规划和计划;二是目标控制的组织。

1) 目标规划和计划

如果没有目标,就无所谓控制;而如果没有计划,就无法实施控制。因此,要进行目标控制,首先必须对目标进行合理的规划并制订相应的计划。目标规划和计划越明确、越具体、越全面,目标控制的效果就越好。

(1) 目标规划和计划与目标控制的关系

图 6.10 是建设工程各阶段的基本工作、目标规划、目标控制之间的关系。

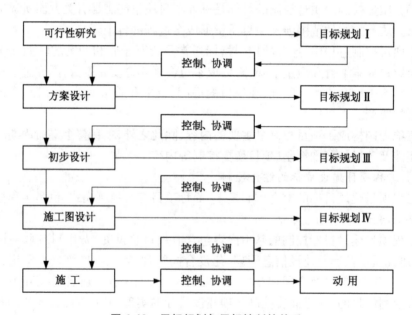

图 6.10　目标规划与目标控制的关系

由图 6.10 可知,建设一项工程,首先要根据业主的建设意图进行可行性研究并制定目标规划 Ⅰ,即确定建设工程总体投资、进度、质量目标。例如,就投资目标而言,目标规划Ⅰ就表现为投资估算,同时要确定实现建设工程目标的总体计划和下阶段工作的实施计划。然后,按照目标规划Ⅰ的要求进行方案设计。在方案设计的过程中要根据目标规划Ⅰ进行控制,力求使方案设计符合目标规划Ⅰ的要求。同时,根据输出的方案设计还要对目标规划Ⅰ进行必要的调整、细化,以解决目标规划Ⅰ中不适当的地方。在此基础上,制定目标规划Ⅱ,即细度和精度均较目标规划Ⅰ有所提高的新的投资估算。然后根据目标规划Ⅱ进行初步设计,在初步设计过程中进行控制。例如,进行限额设计,根据初步设计的结果制定目标规划Ⅲ,即设计概算。至于目标规划Ⅳ,是在施工图设计的基础上制定的。其最初表现为施工图预算,经过招标投标后则表现为标底和合同价。最后,在施工过程中,要根据目标规划Ⅳ进行控制,直至整个工程建成。

不难看出,目标规划需要反复进行多次。这表明,目标规划和计划与目标控制的动态性相一致。建设工程的实施需要根据目标规划和计划进行控制,力求使之符合目标规划和计划的要求。另一方面,随着建设工程的进展,工程内容、功能要求、外界条件等都可能发生变化,工程实施过程中的信息反馈可能表明目标和计划出现偏差,这都要求目标规划与之相适应,需要在新的条件和情况下不断深入、细化,并可能需要对前一阶段的目标规划作出必要的修正或调整,真正成为目标控制的依据。由此可见,目标规划和计划与目标控制之间表现出一种交替出现的循环关系,但这种循环不是简单的重复,而是在新的基础上不断前进的循环,每一次循环都有新的内容、新的发展。

(2) 目标控制的效果在很大程度上取决于目标规划和计划的质量

应当说,目标控制的效果直接取决于目标控制的措施是否得力,是否将主动控制与被动控制有机地结合起来,以及采取控制措施的时间是否及时等。但是,目标控制的效果虽然是客观的,而人们对目标控制效果的评价却是主观的,通常是将实际结果与预定的目标和计划进行比较。如果出现较大的偏差,一般就认为控制效果较差;反之,则认为控制效果较好。从这个意义上讲,目标控制的效果很大程度上取决于目标规划和计划的质量。如果目标规划和计划制订得不合理,甚至根本不可能实现,则不仅难以客观地评价目标控制的效果,而且可能使目标控制人员丧失信心,难以发挥他们在目标控制工作方面的主动性、积极性和创造性,从而严重降低目标控制的效果。因此,为了提高并客观评价目标控制的效果,需要提高目标规划和计划的质量。为此,必须做好以下两方面工作:一是合理确定并分解目标。二是制订可行且优化的计划。

计划是对实现总目标的方法、措施和过程的组织和安排,是建设工程实施的依据和指南。通过计划,可以分析目标规划所确定的投资、进度、质量总目标是否平衡、能否实现。如果发现不平衡或不能实现,则必须修改目标。从这个意义上讲,计划不仅是对目标的实施,也是对目标的进一步论证。通过计划,可以按分解后的目标落实责任体系,调动和组织各方面人员为实现建设工程总目标共同工作。这表明,计划是许多更细、更具体的目标的组合。通过计划,通过科学的组织和安排,可以协调各单位、各专业之间的关系,充分利用时间和空间,最大限度地提高建设工程的整体效益。

制订计划首先要保证计划的可行性,即保证计划的技术、资源、经济和财务的可行性,保证建设工程的实施能够有足够的时间、空间、人力、物力和财力。为此,首先必须了解并认真分析拟建工程自身的客观规律性,在充分考虑工程的规模、技术复杂程度、质量水平、主要工作的逻辑关系等因素的前提下制订计划,切不可不合理地缩短工期和降低投资。其次,要充分考虑各种风险因素对计划实施的影响,留有一定的余地,例如,在投资总目标中预留风险费或不可预见费,在进度总目标中留有一定的机动时间等。另外,还要考虑业主的支付能力(资金筹措能力)、设备供应能力、管理和协调能力等。

在确保计划可行的基础上,还应根据一定的方法和原则力求计划优化。对计划的优化实际上是作多方案的技术经济分析和比较。当然,限于时间和人们对客观规律认识的局限性,最终制订的计划只是相对意义上最优的计划,而不可能是绝对意义上最优的计划。

计划制订得越明确、越完善,目标控制的效果就越好。

2) 目标控制的组织

由于建设工程目标控制的所有活动以及计划的实施都是由目标控制人员来实现的,因此,如果没有明确的控制机构和人员,目标控制就无法进行;或者虽然有明确的控制机构和人员,但其任务和职能分工不明确,目标控制就不能有效地进行。这表明,合理而有效的组织是目标控制的重要保障。目标控制的组织机构和任务分工越明确、越完善,目标控制的效果就越好。

为了有效地进行目标控制,需要做好以下几方面的组织工作:

① 设置目标控制机构;
② 配备合适的目标控制人员;
③ 落实目标控制机构和人员的任务和职能分工;
④ 合理组织目标控制的工作流程和信息流程。

6.2 工程项目目标系统

任何建设工程都有投资、进度、质量三大目标,这三大目标构成了建设工程的目标系统。为了有效地进行目标控制,必须正确认识和处理投资、进度、质量三大目标之间的关系,并且合理确定和分解这三大目标。

6.2.1 工程项目三大目标之间的关系

建设工程投资、进度(或工期)、质量三大目标两两之间存在既对立又统一的关系。对此,首先要弄清在什么情况下表现为对立的关系,在什么情况下表现为统一的关系。从建设工程业主的角度出发,往往希望该工程的投资少、工期短(或进度快)、质量好。如果采取某种措施可以同时实现其中两个要求(如既投资少又工期短)则该两个目标之间就是统一的关系;反之,如果只能实现其中一个要求(如工期短),而另一个要求不能实现(如质量差),则该两个目标(即工期和质量)之间就是对立的关系。以下具体分析建设工程三大目标之间的关系。

1) 工程项目三大目标之间的对立关系

工程项目三大目标之间的对立关系比较直观,易于理解。一般来说,如果对建设工程的功能和质量要求较高,就需要采用较好的工程设备和建筑材料,就需要投入较多的资金;同时,还需要精工细作,严格管理,不仅增加人力的投入(人工费相应增加),而且需要较长的建设时间。如果要加快进度,缩短工期,则需要加班加点或适当增加施工机械和人力,这将直接导致单位产品的费用上升,以及整个工程实施的各个环节之间产生脱节现象,增加控制和协调的难度,不仅有时可能"欲速不达",而且会对工程质量带来不利影响或留下工程质量隐患。如果要降低投资,就需要考虑降低功能和质量要求,采用较差或普通的工程设备和建筑材料;同时,只能按费用最低的原则安排进度计划,整个工程需要的建设时间就较长。应当说明的是,在这种情况下的工期其实是合理工期,只是相对于快进度情况下的工期而言,显得工期较长。

以上分析表明,工程项目三大目标之间存在对立的关系。因此,不能奢望投资、进度、质量三大目标同时达到"最优",即既要投资少,又要工期短,还要质量好。在确定建设工程目标时,不能将投资、进度、质量三大目标割裂开来,分别孤立地分析和论证,更不能片面强调某一目标而忽略其对其他两个目标的不利影响,而必须将投资、进度、质量三大目标作为一个系统统筹考虑,反复协调和平衡,力求实现整个目标系统最优。

2) 工程项目三大目标之间的统一关系

对于工程项目三大目标之间的统一关系,需要从不同的角度分析和理解。例如,加快进度、缩短工期虽然需要增加一定的投资,但是可以使整个建设工程提前投入使用,从而提早发挥投资效益,还能在一定程度上减少利息支出,如果提早发挥的投资效益超过因加快进度所增加的投资额度,则加快进度从经济角度来说就是可行的。如果提高功能和质量要求,虽然需要增加一次性投资,但是可能降低工程投入使用后的运行费用和维修费用,从全寿命费用分析的角度则是节约投资的;另外,在不少情况下,功能好、质量优的工程(如宾馆、商用办公楼)投入使用后的收益往往较高;此外,从质量控制的角度,如果在实施过程中进行严格的质量控制,保证实现工程预定的功能和质量要求(相对于由于质量控制不严而出现质量问题可认为是"质量好"),则不仅可减少实施过程中的返工费用,而且可以大大减少投入使用后的维修费用。另一方面,严格控制质量还能起到保证进度的作用。如果在工程实施过程中发现质量问题及时进行返工处理,虽然需要耗费时间,但可能只影响局部工作的进度,不影响整个工程的进度;或虽然影响整个工程的进度,但是比不及时返工而酿成重大工程质量事故对整个工程进度的影响要小,也比留下工程质量隐患到使用阶段才发现而不得不停止使用进行修理所造成的时间损失要小。

在确定建设工程目标时,应当对投资、进度、质量三大目标之间的统一关系进行客观的且尽可能定量的分析。在分析时要注意以下几方面问题:

(1) 掌握客观规律,充分考虑制约因素。例如,一般来说,加快进度、缩短工期所提前发挥的投资效益都超过加快进度所需要增加的投资,但不能由此而导出工期越短越好的错误结论,因为加快进度、缩短工期会受到技术、环境、场地等因素的制约(当然还要考虑对投资和质量的影响),不可能无限制地缩短工期。

(2) 对未来的、可能的收益不宜过于乐观。通常,当前的投入是现实的,其数额也是较为确定的,而未来的收益却是预期的、不确定的。例如,提高功能和质量要求所需要增加的投资可以很准确地计算出来,但今后的收益却受到市场供求关系的影响,如果届时同类工程(如五星级宾馆、智能化办公楼)供大于求,则预期收益就难以实现。

(3) 将目标规划和计划结合起来。如前所述,建设工程所确定的目标要通过计划的实施才能实现。如果建设工程进度计划制订得既可行又优化,使工程进度具有连续性、均衡性,则不但可以缩短工期,而且有可能获得较好的质量且耗费较低的投资。从这个意义上讲,优化的计划是投资、进度、质量三大目标统一的计划。

在对建设工程三大目标对立统一关系进行分析时,同样需要将投资、进度、质量三大目标作为一个系统统筹考虑,同样需要反复协调和平衡,力求实现整个目标系统最优也就是实现投资、进度、质量三大目标的统一。

6.2.2 工程项目目标的确定

1) 工程项目目标确定的依据

如前所述,目标规划是一项动态性工作,在建设工程的不同阶段都要进行,因而建设工程的目标并不是一经确定就不再改变的。由于建设工程不同阶段所具备的条件不同,目标确定的依据自然也就不同。一般来说,在施工图设计完成之后,目标规划的依据比较充分,目标规划的结果也比较准确和可靠。但是,对于施工图设计完成以前的各个阶段来说,建设工程数据库具有十分重要的作用,应予以足够的重视。

工程项目的目标规划总是由某个单位编制的,如设计院、监理公司或其他咨询公司。

这些单位都应当把自己承担过的建设工程的主要数据存入数据库。若某一地区或城市能建立本地区或本市的建设工程数据库，则可以在大范围内共享数据，从而大大提高目标确定的准确性和合理性。建立建设工程数据库，至少要做好以下几方面工作：

(1) 按照一定的标准对建设工程进行分类。通常按使用功能分类较为直观，也易于为人接受和记忆。例如，将建设工程分为道路、桥梁、房屋建筑等，房屋建筑还可进一步分为住宅、学校、医院、宾馆、办公楼、商场等。为了便于计算机辅助管理，当然还需要建立适当的编码体系。

(2) 对各类建设工程所可能采用的结构体系进行统一分类。例如，根据结构理论和我国目前常用的结构形式，可将房屋建筑的结构体系分为砖混结构、框架结构、框剪结构、筒体结构等；可将桥梁建筑分为钢箱梁吊桥、钢箱梁斜拉桥、钢筋混凝土斜拉桥、拱桥、中承式桁架桥、下承式桁架桥等。

(3) 数据既要有一定的综合性又要能足以反映建设工程的基本情况和特征。例如，除了工程名称、投资总额、总工期、建成年份等共性数据外，房屋建筑的数据还应有建筑面积、层数、柱距、基础形式、主要装修标准和材料等；桥梁建筑的数据还应有长度、跨度、宽度、高度(净高)等。工程内容最好能分解到分部工程，有些内容可能分解到单位工程已能满足需要。投资总额和总工期也应分解到单位工程或分部工程。

建设工程数据库对建设工程目标确定的作用，在很大程度上取决于数据库中与拟建工程相近的同类工程的数量。因此，建立和完善建设工程数据库需要经历较长的时间，在确定数据库的结构之后，数据的积累、分析就成为主要任务，也可能在应用过程中对已确定的数据库结构和内容还要作适当的调整、修正和补充。

2) 建设工程数据库的应用

要确定某一拟建工程的目标，首先必须大致明确该工程的基本技术要求，如工程类型、结构体系、基础形式、建筑高度、主要设备、主要装饰等。然后，在建设工程数据库中检索并选择尽可能相近的建设工程(可能有多个)，将其作为确定该拟建工程目标的参考对象。由于建设工程具有多样性和单件生产的特点，有时很难找到与拟建工程基本相同或相近的同类工程，因此，在应用建设工程数据库时，往往要对其中的数据进行适当的综合处理，必要时可将不同类型工程的不同分部工程加以组合。例如，若拟建造一座多功能综合办公楼，根据其基本的技术要求，可能在建设工程数据库中选择某银行的基础工程、某宾馆的主体结构工程、某办公楼的装饰工程和内部设施作为确定其目标的依据。

同时，要认真分析拟建工程的特点，找出拟建工程与已建类似工程之间的差异，并定量分析这些差异对拟建工程目标的影响，从而确定拟建工程的各项目标。

例如,南京市地铁二号线与地铁一号线(将地铁一号线作为建设工程数据库中的已建类似工程,地铁二号线作为拟建工程)总体上非常相似,但通过深入分析发现,地铁二号线的新街口站是与地铁一号线的交汇点,建在地铁一号线新街口站的上方,显然在技术上有其特殊要求;另外,地铁二号线需要穿越外秦淮河,这一段的区间隧道就与地铁一号线所有的区间隧道都不同,有必要参考其他的水下隧道工程,如上海地铁一号线的延安路隧道工程。而地铁二号线的其他车站和区间隧道工程则可参照地铁一号线的车站和区间隧道工程确定其目标,必要时可能还需要根据车站工程的规模大小和区间隧道工程的长度确定对应关系。在此基础上确定的地铁二号线的总目标就比较合理和可靠。

另外,建设工程数据库中的数据都是历史数据,由于拟建工程与已建工程之间存在"时间差",因而对建设工程数据库中的有些数据不能直接应用,而必须考虑时间因素和外部条件的变化,采取适当的方式加以调整。例如,对于投资目标,可以采用线性回归分析法或加权移动平均法进行预测分析,还可能需要考虑技术规范的发展对投资的影响;对于工期目标,需要考虑施工技术和方法以及施工机械的发展,还需要考虑法规变化对施工时间的限制,如不允许夜间施工等;对于质量目标,要考虑强制性标准的提高,如城市规划、环保、消防等方面的新规定。

由以上分析可知,建设工程数据库中的数据表面上是静止的,实际上是动态的(不断得到充实);表面上是孤立的,实际上内部有着非常密切的联系。因此,建设工程数据库的应用并不是一项简单的复制工作。要用好、用活建设工程数据库,关键在于客观分析拟建工程的特点和具体条件,并采用适当的方式加以调整,这样才能充分发挥建设工程数据库对合理确定拟建工程目标的作用。

3)工程项目目标的分解

为了在建设工程实施过程中有效地进行目标控制,仅有总目标还不够,还需要将总目标进行适当的分解。

(1)目标分解的原则

建设工程目标分解应遵循以下几个原则:

① 能分能合。这要求建设工程的总目标能够自上而下逐层分解,也能够根据需要自下而上逐层综合。这一原则实际上是要求目标分解要有明确的依据并采用适当的方式,避免目标分解的随意性。

② 按工程部位分解,而不按工种分解。这是因为建设工程的建造过程也是工程实体的形成过程,这样分解比较直观,而且可以将投资、进度、质量三大目标联系起来,也便于对偏差原因进行分析。

③ 区别对待,有粗有细。根据建设工程目标的具体内容、作用和所具备的数据,目标分解的粗细程度应当有所区别。例如,在建设工程的总投资构成中,有些费用数额大,占总投资的比例大,而有些费用则相反。从投资控制工作的要求来

看,重点在于前一类费用。因此,对前一类费用应当尽可能分解得细一些、深一些;而对后一类费用则分解得粗一些、浅一些。另外,有些工程内容的组成非常明确、具体(如建筑工程、设备等),所需要的投资和时间也较为明确,可以分解得很细;而有些工程内容则比较笼统,难以详细分解。因此,对不同工程内容目标分解的层次或深度,不必强求一律,要根据目标控制的实际需要和可能来确定。

④ 有可靠的数据来源。目标分解本身不是目的而是手段,是为目标控制服务的。目标分解的结果是形成不同层次的分目标,这些分目标就成为各级目标控制组织机构和人员进行目标控制的依据。如果数据来源不可靠,分目标就不可靠,就不能作为目标控制的依据。因此,目标分解所达到的深度应当以能够取得可靠的数据为原则,并非越深越好。

⑤ 目标分解结构与组织分解结构相对应。如前所述,目标控制必须要有组织加以保障,要落实到具体的机构和人员,因而就存在一定的目标控制组织分解结构。只有使目标分解结构与组织分解结构相对应,才能进行有效的目标控制。当然,一般而言,目标分解结构较细、层次较多,而组织分解结构较粗、层次较少,目标分解结构在较粗的层次上应当与组织分解结构一致。

(2) 目标分解的方式

建设工程的总目标可以按照不同的方式进行分解。对于建设工程投资、进度、质量三个目标来说,目标分解的方式并不完全相同,其中,进度目标和质量目标的分解方式较为单一,而投资目标的分解方式较多。

按工程内容分解是建设工程目标分解最基本的方式,适用于投资、进度、质量三个目标的分解,但是,三个目标分解的深度不一定完全一致。一般来说,将投资、进度、质量三个目标分解到单项工程和单位工程是比较容易办到的,其结果也是比较合理和可靠的。在施工图设计完成之前,目标分解至少都应当达到这个层次。至于是否分解到分部工程和分项工程,一方面取决于工程进度所处的阶段、资料的详细程度、设计所达到的深度等,另一方面还取决于目标控制工作的需要。

建设工程的投资目标还可以按总投资构成内容和资金使用时间(即进度)分解。

6.3 工程项目目标控制的含义

工程项目投资、进度、质量控制的含义既有区别,又有内在联系和共性。本节将从目标、系统控制、全过程控制和全方位控制四个方面来分别阐述建设工程投资、进度、质量控制含义的具体内容。

6.3.1 工程项目投资控制的含义

1) 工程项目投资控制的目标

工程项目投资控制的目标,就是通过有效的投资控制工作和具体的投资控制措施,在满足进度和质量要求的前提下,力求使工程实际投资不超过计划投资。这一目标可用图6.11表示。

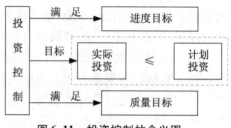

图6.11 投资控制的含义图

"实际投资不超过计划投资"可能表现为以下几种情况:

(1) 在投资目标分解的各个层次上,实际投资均不超过计划投资。这是最理想的情况,是投资控制追求的最高目标。

(2) 在投资目标分解的较低层次上,实际投资在有些情况下超过计划投资,在大多数情况下不超过计划投资,因而在投资目标分解的较高层次上,实际投资不超过计划投资。

(3) 实际总投资未超过计划总投资,在投资目标分解的各个层次上,都出现实际投资超过计划投资的情况,但在大多数情况下实际投资未超过计划投资。

后两种情况虽然存在局部的超投资现象,但建设工程的实际总投资未超过计划总投资,因而仍然是令人满意的结果。何况,出现这种现象,除了投资控制工作和措施存在一定的问题、有待改进和完善之外,还可能是由于投资目标分解不尽合理所造成的,而投资目标分解绝对合理又是很难做到的。

2) 系统控制

从上述建设工程投资控制的目标可知,投资控制是与进度控制和质量控制同时进行的,它是针对整个建设工程目标系统所实施的控制活动的一个组成部分,在实施投资控制的同时需要满足预定的进度目标和质量目标。因此,在投资控制的过程中,要协调好与进度控制和质量控制的关系,做到三大目标控制的有机配合和相互平衡,而不能片面强调投资控制。如前所述,目标规划时对投资、进度、质量三大目标进行了反复协调和平衡,力求实现整个目标系统最优。如果在投资控制的过程中破坏了这种平衡,也就破坏了整个目标系统,即使投资控制的效果看起来较好或很好,但其结果肯定不是目标系统最优。

从这个基本思想出发,当采取某项投资控制措施时,如果某项措施会对进度目标和质量目标产生不利的影响,就要考虑是否还有别的更好的措施,要慎重决策。例如,采用限额设计进行投资控制时,一方面要力争使整个工程总的投资估算额控制在投资限额之内,同时又要保证工程预定的功能、使用要求和质量标准。又如,当发现实际投资已经超过计划投资之后,为了控制投资,不能简单地删减工程内容或降低设计标准,即使不得已而这样做,也要慎重选择被删减或降低设计标准的具体工程内容,力求使减少投资对工程质量的影响减少到最低程度。这种协调工作在投资控制过程中是绝对不可缺少的。

简而言之,系统控制的思想就是要实现目标规划与目标控制之间的统一,实现三大目标控制的统一。

3) 全过程控制

所谓全过程,主要是指建设工程实施的全过程,也可以是工程建设全过程。建设工程的实施阶段包括设计阶段(含设计准备)、招标阶段、施工阶段以及竣工验收和保修阶段。在这几个阶段中都要进行投资控制,但从投资控制的任务来看,主要集中在前三个阶段。

建设工程的实施过程,一方面表现为实物形成过程,即其生产能力和使用功能的形成过程,这是看得见的;另一方面则表现为价值形成过程,即其投资的不断累加过程,这是算得出的。这两种过程对建设工程的实施来说都是很重要的,而从投资控制的角度来看,较为关心的则是后一种过程。

需要特别指出的是,在建设工程实施过程中,累计投资在设计阶段和招标阶段缓慢增加,进入施工阶段后则迅速增加,到施工后期,累计投资的增加又趋于平缓。另一方面,节约投资的可能性(或影响投资的程度)从设计阶段到施工开始前迅速降低,其后的变化就相当平缓了。累计投资和节约投资可能性的上述特征可用图 6.12 表示。

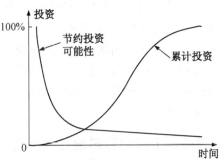

图 6.12 累计投资和节约投资可能性曲线图

图 6.12 表明,虽然建设工程的实际投资主要发生在施工阶段,但节约投资的可能性却主要在施工以前的阶段,尤其是在设计阶段。当然,所谓节约投资的可能性,是以进行有效的投资控制为前提的,如果投资控制的措施不得力,则变为浪费投资的可能性了。

因此,所谓全过程控制,要求从设计阶段就开始进行投资控制,并将投资控制工作贯穿于建设工程实施的全过程,直至整个工程建成且延续到保修期结束。在明确全过程控制的前提下,还要特别强调早期控制的重要性,越早进行控制,投资控制的效果越好,节约投资的可能性越大。如果能实现工程建设全过程投资控制,效果应当更好。

4) 全方位控制

对投资目标进行全方位控制,包括两种含义:一是对按工程内容分解的各项投资进行控制,即对单项工程、单位工程,乃至分部分项工程的投资进行控制;二是对按总投资构成内容分解的各项费用进行控制,即对建筑安装工程费用、设备和工器具购置费用以及工程建设其他费用等都要进行控制。通常,投资目标的全方位控制主要是指上述第二种含义。

在对建设工程投资进行全方位控制时,应注意以下两个问题:

一是要认真分析建设工程及其投资构成的特点,了解各项费用的变化趋势和影响因素。控制工作要抓主要矛盾、有所侧重。不同建设工程的各项费用占总投资的比例不同,例如,普通民用建筑工程的建筑工程费用占总投资的大部分,工艺复杂的工业项目以设备购置费用为主,智能化大厦的装饰工程费用和设备购置费用占主导地位,都应分别作为该类建设工程投资控制的重点。再例如,根据我国的统计资料,工程建设其他费用一般不超过总投资的10%。但这是综合资料,对于特定建设工程来说,可能远远超过这个比例,如上海南浦大桥的动拆迁费用高达4亿元人民币,约占总投资的一半。这些变化非常值得引起投资控制人员重视,而且这些费用相对于结构工程费用而言,有较大的节约投资的"空间"。只要思想重视且方法适当,往往能取得较为满意的投资控制效果。

二是要根据各项费用的特点选择适当的控制方式。例如,建筑工程费用可以按照工程内容分解得很细,其计划值一般较为准确,而其实际投资是连续发生的,因而需要经常定期地进行实际投资与计划投资的比较;安装工程费用有时并不独立,或与建筑工程费用合并,或与设备购置费用合并,或兼而有之,需要注意鉴别;设备购置费用有时需要较长的订货周期和一定数额的定金,必须充分考虑利息的支付,等等。

6.3.2 工程项目进度控制的含义

1) 工程项目进度控制的目标

工程项目进度控制的目标可以表达为:通过有效的进度控制工作和具体的进度控制措施,在满足投资和质量要求的前提下,力求使工程实际工期不超过计划工期。但是,进度控制往往更强调对整个建设工程计划总工期的控制,因而上述"工程实际工期不超过计划工期"相应地就表达为"整个建设工程按计划的时间动用",对于工业项目来说,就是要按计划时间达到负荷联动试车成功,而对于民用项目来说,就是要按计划时间交付使用。

由于进度计划的特点,"实际工期不超过计划工期"的表现不能简单照搬投资控制目标中的表述。进度控制的目标能否实现,主要取决于处在关键线路上的工程内容能否按预定的时间完成。当然,同时也要不发生非关键线路上的工作延误而成为关键线路的情况。

在大型、复杂建设工程的实施过程中,总会不同程度地发生局部工期延误的情况。这些延误对进度目标的影响应当通过网络计划定量计算。局部工期延误的严重程度与其对进度目标的影响程度之间并无直接的联系,更不存在某种等值或等比例的关系,这是进度控制与投资控制的重要区别,也是在进度控制工作中要加以充分利用的特点。

2) 系统控制

进度控制的系统控制思想与投资控制基本相同,但其具体内容和表现有所不同。

在采取进度控制措施时,要尽可能采取可对投资目标和质量目标产生有利影响的进度控制措施,例如,完善的施工组织设计,优化的进度计划等。相对于投资控制和质量控制而言,进度控制措施可能对其他两个目标产生直接的有利作用,这一点显得尤为突出,应当予以足够的重视并加以充分利用,以提高目标控制的总体效果。

当然,采取进度控制措施也可能对投资目标和质量目标产生不利影响。一般来说,局部关键工作发生工期延误但延误程度尚不严重时,通过调整进度计划来保证进度目标是比较容易做到的,例如可以采取加班加点的方式,或适当增加施工机械和人力的投入。这时,就会对投资目标产生不利影响,而且由于夜间施工或施工速度过快,也可能对质量目标产生不利影响。因此,当采取进度控制措施时,不能仅仅保证进度目标的实现却不顾投资目标和质量目标,而应当综合考虑三大目标。根据工程进展的实际情况和要求以及进度控制措施选择的可能性,有以下三种处理方式:

(1) 在保证进度目标的前提下,将对投资目标和质量目标的影响减少到最低程度;

(2) 适当调整进度目标(延长计划总工期),不影响或基本不影响投资目标和质量目标;

(3) 介于上述两者之间。

3) 全过程控制

关于进度控制的全过程控制,要注意以下三方面问题:

(1) 在工程建设的早期就应当编制进度计划。为此,首先要澄清将进度计划狭隘地理解为施工进度计划的模糊认识;其次要纠正工程建设早期由于资料详细程度不够且可变因素很多而无法编制进度计划的错误观念。

业主方整个建设工程的总进度计划包括的内容很多,除了施工之外,还包括前期工作(如征地、拆迁、施工场地准备等)、勘察、设计、材料和设备采购、动用前准备等。由此可见,业主方的总进度计划对整个建设工程进度控制的作用是何等重要。工程建设早期所编制的业主方总进度计划不可能也没有必要达到承包商施工进度计划的详细程度,但也应达到一定的深度和细度,而且应当掌握"远粗近细"的原则,即对于远期工作,如工程施工、设备采购等,在进度计划中显得比较粗略,可能只反映到分部工程,甚至只反映到单位工程或单项工程;而对于近期工作,如征地、拆迁、勘察、设计等，在进度计划中就显得比较具体。而所谓"远"和"近"是相对概念，随着工程的进展，最初的远期工作就变成了近期工作，进度计划也应当相应地深化和细化。

在工程建设早期编制进度计划，是早期控制思想在进度控制中的反映。越早进行控制，进度控制的效果越好。

（2）在编制进度计划时要充分考虑各阶段工作之间的合理搭接。建设工程实施各阶段的工作是相对独立的，但不是截然分开的，在内容上有一定的联系，在时间上有一定的搭接。例如，设计工作与征地、拆迁工作搭接，设备采购和工程施工与设计搭接，装饰工程和安装工程的施工与结构工程施工搭接，等等。搭接时间越长，建设工程的总工期就越短。但是，搭接时间与各阶段工作之间的逻辑关系有关，都有其合理的限度。因此，合理确定具体的搭接工作内容和搭接时间，也是进度计划优化的重要内容。

（3）抓好关键线路的进度控制。进度控制的重点对象是关键线路上的各项工作，包括关键线路变化后的各项关键工作，这样可取得事半功倍的效果。由此也可看出工程建设早期编制进度计划的重要性。如果没有进度计划，就不知道哪些工作是关键工作，进度控制工作就没有重点，精力分散，甚至可能对关键工作控制不力，而对非关键工作却全力以赴，结果是事倍功半。当然，对于非关键线路的各项工作，要确保其不要延误后而变为关键工作。

4）全方位控制

对进度目标进行全方位控制要从以下几个方面考虑：

（1）对整个建设工程所有工程内容的进度都要进行控制，除了单项工程、单位工程之外，还包括区内道路、绿化、配套工程等的进度。这些工程内容都有相应的进度目标，应该尽可能将它们的实际进度控制在进度目标之内。

（2）对整个建设工程所有工作内容都要进行控制。建设工程的各项工作，诸如征地、拆迁、勘察、设计、施工招标、材料和设备采购、施工、动用前准备等，都要有进度控制的任务。这里，要注意与全过程控制的有关内容相区别。在全过程控制的分析中，对这些工作内容侧重从各阶段工作关系和总进度计划编制的角度进行阐述。而在全方位控制的分析中，则是侧重从这些工作本身的进度控制进行阐述，可以说是同一问题的两个方面。实际的进度控制，往往既表现为对工程内容进度的控制，又表现为对工作内容进度的控制。

（3）对影响进度的各种因素都要进行控制。建设工程的实际进度受到很多因素的影响，例如，施工机械数量不足或出现故障；技术人员和工人的素质和能力低下；建设资金缺乏，不能按时到位；材料和设备不能按时、按质、按量供应；施工现场组织管理混乱，多个承包商之间施工进度不够协调；出现异常的工程地质、水文气候条件；还可能出现政治、社会等风险。要实现有效的进度控制，必须对上述影响进度的各种因素都要进行控制,采取措施减少或避免这些因素对进度的影响。

(4) 注意各方面工作进度对施工进度的影响。任何建设工程最终都是通过施工将其建造起来。从这个意义上讲,施工进度作为一个整体,肯定是在总进度计划中的关键线路上,任何导致施工进度拖延的情况,都将导致总进度的拖延。而施工进度的拖延往往是其他方面工作进度的拖延引起的。因此,要考虑围绕施工进度的需要来安排其他方面的工作进度。例如,根据工程开工时间和进度要求安排好动拆迁移和设计进度计划,必要时可分阶段提供施工场地和施工图纸;又如,根据结构工程和装饰工程施工进度的需要安排材料采购进度计划,根据安装工程进度的需要安排设备采购进度计划,等等。这样说,并不是否认其他工作进度计划的重要性,而恰恰相反,这正说明了全方位进度控制的重要性和业主方总进度计划的重要性。

5) 进度控制的特殊问题

组织协调与控制是密切相关的,都是为实现建设工程目标服务的。在建设工程三大目标控制中,组织协调对进度控制的作用最为突出且最为直接,有时甚至能取得常规控制措施难以达到的效果。因此,为了有效地进行进度控制,必须做好与有关单位的协调工作。有关组织协调的具体内容见第4章第5节。

6.3.3 工程项目质量控制的含义

1) 工程项目质量控制的目标

工程项目质量控制的目标,就是通过有效的质量控制工作和具体的质量控制措施,在满足投资和进度要求的前提下,实现工程预定的质量目标。

这里,有必要明确建设工程质量目标的含义。

工程项目的质量首先必须符合国家现行的关于工程质量的法律、法规、技术标准和规范等的有关规定,尤其是强制性标准的规定。这实际上也就明确了对设计、施工质量的基本要求。从这个角度讲,同类建设工程的质量目标具有共性,不因其业主、建造地点以及其他建设条件的不同而不同。

工程项目的质量目标又是通过合同加以约定的,其范围更广、内容更具体。任何建设工程都有其特定的功能和使用价值。由于建设工程都是根据业主的要求而兴建,不同的业主有不同的功能和使用价值要求,即使是同类建设工程,具体的要求也不同。因此,建设工程的功能与使用价值的质量目标是相对于业主的需要而言,并无固定和统一的标准。从这个角度讲,建设工程的质量目标都具有个性。

因此,工程项目质量控制的目标就要实现以上两方面的工程质量目标。由于工程共性质量目标一般都有严格、明确的规定,因而质量控制工作的对象和内容都比较明确,也可比较准确、客观地评价质量控制的效果。而工程个性质量目标具有一定的主观性,有时没有明确、统一的标准,因而质量控制工作的对象和内容较难把握,对质量控制效果的评价与评价方法和标准密切相关。因此,在建设工程的质量控制工作中,要注意对工程个性质量目标的控制,最好能预先明确控制效果定量评价的方法和标准。另外,对于合同约定的质量目标,必须保证不得低于国家强制性质量标准的要求。

2) 系统控制

建设工程质量控制的系统控制应从以下几方面考虑:

(1) 避免不断提高质量目标的倾向。建设工程的建设周期较长,随着技术、经济水平的发展,会不断出现新设备、新工艺、新材料、新理念等,在工程建设早期(如可行性研究阶段)所确定的质量目标,到设计阶段和施工阶段有时就显得相对滞后。不少业主往往要求相应地提高质量标准,这样势必要增加投资,而且由于要修改设计、重新制订材料和设备采购计划,甚至将已经施工完毕的部分工程拆毁重建,也会影响进度目标的实现。因此,要避免这种倾向,首先,在工程建设早期确定质量目标时要有一定的前瞻性;其次,对质量目标要有一个理性的认识,不要盲目追求"最新""最高""最好"等目标;再次,要定量分析提高质量目标后对投资目标和进度目标的影响。在这个前提下,即使确实有必要适当提高质量标准,也要把对投资目标和进度目标的不利影响减少到最低程度。

(2) 确保基本质量目标的实现。建设工程的质量目标关系到生命安全、环境保护等社会问题,国家有相应的强制性标准。因比,不论发生什么情况,也不论在投资和进度方面要付出多大的代价,都必须保证建设工程安全可靠、质量合格的目标予以实现。当然,如果投资代价太大而无法承受,可以放弃不建。另外,建设工程都有预定的功能,若无特殊原因,也应确保实现。严格地说,改变功能或删减功能后建成的建设工程与原定功能的建设工程是两个不同的工程,不宜直接比较,有时也难以评价其目标控制的效果。还需要说明的是,有些建设工程质量标准的改变可能直接导致其功能的改变。例如,原定的一条一级公路,由于质量控制不力,只达到二级公路的标准,就不仅是质量标准的降低,而本质是功能的改变。这不仅将大大降低其通车能力,而且也将大大降低其社会效益。

(3) 尽可能发挥质量控制对投资目标和进度目标的积极作用。这点已在本章第二节关于三大目标之间统一关系的内容中说明,此处不再赘述。

3) 全过程控制

建设工程总体质量目标的实现与工程质量的形成过程息息相关,因而必须对工程质量实行全过程控制。

建设工程的每个阶段都对工程质量的形成起着重要的作用,但各阶段关于质量问题的侧重点不同:在设计阶段,主要是解决"做什么"和"如何做"的问题,使建设工程总体质量目标具体化;在施工招标阶段,主要是解决"谁来做"的问题,使工程质量目标的实现落实到承包商;在施工阶段,通过施工组织设计等文件,进一步解决"如何做"的问题,通过具体的施工解决"做出来"的问题,使建设工程形成实体,将工程质量目标物化地体现出来;在竣工验收阶段,主要是解决工程实际质量是否符合预定质量的问题;而在保修阶段,则主要是解决已发现的质量缺陷问题。因此,应当根据建设工程各阶段质量控制的特点和重点,确定各阶段质量控制的目标和任务,以便实现全过程质量控制。

在建设工程的各个阶段中,设计阶段和施工阶段的持续时间较长,这两个阶段工作的"过程性"也尤为突出。例如,设计工作分为方案设计、初步设计和技术设计、施工图设计,设计过程就表现为设计内容不断深化和细化的过程。如果等施工图设计完成后才进行审查,一旦发现问题,造成的损失后果就很严重。因此,必须对设计质量进行全过程控制,也就是将对设计质量的控制落实到设计工作的过程中。又如,房屋建筑的施工阶段一般又分为基础工程、上部结构工程、安装工程和装饰工程等几个阶段,各阶段的工程内容和质量要求有明显区别,相应地对质量控制工作的具体要求也有所不同。因此,对施工质量也必须进行全过程控制,要把对施工质量的控制落实到施工各阶段的过程中。

还要说明的是,建设工程建成后,不可能像某些工业产品那样,可以拆卸或解体来检查内在的质量。这表明,建设工程竣工检验时难以发现工程内在的、隐蔽的质量缺陷,因而必须加强施工过程中的质量检验。而且,在建设工程施工过程中,由于工序交接多、中间产品多、隐蔽工程多,若不及时检查,就可能将已经出现的质量问题被下道工序掩盖,将不合格产品误认为合格产品,从而留下质量隐患。这都说明对建设工程质量进行全过程控制的必要性和重要性。

4)全方位控制

对建设工程质量进行全方位控制应从以下几方面着手:

(1)对建设工程所有工程内容的质量进行控制。建设工程是一个整体,其总体质量是各个组成部分质量的综合体现,也取决于具体工程内容的质量。如果某项工程内容的质量不合格,即使其余工程内容的质量都很好,也可能导致整个建设工程的质量不合格。因此,对建设工程质量的控制必须落实到每一项工程内容,只有确实实现了各项工程内容的质量目标,才能保证实现整个建设工程的质量目标。

(2)对建设工程质量目标的所有内容进行控制。建设工程的质量目标包括许多具体的内容,例如,从外在质量、工程实体质量、功能和使用价值质量等方面可分为美观性、与环境协调性、安全性、可靠性、适用性、灵活性、可维修性等目标,还可以分为更具体的目标。这些具体质量目标之间有时也存在对立统一的关系,在质量控制工作中要注意加以妥善处理。这些具体质量目标是否实现或实现的程度如何,又涉及评价方法和标准。此外,对功能和使用价值质量目标要予以足够的重视,因为该质量目标的确很重要,而且其控制对象和方法与对工程实体质量的控制不同。为此,要特别注意对设计质量的控制,要尽可能地作多方案的比较。

（3）对影响建设工程质量目标的所有因素进行控制。影响建设工程质量目标的因素很多，可以从不同的角度加以归纳和分类。例如，可以将这些影响因素分为人、机械、材料、方法和环境五个方面。质量控制的全方位控制，就是要对这五方面因素都进行控制。

5）质量控制的特殊问题

质量控制还有两个特殊问题要加以说明。

（1）对建设工程质量实行三重控制

由于建设工程质量的特殊性，需要对其从三方面加以控制。①实施者自身的质量控制，这是从产品生产者角度进行的质量控制；②政府对工程质量的监督，这是从社会公众角度进行的质量控制；③监理单位的质量控制，这是从业主角度或者说是从产品需求者角度进行的质量控制。对于建设工程质量，加强政府的质量监督和监理单位的质量控制是非常必要的，但决不能因此而淡化或弱化实施者自身的质量控制。

（2）工程质量事故处理

工程质量事故在建设工程实施过程中具有多发性特点。诸如基础不均匀沉降、混凝土强度不足、屋面渗漏、建筑物倒塌，乃至一个建设工程整体报废等都有可能发生。如果说，拖延的工期、超额的投资还可能在以后的实施过程中挽回的话，那么，工程质量一旦不合格，就成了既定事实。不合格的工程，绝不会随着时间的推移而自然变成合格工程。因此，对于不合格工程必须及时返工或返修，达到合格后才能进入下一工序、才能交付使用。否则，拖延的时间越长，所造成的损失后果越严重。

由于工程质量事故具有多发性特点，因此，应当对工程质量事故予以高度重视。从设计、施工以及材料和设备供应等多方面入手，进行全过程、全方位的质量控制，特别要尽可能做到主动控制、事前控制。在实施建设监理的工程上，减少一般性工程质量事故，杜绝工程质量重大事故，应当说是最基本的要求。为此，不但监理单位要加强对工程质量事故的预控和处理，而且要加强工程实施者自身的质量控制，把减少和杜绝工程质量事故的具体措施落实到工程实施过程之中，落实到每一工序之中。

6.4 工程项目目标控制的任务和措施

6.4.1 工程项目设计阶段和施工阶段的特点

在工程项目实施的各个阶段中，设计阶段和施工阶段目标控制任务的内容最多,目标控制工作持续的时间最长。可以认为,设计阶段和施工阶段是建设工程目标全过程控制中的两个主要阶段。正确认识设计阶段和施工阶段的特点,对于正确确定设计阶段和施工阶段目标控制的任务和措施,具有十分重要的意义。

1) 设计阶段的特点

设计阶段的特点主要表现在以下几方面:

(1) 设计工作表现为创造性的脑力劳动

设计的创造性主要体现在如何因时、因地根据实际情况解决具体的技术问题。在设计阶段,所消耗的主要是设计人员的活劳动,而且主要是脑力劳动。随着计算机辅助设计(CAD)技术的不断发展,设计人员将主要从事设计工作中创造性劳动的部分。脑力劳动的时间是外在的、可以量度的,但脑力劳动的强度却是内在的、难以量度的。设计劳动投入量与设计产品的质量之间并没有必然的联系。何况,建筑设计往往需要灵感,冥思苦想未必能创造出优秀的设计产品,而优秀的设计产品也未必消耗了大量的设计劳动量。因此,不能简单地以设计工作的时间消耗量作为衡量设计产品价值量的尺度,也不能以此作为判断设计产品质量的依据。

(2) 设计阶段是决定建设工程价值和使用价值的主要阶段

在设计阶段,通过设计工作使建设工程的规模、标准、组成、结构、构造等各方面都确定下来,从而也就基本确定了建设工程的价值。例如,主要的物化劳动价值通过材料和设备的确定而确定下来;设计工作的活劳动价值在此阶段已经形成,而施工安装的活劳动价值的大小也由于设计的完成而能够估算出来。因此,在设计阶段已经可以基本确定整个建设工程的价值,其精确度取决于设计所达到的深度和设计文件的完善程度。

另一方面,任何建设工程都有预定的基本功能,这些基本功能只有通过设计才能具体化、细化。例如,对于宾馆来说,除了要确定房间数、床位数之外,还要设有各种规格、大小的会议室、餐厅、娱乐设施、健身设施和场所、商务用房、车库或停车场地等。正是这些具体功能的不同组合,形成了一个个与其他同类工程不同的建设工程,而正是这些不同功能建设工程的组合,形成了人类生存和发展的基本空间。这不仅体现了设计工作决定建设工程使用价值的重要作用,也是设计工作的魅力所在。

(3) 设计阶段是影响建设工程投资的关键阶段

建设工程实施各个阶段影响投资的程度是不同的。总的趋势是,随着各阶段设计工作的进展,建设工程的范围、组成、功能、标准、结构形式等内容一步步明确,可以优化的内容越来越少,优化的限制条件却越来越多,各阶段设计工作对投资的影响程度逐步下降。其中,方案设计阶段影响最大,初步设计阶段次之,施工图设计阶段影响已明显降低,到施工开始时,影响投资的程度只有10%左右。由此可见,与施工阶段相比,设计阶段是影响建设工程投资的关键阶段;与施工图设计阶段相比,方案设计阶段和初步设计阶段是影响建设工程投资的关键阶段。

如前所述,这里所说的"影响投资的程度"是一个中性的表达,如果投资控制效果好,就表现为节约投资的可能性;反之,则表现为浪费投资的可能性。需要强调的是,这里所说的"节约投资"不能仅从投资的绝对数额上理解,不能由此得出投资额越少,设计效果就越好的结论。所谓节约投资,是相对于建设工程通过设计所实现的具体功能、使用价值而言,应从价值工程和全寿命费用的角度来理解。

（4）设计工作需要反复协调

建设工程的设计工作需要进行多方面的反复协调。

① 建设工程的设计涉及许多不同的专业领域,例如,对房屋建筑工程来说,涉及建筑、结构、给水排水、采暖通风、强电弱电、声学光学等专业,需要进行专业化分工和协作,同时又要求高度的综合性和系统性,因而需要在同一设计阶段各专业设计之间进行反复协调,以避免和减少设计上的矛盾。一个局部看来优秀的专业设计,如果与其他专业设计不协调,就必须作适当的修改。因此,在设计阶段要正确处理个体劳动与集体劳动之间的关系,每一个专业设计都要考虑来自其他专业的制约条件,也要考虑对其他专业设计的影响,这往往表现为一个反复协调的过程。

② 建设工程的设计是由方案设计到施工图设计不断深化的过程。各阶段设计的内容和深度要求都有明确的规定。下一阶段设计要符合上一阶段设计的基本要求,而随着设计内容的进一步深入,可能会发现上一阶段设计中存在某些问题,需要进行必要的修改。因此,在设计过程中,还要在不同设计阶段之间进行纵向的反复协调。从设计内容上看,这种纵向协调可能是同一专业之间的协调,也可能是不同专业之间的协调。

③ 建设工程的设计还需要与外部环境因素进行反复协调,在这方面主要涉及与业主需求和政府有关部门审批工作的协调。在设计工作开始之前,业主对建设工程的需求通常是比较笼统、比较抽象的。随着设计工作的不断深入,已完成的阶段性设计成果可能使业主的需求逐渐清晰化、具体化,而其清晰、具体的需求可能与已完成的设计内容发生矛盾,从而需要在设计与业主需求之间进行反复协调。虽然从为业主服务的角度,应当尽可能通过修改设计满足和实现业主变化了的需求,但是,从建设工程目标控制的角度,对业主不合理的需求不能一味迁就,应当通过充分的分析和论证说服业主。要做到这一点往往很困难,需要与业主反复协调。另外,与政府有关部门审批工作的协调相对比较简单,因为在这方面都有明确的规定,比较好把握。但是也可能存在对审批内容或规定理解分歧、对审批程序执行不规范、审批工作效率不高等问题,从而也需要进行反复协调。

（5）设计质量对建设工程总体质量有决定性影响

在设计阶段，通过设计工作将建设工程的总体质量目标进行具体落实，工程实体的质量要求、功能和使用价值质量要求等都已确定下来，工程内容和建设方案也都十分明确。从这个角度讲，设计质量在相当程度上决定了整个建设工程的总体质量。一个设计质量不佳的工程，无论其施工质量如何出色，都不可能成为总体质量优秀的工程；而一个总体质量优秀的工程，必然是设计质量上佳的工程。

实践表明，在已建成的建设工程中，质量问题突出且造成巨大损失的主要体现为功能不齐全、使用价值不高，不能满足业主和使用者对建设工程功能和使用价值的要求。其中，有的工程的实际生产能力长期达不到设计的水平；有的工程严重污染周围环境，影响公众正常的生产和生活；有的工程设计与建设条件脱节，造成投资大幅度增加，工期也大幅度延长；而有的工程空间和平面布置不合理，既不便于生产又不便于生活等。

另一方面，建设工程实体质量的安全性、可靠性在很大程度上取决于设计的质量。在那些发生严重工程质量事故的建设工程中，由于设计不当或错误所引起的事故占有相当大的比例。对于普通的工程质量问题，也存在类似情况。

2）施工阶段的特点

这里主要从与前述设计阶段特点相对应的角度来分析施工阶段的特点。

（1）施工阶段是以执行计划为主的阶段

进入施工阶段，建设工程目标规划和计划的制订工作基本完成，余下的主要工作是伴随着控制而进行的计划调整和完善。因此，施工阶段是以执行计划为主的阶段。就具体的施工工作来说，基本要求是"按图施工"，这也可以理解为是执行计划的一种表现，因为施工图纸是设计阶段完成的，是用于指导施工的主要技术文件。这表明，在施工阶段，创造性劳动较少。但是对于大型、复杂的建设工程来说，其施工组织设计（包括施工方案）对创造性劳动的要求相当高，某些特殊的工程构造也需要创造性的施工劳动才能完成。

（2）施工阶段是实现建设工程价值和使用价值的主要阶段

设计过程也创造价值，但在建设工程总价值中所占的比例很小，建设工程的价值主要是在施工过程中形成的。在施工过程中，一方面，各种建筑材料、构配件的价值，固定资产的折旧价值随着其自身的消耗而不断转移到建设工程中去，构成其总价值中的转移价值；另一方面，劳动者通过活劳动为自己和社会创造出新的价值，构成建设工程总价值中的活劳动价值或新增价值。

施工是形成建设工程实体、实现建设工程使用价值的过程。设计所完成的建设工程只是阶段产品，而且只是"纸上产品"，而不是实物产品，只是为施工提供了图纸并确定了施工的具体对象。施工就是根据设计图纸和有关设计文件的规定，将施工对象由设想变为现实,由"纸上产品"变为实际的、可供使用的建设工程的物质生产活动。虽然建设工程的使用价值从根本上说是由设计决定的,但是如果没有正确的施工,就不能完全按设计要求实现其使用价值。对于某些特殊的建设工程来说,能否解决施工中的特殊技术问题,能否科学地组织施工,往往成为其设计所预期的使用价值能否实现的关键。

(3) 施工阶段是资金投入量最大的阶段

显然,建设工程价值的形成过程,也是其资金不断投入的过程。既然施工阶段是实现建设工程价值的主要阶段,自然也是资金投入量最大的阶段。

由于建设工程的投资主要是在施工阶段"花"出去的,因而要合理确定资金筹措的方式、渠道、数额、时间等,在满足工程资金需要的前提下,尽可能减少资金占用的数量和时间,从而降低资金成本。另外,在施工阶段,业主经常面对大量资金的支出,往往特别关心、甚至直接参与投资控制工作,对投资控制的效果也有直接、深切的感受。因此,在实践中往往把施工阶段作为投资控制的重要阶段。

需要指出的是,虽然施工阶段影响投资的程度只有10%左右,但其绝对数额还是相当可观的。而且,这时对投资的影响基本上是从投资数额上理解,而较少考虑价值工程和全寿命费用,因而是非常现实和直接的。应当看到,在施工阶段,在保证施工质量、保证实现设计所规定的功能和使用价值的前提下,仍然存在通过优化的施工方案来降低物化劳动和活劳动消耗,从而降低建设工程投资的可能性。何况,10%这一比例是平均数,对具体的建设工程来说,在施工阶段降低投资的幅度有可能大大超过这一比例。

(4) 施工阶段需要协调的内容多

在施工阶段,既涉及直接参与工程建设的单位,而且还涉及不直接参与工程建设的单位,需要协调的内容很多。例如,设计与施工的协调,材料和设备供应与施工的协调,结构施工与安装和装修施工的协调,总包商与分包商的协调,等等;还可能需要协调与政府有关管理部门、工程毗邻单位之间的关系。实践中常常由于这些关系不够协调而使建设工程的施工不能顺利进行,不仅直接影响施工进度,而且影响投资目标和质量目标的实现。因此,在施工阶段这些工作间以及与这些不同单位之间的协调显得特别重要。

(5) 施工质量对建设工程总体质量起保证作用

虽然设计质量对建设工程的总体质量有决定性影响,但是,建设工程毕竟是通过施工将其"做出来"的。毫无疑问,设计质量能否真正实现,或其实现程度如何,取决于施工质量的好坏。而且,设计质量在许多方面是内在的、较为抽象的,其中的设计思想和理念需要用户细心去品味;而施工质量大多是外在的(包括隐蔽工程在被隐蔽之前)、具体的,给用户以最直接的感受。施工质量低劣,不仅不能真正实现设计所规定的功能,有些应有的具体功能可能完全没有实现,而且可能增加使用阶段的维修难度和费用,缩短建设工程的使用寿命,直接影响建设工程的投资效益和社会效益。由此可见,施工质量不仅对设计质量的实现起到保证作用,也对整个建设工程的总体质量起到保证作用。

此外,施工阶段还有一些其他特点,其中较为主要的表现在以下两方面:

① 持续时间长、风险因素多。施工阶段是建设工程实施各阶段中持续时间最长的阶段,在此期间出现的风险因素也最多。

② 合同关系复杂、合同争议多。施工阶段涉及的合同种类多、数量大,从业主的角度来看,合同关系相当复杂,极易导致合同争议。其中,施工合同与其他合同联系最为密切,其履行时间最长、本身涉及的问题最多,最易产生合同争议和索赔。

6.4.2 工程项目目标控制的任务

在工程项目实施的各阶段中,设计阶段、施工招标阶段、施工阶段的持续时间长且涉及的工作内容多。以下就这三个阶段目标控制的具体任务展开论述。

1) 设计阶段

(1) 投资控制任务

在设计阶段,监理单位投资控制的主要任务是通过收集类似建设工程投资数据和资料,协助业主制定建设工程投资目标规划;开展技术经济分析等活动,协调和配合设计单位力求使设计投资合理化;审核概(预)算,提出改进意见,优化设计,最终满足业主对建设工程投资的经济性要求。

设计阶段监理工程师投资控制的主要工作,包括对建设工程总投资进行论证,确认其可行性;组织设计方案竞赛或设计招标,协助业主确定对投资控制有利的设计方案;伴随着设计各阶段的成果输出制定建设工程投资目标划分系统,为本阶段和后续阶段投资控制提供依据;在保障设计质量的前提下,协助设计单位开展限额设计工作;编制本阶段资金使用计划,并进行付款控制;审查工程概算、预算,在保障建设工程具有安全可靠性、适用性基础上,概算不超估算,预算不超概算;进行设计挖潜,节约投资;对设计进行技术经济分析、比较、论证,寻求一次性投资少而全寿命经济性好的设计方案等。

(2) 进度控制任务

在设计阶段,监理单位设计进度控制的主要任务是根据建设工程总工期要求,协助业主确定合理的设计工期要求;根据设计的阶段性输出,由"粗"而"细"地制订建设工程总进度计划,为建设工程进度控制提供前提和依据;协调各设计单位一体化开展设计工作,力求使设计能按进度计划要求进行;按合同要求及时、准确、完整地提供设计所需要的基础资料和数据;与外部有关部门协调相关事宜,保障设计工作顺利进行。

设计阶段监理工程师进度控制的主要工作包括对建设工程进度总目标进行论证,确认其可行性;根据方案设计、初步设计和施工图设计制订建设工程总进度计划、建设工程总控制性进度计划和本阶段实施性进度计划,为本阶段和后续阶段进度控制提供依据;审查设计单位设计进度计划,并监督执行;编制业主方材料和设备供应进度计划,并实施控制;编制本阶段工作进度计划,并实施控制;开展各种组织协调活动等。

(3)质量控制任务

在设计阶段,监理单位设计质量控制的主要任务是了解业主建设需求,协助业主制定建设工程质量目标规划(如设计要求文件);根据合同要求及时、准确、完善地提供设计工作所需的基础数据和资料;配合设计单位优化设计,并最终确认设计符合有关法规要求,符合技术、经济、财务、环境条件要求,满足业主对建设工程的功能和使用要求。

设计阶段监理工程师质量控制的主要工作,包括建设工程总体质量目标论证;提出设计要求文件,确定设计质量标准;利用竞争机制选择并确定优化设计方案;协助业主选择符合目标控制要求的设计单位;进行设计过程跟踪,及时发现质量问题,并及时与设计单位协调解决;审查阶段性设计成果,并根据需要提出修改意见;对设计提出的主要材料和设备进行比较,在价格合理基础上确认其质量符合要求;做好设计文件验收工作等。

2)施工招标阶段

(1)协助业主编制施工招标文件

施工招标文件是工程施工招标工作的纲领性文件,又是投标人编制投标书的依据和评标的依据。监理工程师在编制施工招标文件时,应当为选择符合要求的施工单位打下基础,为合同价不超过计划投资、合同工期符合计划工期要求、施工质量满足设计要求打下基础,为施工阶段进行合同管理、信息管理打下基础。

(2)协助业主编制标底

应当使标底控制在工程概算或预算以内,并用其控制合同价。

(3)做好投标资格预审工作

应当将投标资格预审看作公开招标方式的第一轮竞争择优活动。要抓好这项工作,为选择符合目标控制要求的承包单位做好首轮择优工作。

(4)组织开标、评标、定标工作

通过开标、评标、定标工作,特别是评标工作,协助业主选择出报价合理、技术水平高、社会信誉好、保证施工质量、保证施工工期、具有足够承包财务能力和较高施工项目管理水平的施工承包单位。

3）施工阶段

（1）投资控制的任务

施工阶段建设工程投资控制的主要任务是通过工程付款控制、工程变更费用控制、预防并处理好费用索赔、挖掘节约投资潜力来努力实现实际发生的费用不超过计划投资。

为完成施工阶段投资控制的任务，监理工程师应做好以下工作：制订本阶段资金使用计划，并严格进行付款控制，做到不多付、不少付、不重复付；严格控制工程变更，力求减少变更费用；研究确定预防费用索赔的措施，以避免、减少对方的索赔数额；及时处理费用索赔，并协助业主进行反索赔；根据有关合同的要求，协助做好应由业主方完成的，与工程进展密切相关的各项工作，如按期提交合格施工现场，按质、按量、按期提供材料和设备等工作；做好工程计量工作；审核施工单位提交的工程结算书等。

（2）进度控制的任务

施工阶段建设工程进度控制的主要任务是通过完善建设工程控制性进度计划、审查施工单位施工进度计划、做好各项动态控制工作、协调各单位关系、预防并处理好工期索赔，以求实际施工进度达到计划施工进度的要求。

为完成施工阶段进度控制任务，监理工程师应当做好以下工作：根据施工招标和施工准备阶段的工程信息，进一步完善建设工程控制性进度计划，并据此进行施工阶段进度控制；审查施工单位施工进度计划，确认其可行性并满足建设工程控制性进度计划要求；制订业主方材料和设备供应进度计划并进行控制，使其满足施工要求；审查施工单位进度控制报告，督促施工单位做好施工进度控制；对施工进度进行跟踪，掌握施工动态；研究制订预防工期索赔的措施，做好处理工期索赔工作；在施工过程中，做好对人力、材料、机具、设备等的投入控制工作以及转换控制工作、信息反馈工作、对比和纠正工作，使进度控制订期连续进行；开好进度协调会议，及时协调有关各方关系，使工程施工顺利进行。

（3）质量控制的任务

施工阶段建设工程质量控制的主要任务是通过对施工投入、施工和安装过程、产出品进行全过程控制，以及对参加施工的单位和人员的资质、材料和设备、施工机械和机具、施工方案和方法、施工环境实施全面控制，以期按标准达到预定的施工质量目标。

为完成施工阶段质量控制任务，监理工程师应当做好以下工作：协助业主做好施工现场准备工作，为施工单位提交质量合格的施工现场；确认施工单位资质；审查确认施工分包单位；做好材料和设备检查工作，确认其质量；检查施工机械和机具，保证施工质量；审查施工组织设计；检查并协助搞好各项生产环境、劳动环境、管理环境条件；进行施工工艺过程质量控制工作；检查工序质量，严格工序交接检查制度；做好各项隐蔽工程的检查工作；做好工程变更方案的比选，保证工程质量；进行质量监督，行使质量监督权；认真做好质量签证工作；行使质量否决权，协助做好付款控制；组织质量控制协调会；做好中间质量验收准备工作；做好竣工验收工作；审核竣工图等。

6.4.3 工程项目目标控制的措施

为了取得目标控制的理想成果，应当从多方面采取措施实施控制，通常可以将这些措施归纳为组织措施、技术措施、经济措施和合同措施四个方面。这四方面措施在建设工程实施的各个阶段的具体运用不完全相同。

1) 组织措施

组织措施是从目标控制的组织管理方面采取的措施，如落实目标控制的组织机构和人员，明确各级目标控制人员的任务和职能分工、权力和责任、改善目标控制的工作流程等。组织措施是其他各类措施的前提和保障，而且一般不需要增加什么费用，运用得当可以收到良好的效果。尤其是对由于业主原因所导致的目标偏差，这类措施可能成为首选措施，故应予以足够的重视。

2) 技术措施

技术措施不仅在解决建设工程实施过程中的技术问题时是不可缺少的，而且对纠正目标偏差亦有相当重要的作用。任何一个技术方案都有基本确定的经济效果，不同的技术方案就有着不同的经济效果。因此，运用技术措施纠偏的关键，一是要能提出多个不同的技术方案，二是要对不同的技术方案进行技术经济分析。在实践中，要避免仅从技术角度选定技术方案而忽视对其经济效果的分析论证。

3) 经济措施

经济措施是最易为人接受和采用的措施。需要注意的是，经济措施绝不仅仅是审核工程量及相应的付款和结算报告，还需要从一些全局性、总体性的问题上加以考虑，往往可以取得事半功倍的效果。另外，不要仅仅局限在已发生的费用上。通过偏差原因分析和未完工程投资预测，可以发现可能引起未完工程投资增加的现象和潜在的问题，对这些问题应以主动控制为出发点，及时采取预防措施。由此可见，经济措施的运用绝不仅仅是财务人员的事情。

4) 合同措施

由于投资控制、进度控制和质量控制均要以合同为依据，因此合同措施就显得尤为重要。对于合同措施要从广义上理解，除了拟订合同条款、参加合同谈判、处理合同执行过程中的问题、防止和处理索赔等措施之外，还要协助业主确定对目标控制有利的建设工程组织管理模式和合同结构，分析不同合同之间的相互联系和影响，对每一个合同作总体和具体分析等。这些合同措施对目标控制越有全局性的影响,其作用也就越大。另外,在采取合同措施时要特别注意合同中所规定的业主和监理工程师的义务和责任。

复 习 思 考 题

1. 简述目标控制的基本流程。在每个控制流程中有哪些基本环节?
2. 何谓主动控制? 何谓被动控制? 监理工程师应当如何认识它们之间的关系?
3. 目标控制的两个前提条件是什么? 请结合自己的工程实践谈谈体会。
4. 工程项目的投资、进度、质量目标是什么关系? 如何理解?
5. 简述确定建设工程目标应注意的问题。
6. 简述建设工程目标分解的原则和方式。
7. 建设工程投资、进度、质量控制的具体含义是什么?
8. 建设工程设计阶段和施工阶段各有哪些特点?
9. 建设工程设计阶段目标控制的基本任务是什么?
10. 建设工程施工阶段目标控制的主要任务是什么?
11. 建设工程目标控制可采取哪些措施?

7 工程项目进度控制

控制工程项目建设进度,不仅能够确保工程项目按预定的时间交付使用,及时发挥投资效益,而且有益于维持国家良好的经济秩序。因此,项目管理人员应采取科学的控制方法和手段来控制工程项目的建设进度。

7.1 工程项目进度控制概述

7.1.1 进度控制的概念

工程项目进度控制是指对工程项目建设各阶段的工作内容、工作程序、持续时间和衔接关系根据进度总目标及资源优化配置的原则编制计划并付诸实施,在进度计划实施过程中经常检查实际进度是否按计划要求进行,对出现的偏差情况进行分析,采取补救措施或调整、修改原计划后再付诸实施,如此不断循环,直至工程项目竣工验收交付使用。工程项目进度控制的总目标是确保工程项目按预定时间动用或提前交付使用,即工程项目进度控制的总目标是建设工期。

由于在工程项目实施过程中存在着许多影响进度的因素,这些因素往往来自于不同的部门和不同的时期,它们对工程进度产生着复杂的影响。因此,进度控制人员必须事先对影响工程项目进度的各种因素进行调查分析,预测它们对工程进度的影响程度,确定合理的进度控制目标,编制可行的进度计划,使工程项目的建设过程始终按计划执行。

事实上,在进度计划的编制过程中不管人们如何周密地考虑,但是计划毕竟是人们的主观设想,在计划的实施中,必然会因为新情况的产生、各种干扰因素和风险因素的作用,使人们难以执行原定的进度计划。为此,进度控制人员必须掌握动态控制原理,在计划执行过程中不断检查工程实际进展情况,并将实际状况与计划安排进行对比,从中得出偏离计划的信息。然后再分析偏差及其产生原因的基础上,通过采取组织、技术、经济、合同等措施,维持原计划,使之能正常实施。如果采取措施后不能维持原计划,则需要对原进度计划进行调整或修正,再按新的进度计划实施。这样对进度计划进行不断地检查和调整,以保证工程项目进度得到有效控制。

7.1.2 影响进度的因素分析

由于建设工程项目具有规模庞大、工程结构与工艺技术复杂、建设周期长及参与单位多等特点,决定了工程项目进度将受到许多因素的影响。要想有效控制工程项目进度,就必须对影响进度的有利因素和不利因素进行全面、细致的分析和预测。这样,一方面可以促进对有利因素的充分利用和对不利因素的妥善预防;另一方面也便于事先制定预防措施,事中采取有效对策,事后进行妥善补救,以缩小实际进度与计划进度的偏差,实现对工程进度的主动控制和动态控制。

影响工程项目进度的不利因素有很多,如人为因素,技术因素,设备、材料及构配件因素,机具因素,资金因素,水文、地质与气象因素,以及其他自然与社会环境等方面的因素。其中,人为因素是最大的干扰因素。从产生的根源来看,有的来源于建设单位及其上级主管部门;有的来源于勘察设计、施工及材料、设备供应单位;有的来源于政府、建设主管部门、有关协作单位和社会群体;有的来源于各种自然条件;也有的来源于咨询监理单位。在工程项目建设过程中,常见的影响因素有:

(1) 业主因素

如业主改变使用要求因而进行设计变更;应提供的施工场地条件不能及时提供或所提供的场地不能满足工程正常需要;不能及时向施工承包单位或材料供应商付款等。

(2) 勘察设计因素

如勘察资料不准确,特别是地质资料错误或遗漏;设计内容不完善,规范应用不恰当,设计有缺陷或错误;设计对施工的可能性未考虑或考虑不周;施工图纸供应不及时、不配套,或出现重大差错等。

(3) 施工技术因素

如施工工艺错误;不合理的施工方案;施工安全措施不当;不可靠设备的应用等。

(4) 自然环境因素

如复杂的工程地质条件;不明的水文气象条件;地下埋藏文物的保护、处理;洪水、地震、台风等不可抗力。

(5) 社会环境因素

如外单位临近工程干扰施工;节假日交通、市容整顿的限制;临时停水、停电、断路;以及在国外常见的法律及制度变化,经济制裁,战争、骚乱、罢工、企业倒闭等。

(6) 组织管理因素

如向有关部门提出各种申请审批手续的延误;合同签订是遗漏条款、表达失当;计划安排不周密,组织协调不力,导致停工待料、相关作业脱节;领导不力,指挥失当,使参与建设的各个单位、各个专业、各个施工过程之间在配合上发生矛盾等。

(7) 材料、设备因素

如材料、构配件、机具、设备供应环节的差错,品种、规格、质量、数量、时间不能满足工程的需要;特殊材料及新材料的不合理使用;施工设备不配套,选型失当,安装失误,有故障等。

(8) 资金因素

如有关方面拖欠资金,资金不到位,资金短缺等;汇率浮动和通货膨胀等。

7.1.3 工程项目进度控制方法、措施和主要任务

1) 控制方法

工程项目进度控制方法主要是规划、控制和协调。规划就是确定总进度目标及各进度控制子目标,并编制进度计划。控制是指在工程项目实施的全过程中,分阶段进行进度实际值与计划值的比较,出现偏差及时采取措施调整。协调是指协调工程项目各参加单位、部门和工作队组之间的工作节奏与进度关系。

2) 进度控制的措施

为了实施进度控制,进度控制人员必须根据工程项目的具体情况,认真制定进度控制措施,以确保工程项目进度控制目标的实现。进度控制的措施包括组织措施、技术措施、经济措施、合同措施和信息管理措施等。

(1) 组织措施

进度控制的组织措施主要包括:

① 建立进度控制目标体系,明确建设工程项目管理机构中进度控制人员、具体任务及其职责分工;

② 建立进度计划报告制度及进度信息沟通网络;

③ 建立进度计划审核制度和进度计划实施中的检查分析制度;

④ 建立进度协调会议制度;

⑤ 建立施工图纸审查、工程变更和设计变更管理制度。

(2) 技术措施

进度控制的技术措施主要包括:

① 尽可能采用先进施工技术、方法和新材料、新工艺、新技术,保证进度目标实现;

② 编制进度控制工作细则,指导进度控制人员实施进度控制;

③ 采用网络计划技术及其他科学适用的计划方法,并结合计算机的应用,对工程项目进度实施动态控制。

(3) 经济措施

进度控制的经济措施主要包括:

① 落实实现进度目标的保证资金；
② 及时办理工程预付款及工程进度款支付；
③ 签订并实施关于工期和进度的经济承包责任制；
④ 建立并实施关于工期和进度的奖惩制度。

(4) 合同措施

进度控制的合同措施主要包括：

① 推行 CM 承发包模式，对工程项目实行分段设计、分段发包和分段施工；
② 加强合同管理，协调合同工期与进度计划之间的关系，保证合同中进度目标的实现；
③ 严格控制合同变更，对各方提出的工程变更和设计变更，应建立严格的工程变更审批程序和审批制度；
④ 加强风险管理，在合同中应充分考虑风险因素及其对进度的影响，以及相应的处埋方法；
⑤ 加强索赔管理，及时处理索赔事件。

(5) 信息管理措施

信息管理措施是指不断收集工程实施实际进度的有关信息并进行整理统计后与计划进度比较，定期向决策者提供进度报告。

3) 进度控制的任务

对于建设工程项目而言，代表不同利益方的项目管理（业主方和项目参与各方）都有进度控制的任务。但是，其控制的目标和时间范畴是不相同的，项目不同参与方进度控制的任务不同。

业主方进度控制的任务是控制整个项目实施阶段的进度，包括控制设计准备阶段的工作进度、设计工作进度、施工进度、物资采购工作进度，以及项目动用前准备阶段的工作进度。

设计方进度控制的任务是依据设计任务委托合同对设计工作进度的要求来控制设计工作进度，这是设计方履行合同的义务。另外，设计方应尽可能使设计工作的进度与招标、施工和物资采购等工作进度相协调。在国际上，设计进度计划主要是各设计阶段的设计图纸（包括有关说明）的出图计划，在出图计划中标明每张图纸的出图时间。

施工方进度控制的任务是依据施工任务委托合同对施工进度的要求来控制施工进度，这是施工方履行合同的义务。在进度计划编制方面，施工方应视工程项目的特点和施工进度控制的需要，编制深度不同的控制性、指导性和实施性施工进度计划，以及按不同计划周期（年度、季度、月度和旬）的施工计划等。

供货方进度控制的任务是依据供货合同对供货的要求来控制供货进度，这是供货方履行合同的义务。供货进度计划应包括供货的所有环节，如采购、加工制造、运输等。

7.2 工程项目进度计划实施中的监测与调整

在工程项目的实施过程中,气候的变化、不可预见事件的发生以及其他外界环境和条件的变化均会对工程项目进度计划的实施产生影响,从而造成实际进度偏离计划进度,如果实际进度与计划进度的偏差得不到及时纠正,势必影响进度总目标的实现。为此,在进度计划的执行过程中,必须采取有效的监测手段对进度计划的实施过程进行监控,以便及时发现问题,并运用行之有效的进度调整方法来解决问题。

7.2.1 实际进度监测的系统过程

在工程项目实施过程中,进度控制人员应经常地、定期地对进度计划的执行情况进行跟踪检查,发现问题后,及时采取措施加以解决。进度监测系统过程如图7.1所示。

1)进度计划执行过程中的跟踪检查

跟踪检查的主要工作是定期收集反映实际工程进度的有关数据。收集的数据质量要高,不完整或不正确的进度数据将导致不全面或不正确的决策。为了全面准确地了解进度计划的执行情况,进度控制人员必须认真做好以下三方面的工作:①经常定期地收集进度报表资料;②现场实地检查进度计划的实际执行情况;③定期召开现场会议了解实际进度情况。

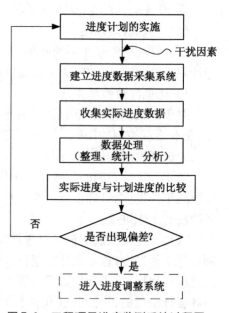

图7.1 工程项目进度监测系统过程图

2)实际进度数据的加工处理

为了进行实际进度与计划进度的比较,必须对收集到的实际进度数据进行整理、统计,形成与计划进度具有可比性的数据。

3)实际进度与计划进度的对比分析

将实际进度的数据与计划进度的数据进行比较,可以确定工程项目实际执行状况与计划目标之间的差距。为了直观反映实际进度偏差,通常采用表格或图形进行比较,从而得出实际进度比计划进度拖后、超前还是一致的结论。

7.2.2 进度调整的系统过程

在实施进度监测过程中,一旦发现实际进度偏离计划进度时,必须认真分析产生偏差的原因及对后续工作和总工期的影响,必要时采取合理、有效的进度计划调整措施,确保进度总目标的实现。进度调整的系统过程如图 7.2 所示。

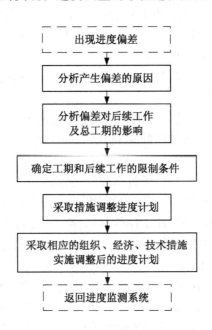

图 7.2 工程项目进度调整系统过程图

7.3 实际进度与计划进度的表达与比较

7.3.1 实际进度的表达

1）描述对象

工程项目进度控制的对象是各阶段、各参加者的各项工程活动,是工程项目、单项工程、单位工程、分部分项工程等。在以工程项目结构分解为对象编制的进度计划的基础上,进度控制的对象是各层次的项目单元,也就是进度计划中各个工作任务。由于工程项目结构分解能实现从工作包到逐层统计汇总计算得到项目进度状况、工程项目完成程度(百分比),因此应主要对工作包以及进度计划中相应的工作任务等进行计划进度与实际进度状况的描述,从而实现工程项目实际进度与计划进度的比较。

2) 表达进度的要素

进度通常是指工程项目实施结果的进展情况。由于工程项目的实施需要消耗时间(工期)、劳动力、材料、成本等才能完成项目的任务,所以工程项目实施结果应该以项目任务完成情况,如工程量来表达。但由于工程项目对象系统的复杂性,WBS 中同一级别以及不同级别的各项目单元往往很难选定一个恰当的、统一的指标来全面反映当前检查期的工程进度。例如,有时工期和成本都与计划相吻合,但工程实际进度(如工程量)未到目标。

进度的要素包括:持续时间、实物工程量、已完工程价值量、资源消耗指标,其每一个要素都有其特殊性。

(1) 持续时间。用持续时间来表达某工作包或工作任务的完成程度是比较方便的,如某工程活动计划持续时间 4 周,现已进行 2 周,则对比结果为完成 50% 的工期。但这通常并不一定等于工程进度已达 50%。因为这些活动的开始时间有可能提前或滞后;有可能中间因干扰出现停工、窝工现象;有时因环境的影响,实际工作效率低于计划工作效率。还因为通常情况下,某项工作任务刚开始时可能由于准备工作较多、不熟悉情况而工作效率低、速度慢;到其任务中期,工作实施正常化,加之投入大,所以效率高,进度快;后期投入减少,扫尾以及其他工作任务相配合工作繁杂,速度又慢下来。

(2) 实物工程量。对于工作内容单一的工作包或工作任务,用其特征工程量来表达它们的进度能比较真实地反映实际情况。如对设计工作按资料数量表达;对施工中工作任务如墙体、土方、钢筋混凝土工程以体积(m^3)表达,钢结构以及吊装工作以重量(t)表达等。

(3) 已完工程价值量。即用工作任务已经完成的工作量与相应的单价相乘。这一要素能将不同种类的分项工程统一起来,能较好地反映工程的进度状况。

(4) 资源消耗指标。如人工、机械台班、材料、成本的消耗等,它们有统一性和较好的可比性。各层次的各项工作任务都可用它们作为指标。在实际工程中应注意:投入资源数量的程度不一定代表真实的进度;实际工作量与计划有差别;干扰因素产生后,成本的实际消耗比计划要大,所以这时的成本因素所表达的进度不符合实际。各项要素在表达工作任务的进度时,一般采用都完成程度即百分比。

7.3.2 实际进度与计划进度的比较方法

1) 横道图比较法

用横道图编制实施进度计划,指导工程项目实施是工程中常用的、熟悉的方法。

横道图比较法就是将在项目实施中针对工作任务检查实际进度收集的信息，经整理后直接用横道线并列标于原计划的横道处，进行直观比较的方法。例如某分项工程的施工实际进度与计划进度比较，如图7.3所示。

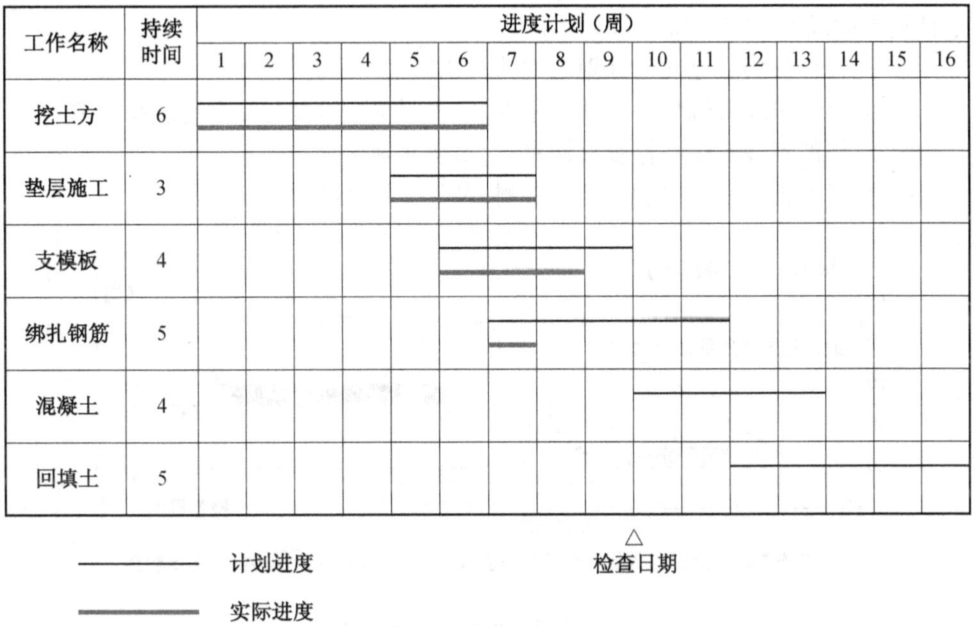

工作名称	持续时间	进度计划（周）														
		1	2	3	4	5	6	7	8	9	10	11	12	13	14	15	16
挖土方	6																
垫层施工	3																
支模板	4																
绑扎钢筋	5																
混凝土	4																
回填土	5																

———— 计划进度

———— 实际进度

△ 检查日期

图7.3 横道图比较法图

横道图比较法是人们进行进度控制经常使用的一种简便的方法。通过这种比较，管理人员能很清晰和方便地分析实际进度与计划进度的偏差，从而完成进度控制中一项重要的工作。

横道图比较法中实际进度可用持续时间或任务完成量（实物工程量、劳动消耗量、已完工程价值量）的累计百分比表示。但由于图中进度横道线一般只表示工作的开始时间、持续天数和完成时间，并不表示计划完成量和实际完成量。所以在实际工作中要根据工作任务的性质分别考虑。

工作进展有两种情况：一是工作任务是匀速进行的，即工作任务在各单位时间内完成的任务量都是相等的；二是工作任务的进展速度是变化的，即工作任务在各单位时间内完成的任务量是不相等的。因此，进度比较就采取不同的方法。

（1）匀速进展横道图比较法

匀速进展是指在工程项目中，每项工作在单位时间内完成的任务量都是相等

的,即工作的进展速度是匀速的。此时,每项工作累计完成的任务量与时间成线性关系。采用匀速进展横道图比较法的步骤为:

① 根据横道图进度计划,分别描述当前各项工作任务的计划状况;
② 在每一工作任务的计划进度线上标出检查日期;
③ 将检查收集的实际进度数据,按比例用涂黑(或其他填实图案线)粗实线标于计划进度线的下方。如图 7.4 所示。
④ 比较分析实际进度与计划进度的对比结果。
　a. 涂黑的粗线右端与检查日期相重合,表明实际进度与计划进度相一致;
　b. 涂黑的粗线右端在检查日期左侧,表明实际进度拖后;
　c. 涂黑的粗线右端在检查日期右侧,表明实际进度超前。

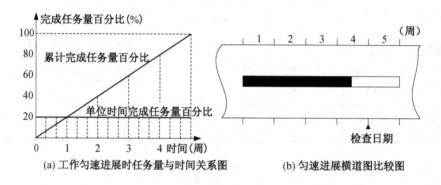

图 7.4　匀速进展横道图比较法图

需要指出的是,该方法仅适用于工作从开始到结束的整个过程中,其进展速度均为固定不变的情况。如果工作的进展速度是变化的,则不能采用这种方法进行实际进度与计划进度的比较。否则,会得出错误的结论。

(2) 双比例单侧横道图比较法

双比例单侧横道图比较法适用于工作的进度按变速进展的情况。该方法在表示工作任务实际进度的涂黑粗线(或其他填实图案线)同时,并标出其对应时刻完成任务的累计百分比,将该百分比与其同时刻计划完成任务的累计百分比相比较,判断工作的实际进度与计划进度之间的关系,其比较方法的步骤为:

① 根据工程项目横道图进度计划,分别描述当前各项工作任务的计划状况;
② 在每一工作任务的计划进度线的上方、下方分别标出各主要时间工作的计划、实际完成任务累计百分比;
③ 用粗实线标出实际进度线,由实际开工标起,同时反映实施过程中的连续与间断情况,如图 7.5 所示,间断时,将实际进度线作相应的空白;

④ 对照横道线上方计划完成任务累计量与同时间的下方实际完成任务累计量,比较它们的偏差,分析对比对结果。

　　a. 同一时刻上下两个累计百分比相等,表明实际进度与计划一致;

　　b. 对时刻上方的累计百分比大于下方的累计百分比,表明该时刻实际进度拖后,拖后的量为二者之差;

　　c. 同一时刻上方的累计百分比小于下方的累计百分比,表明该时刻实际进度超前,超前的量为二者之差。

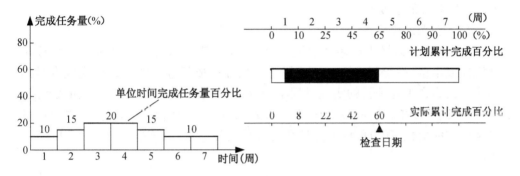

图 7.5　双比例单侧横道图比较法

（3）双比例双侧横道图比较法

双比例双侧横道图比较法同样适用于工作进度按变速进展的情况,它是将表示工作实际进度的涂黑粗线(或其他填实图案线),按检查的期间和任务完成量的百分比交替在绘制在计划横道线的上下两侧,其长度表示该时间内完成的任务量,在进度线的上方、下方分别标出计划任务完成累计百分比、实际任务完成累计百分比。通过上下相对的百分比相比较,判断该工作任务的实际进度与计划进度之间的关系(见图 7.6)。其比较方法的步骤为:

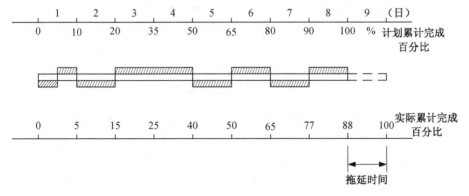

图 7.6　双比例双侧横道图比较法

①、②同双比例单侧横道比较法；

③用粗线依次在横道线上方和下方交替地绘制每次检查实际完成的百分比；

④比较实际进度与计划进度。

实际结果同样有双比例单侧横道比较法结果的三种情况。

匀速进展横道图比较法可用持续时间或任务完成量来进行实际进度与计划进度的比较，而双比例单侧与双比例双侧横道图比较法则主要用任务完成量来实现实际进度与计划进度的比较。

2) S型曲线比较法

S型曲线是以横坐标表示进度时间，纵坐标表示累计工作任务完成量或累计完成成本量，而绘制出一条按计划时间累计完成任务量或累计完成成本量的曲线。因为在工程项目的实施过程中，开始和结尾阶段，单位时间投入的资源量较少，中间阶段单位时间投入的资源量较多，则单位时间完成的任务量或成本量也是同样的变化，所以随时间进展累计完成的任务量，应该呈S型变化，如图7.7所示。

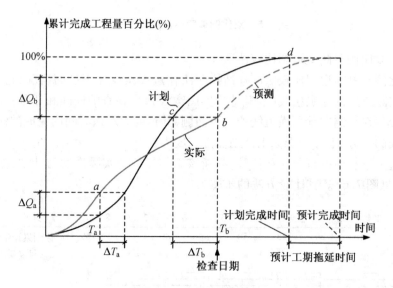

图7.7 S型曲线比较法

一般情况下，S型曲线中工程量、成本都是假设在工作任务的持续时间内平均分配。

S型曲线比较法是在项目实施过程中，按规定时间将检查的实际情况，绘制在与计划S型曲线同一张图上，可得出进度S型曲线，如图7.7所示。比较两条S型曲线可以得到如下信息：

① 项目实际进度与计划进度比较。当实际工程进展点落在计划 S 型曲线左侧则表示实际进度比计划进度超前,若落在其右侧,则表示拖后,若刚好落在其上,则表示二者一致。

② 项目实际进度比计划进度超前或拖后的时间,如图 7.7 所示。ΔT_a 表示 T_a 时刻实际进度超前的时间,ΔT_b 表示 T_b 时刻实际进度拖后的时间。

③ 项目实际进度比计划进度超额或拖欠的任务量或成本量,如图 7.7 所示,ΔQ_a 表示 T_a 时间超额完成的任务量;ΔQ_b 表示在 T_b 时刻拖欠的任务量。

3) 香蕉曲线比较法

香蕉曲线是两种 S 型曲线组合成的闭合曲线,其一是以网络计划中各项工作的最早开始时间安排进度而绘制的 S 型曲线,称为 ES 曲线;其二是以网络计划中各项工作的最迟开始时间安排进度而绘制的 S 型曲线,称为 LS 曲线。两条 S 型曲线具有相同的起点和终点,因此,ES 曲线与 LS 曲线是闭合的,如图 7.8 所示。由于该闭合曲线形似"香蕉",故称为香蕉曲线。

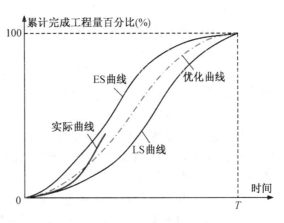

图 7.8 香蕉曲线比较图

香蕉曲线比较法能直观地反映工程项目的实际进展情况,并可以获得比 S 曲线更多的信息。其主要作用有:

(1) 合理安排工程项目进度计划

如果工程项目中的各项工作均按其最早开始时间安排进度,将导致项目的投资加大;而如果各项工作都按其最迟开始时间安排进度,则一旦受到影响因素的干扰,又将导致工期拖延,使工程进度风险加大。因此,一个科学合理的进度计划优化曲线应处于香蕉曲线所包络的区域之内,如图 7.8 中的点划线所示。

(2) 定期比较工程项目的实际进度与计划进度

在工程项目的实施过程中,根据每次检查收集到的实际完成任务量,绘制出实际进度 S 曲线,便可以与计划进度进行比较。工程项目实施进度的理想状态是每一时刻工程实际进展点均应落在香蕉曲线的范围之内。如果工程实际进展点落在 ES 曲线的左侧,表明此刻实际进度比各项工作按其最早开始时间安排的进度计划超前;如果工程实际进展点落在 LS 曲线的右侧,则表明此刻实际进度比按其最迟开始时间安排的进度计划拖后。

（3）预测后续工程进展趋势

利用香蕉曲线可以对后期工程的进展情况进行预测，其原理与利用 S 曲线进行后续工程进度预测的原理相同，详见本章 7.3.3。

4）前锋线比较法

前锋线比较法是一种适用于时标网络计划的实际进度与计划进度的比较方法。前锋线是指从计划执行情况检查时刻的坐标位置出发，用点画线依次将各项工作实际进展位置连接而成的折线，故前锋线又称为实际进度前锋线。前锋线比较法就是通过实际进度前锋线与原网络计划中各项工作箭线交点的位置来判断工作实际进度与计划进度的偏差，进而判定该偏差对后续工作及总工期影响程度的一种方法。

采用前锋线比较法进行实际进度与计划进度的比较，其步骤如下：

（1）绘制时标网络计划图

工程项目实际进度前锋线是在时标网络计划图上标示，为清晰起见，可在时标网络计划图的上方和下方各设一时间坐标。

（2）绘制实际进度前锋线

从时标网络计划图上方时间坐标的检查日期开始绘制，依次连接相邻工作的实际进展点，最后与时标网络计划下方坐标的检查日期相连接。工作实际进展位置点的标定有两种方法：

① 按该工作已完任务量比例进行标定。假设工程项目中各项工作均为匀速进展，根据实际进度检查时刻该工作已完任务量占其计划完成总任务量的比例，在工作箭线上从左至右按相同的比例标定其实际进展位置点。

② 按尚需作业时间进行标定。当某些工作的持续时间难以按实物工程量来计算而只能凭经验估算时，可以先估算出检查时刻到该工作全部完成尚需作业的时间，然后在该工作箭线上从右向左逆向标定其实际进展位置点。

（3）进行实际进度与计划进度的比较

前锋线可以直观地反映出检查日期有关工作实际进度与计划进度之间的关系。对某项工作来说，其实际进度与计划进度之间的关系有下列三种情况：

① 工作实际进展位置点落在检查日期的左侧，表明该工作实际进度拖后，拖后的时间为二者之差；

② 工作实际进展位置点与检查日期重合，表明该工作实际进度与计划进度一致；

③ 工作实际进展位置点落在检查日期的右侧，表明该工作实际进度超前，超前的时间为二者之差。

（4）预测进度偏差对后续工作及总工期的影响

通过实际进度与计划进度的比较确定进度偏差后，还可根据工作的自由时差和总时差预测该进度偏差对后续工作及项目总工期的影响。

前锋线比较法既适用于工作实际进度与计划进度之间的局部比较,又可用于分析和预测工程项目整体进展状况。此外,上述的前锋线比较法是针对匀速工作的,对于非匀速进展的工作,前锋线比较法比较复杂,此处不再赘述。

前锋线比较法应用示例:

已知某工程时标网络计划如图7.9。该计划执行到第5周末检查实际进度时,发现工作A已经全部完成,工作B、C、D尚需2周、1周、1周才能完成。试用前锋线比较法进行实际进度与计划进度的比较。假设网络计划中的各项工作均按匀速进展。

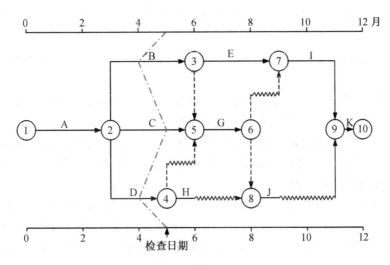

图7.9 网络计划的前锋线比较图

根据第5周末实际进度的检查结果绘制前锋线,如图7.9中点划线所示。通过分析可以看出:

(1) 工作B实际进度拖后1周,将使其后续工作E、G的最早开始时间推迟1周,并使总工期延长1周。

(2) 工作C实际进度与计划进度相一致。

(3) 工作D实际进度拖后1周,将使其后续工作H的最早开始时间推迟1周,但不影响总工期。

综上所述,如果不采取措施加快进度,该工程项目的总工期将延长1周。

5) 列表比较法

当工程项目进度计划用非时标网络计划表达时,可以采用列表比较法进行实际进度与计划进度的比较。该方法是记录检查日期应该进行的工作名称及其已经作业的时间,然后列表计算有关时间参数,并根据工作总时差进行实际进度与计划进度比较的方法。

采用列表比较法进行实际进度与计划进度的比较,其步骤如下:

(1) 对于实际进度检查日期应该进行的工作,根据已经作业的时间,确定其尚需作业时间。

(2) 根据原进度计划计算检查日期应该进行的工作从检查日期到原计划最迟完成时间尚余时间。

(3) 计算工作尚有总时差,其值等于工作从检查日期到原计划最迟完成时间尚余时间与该工作尚需作业时间之差。

(4) 比较实际进度与计划进度,可能有以下几种情况:

① 如果工作尚有总时差与原有总时差相等,说明该工作实际进度与计划进度一致;

② 如果工作尚有总时差大于原有总时差,说明该工作实际进度超前,超前的时间为二者之差;

③ 如果工作尚有总时差小于原有总时差,且仍为非负值,说明该工作实际进度拖后,拖后的时间为二者之差,但不影响总工期;

④ 如果工作尚有总时差小于原有总时差,且为负值,说明该工作实际进度拖后,拖后的时间为二者之差,此时工作实际进度偏差将影响总工期。

列表比较法应用示例:

某工程项目进度计划如图 7.10(时间:周)。该计划执行到第 10 周末检查实际进度,发现工作 A、B、C、D、E 已经全部完成,工作 F 已进行 1 周,工作 G 和工作 H 均已进行 2 周。试用列表比较法进行实际进度与计划进度的比较。

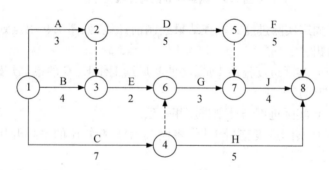

图 7.10 某工程项目网络进度计划图

根据工程项目进度计划及实际进度检查结果,可以计算出检查日期应进行工作的尚需作业时间、原有总时差及尚有总时差等,计算结果见表 7.1。通过比较尚有总时差和原有总时差,即可判断目前工程实际进展情况。

表 7.1　工程项目进度检查比较表

工作代号	工作名称	检查计划时尚需作业周数	到计划最迟完成时尚余周数	原有总时差	尚有总时差	情况判断
5—8	F	4	4	1	0	拖后1周,但不影响工期
6—7	G	1	0	0	−1	拖后1周,影响工期1周
4—8	H	3	4	2	1	拖后1周,但不影响工期

7.3.3　工程项目进度预测

通过工程项目实际进度与计划进度的比较,可以分析出每一检查期内实际进度与计划进度的对比状况。若发现进度出现拖后现象,则必须在当前状态的基础上,分析预测未来工程项目进度,以及对项目总工期的影响。

(1) 当采用横道图比较法时,由于横道图进度计划带有不可克服的局限性,如各工作之间的逻辑关系不明显,一旦某些工作进度产生偏差时,比较难以预测该偏差对后续工作及总工期的影响及确定调整方法。这时,主要分析这些偏差可能对后续工作在技术上、组织上、空间上有联系的工作任务(虽然进度图上没有表达出来,但实际情况下是存在的)产生的影响,如此逐步向后推算,直到分析出对整个进度计划产生的偏差。虽然横道图进度计划并没有明显表达出哪些工作为关键工作,但经验丰富的管理人员应该清楚哪些工作任务对工程项目进度是有重要影响的。所以在预测偏差对总工期的影响时应重点分析偏差对这些重要工作的影响。

(2) 当采用前锋线比较法时,只要将前锋线拉直,在所产生的偏差的基础上进行网络计划时间参数计算,就可得到预测结果。

(3) 当采用S型曲线比较法时,如图7.7所示,在 T_b 时刻,假设后续工作按原计划进度进行,则可将计划曲线中 cd 段沿水平方向平行移动,使 c 点移动到实际进度曲线上 b 点处。将这条新状况下的计划曲线与原计划曲线进行比较,就可得到预计工期拖延影响值(预计工期拖延时间)。

香蕉曲线比较法也可采取类似的方法进行预测。

7.4　工程项目进度计划的调整

7.4.1　进度拖延原因

项目管理者应按预定的项目计划定期评审实施进度情况,一旦发现进度出现拖延,则根据计划进度与实际进度对比的结果,以及相关的实际工程信息,分析并确定拖延的根本原因。进度拖延是工程项目过程中经常发生的现象,各层次的项目单元,各个项目阶段都可能出现延误。因此从以下几个方面分析进度拖延的原因。

1) 工期及相关计划的失误

计划失误是常见的现象。包括:计划时遗漏部分必需的功能或工作;计划值(例如计划工作量、持续时间)估算不足;资源供应能力不足或资源有限制;出现了计划中未能考虑到的风险和状况,未能使工程实施达到预定的效率等。

此外,在现代工程中,上级(业主、投资者、企业主管)常常在一开始就提出很紧迫的、不切实际的工期要求,使承包商或设计单位、供应商的工期太紧。而且许多业主为了缩短工期,常常压缩承包商的做标期、前期准备的时间。

2) 边界条件的变化

边界条件的变化往往是项目管理者始料不及的,而且也是实际工程中经常出现的。项目各参加单位对此比较敏感,因为下列边界条件的变化对他们产生的影响各不相同。

(1) 工作量的变化。可能是由于设计的修改、设计的错误、业主新的要求、修改项目的目标及系统范围的扩展造成的。

(2) 外界(如政府、上层系统)对项目新的要求或限制,设计标准的提高可能造成项目资源的缺乏,使得工程无法及时完成。

(3) 环境条件的变化,如不利的施工条件不仅造成对工程实施过程的干扰,有时直接要求调整原来已确定的计划。

(4) 发生不可抗力事件,如地震、台风、动乱、战争等。

3) 管理过程中的失误

(1) 计划部门与实施者之间,总分包商之间,业主与承包商之间缺少沟通。

(2) 项目管理者缺乏工期意识,例如项目组织者拖延了图纸的供应和批准,任务下达时缺少必要的工期说明和责任落实,拖延了工程活动。

(3) 项目参加者对各个活动(各专业工程和供应)之间的逻辑关系(活动链)没有清楚地了解,下达任务时也没有作详细的解释,同时对活动的必要的前提条件准备不足,各单位之间缺少协调和信息沟通,许多工作脱节,资源供应出现问题。

(4) 由于其他方面未完成项目计划规定的任务造成拖延。例如设计单位拖延设计、运输不及时、上级机关拖延批准手续、质量检查拖延、业主不果断处理问题等。

(5) 承包商没有集中力量施工,材料供应拖延,资金缺乏,工期控制不紧等现象。这可能是由于承包商同期工程太多,施工力量不足造成的。

(6) 业主没有集中资金的供应,拖欠工程款,或业主的材料、设备供应不及时。

所以在项目管理中,项目管理者应明确各自的责任,做好充分的准备工作,加强沟通。尤其是项目组织者在项目实施前组织安排责任重大。

4）其他原因

例如由于采取其他调整措施造成工期的拖延,如设计的变更,质量问题的返工,实施方案的修改等。

7.4.2 进度偏差对后续工作及总工期的影响

在工程项目实施过程中,当通过实际进度与计划进度的比较,发现有进度偏差时,需要分析该偏差对后续工作及总工期的影响,从而采取相应的调整措施对原进度计划进行调整,以确保工期目标的实现。进度偏差的大小及其所处的位置不同,对后续工作及总工期的影响程度是不同的,分析时应利用网络计划中工作的总时差和自由时差的概念进行判断。其分析步骤如下:

1）分析出现进度偏差的工作是否为关键工作

如果出现进度偏差的工作位于关键线路上,即该工作为关键工作,则无论其偏差有多大,都将对后续工作及总工期产生影响,必须采取相应的调整措施;如果出现偏差的工作是非关键工作,则需要根据进度偏差值与该工作总时差和自由时差的关系作进一步分析。

2）分析进度偏差是否超过总时差

如果工作的进度偏差大于该工作的总时差,则此进度偏差必将影响其后续工作及总工期,必须采取相应的调整措施;如果工作的进度偏差未超过该工作的总时差,则此进度偏差不影响总工期。至于对后续工作的影响程度,还需要根据进度偏差值与该工作的自由时差的关系作进一步分析。

3）分析进度偏差是否超过自由时差

如果工作的进度偏差大于该工作的自由时差,则此进度偏差将对其后续工作产生影响,此时应根据后续工作的限制条件确定调整方法;如果工作的进度偏差未超过该工作的自由时差,则此进度偏差不影响后续工作,因此,原进度计划可以不做调整。

通过对进度偏差的分析,进度控制人员可以根据进度偏差的影响程度及后续工作和总工期的限制条件,制定相应的纠偏措施进行调整,以获得符合实际情况和计划目标的新进度计划。

7.4.3 工程项目进度计划的调整

当工程项目的实际进度偏差影响到后续工作及总工期,需要调整进度计划时,其调整方法主要有两种:

1）改变某些工作间的逻辑关系

当工程项目实施过程中产生的进度偏差影响到总工期,且有关工作的逻辑关系允许改变时,可以改变关键线路和超过计划工期的非关键线路上的有关工作之间的逻辑关系,达到缩短工期的目的。例如,将顺序进行的工作改为平行作业或搭接作业以及分段组织流水作业等,都可以有效地缩短工期。

2) 缩短某些工作的持续时间

在不改变工程项目中各项工作之间的逻辑关系,而通过采取增加资源投入、提高劳动生产率等措施来缩短某些工作的持续时间,使工程进度加快,以保证按计划工期完成该工程项目。被压缩持续时间的工作是位于关键线路和超过计划工期的非关键工作线路上的工作。同时,这些工作又是其持续时间可被压缩的工作。这种调整方法通常可以在网络计划图上直接进行。其调整方法根据有关限制条件及其对后续工作和总工期的影响程度不同而有所区别,一般可分为以下三种情况:

(1) 网络计划中某项工作进度拖延的时间已超过其自由时差但未超过其总时差

在这种情况下,由于该工作的进度偏差不会影响总工期,而只对其后续工作产生影响。因此,在调整前,需要确定其后续工作允许拖延的时间限制,并以此作为进度调整的限制条件。实际工作中,限制条件的确定往往十分复杂,尤其是当后续工作有多个平行的分包商负责实施时更是如此。后续工作如不能按原计划进行,在时间上的任何变化都可能使合同无法正常履行,从而导致蒙受损失的一方提出索赔。因此,寻求合理的调整方案,把进度拖延对后续工作的不利影响减小到最低程度,是项目管理人员的一项重要工作。

(2) 网络计划中某项工作进度拖延的时间超过其总时差

如果网络计划中某项工作进度拖延的时间超过其总时差,则无论该工作是否为关键工作,其实际进度都将对后续工作和总工期产生影响。此时,进度计划的调整方法又可分为以下三种情况:

① 项目总工期不允许拖延。如果工程项目必须按照原计划工期完成,则只能采取缩短关键线路上后续工作的持续时间来达到调整计划的目的,这种方法实质上就是网络计划工期优化的方法。

② 项目总工期允许拖延。如果项目总工期允许拖延,则此时只需以实际数据取代原计划数据,并重新绘制实际进度检查日期之后的简化网络计划即可。

③ 项目总工期允许拖延的时间有限。如果项目总工期允许拖延,但允许拖延的时间有限。则当实际进度拖延的时间超过此限制时,也需要对网络计划进度调整,以满足工期要求。

以上三种情况均以总工期为限制条件来调整进度计划的。当某项工作实际进度拖延的时间超过其总时差而需要对进度计划进行调整时,除需要考虑总工期的选择条件外,还应考虑网络计划中后续工作的限制条件,特别是对总进度计划的控制更应注意这一点。因为在这类网络计划中,后续工作也许就是一些独立的合同段,时间上的任何变化,都会带来协调上的麻烦或者引起索赔。因此,当网络计划中某些后续工作对时间的拖延有限制时,同样需要以此为条件,按前述方法进行调整。

(3) 网络计划中某项工作超前

在工程项目计划阶段所确定的工期目标,往往是综合考虑了各方面因素而确定的合理工期。因此,时间上的任何变化,无论是进度的拖延还是超前,都可能造成其他目标的失控。例如,在工程项目施工总进度计划中,由于某项工作的进度超前,致使资源的需求发生了变化,打乱了原计划对人、材料、机械等资源的合理安排。特别是当项目是有多个平行的承包商分包组织实施时,由此引起后续工作时间的变化,势必会给项目管理人员带来协调上的许多麻烦。因此,如果工程项目实施过程中出现进度超前的情况,进度控制人员必须综合分析进度超前对后续工作产生的影响,并同承包商协商,提出合理的进度调整方案,以确保工期总目标的顺利实现。

7.4.4 解决进度拖延的措施

1) 基本策略

(1) 采取积极的措施赶工,以弥补或部分弥补已经产生的拖延。主要通过调整后期计划,采取措施赶工,修改网络计划等方法解决进度拖延问题。

(2) 不采取特别的措施,在目前进度状态的基础上,仍然照原计划安排后期工作。但在通常情况下,拖延的影响会越来越大。有时刚开始仅一两周的拖延,到最后会导致一年拖延的结果。这是一种消极的办法,最终结果必然损害工期目标和经济效益。

2) 可以采取的赶工措施

与在制订计划阶段压缩工期一样,解决进度拖延有许多方法,但每种方法都有它的适用条件、限制,并且会带来一些负面影响。实际工作中,常出现将解决拖延的重点集中在时间问题上,但往往效果不佳,甚至引起严重的问题,最典型的是增加成本开支、现场的混乱和引起质量问题。所以应该将解决进度拖延作为一个新的计划过程来处理。

在实际工程中经常采用如下赶工措施:

(1) 增加资源投入,例如增加劳动力、材料、周转材料和设备的投入量。这是最常用的办法。它会带来如下问题:

① 造成费用的增加,如增加人员的调遣费用、周转材料一次性费、设备的进出场费。

② 由于增加资源造成资源使用效率的降低。

③加剧资源供应的困难。如有些资源没有增加的可能性,加剧项目之间或工序之间对资源激烈的竞争。

(2)重新分配资源,例如将服务部门的人员投入到生产中去,投入风险准备资源,采用加班或多班制工作。

(3)减少工作范围,包括减少工作量或删去一些工作包(或分项工程)。但这可能产生如下影响:

①损害工程的完整性、经济性、安全性、运行效率,或提高项目运行费用。

②由于必须经过上层管理者,如投资者、业主的批准,这可能造成工程的怠工,增加拖延。

(4)改善工具器具以提高劳动效率。

(5)提高劳动生产率,主要通过辅助措施和合理的工作过程。这里要注意如下问题:

①加强培训,通常培训应尽可能的提前;

②注意工人级别与工人技能的协调;

③工作中的激励机制,例如增发奖金、发扬精神、个人负责制、明确目标等;

④改善工作环境及项目的公用设施(需要花费);

⑤项目小组时间上和空间上合理的组合和搭接;

⑥避免项目组织中的矛盾,多沟通。

(6)将部分任务,如分包、委托给另外的单位,将原计划由自己生产的结构构件改为外购等。当然这不仅有风险,产生新的费用,而且需要增加控制和协调工作。

(7)改变网络计划中工程活动的逻辑关系,如将前后顺序工作改为平行工作,或采用流水施工的办法。这又可能产生如下问题:

①工程活动逻辑上的矛盾性;

②资源的限制,平行施工要增加资源的投入强度,尽管投入总量不变;

③工作面限制及由此产生的现场混乱和低效率问题。

(8)修改实施方案,例如将现浇混凝土改为场外预制、现场安装。这样可以提高施工速度。当然这一方面必须有可用的资源,另一方面又要考虑会造成成本的增加。

3)应注意的问题

(1)在选择措施时,要考虑到:赶工应符合项目的总目标与总战略;措施应是有效的、可以实现的;注意成本的节约;对项目的实施影响较小,对承包商、供应商的影响面较小。

(2)在制订后续工作计划时,这些措施应与项目的其他过程协调。

(3)在实际工作中,人们常常采用了许多事先认为有效的措施,但实际效力却

很小,常常达不到预期的缩短工期的效果。这是由于:

① 这些措施不完善,常常是不周全的。

② 缺少协调,没有将加速的要求、措施、新的计划、可能引起的问题通知相关各方,如其他分包商、供应商、运输单位、设计单位。

③ 人们对当前造成拖延的问题的影响认识不清。虽然有些拖延在当前还不大,如仅有两周的拖延,实质上,这些影响是有惯性的,随着时间的推移,其影响将继续扩大。所以即使现在采取措施,在一段时间内,其效果是很小,拖延仍会继续扩大。

复习思考题

1. 简述工程项目进度监测的系统过程。
2. 简述工程项目进度调整的系统过程。
3. 工程项目实施过程中如何掌握工程实际进展状态?
4. 工程项目实际进度与计划进度的比较方法有哪些?各有何特点?
5. 匀速进展与非匀速进展横道图比较法的区别是什么?
6. 利用 S 型曲线比较法可以获得哪些信息?
7. 如何绘制实际进度前锋线?
8. 如何分析进度偏差对后续工作及总工期的影响?
9. 进度计划的调整方法有哪些?如何进行调整?

8 工程项目成本控制

8.1 概述

8.1.1 工程项目成本控制的本质与特征

1) 基本概念

工程项目的成本控制是在项目管理中监控工程项目费用,记录大量的相关成本数据,分析这些数据以保证及时采取正确的纠偏工作。

项目的成本控制是工程项目管理中一项重要的工作,它包括两个阶段:计划阶段与实施阶段。与控制系统相比,计划系统常常出错。因此,项目的计划阶段必须包括成本控制。

由于项目的各个阶段有不同的参加者。每个参加者的成本控制仅仅是针对其项目管理对象所进行的。一般来说,业主或项目组织者对整个工程项目的成本负责,它们是针对工程项目实施成本控制。承包商则是针对合同任务对象根据合同价实施成本控制,其目的是尽可能多地获取利润,承包商的成本控制效果一般对工程项目的总成本影响较少,但对工程项目的顺利完成有比较大的影响。至于监理、设计等咨询单位,他们主要是协助业主进行成本控制,他们自身的成本控制任务则相对比较少,比较简单。

所以工程项目的成本控制主要包括工程项目的业主或组织者从策划、立项到实施完成所进行的成本控制(许多课本中称之为投资控制)和承包商的施工项目成本控制。这两个方面成本控制的过程、手段、方法有较大的差别。

工程项目的成本控制是项目管理者一项非常重要的工作,成本控制的成效往往与项目管理者所属企业(组织)的效益息息相关,同时也应是企业(组织)对项目管理者工作绩效进行评价的主要依据。

2) 成本控制与进度、质量控制的差别

与进度、质量控制相比,成本控制的不确定性较大,工程项目进度与质量相对比较确定,控制方法比较可靠,可控的把握比较大,而成本的精确度不高,成本控制的内容繁杂,控制成效不明显,成本控制工作比较隐含。这主要是因为,除受各种成本因素影响外,进度、质量目标的变更与控制的结果对项目成本会产生较大的影响。项目的策划、项目目标的确定对项目成本产生的影响巨大,但是项目的策划与项目目标的确定很难进行科学的规范。成本控制与质量、进度控制的主要差别在于:

(1) 进度控制可通过调整计划,增加作业时间、作业资源等弥补工期的拖延或延误;

(2) 质量控制可通过局部的修补、返工、设计变更等来加以改进工程中发生的质量的不足;

(3) 成本一旦发现出现超支,是无法弥补的,除非减少工程量或降低质量与使用要求目标;

(4) 进度与质量控制的纠偏往往都会造成成本的额外增加;

(5) 一些风险因素,如市场价格的波动,工程索赔事件,国际结算汇率的变化可能对质量、进度产生的影响较小,但对工程项目成本的影响较大。几乎所有的风险都会对项目成本产生较大的影响。

综上所述,工程项目的成本控制是比较困难的,但成本控制必须进行,一旦项目投资超出预期目标,则项目的实施或项目的功能就会受到影响,甚至有可能被迫下马。这是因为投资者的自有资金和项目筹资刚性较大,一旦形成计划很难增加或追加投资。而承包商的目标就是通过工程实施为业主服务而获取利润,一旦其成本目标不能实现,甚至出现亏损,那么他所有的努力都将付之东流。

但在实际工程中,成本控制经常被忽视,或由于控制技术问题,使成本处于失控状态。许多项目管理者只有在项目结束后,才能知道实际开支和盈亏,而这时他已无法进行成本控制,如有损失也已无法弥补。

8.1.2 工程项目成本控制特征

1) 投资者或项目组织者与承包商的成本控制有较大的区别

(1) 前者的成本控制是宏观的,而后者的成本控制则是微观的。

(2) 前者与后者的控制方法不同,而且前者的成本控制的一些措施对后者将产生影响,如项目投资者采用不同的合同计价方式会对承包商的成本控制的积极性有较大的影响。如果采用成本加酬金合同,那么承包商没有成本控制的兴趣,甚至有时为了增加自己的盈利千方百计扩大成本开支;而如果采用的是固定总价合同,那么承包商必须严格控制成本开支。所以工程项目严密的组织体系和责任体系、责任制度是成本控制的重要手段。这是项目投资者进行投资控制的一个重要方面。

2) 成本控制的综合性

成本控制必须与质量目标、进度目标、效率、工作量、工作消耗等综合起来进行评估才有价值。所以成本控制应体现项目的集成控制。

（1）首先成本目标必须与详细的技术(质量)要求、进度要求、工作范围、工作量等同时落实到责任者,作为业绩评价的综合尺度。

（2）在分析成本数据的同时必须分析进度、效率、质量状况,才能得到反映实际的信息,才有实际意义和作用,否则容易信息误导。单一的成本分析状况,虽然有时实际成本与计划成本相吻合,却可能隐藏着很大的危险。

（3）不能片面强调成本目标,否则容易造成误导。例如为降低成本而使用质低价廉的材料、设备,结果可能会拖延工期,损害工程整体功能和效益。由于成本目标往往是在其他各项目标确定后的基础上才能确定,所以成本目标的追求同样也应在确保其他目标得以实现的基础上。

（4）成本控制必须与质量控制、进度控制、合同控制同步进行。实践证明,成本的超支常常并非成本控制本身的问题,而是由于其他许多原因引起的：如质量标准的提高、进度的调整、工程量的增加、业主由于工程管理失误造成的索赔以及不可抗力因素等。这些问题通常不是成本管理人员能够控制的,对成本超支情况必须通过合同措施、技术措施、管理措施综合解决。

3）成本的控制与工程项目计划及其执行相关

实际工程项目成本计划是在进度计划的基础上建立起来的,实际进度与计划进度如果偏差较大,则必然会引起实际成本与计划成本的偏离。计划的紊乱,或实际工程执行不力而导致的混乱,将会导致成本的严重增加。所以工程项目秩序有条不紊对成本控制有非常大的帮助。

4）工程实际信息的把握程度将会影响成本控制的效果

如果信息有误导,预测不准确,将会引起工程项目的所有计划基准和消耗标准的失误,从而导致成本控制工作混乱。

5）成本控制的周期不可太长

成本控制的周期通常按月进行,实施中的成本控制以近期成本为主。

8.1.3 工程项目的成本控制

工程项目在实施阶段,其有效管理的关键在于良好运行的成本与控制系统,以保证工程项目管理者获得实际工程的反馈信息。这样,就可以将最新的资源使用情况与计划所确定的标准进行比较。这个有效的控制系统(包括成本、进度或质量)的信息反馈必须包括：

（1）项目全部工作计划的实施与履行情况；

（2）时间、劳动力和成本的正确估算值；

（3）所需完成任务的范围的清楚定义；

（4）预算的严格规定和成本开支的授权规定；

（5）项目的成本开支与进度的定期统计数据；

（6）每期末剩余工作的时间与成本的周期性的重新估算；

（7）项目当期或完成时，实际进度与成本开支与计划的经常性的、周期性的比较值。

成本控制必须是集成的，工程项目的结构分解 WBS 方法可以成为这种集成管理的有效工具。通过 WBS，项目的使用功能能分解成许多项目目标和子目标。当项目工作进一步开展时，WBS 则提供了每一级项目单元的成本、工期、质量等与预算的比较的框架。

因此，成本控制的第一个目的就是通过实际情况与预先确定标准的比较，用以证明：

（1）项目目标成功地转变成实施标准；

（2）项目实施标准实际上是项目活动和事件的可靠体现；

（3）所做的预算是有意义的，保证了实际与计划的比较得以实现，换句话说，这种比较证明选用了正确的标准，并且能正确的应用。

成本控制的第二个目的就是决策。为了能有效及时地进行决策，必须获得下列三种报告：

（1）计划阶段的项目计划，包括进度成本计划；

（2）资源消耗与预先确定的标准详细的比较结果，这包括剩余的工作与活动完成所产生的作用的估计；

（3）项目完成时所需消耗资源的预测。

这三种报告将报送管理者和执行者，使用这三种报告可能产生三种有用的结果：

（1）向管理者、计划者、执行者反馈；

（2）从现行项目计划、进度、预算中识别重要偏差；

（3）尽早制订应急计划，保证工程项目正常进行。

如果能正确编制上述三种报告，将使项目在作出适当的纠偏之后而产生的变化最小。

如图 8.1 所示，通常在项目的早期项目成本减少的可能性较大，但随着项目的进展，这种成本减少的可能性将变小。

8.1.4 成本控制时间区别划分

要控制成本必须有一个强有力的控制系统，周期性地计算工程量和实际成本，并按短期控制的结果诊断整个工程成本状况，预测工程最终成本。而在实际工程中成本超支常常不能及时被发现，真实的状况和趋向也往往会被掩盖，这是非常危险的，而不断地对比分析可以缩短预警时间。工程成本的对比分析，通常在控制期

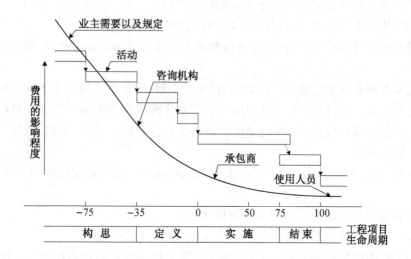

图 8.1　工程项目各阶段工作对投资/成本的影响曲线图

末,或阶段结束期末进行。按控制要求可将项目控制时间分为三个区间,如图 8.2 所示。

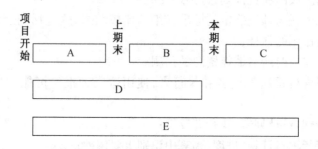

图 8.2　成本控制时间区间划分图

其中:A 为上期末的实际控制结果;B 为本期内的实际完成值;C 为控制期末至项目结束的剩余成本预测(诊断)值;D(A+B),是至本期末项目全部实际控制结果;E(为 D+C)为整个项目的总成本预测(诊断)值。

在上述的区段划分中,进行成本控制只需抓住 B 段(即本控制期内实际成本信息)和 C 段(即剩余成本预测信息),其他是已储存的信息(如 A)或经过处理得到的信息(如 D、E)。

B 段一般以月计,时间越长,信息的时效消失,就会使控制困难。通常除了按上述正常的核算外,还要进行成本复查,可以取 3 个月(1 个季度)为周期进行复查。

8.1.5 成本控制的主要工作

人们对成本控制工作的界限划分各不相同,在国外的许多大型工程项目中,常常设有成本工程师(或成本员)负责具体的控制工作。它是一个重要的职位,通常由一个经济师(主要精通预算、结算和技术经济方面的专家)承担。他的主要工作有:

1) 成本计划工作

主要是成本预算工作,按设计和计划方案预算成本,提出报告。通过将成本目标或成本计划分解,提出设计、采购、施工方案等各种费用的限额,并按照限额进行资金使用的控制。实践证明,项目总投资的节约应着眼于工程方案的论证,多方案的比较。

2) 成本监督工作

成本监督工作包括:

(1) 各项费用的审核,确定是否进行工程款的支付,监督已支付工程款的项目是否已完成,有无漏洞,并保证每月按实际工程状况定时定量支付(或收款)。

(2) 作实际成本报告。

(3) 对各项工作进行成本控制,如对设计、采购、委托(签订合同)进行控制。

(4) 进行审计活动。

3) 成本跟踪工作

成本跟踪需要作详细的成本分析报告,并向各个方面提供不同要求和不同详细程度的报告。

4) 成本诊断工作

成本诊断工作包括:

(1) 超支量及原因分析。

(2) 剩余工作所需成本预算和工程成本趋势分析。

5) 其他工作

(1) 与相关部门(职能人员)合作,提供分析、咨询和协调工作,例如提供由于技术变更、方案变化引起的成本变化的信息,供各方面作决策或调整项目时考虑。

(2) 用技术经济的方法分析超支原因,分析节约的可能性,从总成本最优的目标出发,进行技术、质量、工期、进度的综合优化。

(3) 通过详细的成本比较、趋势分析获得一个顾及合同、技术、组织影响的项目最终成本状况的定量诊断,对后期工程中可能出现的成本超支状况提出早期预警。这是为作出调控措施服务的。

(4) 组织信息,向各个方面特别是决策者提供成本信息,保证信息的质量,为各方面的决策提供问题解决的建议和意见。在项目管理中成本的信息量最大。

（5）对项目形象的变化，如环境的变化、目标的变化等所造成的成本影响进行测算分析，并调整成本计划，协助解决费用补偿问题（即索赔和反索赔）。

成本控制必须加强对项目变更和合同执行情况的处理。这是防止成本超支最好的战略。

成本控制是十分广泛的任务，它需要各种人员（技术、采购、合同、信息管理）的介入，必须纳入项目的组织责任体系中。

8.2 工程项目的投资控制

8.2.1 基本概念

所谓工程项目的投资控制，就是在投资决策阶段、设计阶段、发包阶段和实施阶段，把工程项目投资的发生控制在批准的投资限额以内，随时纠正发生的偏差，以保证项目投资目标的实现，以求在工程项目中能合理使用人力、物力、财力，取得较好的投资效益和社会效益。

工程项目的投资目标是由投资估算、设计概算、设计预算、承包合同价等随着工程项目建设实践的不断深入而逐步建立起来，这些有机联系的阶段目标相互制约、相互补充，前者控制后者，后者补充前者，共同组成项目投资控制的目标系统。

对于工程项目的投资控制，控制目标的确立是非常重要的，它是投资控制的组成部分。项目管理中要实现投资估算控制设计概算，设计概算控制设计预算，设计预算控制承包合同价。这实际就是一个强有力的投资控制。投资目标与项目的目标设计对象、系统的策划、工程项目的设计是密不可分的，如果控制目标不正确，或目标水平太低，投资高估冒算，或目标水平太低，投资有缺口，那么就不能实现良好的投资控制。

8.2.2 投资控制的过程

1）项目实施前

（1）在工程项目开始阶段，业主根据项目的使用要求、建设目标、建设规模、技术条件等提出工程项目。这时项目组织者应会同设计人员、工程人员、造价管理人员共同研究提出初步投资建议，对拟建项目作出初步的经济评价。

应尽早编制相应的工程项目的结构分解WBS，并以WBS的各级项目单元为对象进行投资额分项估算。

（2）在可行性研究阶段，项目目标设计已完成，项目已进行定义，并且项目地址、技术协作条件已经落实。项目组织者可对项目各种拟建方案进行初步投资估算,并论证每一方案在功能上、技术上和财务上的可行性。

(3) 在方案建议阶段,应按照不同的设计方案编制估算书,以便业主能确定拟建项目的布局、设计和施工方案。

(4) 在初步设计阶段,制定建议投资分项初步概算,根据概算及工程项目建设计划,制定资金支出初步估算表,以保证投资得到最有效的运用,并可作确定项目投资限额之用。

(5) 在施工图设计阶段,根据施工图及预算定额测算的工程量及当时的价格,编制分项施工图预算,并将它们与项目投资限额相比较。

(6) 对不同的设计及材料进行成本研究,以保证工程项目在投资限额范围内进行设计。

(7) 就工程招标程序及其工程投标报价方面的规定、合同战略(承发包模式、分标模式、合同的计价方式、合同文本形式)进行仔细安排。这是业主在图纸设计完成后,对工程项目投资所能进行的最强有力的控制,这对业主工程实际支付情况以及承包商的成本控制都具有深刻的影响。

(8) 针对工程项目可能的分标情况,制定招标文件、工程量清单、合同条款、工程量说明书。这些是拟参加投标的承包商进行投标报价的主要依据,因而通过合理制定这些招标文件就可能有效限制承包商的报价,从而达到控制工程项目投资的目的。

(9) 结合工程的特点,确定科学的评标方法,如专家评议法、低标价法和打分法等,评标时主要考虑报价、工期、施工方案、质量保证措施等综合因素。选定中标者后,对其投标报价进行分析,计算整理管理费率、利润率、用工量、各种材料用量、人工、材料的基价等,通过这些分析,可以把握承包商的投标策略。这些信息还为业主、项目组织者或监理工程师对施工索赔管理提供了强有力的基础。

2) 施工阶段

(1) 工程开工后,督促检查承包商严格执行工程合同。审核承包商提交的申请支付报表,综合评价承包商当月的工程完成情况,如工程量及进度完成情况。特别应注意保留金的扣除及应退还的预付款,以及每月的索赔款。

(2) 定期制定最终成本估计报告书,反映施工中存在的问题及投资的支付情况。

(3) 严格控制设计变更以及由于业主、项目组织者或监理工程师工作不当而引起的工程变更,控制变更申请程序。变更是造成承包商索赔的主要人为因素,控制好变更,就能减少承包商的索赔,使工程实际支付款尽量控制在承包合同价范围内。

(4) 严格按照合同文件规定及合同与索赔管理审核评估承包商提出的索赔报告,对承包商不合理的索赔要求进行反击,有时甚至因承包商不能正确履行承包合同或违反承包合同而对承包商提出索赔。

(5) 审核承包商工程竣工报告,根据对竣工工程量的核算,对承包商其他支付要求的审核,确定工程竣工报表的支付金额。

(6) 做好项目投资控制执行情况的总结。

8.2.3 工程项目投资控制中的技术与方法

工程项目投资控制中的技术与方法在《工程经济学》《工程估价》《合同管理与索赔》等课程中有具体的讲述,这里仅提出这些方法的概念,主要目的是将这些概念与工程项目投资控制结合起来。

1) 工程项目的投资估算

由于工程项目建设周期长,在工程项目策划阶段项目技术系统尚不能明确,建设者在一定时间内占有的经验和知识有限,常常受科学条件和技术条件的限制,而且受客观过程的发展及其表现程度的限制,因而不可能在工程伊始就设置一个科学的、一成不变的投资控制目标,只能设置一个大致投资控制目标,这就是投资估算。

工程建设投资估算的准确性直接影响到工程项目的投资决策、基建规模、工程设计方案、投资经济效果,并直接影响到工程项目建设能否顺利进行。

2) 工程项目经济评价

工程项目经济评价,在项目建议书阶段,是审批项目建议书的依据之一;在可行性研究阶段,是项目投资决策的重要依据;在可行性研究报告之后,又可作为设计任务书中下达的投资限额,它对工程设计概算起控制作用,是进行工程设计招标,优选设计单位和设计方案的依据。

工程项目的经济评价是项目可行性研究中,对拟建项目方案计算期内各种有关技术经济因素和项目投入与产出的有关财务、经济资料数据进行调查、分析、预测,对项目的财务、经济、社会效益进行计算、评价,分析比较各项目方案的优劣,从而确立和推荐最佳项目方案。

工程项目经济评价是项目可行性研究和评估的核心内容,其主要目的之一在于避免或最大限度地减少项目投资风险。

3) 价值工程

价值工程,又称价值分析,是运用集体智慧和有组织的活动,着重对产品进行功能分析,使之以最低的总成本,可靠地实现产品的必要功能,从而提高产品价值的一套科学的经济分析方法。

价值工程是把技术与经济结合起来的管理技术,价值工程的运用需要多方面的业务知识和业务数据,也涉及许多技术部门和经济部门,所以必须按系统工程要求,把有关部门组织起来,通力合作,才能取得理想的效果。

通过对价值工程的应用,能使产量与质量、质量与成本的矛盾得到完美的统一。

对于工程项目,同一建设项目,同一单项、单位工程可以有不同的设计方案,这就会有不同的造价,这就可采用价值工程进行方案的选择。价值工程认为,对上位功能进行分析和改善比对下位功能进行分析和改善效果要好,对功能领域进行分析和改善比对单个功能进行分析和改善效果要好。因此,价值工程既可用于工程项目设计方案的分析选择,也可用于单位工程设计方案的分析选择,还可用于施工方案的分析选择以及施工项目成本控制。

4) 限额设计

所谓限额设计就是按照批准的设计任务书及投资估算控制初步设计,按照批准的初步设计总概算控制施工图设计,同时各专业在保证达到使用功能的前提下,按分配的投资限额控制设计,严格控制对技术设计和施工图设计的不合理变更,保证总投资限额不被突破。限额设计的控制对象是影响工程设计静态投资(或基础价)的项目。

投资分解和工程量控制是实行限额设计的有效途径和主要方法。限额设计是将上一阶段设计审定的投资额和工程量先行分解到各专业,然后再分解到各单位工程和分部工程。限额设计的目标体现了设计标准、规模、原则的合理确定及有关概预算基础资料的合理取定,通过层层分解(这种分解最好结合工程项目结构分解 WBS),实现了对投资限额的控制与管理,也就同时实现了设计规模、设计标准、工程数量与概预算指标等各个方面的控制。

限额设计分为纵向控制与横向控制。

纵向控制,就是随着不同设计阶段的深入,即从可行性研究、初步勘察、技术设计直到施工图设计,限额设计都必须贯穿到各个阶段,而在每一阶段中必须贯穿于各专业的每道工序。在每个专业、每道工序都要把限额设计作为重点工作内容,明确限额目标,实行工序管理。各个专业限额的实现,是实现总额的保证,要改变和克服各个环节相互脱节的现象。

横向控制的主要工作就是健全和加强设计单位对业主以及设计单位内部的经济责任制,而经济责任制的核心则在正确处理责、权、利三者之间的有机联系。在三者关系中,责任是核心,必须明确设计单位及其内部各有关人员、各专业科室对限额设计所负责任。责任的落实越接近个人,效果越明显。为保证设计单位及其设计人员履行责任,应赋予设计单位及其各专业、设计人员所承担设计相应的决定权。权力要与责任相一致,同时,为调动责任者履行其责任的积极性和动力,要建立起限额设计的奖惩机制。

5）工程项目设计概算、施工图预算

工程项目设计概算、施工图预算的有关内容见5.6.3。

6）投资偏差分析

在投资控制中,投资的实际值与计划值相比,可能产生偏差,因此应对产生偏差的原因进行分析,并研究纠偏措施,同时应考虑实际进度与计划进度所产生的偏差对投资偏差分析的结果有重要影响。在进行投资偏差分析时,要同时对局部偏差和累计偏差进行分析。所谓局部偏差,一是相对于总项目的投资而言,指各单项工程、单位工程和分部分项工程的偏差;二是相对项目实施的时间而言,指每一项目控制周期产生的偏差。累计偏差就是局部偏差的累加,最终的累计偏差就是项目投资的偏差。偏差分析的方法与施工项目成本控制的偏差分析方法相类似,详细内容见8.4。

8.3 施工项目成本控制

8.3.1 概述

工程项目的实施是工程项目生命周期中一个重要的环节,业主或项目组织者通过招标将工程项目的实施发包给承包商,承包商组织全部实施活动,包括施工项目组织的建立、劳动力的调配与安排,各种资源采购、运输及转换等,按施工图及规范实现工程项目。所以,工程项目中最大一部分成本实际是通过承包商的实施活动产生的。

项目组织者对工程项目实施过程中成本控制的任务主要是:确定合同的计价方式,确定合同文本及其条款,确定承包商的合同价,控制承包商的实施支付申请,进行索赔管理,工程款的结算。项目组织者不负责对实施过程成本的发生、控制与纠偏等具体的工作。

实施过程中的成本控制是承包商的任务。承包商根据与业主签订的合同价剔除其中经营性利润部分和企业应收款的费用部分,将其余部分作为成本目标并连同合同赋予他的各项责任,下达转移到施工项目部,形成施工项目经理的目标责任,所以实际工程施工成本控制的任务就落实到施工项目经理及施工项目部。

施工项目的成本控制,通常是指项目成本的形成过程中,对生产经营所消耗的人力资源、物质资源和费用开支,进行指导、监督、调节和限制,及时纠正将要发生的和已经发生的偏差,把各项生产费用控制在计划成本范围内,以保证成本目标的实施。

施工项目的成本目标一般只有一个成本目标值或成本降低率、降低额,即使加以分解,也不过是相对明细的指标而已,难以具体落实,以致目标管理往往流于形式,无法发挥控制成本的作用。因此,项目经理部必须以成本目标为依据,联系施工项目的具体情况,制度明细而又具体的成本计划,使之成为看得见、摸得着、能操作的实施性文件。由于项目管理的一次性行为,施工项目工期较长,施工过程复杂,各种资源量庞大,成本信息量大、繁琐,各种统计口径不一致,因而施工项目成本控制任务是非常复杂而艰巨的。

施工项目成本的复杂性,往往导致许多施工项目部失去对其进行控制或者忽视这项工作,变成事后算账,在项目结束时才知道实际开支和盈亏。这是值得警惕的。

8.3.2 施工项目成本控制基础

1) 施工项目成本控制的对象和内容

(1) 工程任务对象

施工项目部应该在项目组织者所编制的工程项目结构分解 WBS 的基础上,根据合同任务所对应的项目单元,继续向下进行施工项目结构分解 CWBS(Contract Work Breakdown Structure),CWBS 同样应是施工项目工作任务的分解。CWBS 形成项目进度计划、成本计划、资源计划、资金计划的基础。通过计划工作,将项目的工期、质量、成本、人工、各种资源、工作标准等方面的目标分解到各个项目单元及工作包。以施工项目结构分解 CWBS 中的项目单元、工作包为成本控制对象,有助于将成本与工期、质量等综合起来进行控制,有助于将成本控制与工程项目进度网络计划相融合,将成本引入到工程活动上。这样成本核算和分析就能达到工作包和底层的成本,因而如果发生超支现象,就能比较确切地弄清超支的原因和责任。

我国传统的预算与成本分析是以分部分项工程为对象的,但这种方法往往不能将成本控制与工程活动的时间进度保持一致,许多分部分项工程不能不连续进行,而且持续时间长,所以在实际工程中应进一步分解。

(2) 工作任务的成本责任人

落实到工作包或项目单元中的成本责任应有具体责任人来承担。成本控制的具体内容是日常发生的各种费用和损失。这些费用和损失,都发生在各个职能部门、施工队和生产班组,所以这些部门,施工队或班组应成为工作包或项目单元的成本责任人并作为成本控制对象,接受项目经理的指导、监督、检查和考评。

项目部的各职能部门、施工队和班组还应对自己承担的成本责任进行自我控制,这是最直接、最有效的项目成本控制。

(3) 施工过程各阶段的控制内容

施工项目的成本控制在不同的阶段有不同的控制内容(详见本节第 2 部分),应予重视。

（4）合同对象

成本控制要以工程合同为依据，除了要根据业务要求规定时间、质量、结算方式和履(违)约奖罚等条款外，还必须强调将合同的工程量、单价、金额控制在预算收入以内。

2）施工项目成本控制的实施

（1）施工前期的成本控制

① 投标阶段，进行成本预测，提出投标决策。

② 中标后，以"标书"为依据确定项目的成本目标，并作为项目经理部的成本责任。

③ 施工准备阶段，对施工方法、施工顺序、作业组织形式、机械的设备选型、技术组织措施等认真研究分析，并运用价值工程原理，制定出科学先进、经济合理的施工方案。

④ 根据企业下达的成本目标，以工作包或项目单元所包含的实际工程量或工作量为基础，联系消耗标准(如我国的基础定额、企业的施工定额)和技术组织措施的节约计划，在优化的施工方案的指导下，编制明细而具体的成本计划，并将各项单元或工作包的成本责任落实到各职能部门，施工队和班组，为今后的成本控制做好准备。

⑤ 根据项目工期的长短和参加工程的人数的多少，编制间接预算，并进行明细分解，落实到项目经理部有关部门，为今后的成本控制和绩效考评提供依据。以施工项目结构分解的项目单元或工作包为对象计划成本，并落实给责任人，这是一些非常繁琐的工作，但这是成本控制最重要的基础。这实际是将以工程活动为对象的大量成本的计算工作转移到前期来(目前我国工程人员还习惯事后处理工程核算)。如果不能有效地完成这些工作，成本控制工作将难以进行实际与计划的对比。

（2）施工期间的成本控制

① 加强施工任务单和限额领料单的管理。施工任务单应与工作包表结合起来，做好每一个工作包及其工序的验收(包括实际工程量的验收和工作内容、进度、质量要求等综合验收评价)以及实耗人工、实耗材料的数量核对，以保证施工任务单和限额领料单的信息的绝对正确，为成本控制提供真实可靠的数据。

② 根据施工任务单进行实际与计划的对比，计算工作包的成本差异，分析差异产生的原因，并采取有效的纠偏措施。

③ 做好检查周期内成本原始资料的收集、整理，准确计算各工作包的成本，并做好以完成工作包实际成本的统计，分析该检查期内实际成本与计划成本的差异。

④ 在上述工作基础上，实行责任成本核算，也就是利用会计核算资料，通过工作码按责任部门或责任者归集成本费用，每月结算一次，并与责任成本进行对比，由责任部门或责任者自行分析成本差异和产生差异的原因，自行采取措施纠正差异。

⑤ 做好工程承包的管理工作,提示各责任部门及责任者的合同责任,避免业主或项目组织者的索赔,同时对不是因承包商自身原因造成的损失,及时进行索赔工作。

(3) 竣工验收阶段的成本控制

① 精心安排,干净利落完成竣工扫尾工作,以防扫尾工作拖拉,战线拉得很长,机械、设备无法转移,成本费用照常发生,从而使施工阶段取得的经济效益逐步流失。

② 重视竣工验收工作,顺利交付使用,对验收中业主提出的意见,如不符合合同要求,且涉及费用,则应做好索赔处理。

③ 及时办理结算,注意结算资料的完整,避免漏算。

④ 在工程保修期间,明确保修责任者,做好保修期间的费用控制。

3) 施工项目成本控制的组织与分工

施工项目成本控制是所有项目管理人员必须重视的一项工作,它必须依赖各部门、各单位的通力合作,所以应对成本控制工作进行有效的组织与分工。

(1) 建立以项目经理为核心的项目成本控制体系

项目经理负责制,是项目管理的特征之一。项目经理必须对工程项目的进度、质量、成本、安全和现场管理标准化等全面负责,特别要把成本控制放在首位。项目成本控制体系的模式见图 8.3。

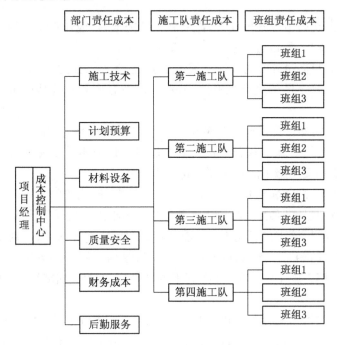

图 8.3　项目成本控制体系图

（2）建立成本管理责任制

项目管理人员的成本责任，不同于其工作责任。有时工作责任已经完成，甚至还完成得相当出色，但成本责任却没有完成。每一个项目管理人员都必须明确，在完成工作责任的同时，还要为降低成本精打细算，为节约成本开支严格把关。

各个项目管理人员应明确自己对成本控制的责任。要明确合同预算人员、工程技术人员、材料管理人员、机械管理人员、行政管理人员、财务成本人员的成本管理责任。

（3）将施工任务型的工作包及项目单元的成本责任落实到工作队

① 项目经理部与施工队之间可以签订劳务合同或内部劳务协议。在工程实施过程中，项目经理部有权对施工队的进度、质量、安全和现场管理进行检查与评价，并按劳动合同或内部协议规定支付劳务费用。施工队成本的节约或超支，项目经理部无权过问。

项目经理部对施工队的成本控制要注意以下情况：

a. 项目经理部落实到施工队的成本责任，是以实物工程量和劳动定额或消耗标准为依据的。当工程因业主要求发生工程变更时，原来成本责任将有变化，需要按实调整承包金额。当出现工程变更时，一定要强调事先的技术签证，严格控制合同金额的增加；同时，还要根据劳务费用增加的内容，及时办理索赔事项，从业主那里取得赔偿。

b. 当施工现场出现零星任务，需要施工队完成时，应作点工计算，但这会相应增加劳务费用支出，所以应对点工数量和费用加以控制。

c. 必须坚持奖罚分明的原则。奖与罚应综合考核施工队的业绩。应以奖励为主，从而激励施工队的生产积极性，但对不同按合同责任完成任务，也应照章罚款并赔偿损失。

② 施工队同样可采用施工任务单和限额领料单的形式，将成本责任进一步分解落实到生产班组。施工队需要联系生产班组责任成本的实际完成情况，结合进度、质量、安全和文明施工的具体要求进行综合考评。

施工任务单、限额领料单是项目管理中最基本、最扎实的基础管理，它能综合控制工程项目的进度、质量、成本以及安全与文明施工。这就需要对施工任务单与限额领料单与项目管理的任务分解、进度计划、成本计划、资源计划以及进度、成本、质量三大控制相容。实践证明，以施工项目结构分解 CWBS 中的项目单元、工作包的说明表作为施工任务单，并将其中的计划资源量作为限额领料量的依据，是最合适的。

贯彻工程项目结构分解 WBS 和各个施工项目结构分解 CWBS 的一致性原则，能最为有效地实现项目的系统管理，从而使承包商的项目管理工作及其行为纳入工程项目的整体，并形成与业主、项目组织者及其他参加者之间高度的配合。

8.4 工程项目成本核算

8.4.1 成本结构与成本数据沟通

由于业主和承包商的工程项目的核算成本分项是不同的,则他们有不同的成本结构和成本数据。对承包商来说,存在三种数据。

1) 分项工程成本数据,它包括：

(1) 该分项工程的直接费,它的要素有：

① 直接在该分项工程上消耗的实际人工、材料、机械台班数量,以及外包费用支付额。

② 人工费、材料费、机械台班费单价。它们由工程统一确定。

(2) 工地管理费和总部管理费分摊,通常按直接费成本比例计算。

这样可得该分项工程的实际成本。而实际利润是该分项合同价与实际成本之差。

2) 整个工程的成本数据

整个过程的成本数据包括：

(1) 工程直接费,即各分项人工工资、材料费、机械费及外包费用之和。

(2) 本工程的工地管理费核算。它由工地管理费开支范围内的各种账单、工资单、设备清单、费用凭证等得到。

(3) 由企业(总部)分摊来的经营管理费用(总部管理费)。这笔费用是企业总部的各项开支,通常与具体工程没有直接关系。一般将计划期(1年)开支总额按企业所有工程的工地总成本,或总人工费、总人工工时的比例分摊给各个工程。而整个工程的实际利润是已完成的工程合同价(即收款)与实际总成本之差。

3) 企业成本数据

企业成本数据首先从宏观上汇集各个工程的人工费、材料费、机械费、外包费用、工地管理费用之和,即工程工地总成本。再核算企业经营费用(即总部管理费),它由企业会计核算的资料,如费用凭证、会计报表、账目等得到,再将它分摊给各个工程,同样可以核算本期企业实现的利润总额。

这三种数据之间应有很好的沟通,图8.4为分项工程和整个工程成本数据的沟通。工程成本核算必须与企业成本核算集成才有效。

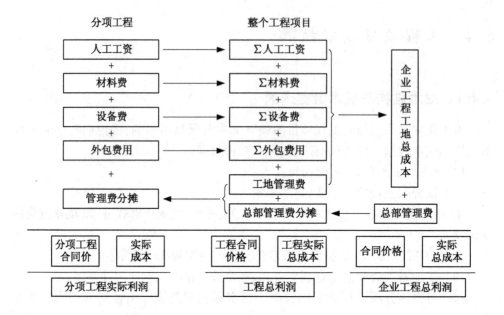

图 8.4 分项工程和整个工程项目成本数据沟通图

8.4.2 实际成本核算过程

（1）人工、材料、机械台班消耗记录。

一旦项目开工就必须记录各分项工程中消耗的人工、材料、机械台班的数量及费用，这是成本控制的基础工作。

有些消耗是必须经过分摊才能进入工作包的，如在一段时间内几个工作包共用的原材料、劳务、设备，必须按照实际情况进行合理的分摊。

（2）本期内工程完成状况的量度。

在这里，已完工程的量度比较简单，困难的是跨期的分项工程，即已开始但尚未结束的分项工程。由于实际工程进度是作为成本花费所获得的已完产品，它的量度的准确性直接关系到成本核算、成本分析和趋势预测（剩余成本估算）的准确性。在实际工程中人为的影响较大，弄得不好会造成项目成本大起大落，喜忧无常。

在实际成本核算时，对已开始但未完成的工作包，它的已完成成本及已完成程度的客观估算是困难的。

为了解决这一问题，可采用企业同类项目成本消耗标准，或者按以下几种模式进行定义：

① 0 ~100%。即工作任务开始后直到完成前其完成程度一直为0,完成后则为100%。

② 50% ~50%。即工作任务开始后直到完成前其完成程度都认为是50%,完成后为100%。

③ 按实物工作量或成本消耗、人工消耗所占的比例,即按已完成的工作量占工作总量的比例计算。

④ 按已消耗工期与计划工期(持续时间)的比例计算。

⑤ 定义工作任务资源负荷分配。其中以50% ~50%规则最为常用。

(3) 工程工地管理费及总部管理费开支的汇总、核算和分摊。

(4) 各分项工程以及总工程的各个费用项目核算及盈亏核算,提出工程成本核算报表。

在上面的各项核算中,许多费用开支是经过分摊进入分项工程成本或工程总成本的,例如周转材料、大型通用机械、工地管理费和总部管理费等。

由于分摊是选择一定的经济指标,按比例核算的。例如企业管理费按企业同期所有工程总成本(或人工费)分摊到各个工程;工地管理费按本工程各分项工程直接费总成本分摊到各个分项工程,有时周转材料和设备费用也必须采用分摊的方法核算。由于它是按成本比例计算的,所以不能完全反映实际情况。它的核算和经济指标的选取受人为因素的影响较大,常常会影响成本核算的准确性和成本评价的公正性。所以对能直接核算到分项工程的费用应尽量采取直接核算的办法,尽可能减少分摊费用值及分摊名目。

在工程中许多大宗材料已领用但尚未用完,对已消耗量(或剩余量)的估计也是十分困难的,而且人为的影响因素很大。这些也会导致实际成本核算的不准确。

8.4.3 成本开支监督

成本控制一定要着眼于成本开支之前和开支过程中,因为当发现成本超支时,损失已成为现实,很难甚至无法挽回。人们对超支的成本经常企图通过在其他工作包上的节约来解决,这是十分困难的,因为这部分工作包要想压缩成本必然会损害工期和质量。反之如果不发生损害,则说明原成本计划没有优化。

(1) 落实成本目标,不仅要落实一般的分项工程及项目单元的成本目标,而且要落实资源的消耗和工作效率指标。例如下达与工作量相应的用工定额、用料定额、费用指标,在施工中如果需要追加则应有一定的手续。

(2) 开支的审查和批准,特别是各种费用开支,即使已经作了计划仍需加强事前批准,事中监督和事后审查。对于超支或超量使用,必须作特别审批,追查原因,落实责任。

（3）签订各种外包合同（如劳务供应、工程分包、材料供应、设备租赁等）时，一定要在合同价方面进行严格控制，包括价格水准、付款方式和付款期、价格补偿条件和范围等。在实际施工中还应严格控制各款项的支付。

8.4.4　成本核算编码系统

由于成本核算工作复杂，成本数据庞大，所以有必要将各个工作任务、各个部门、各责任人所发生的成本进行编码，以方便计算机或人工统计，从而方便成本核算。

成本核算编码系统可以按下列内容进行：

（1）以工程项目结构分解 WBS（或 CWBS）的项目单元或工作包为任务中心，并采用其 WBS 编码，通过 WBS 编码可以实现工作任务成本的汇总。

（2）将每一项目单元或工作包通过工作任务单分配到项目经理部中的各职能部门或工作队，并分配一个工作码给该部门或施工队，工作码代表每一个成本核算的费用码。该工作码可视为责任人进入成本核算系统的权限。

工作任务单的持续时间（或工期）不要太长，并能表达对其责任人的合同要求，计划要求。工作任务单在项目实施前编制，在与工作责任单位或责任人协商后可以进行更新，工作任务单强调合同要求如何实现，以及所涉及的相关部门及其责任，并授予在规定时间内资源开支的权力。工作任务单可直接采用工作包表（增加一个工作码）的形式。

（3）通过定义，成本核算就是在 WBS 与项目组织结构分解（Organizational Breakdown Structure，OBS）的交叉点（即某项目单元或工作包的工作责任落实到某职能部门或工作队，或责任人）（见图 8.5）进行实际的劳动力、材料以及其他直接成本与计划进行比较。成本核算可同时包含几个工作包。

（4）做成本核算编码分解见图 8.6。成本核算编码是项目结构分解中，某部门在接受工作任务后，将向部门继续分解，形成成本中心，如 220。成本中心的人工用工信息可向下进行控制，向上进行汇总。这种分解可视项目任务的具体情况进行。工程项目比较大，则分解层次多，工程项目小，则分解层次少，甚至可以不分解。如果实际工作中工时不足，成本中心可通过成本核算变更通知（Cost Account Change Notice，CACN）请求增加工时，报项目部批准。该变更通知要求说明变更的描述，变更的原因，以便申请增加的工时等。

实际工作中，可将这种形式的成本核算定期输入计算机，就可得到每月或每周的劳动力（人工）消耗报告。

上述这种形式的成本核算由于是根据 WBS 进行的，与工作项目的任务、进度计划协调一致，便于按实施时间进度作成本核算。

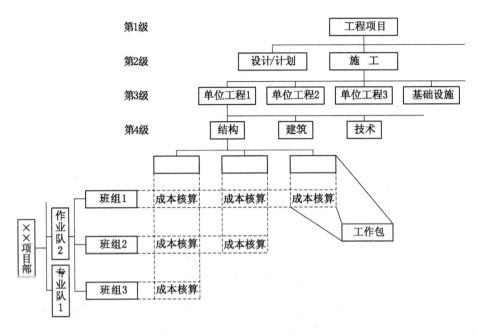

图 8.5 成本核算定义图

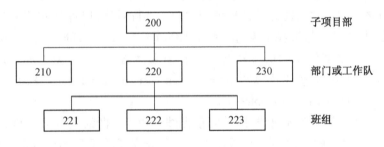

图 8.6 工程项目成本核算编码示意图

8.5 赢得值原理

1）基本概念及术语

赢得值原理（Earned Value Concept，EVC）可以用一幅由三条曲线组成的图形来说明，如图 8.7 所示。

图中的横坐标是项目实施的日历时间，纵坐标是项目实施过程中消耗的资源。资源的计量单位，在 WBS 底层统计时，可以是人工、工程量或金额，但在统计到整个项目时，为使得单位一致，必须转化为费用（金额）。纵坐标也可以是百分数。

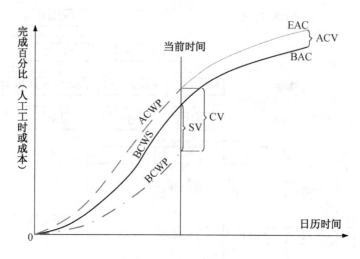

图 8.7 赢得值原理图

赢得值原理引入已完成的工作量的预算值(Budgeted Cost for Work Schedule, BCWS),对项目费用和进度通过 S 型曲线进行动态、定量综合评估。即在项目实施过程中任一时刻已完工作(程)量的预算值(Budgeted Cost for Work Performed, BCWP)与该时刻的此项任务的计划值(BCWS)进行对比,以评估和测算其进度的执行效果;将 BCWP 与资源实耗值(Actual Cost for Work Performed,ACWP)作对比,以评估和测算其资源的执行效果。图中 ACV 为竣工差异(At Completion Variance, ACV)。BAC 为竣工预算费用(Budgeted cost At Completion),EAC 为竣工预测费用(Estimated cost At Completion)。

第一条曲线为 BCWS 曲线,即计划值曲线。BCWS 曲线是综合进度计划与目标计划成本分解(或预算成本)后得出的。它的含义是将项目的计划消耗资源,包括全部费用要素,在计划的周期内按月进行分配,然后逐步累加,即生成整个项目的 BCWS 曲线。这条曲线是项目控制的基准曲线(baseline)。

第二条曲线为 BCWP 曲线,即赢得值曲线。BCWP 曲线的含义是,按月统计已完成工作量(同样可以采用前文 7.4.2 的模式),并将此已完工作量的值乘以预算单价,逐步累加,即生成赢得值曲线。赢得值与实际消耗的人工时或费用无关,它是用预算值或单价来计算已完工作量所取得的实物进展的值,是测量项目实际进展所取得绩效的尺度。

第三条曲线为 ACWP 曲线,即实耗值曲线。ACWP 曲线的含义是,对已完工作量实际消耗的成本,逐项记录并逐步累加,即可生成这条实耗值曲线。

通过图 8.7 中 BCWS、BCWP、ACWP 三条曲线的对比,可以直观综合反映项目成本和进度的进展情况。

计划工作量的预算费用 BCWS,简称计划值,是指项目实施过程中对执行效果进行检查时,在指定时间内按进度计划规定完成应完成的任务时的预算费用(或资源)值,它主要反映按进度计划应完成的任务的工作(程)量。

已完工作量的预算费用 BCWP 即赢得值,是指项目实施过程中对执行效果进行检查时,对指定时间内已完成任务的工作(程)量,按预算定额结算的费用(或资源)值。这个参数具有反映进度和费用执行效果的双重特性。实际工程中,由于 BCWP 是一个预测值,由于必须首先预测任务完成情况,所以 BCWP 的计算是有一定难度的。

已完工作量的实耗费用 ACWP,简称实耗值,是指项目实施过程中对执行效果进行检查时,在指定时间内已完成任务的工作(程)量实际所消耗的费用(或资源)值。它是反映费用执行效果的一个重要指标。

2) 差异分析

(1) 将检查期间的 BCWP 与 ACWP 相比较,两者的差值,为费用差异(Cost Variance,CV),即:

$$CV = BCWP - ACWP$$

CV 能对该期间内完成任务所耗的费用(或资源)值是低于或超过预算值作出定量反映,CV 为负表示超支。

(2) 将检查期间的 BCWP 与 BCWS 相比较,两者的差值为进度差异(Schedule Variance,SV),即:

$$SV = BCWP - BCWS$$

SV 能对该期间内的任务完成量是按进度计划提前还是拖延作出定量反映,SV 为负时,表示进度落后。

费用差异的比较仅表示费用的偏差,而不能提供工作进度完成情况的测评,进度差异仅提供工作进度实际与计划的比较,而不包括成本的测评。所以费用差异与进度差异的分析必须综合进行。

在分析费用与进度时,还可以将差异转化为百分比。

(3) 费用差异百分比

$$CVP = \frac{CV}{BCWP} \times 100\%$$

CVP(Cost Variance Percentage)能反映在项目实施过程中发生的费用差异是保持恒定,还是在增长或递减的信息。

(4) 进度差异百分比

$$SVP = \frac{SV}{BCWS} \times 100\%$$

SVP（Schedule Variance Percentage）能反映在项目实施过程中发生的进度差异是保持恒定，还是在增长或递减的信息。

例：某项目计划在开始的四周内，每周花费 10 万元，在第四周结束时实际花费 32.5 万元。

$$BCWS = 40 \text{ 万元}$$
$$ACWP = 32.5 \text{ 万元}$$

若 $BCWP = 30 \text{ 万元}$

则 $CV = BCWP - ACWP = 30 - 32.5 = -2.5 \text{ 万元}, CVP = \dfrac{2.5}{30} = 8.3\%$

$SV = BCWP - BCWS = 30 - 40 = -10 \text{ 万元}, SVP = \dfrac{10}{40} = 25.0\%$

说明项目进度落后，成本超支。

（5）费用效果执行指数 CPI（Cost Performance Index）

$$CPI = \dfrac{BCWP}{ACWP}$$

$CPI = 1.0$　符合预算，工作效果正常。
$CPI > 1.0$　低于预算，工作效果好。
$CPI < 1.0$　超过预算，工作效果差。

（6）进度效果执行指数 SPI（Schedule Performance Index）

$$SPI = \dfrac{BCWP}{BCWS}$$

$SPI = 1.0$　符合进度，工作效果正常。
$SPI > 1.0$　进度提前，工作效果好。
$SPI < 1.0$　进度落后，工作效果差。

CPI、SPI 反映项目实施执行效果。

（7）项目完成时成本差异 VAC（Variance At Completion）

$$VAC = BAC - EAC$$

若 VAC 为负值，表示项目任务执行效果不佳，即预算超支。

为了评价项目执行的最终状态，还必须计算项目完成预算成本 BAC（Budget At Completion）和项目完成预测成本 EAC（Estimate At Completion）。

BAC 是落实到项目上的预算成本总和，EAC 表示按检查期项目的进展趋势预测，当项目完成时所需总成本最佳预测。它是一个周期性的最终状态的计算，周期通常为一个月或当发现出现显著差异时。EAC 等于当前状态下耗费的直接成本和间接成本总和与剩余工作所需成本估算值之和。

以上各种差异值总是向项目管理各级组织报告的主要内容,根据项目管理制度,应在每一级组织都要建立主要的差异标准。

不同的项目差异的控制标准可以不相同。在同一项目的生命周期内,差异变化越来越小。这是由于风险随着时间的进展而减少,差异的范围也随着变小。

在工程项目管理中,项目管理者首先必须建立经高层管理者或项目组织者批准的成本/进度集成控制系统。该系统所要求的信息包括:BCWS、BCWP、ACWP、EAC、BAC、各项进度与成本偏差及其解释、项目实施情况说明。

赢得值原理是20世纪80年代在美国开发成功的。它首先在国防工业中应用并获得成功,以后推广到其他工业领域的项目管理。20世纪80年代,世界上主要的工程公司均已采用赢得值原理作为项目管理和控制的准则,并做了大量基础性工作,完善了赢得值原理在项目管理和控制中的应用。

3) 成本状况报告

成本管理人员应及时向项目经理、高层管理者、业主或项目组织者报告当期检查的成本状况,使他们尽早掌握工程项目的实施情况以及工程成本控制动态,如有成本失控情况,还需他们及时作出解决问题的决策。实际上,处理好与上级的关系最好的办法就是向其提供正常的、有意义的成本状况报告。报告内容包括:

(1) 各种差异分析;
(2) EAC 计算与分析;
(3) 成本信息总结与分析;
(4) 进度信息总结与分析;
(5) 工程形象进度;
(6) 存在问题、原因分析及纠偏措施;
(7) "赢得值"曲线图。

偏差分析报告应尽量简短。报告越简短,反馈越迅速,处理问题越及时。如果必须在固定的资源条件范围内调整计划,则时间因素就成为关键因素。最常见的约束条件主要有:完成日期不变或资源的获得不变。

当完成日期不变时,项目计划的调整通常需要额外的资源供应。若资源的获得不变,则项目进度就会延长,或进行资源重新分配来缩短网络计划关键线路。

一旦偏差分析完成,项目经理及其项目部必须对产生的问题进行诊断,并寻求纠偏措施。然而,并不是一出现偏差就必须随即纠偏,也不是所有的偏差都必须纠偏。不同情况下的偏差有四种处理方式:

(1) 忽略不计。当偏差在项目开始前所确定的允许范围内,就可不作出反应。
(2) 由项目部作适当的调整。当偏差在允许偏差的边缘时,通常由项目部简单地调整施工方案或选择采用其他可行的措施,而无须改变计划。

(3) 调整计划。

(4) 调整系统。一旦出现重大偏差,就必须作计划或系统的调整。计划调整过程需要重新定义或重新建立项目进展目标,但这必须在项目系统定义允许范围内,调整计划的措施包括对工期、成本、质量进行综合平衡或者定义继续实施项目的新活动和新方法,如新的网络计划。若资源有限,则适当作资源重新分布。若没有资源方面的限制,则适当引进资金、人员、设备、工具、信息等。

如果在系统定义范围内无法进行计划调整,则必须进行系统的重设计。这是一种最不利的情况,这将导致工程项目的使用功能受到影响,或者丧失对时间、资金的控制。

要处理好偏差,则必须首先在项目管理文件中明确定义项目管理的工作流程、工作岗位及其工作职责,定义管理中的指令权。要把这些文件发给项目组织中的每一个关键人员,尤其是那些有多项职能、处理资源相互影响的人员。应建立与项目的成本管理与控制相配套的决策政策。

8.6 成本状况分析

8.6.1 分析的指标

成本分析的指标很多,这是由于:

(1) 成本计划的对象多,人们从各个角度反映成本,则必然有不同的分析指标。

(2) 在项目过程中成本的版本很多,需要有不同的对比。

(3) 为了综合地、清楚地反映成本状况,成本分析必须与进度、工期、效率、质量分析同步进行,并互相对比参照。

(4) 为了准确地反映情况,需要在成本报告中进行包括微观和宏观的分析,例如包括各个生产要素的消耗,各分项工程及整个工程的成本分析。

通常成本分析的综合指标有如下几大类:

(1) 赢得值原理中的各项指标。

(2) 效率比:

$$机械生产效率 = \frac{实际台班数}{计划台班数}$$

$$劳动效率 = \frac{实际使用人工工时}{计划使用人工工时}$$

与此相似,还有材料消耗的比较及各项费用消耗的比较。

(3) 成本分析指标:

$$成本偏差 = 实际成本 - 计划成本$$

$$成本偏差率 = \frac{(实际成本 - 计划成本)}{计划成本} \times 100\%$$

$$利润 = 已完工程价格 - 实际成本$$

例如:原计划安装 30 000 m² 模板,预计劳动效率为 0.8 工时/m²,工时单价为 20 元/m²,则计划人工费 = 20 元/工时 × 30 000 m² × 0.8 工时/m² = 480 000 元

但最后实际工作量为 32 000 m²,实际劳动生产率为 0.7 工时/m²,工时单价 25 元/m²,则实际人工费 = 320 000 × 25 × 0.7 = 560 000 元

成本差异 = 560 000 - 480 000 = 80 000 元

由于工作量增加造成的成本变化为:

(32 000 - 30 000) × 20 × 0.8 = 32 000 元

由于工时单价引起的成本变化为:

32 000 × (25 - 20) × 0.8 = 128 000 元

由于劳动效率引起的成本变化为:

32 000 × 25 × (0.7 - 0.8) = -80 000 元

更进一步可以分析工程量增加、工时单价增加、劳动效率提高的更细的原因和责任人。

8.6.2 成本分析举例

例1 某工程计划直接总成本 2 557 000 元,工地管理费和企业管理费总额 567 500 元。工程总成本为 3 124 500 元,则:

$$管理费分摊率 = \frac{567\ 500}{2\ 557\ 000} \times 100\% = 22.19\%$$

该工程总工期 150 天,现已进行了 60 天,已完成工程总价 BCWS(计划值)为 1 157 000 元。实际工时为 14 670 小时,已完工程中计划工时 14 350 工时,实际成本 ACWP(实耗值)为 1 156 664,已完工程计划成本 BCWP(赢得值)1 099 583 元,则当前成本总体状况分析:

$$工期进度 = \frac{60\ 天}{150\ 天} \times 100\% = 40\%$$

工程完成程度 = $\frac{1\ 157\ 000\ 元}{3\ 124\ 500\ 元}$ = 37%

劳动效率:$\frac{14\ 670\ 工时}{14\ 350\ 工时}$ = 102.2%

$SV = BCWP - BCWS = 1\ 099\ 583 - 1\ 157\ 000 = -57\ 417$ 元,则进度拖后

$CV = BCWP - ACWP = 1\ 099\ 583 - 1\ 156\ 664 = -57\ 081$ 元,则成本超支

$SVP = \frac{SV}{BCWS} = \frac{57\ 417}{1\ 157\ 000} \times 100\% = 4.96\%$

$CVP = \frac{CV}{BCWP} = \frac{57\ 081}{1\ 099\ 583} \times 100\% = 5.19\%$

$SPI = \frac{BCWP}{BCWS} = \frac{1\ 099\ 583}{1\ 157\ 000} \times 100\% = 95.03\% < 1.0$,则进度拖后,工作效果差

$CPI = \frac{BCWP}{ACWP} = \frac{1\ 099\ 583}{1\ 156\ 664} \times 100\% = 95.07\% < 1.0$,则成本超支,工作效果差

$EAC = \left(\frac{ACWP}{BCWP}\right) \times BAC = \left(\frac{1\ 156\ 664}{1\ 099\ 583}\right) \times 3\ 124\ 500 = 328\ 6697$ 元

$VAC = BAC - EAC = 3\ 124\ 500 - 3\ 286\ 697 = -162\ 197$ 元,则成本超支

已实现利润:$1\ 157\ 000 - 1\ 156\ 664 = 336$ 元

利润率 = $\frac{336}{1\ 157\ 000} \times 100\% = 0.029\%$

从总体上本工程虽未亏本,但利润太少,进度拖后,成本超支,劳动效率降低。

详细分析:其中有一个分项工程,模板为 30 000 m²,报价 900 000 元,该分项工程施工的计划工期 130 天,计划工时 24 000 小时,平均投入 23 人,则:

计划平均生产速度 = $\frac{30\ 000\ m^2}{130\ 天}$ = 231 m²/天

计划劳动生产效率 = $\frac{24\ 000\ 小时}{30\ 000\ m^2}$ = 0.8 工时/m² 或 1.25 m²/工时

现该活动已工作 45 天,消耗工时 6 290 小时,直接成本花费 243 100 元,已完成工作量 8 500 m²,平均 189 m²/天,而本期完成 4 900 m²,工时消耗为 3 310 工时,则:

平均实际劳动生产率 = 6 260 工时/8 500 m² = 0.74 工时/m²

本期劳动生产率 = 3 310 工时/4 900 m² = 0.68 工时/m²

则该分项工程成本状况为:

工期进度 = $\frac{45\ 天}{130\ 天} \times 100\% = 35\%$

工程完成程度 = $\frac{8\ 500\ m^2}{30\ 000\ m^2} \times 100\% = 28\%$

劳动效率 = $\frac{0.74}{0.8} \times 100\% = 92.5\%$

实际总成本 = 243 100 × (1 + 0.221 9) = 297 044 元
实际工程价格 = 30 元/m² × 8 500 m² = 255 000 元
分项工程单位成本 = $\frac{297\ 044\ 元}{8\ 500\ m^2}$ = 34.95 元/m²

而报价仅 30 元,则每单位工程量亏损 4.95 元,进一步分析亏损的原因可以对比人工、材料、机械的消耗。从上面可见,人工的劳动效率比计划还是提高的(节约了劳动工时消耗)。进一步详细分析,可以得出人工费、材料费、机械费各占的份额,而且还可以分析人工费用中,由于工资单价变化、工作量变化和劳动生产率变化所引起的成本变化的份额。

例 2 某工程成本控制报告如下:
×××项目成本控制报告
报告期××年 8 月 31 日
其成本状况如下:
1) 总收支情况
① 工程款总额 4 418 529 元
② 其中包括费用追加 343 000 元
③ 实际成本额 3 574 710 元
④ 计划成本(新计划) 3 206 729 元
⑤ 完成原投标工程价 2 997 128 元。
2) 经营成果

　　　　绝对差　　　　　　　　　　差异率(比工程款)
工程款 - 实际成本 = 843 819 元　　　19.1%
工程款 - 计划成本 = 1 211 800 元　　27.4%

3) 生产成果

　　　　差值　　　　　　　　　　　偏差率
计划成本 - 实际成本 = -367 981 元　　-11.5%(比计划成本总额)
　　　　　　　　　　　　　　　　　　-8.3%(比工程款)

主要成本项目差异分析表,见表 8.1。

表 8.1 主要成本项目差异分析表

成本项目	计划值	实际值	偏差	偏差率 (比本项计划成本值)	偏差率 (比计划成本总额)
直接费 其中			-335 982		-10.50%
人工费	…	…		…	

续表 8.1

成本项目	计划值	实际值	偏差	偏差率（比本项计划成本值）	偏差率（比计划成本总额）
机械费	…	…		…	
材料费	…	…		…	
现场管理费			−31 999		−1.00%
总部管理费			0		0
合　计			−367 981		−11.50%

各分项工程直接成本比较，见表8.2。

表 8.2　各分项工程直接成本比较表

分项工程编号	分项名称	计划值	实际值	偏差	偏差率（比本项计划成本值）	偏差率（比计划成本总额）	完成程度
	负偏差分项						
	工地临时设施	…	…	−48 030	−78.70%	−1.60%	98%
	工地清理	…	…	−23 410	−192.20%	−0.80%	85%
	正偏差分项	…	…	−24 792	−15.30%	−0.80%	95%
	…						

注：分析表仅列出成本偏差在 +5% 以上的分部工程。

8.6.3　成本超支原因分析

经过对比分析，发现某一方面已经出现成本超支，或预计最终将会出现成本超支，则应将它提出，作进一步的原因分析。成本超支的原因可以按照具体超支的成本对象（费用要素、工作包、工程分析等）进行分析。原因分析是成本责任分析和提出成本控制措施的基础。造成成本超支的原因是多方面的，例如：

（1）原成本计划数据不准确，估价错误，预算太低，不适当地采用低价策略。

（2）外部原因：业主的干扰，阴雨天气，物价上涨，不可抗力事件等。

（3）实施管理中的问题：

① 不适当的控制程序，费用控制存在的问题，许多预算外开支，被罚款；

② 成本责任不明，实施者对成本没有承担义务，缺少成本（投资）方面限额的概念，同时又没有节约成本的奖励措施；

③ 劳动效率低，工人频繁地调动，施工组织混乱；

④ 采购了劣质材料，工人培养不充分，材料消耗增加，浪费严重，发生事故，返

工,周转资金占用量大,财务成本高;

⑤ 合同不利,在合同执行中存在缺陷,承包商(分包商、供应商)的赔偿要求不能成立。

(4) 工程范围的增加,设计的修改,功能和建设标准提高,工作量大幅度增加。

成本超支的原因非常多,不胜枚举。可以说在项目的目标设计、可行性研究、设计和计划、实施中,以及在技术、组织、管理、合同等任何一方面出现问题都会反映在成本上,造成成本的超支。

原因分析可以采用因果关系分析图进行定性分析,在此基础上又可利用因素差异分析法进行定量分析。

8.6.4 降低成本措施

通常要压缩已经超支的成本,而不损害其他目标是十分困难的,降低成本的措施必须与工期、质量、合同、功能通盘考虑。一般只有当给出的措施比原计划已选定的措施更为有利,或使工程范围减少,或生产效率提高,成本才能降低,例如:

(1) 寻找新的、更好、更省的、效率更高的技术方案,采用符合规范而成本低的原材料。

(2) 购买部分产品,而不是采用完全由自己生产的产品。

(3) 重新选择供应商,但会产生供应风险,选择需要时间。

(4) 改变实施过程,在符合工程(或合同)要求的前提下改变工程质量标准。

(5) 删去工作包,减少工作量、作业范围或要求。这会损害工程的最终功能,降低质量。

(6) 变更工程范围。

(7) 索赔,例如向业主、承(分)包商、供应商索赔以弥补费用超支等。

采取降低成本的措施尚有如下问题应注意:

(1) 一旦成本失控,要在计划成本范围内完成项目是非常困难的。在项目一开始,就必须牢固树立这个观念,不放过导致成本超支的任何迹象,而不能等超支发生了再想办法。

在任何费用支出之前,应确定成本控制系统所遵循的程序,形成文件并通知负责授权工作或经费支出的人。

(2) 当发现成本超支时,人们常常通过其他手段,在其他工作包上节约开支。这常常是十分困难的,这会损害工程质量和工期目标,甚至有时贸然采取措施,主观上企图降低成本,而最终却导致更大的成本超支。

(3) 在设计阶段采取降低成本的措施是最有效的,而且不会引起工期问题,对质量的影响也小一些。

(4) 成本的监控和采取措施重点应放在：

① 价值最大的工作包或成本项目上；

② 近期就要进行的活动；

③ 具有较大的估计成本的活动。

(5) 成本计划（或预算）的修订和措施的选择应与项目的其他方面（如进度、实施方案、设计、采购）、项目其他参加者和投资者进行协调。

复习思考题

1. 简述工程项目成本控制与进度控制、质量控制的区别。
2. 简述工程项目成本控制的主要工作。
3. 如何进行工程项目的投资控制？
4. 简述工程项目投资控制中的技术和方法。
5. 简述施工项目成本控制的对象和内容。
6. 什么是赢得值原理？如何利用赢得值原理进行成本控制？
7. 降低工程成本可采取哪些措施？

9 工程项目质量控制

工程项目的质量不仅关系到工程项目的适用性和工程项目的投资效益,同时也关系到人民群众生命和财产的安全。对工程项目质量实施有效控制,保证工程项目质量达到预期目标,是工程项目管理的主要任务之一。

9.1 工程项目质量控制概述

9.1.1 质量、工程项目质量

1) 质量的概念

质量的概念是比较难以定义的,因为产品的质量是往往由用户或其潜在的需求来决定的。ISO 9000 的质量定义是"反映产品或服务满足明确或隐含需要能力的特征和特性"。

当今许多组织认为生产产品的过程比产品结果对质量更为重要,所以他们正在不断地开发质量改进过程。

质量从其含义范围的不同,可分为狭义质量和广义质量。

狭义质量是指产品或服务的质量,而广义质量是除产品和服务质量外,还包括工序质量和工作质量。工序质量取决于人员、原材料、生产设备、工艺方法、加工程序、计算软件、辅助材料、公用设施和环境条件等因素。工作质量则包括社会工作质量(如社会调查、市场预测、质量回访等)、思想教育工作质量、管理工作质量、技术工作质量和后勤工作质量等。工作质量集中反映了工作人员的质量意识、责任心、业务水平等因素。而产品质量除了决定于产品的设计和制造过程中的工序质量外,还间接地与领导机构、财会、供应、采购、人事教育、安全保卫等各部门的工作质量有关。

2) 工程项目质量的概念

工程项目质量是国家现行有关法律、法规、技术标准化设计文件及工程项目合同中的项目的安全、使用、经济、美观等特性的综合要求,它通常体现在适用性、可靠性、经济性、外观质量与环境协调等方面。

工程项目质量是按照工程项目建设程序,经过项目的可行性研究、项目决策、工程设计、工程施工、竣工验收等阶段逐步形成的,而不仅仅决定于施工阶段。

工程项目质量包含工序质量、分项工程质量、分部工程质量和单位工程质量。

工程项目质量不仅包含工程实物质量,而且也包含工作质量。工作质量是指工程项目建设参与各方为了保证工程项目质量所从事的技术、组织工作的水平和完善程度。

3)工程项目质量的特点

(1)影响因素多

工程项目的质量受到各种自然因素、技术因素和管理因素的影响,如工程项目的地形、地质、水文、气象、规划、决策、设计、材料、机械、环境、施工工艺、施工方案、操作方法、技术措施、管理制度、施工人员素质等,都将直接或间接地影响工程项目的质量。

(2)质量波动性大

工程项目建设因其具有复杂性、单件性,施工生产是在露天进行,流动性大,而且受到的影响因素比较多,不像一般工业产品的生产那样,有固定的生产流水线,有规范化的生产工艺和稳定的生产环境,所以工程项目的质量容易产生波动,而且波动性大。

(3)质量变异大

影响工程项目质量的因素比较多,其中任一影响因素的变异,都会引起工程项目质量产生变异,如材料规格、品种使用错误,施工方法不当,操作未按规定进行,机械故障,设计计算失误等,均会形成系统因素的质量变异,产生工程项目的质量事故。

(4)质量隐蔽性强

工程项目是由一道一道工序,一个部分一个部分逐步完成的,所以在施工过程中,工序的交接多,中间产品多,隐蔽工程多,故质量存在较强的隐蔽性。如果在施工过程中没有及时进行检查,事后只能从表面检查,就很难发现其内在的质量问题,这样就容易将不合格的产品认为是合格的产品。

(5)最终检验局限性大

工程项目不可能像一般工业产品那样,依靠终检来判断产品的质量和控制产品的质量。对工业产品来说,可以将产品进行拆卸或解体来检查其内在的质量,对于不合格的零件可以进行更换,而工程项目的终检(验收)无法进行项目内在质量的检验,发现隐蔽的质量缺陷,更无法进行部件的更换。因此,工程项目的终检存在很大的局限性。这就是说,工程项目的质量控制不能仅仅依靠终检,主要应加强工序的质量控制,强调预防性。

4)影响工程项目质量的因素

影响工程项目质量的因素很多,但归纳起来主要有五个方面的因素,即人(Man)、材料(Material)、机械(Machine)、方法(Method)和环境(Environment),简称4M1E。

(1) 人的因素

人是工程项目的决策者、管理者和作业者。人的影响因素主要是指上述人员个人的质量意识及质量活动能力对工程项目质量形成造成的影响。工程项目建设的全过程,如项目的规划、决策、勘测、设计和施工,都是通过人来实现的,人的思想水平、文化水平、技术水平、管理能力、身体素质等,都直接或间接地对工程项目勘测、设计和施工的质量产生影响,而规划是否合理,决策是否正确,设计是否符合所需要的功能和使用价值,施工是否满足合同、规范、建设标准的要求等,都将对工程项目的质量产生不同程度的影响。在工程项目质量控制中,人的因素起决定性的作用。

我国实行的执业资格注册制度和管理及作业人员持证上岗制度等,从本质上说,就是对从事工程项目建设的人的素质和能力进行必要的控制。

(2) 材料的因素

材料包括工程材料和施工用料,一个工程项目要消耗大量的材料,如原材料、半成品、产品、构配件等。材料质量是工程质量的基础,材料质量不符合要求,工程质量就不可能达到标准,所以,加强对材料的质量控制是保证工程项目质量的重要基础。

(3) 机械的因素

机械设备包括工程设备、施工机械和各类施工工器具。工程设备是指组成工程实体的工艺设备和各类机具,如各类生产设备、装置和辅助配套的电梯、泵机,以及通风、空调、消防、环保设备等,它们是工程项目的重要组成部分,其质量的优劣,直接影响到工程使用功能的发挥。施工机械设备是指施工过程中使用的各类机具设备,包括运输设备、吊装设备、操作工具、测量仪器、计量仪器以及施工安全设施等。施工机械设备是工程项目施工中不可缺少的重要物质基础,施工机械的类型是否符合工程施工的特点,性能是否先进和稳定,操作是否方便等,都将会影响到工程项目的质量。因此,合理选择和正确使用施工机械设备是保证工程施工质量的重要措施。

(4) 方法的因素

方法主要是指技术方案、施工工艺、工法和技术措施等。从某种程度上讲,技术工艺水平的高低,决定了工程项目质量的优劣。采用先进合理的工艺、技术,依据规范的工法和专业指导书进行工程建设,必将对组成质量因素的产品精度、平整度、清洁度、密封性等物理、化学特性等方面起到良性的推进作用。

(5) 环境的因素

影响工程项目质量的环境因素很多,归纳起来有以下三类:工程建设环境,如地形、地质、水文、气象、勘测、规划、设计、施工等;工程管理环境,如质量保证体系、管理措施、管理制度等;劳动环境,如劳动组合、劳动工具、工作面等。环境因素是多变的,不同的工程项目有着不同的工程技术环境、工程管理环境和劳动环境,而且同一个工程项目,在不同的时间,环境因素也是变化的,而这些变化都会对工程项目的质量产生影响。环境因素对工程项目质量的影响,具有复杂多变和不确定性的特点。

9.1.2 工程项目质量控制概念

1) 质量控制的概念

根据 GB/T 19000—2000 质量管理体系标准的质量术语定义,质量控制是质量管理的一部分,是致力于满足质量要求的一系列相关活动。所以,质量控制就是为了保证产品的质量满足合同、规范、标准和顾客的期望所采取的一系列监督、检查的措施、方法和手段。

2) 工程项目的质量控制

在工程项目的建设过程中,对工程项目的质量控制包括三个方面,即政府的质量监督、施工单位的质量控制和监理单位的质量控制。

政府对工程项目的质量控制,是政府为了确保工程项目质量,保障公共卫生,保护人民群众生命和财产,按照法律、法规、技术标准、规范及其他相关管理规定而实施的一种监督、检查、管理及执法行为,政府的监督管理行为是宏观性质的,具体的技术监督则委托给具有资质的工程质量监督机构进行。政府对工程项目的质量控制,其作用是强制性的,并贯穿于工程项目建设的全过程。在项目的决策阶段,主要是审批(或核准)项目的建议书和可行性研究报告,以及项目的用地数量和场址选择等;在设计阶段,主要是审核设计文件和图纸;在施工阶段,以进行不定期的质量检查为主,对工程项目参与各方行为进行检查,对工程质量进行监督。

施工单位对工程项目的质量控制是受工程承包合同制约的,施工单位必须按照合同要求完成工程项目,提交建设单位所需要的工程产品。为此,施工单位在施工过程中要建立和健全质量保证体系,并使之行之有效,以保证工程项目的质量。

虽然施工单位的职责行为已有承包合同所界定,但是也不排除施工单位在追求自身利益的情况下,忽视工程项目的质量。为了使工程项目能达到要求的质量标准和使用功能,在施工过程中建设单位还必须对工程项目进行监督与管理。但由于现代工程的复杂性,建设单位依靠自身的力量往往无法对工程项目进行监督与管理,必须委托专业的监理单位,代表建设单位对工程项目的质量进行监督和控制。按照《建设工程质量管理条例》,工程监理单位应当依照法律、法规以及有关技术标准、设计文件和建设工程承包合同,代表建设单位对施工质量实施监理,并对施工质量承担监理责任。

由此可见,在工程项目的实施过程中,政府的质量控制、施工单位的质量控制和监理单位的质量控制是相互关联的,但三者又是不可缺少的。

9.1.3 工程项目质量控制的基本程序和原则

1）工程项目质量控制的基本程序

工程项目的质量控制应按科学的程序运转,质量控制运转的基本程序是采用 PMRC 循环。

PMRC 循环如图 9.1 所示,共分为四个阶段。

第一阶段:计划阶段(Plan),在这一阶段主要是制订质量目标、实施方案和活动计划。

第二阶段:监督检查阶段(Monitoring),在按计划实施的过程中进行监督检查。

第三阶段:报告偏差阶段(Reporting Deviations),根据监督检查的结果,发出偏差信息。例如监理机构向施工单位发出违规通知、现场通知和指令等。

第四阶段:采取纠正行动阶段(Corrective Action),监理单位检查纠正措施的落实情况及其效果,并进行信息的反馈。

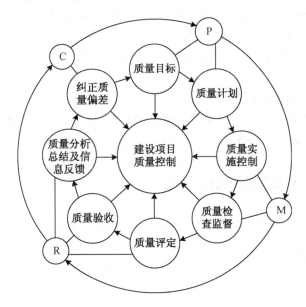

图 9.1 工程项目质量控制的 PMRC 循环示意图

2）工程项目质量控制的原则

（1）坚持质量第一

如何事物都是质和量的统一,有质才有量。在工程项目的建设过程中,不存在没有质量的数量,也不存在没有数量的质量。质量是反映事物的本质,数量则是事物存在和发展的规模、程度、速度等的标志。没有质量就没有数量、品种和效益,也就没有工期、成本和效益。

工程项目的质量不仅关系到用户的利益,而且关系到人民生命财产的安全,所以必须坚持质量第一的原则。

(2) 坚持质量标准

质量标准是评定产品质量的尺度。工程项目质量是否满足要求,应通过质量检验,严格对照标准来评定:符合质量标准要求的就是合格;不符合质量标准要求的就是不合格,必须返工处理。

(3) 坚持以"人"为核心

人是工程项目建设的组织者、决策者、管理者和操作者,是工程项目建设全过程的参加者和实施者。工程项目建设中各部门、各岗位人员的工作水平和完善程度,都直接或间接地影响到工程项目的质量。所以,在工程项目质量控制中,要以"人"为核心,要重点控制人的素质和人的行为,提高人的质量意识,防止工作失误,充分发挥人的积极性和创造性,以提高人的工作质量来保证工程项目的质量。

(4) 坚持以预防为主

工程项目的质量控制,应该是积极主动的,而不能是消极被动的。等到出现质量问题后再进行处理,就会造成不必要的损失。此外,工程项目的终检也是有局限性的,所以应该变事后控制为事前控制和事中控制,以预防为主,加强工序质量和中间产品的质量控制。

(5) 树立一切为了用户的思想

真正好的质量是用户完全满意的质量,要把一切为了用户的思想,作为一切工作的出发点,贯穿到工程项目质量形成的各项工作中,确立"下道工序就是用户"的意识,要求每道工序和每个岗位都要立足本职工作,不给下道工序留麻烦,以保证工程项目质量和最终质量能使用户满意。

(6) 用数据说话

依靠确切的数据和资料,应用数理统计方法,对工作对象和工程项目实体进行科学的分析,研究工程项目质量的波动情况,寻求影响工程项目质量的主次原因,采取有效的改进措施,掌握保证并提高工程项目质量的客观规律。

9.2 建设参与各方的质量责任和义务

9.2.1 建设单位的质量责任和义务

建设单位的质量责任和义务为:

(1) 建设单位应当将工程发包给具有相应资质等级的单位,不得将建设工程肢解发包。

（2）建设单位应当依法对工程建设项目的勘察、设计、施工、监理以及与工程建设有关的重要设备、材料等的采购进行招标。

（3）建设单位必须向有关的勘察、设计、施工、工程监理等单位提供与建设工程有关的原始资料。原始资料必须真实、准确、齐全。

（4）建设工程发包单位不得迫使承包方以低于成本的价格竞标，不得任意压缩合理工期。建设单位不得明示或者暗示设计单位或者施工单位违反工程建设强制性标准，降低建设工程质量。

（5）建设单位应当将施工图设计文件报县级以上人民政府建设行政主管部门或者其他有关部门审查。施工图设计文件未经审查批准的，不得使用。

（6）实行监理的建设工程，建设单位应当委托具有相应资质等级的工程监理单位进行监理，也可以委托具有工程监理相应资质等级并与被监理工程的施工承包单位没有隶属关系或者其他利害关系的该工程的设计单位进行监理。

（7）建设单位在领取施工许可证或者开工报告前，应当按照国家有关规定办理工程质量监督手续。

（8）按照合同约定，由建设单位采购建筑材料、建筑构配件和设备的，建设单位应当保证建设材料、建筑构配件和设备符合设计文件和合同要求。建设单位不得明示或者暗示施工单位使用不合格的建筑材料、建筑构配件和设备。

（9）涉及建筑主体和承重结构变动的装修工程，建设单位应当在施工前委托原设计单位或者具有相应资质等级的设计单位提出设计方案；没有设计方案的，不得施工。房屋建筑使用者在装修过程中，不得擅自变动房屋建筑主体和承重结构。

（10）建设单位收到建设工程竣工报告后，应当组织设计、施工、工程监理等有关单位进行竣工验收。建设工程经验收合格的，方可交付使用。

（11）建设单位应当严格按照国家有关档案管理的规定，及时收集、整理建设项目各环节的文件资料，建立、健全建设项目档案，并在建设工程竣工验收后，及时向建设行政主管部门或者其他有关部门移交建设项目档案。

9.2.2 勘察、设计单位的质量责任和义务

（1）从事建设工程勘察、设计的单位应当依法取得相应等级的资质证书，并在其资质等级许可的范围内承揽工程。

禁止勘察、设计单位超越其资质等级许可的范围或者以其他勘察、设计单位的名义承揽工程。禁止勘察、设计单位允许其他单位或者个人以本单位的名义承揽工程。勘察、设计单位不得转包或者违法分包所承揽的工程。

（2）勘察、设计单位必须按照工程建设强制性标准进行勘察、设计，并对其勘察、设计的质量负责。注册建筑师、注册结构工程师等注册执业人员应当在设计文

件上签字,对设计文件负责。

(3) 勘察单位提供的地质、测量、水文等勘察成果必须真实、准确。

(4) 设计单位应当根据勘察成果文件进行建设工程设计。设计文件应当符合国家规定的设计深度要求,注明工程合理使用年限。

(5) 设计单位在设计文件中选用的建筑材料、建筑构配件和设备,应当注明规格、型号、性能等技术指标,其质量要求必须符合国家规定的标准。除有特殊要求的建筑材料、专用设备、工艺生产线等外,设计单位不得指定生产厂、供应商。

(6) 设计单位应当就审查合格的施工图设计文件向施工单位作出详细说明。

(7) 设计单位应当参与建设工程质量事故分析,并对因设计造成的质量事故,提出相应的技术处理方案。

9.2.3 施工单位的质量责任和义务

(1) 施工单位应当依法取得相应等级的资质证书,并在其资质等级许可的范围内承揽工程。禁止施工单位超越本单位资质等级许可的业务范围或者以其他施工单位的名义承揽工程。禁止施工单位允许其他单位或者个人以本单位的名义承揽工程。施工单位不得转包或者违法分包工程。

(2) 施工单位对建设工程的施工质量负责。施工单位应当建立质量责任制,确定工程项目的项目经理、技术负责人和施工管理负责人。建设工程实行总承包的,总承包单位应当对全部建设工程质量负责;建设工程勘察、设计、施工、设备采购的一项或者多项实行总承包的,总承包单位应当对其承包的建设工程或者采购的设备的质量负责。

(3) 总承包单位依法将建设工程分包给其他单位的,分包单位应当按照分包合同的约定对其分包工程的质量向总承包单位负责,总承包单位与分包单位对分包工程的质量承担连带责任。

(4) 施工单位必须按照工程设计图纸和施工技术标准施工,不得擅自修改工程设计,不得偷工减料。施工单位在施工过程中发现设计文件和图纸有差错的,应当及时提出意见和建议。

(5) 施工单位必须按照工程设计要求、施工技术标准和合同约定,对建筑材料、建筑构配件、设备和商品混凝土进行检验,检验应当有书面记录和专人签字;未经检验或者检验不合格的,不得使用。

(6) 施工单位必须建立、健全施工质量的检验制度,严格工序管理,作好隐蔽工程的质量检验和记录。隐蔽工程在隐蔽前,施工单位应当通知建设单位和建设工程质量监督机构。

(7) 施工人员对涉及结构安全的试块、试件以及有关材料,应当在建设单位或者工程监理单位监督下现场取样,并送具有相应资质等级的质量检测单位进行检测。

(8)施工单位对施工中出现质量问题的建设工程或者竣工验收不合格的建设工程,应当负责返修。

(9)施工单位应当建立、健全教育培训制度,加强对职工的教育培训。未经教育培训或者考核不合格的人员,不得上岗作业。

9.2.4 工程监理单位的质量责任和义务

(1)工程监理单位应当依法取得相应等级的资质证书,并在其资质等级许可的范围内承担工程监理业务。禁止工程监理单位超越本单位资质等级许可的范围或者以其他工程监理单位的名义承担工程监理业务。禁止工程监理单位允许其他单位或者个人以本单位的名义承担工程监理业务。工程监理单位不得转让工程监理业务。

(2)工程监理单位与被监理工程的施工承包单位以及建筑材料、建筑构配件和设备供应单位有隶属关系或者其他利害关系的,不得承担该项建设工程的监理业务。

(3)工程监理单位应当依照法律、法规以及有关技术标准、设计文件和建设工程承包合同,代表建设单位对施工质量实施监理,并对施工质量承担监理责任。

(4)工程监理单位应当选派具备相应资格的总监理工程师和监理工程师进驻施工现场。未经监理工程师签字,建筑材料、建筑构配件和设备不得在工程上使用或者安装,施工单位不得进行下一道工序的施工。未经总监理工程师签字,建设单位不拨付工程款,不进行竣工验收。

(5)监理工程师应当按照工程监理规范的要求,采取旁站、巡视和平行检验等形式,对建设工程实施监理。

9.3 GB/T 19000:2000(idt ISO 9000:2000)族标准

9.3.1 GB/T 19000:2000(idt ISO 9000:2000)族标准简介

ISO 是国际标准化组织(International Organization for Standardization),ISO 9000 族标准指由国际标准化组织中的质量管理和质量保证技术委员会(TC176)制定的所有标准。

2000 版 ISO 9000 族标准由核心标准、其他支持性标准和文件组成,见表 9.1 所示。

表 9.1 2000 版 ISO 9000 族标准组成

核 心 标 准	
ISO 9000	质量管理体系—基础和术语
ISO 9001	质量管理体系—要求
ISO 9004	质量管理体系—业绩改进指南
ISO 19011	质量和(或)环境管理体系审核指南
支持性标准和文件	
ISO 10012	测量控制系统
ISO/TR 10006	质量管理—项目管理质量指南
ISO/TR 10007	质量管理—技术状态管理指南
ISO/TR 10013	质量管理体系文件指南
ISO/TR 10014	质量经济性管理指南
ISO/TR 10015	质量管理—培训指南
ISO/TR 10017	统计技术指南
	质量管理原则
	选择和使用指南
	小型组织实施指南

9.3.2 八项质量管理原则

ISO 9000:2000《质量管理体系—基础和术语》标准的主要内容有三个方面:八项质量管理原则、12 项质量管理体系基础和 80 个质量管理术语和定义。

八项质量管理原则奠定了 ISO 9000 族标准的理论基础和指导思想。八项质量管理原则是在总结国际上多年质量管理经验和理论的基础上形成的,并在 ISO 9001 和 ISO 9004 标准中得到了充分的体现和应用。组织的最高管理者可以运用这些原则,对组织采用系统和透明的管理方式,领导组织实现业绩改进。

八项质量管理原则实质就是组织管理的普遍原则,它充分体现了管理科学的原则和思想。应用八项质量管理原则,可以提高组织的整体管理水平;可以帮助管理者,尤其是最高管理者系统地建立质量管理理念,真正理解 9000 族标准的内涵,提高管理者的素质和水平。

八项质量管理原则的基本内容如下:

1) 以顾客为关注焦点

"以顾客为关注焦点"的质量管理原则的内容是,组织依存于顾客。因此,组织应当理解顾客当前和未来的需求,满足顾客要求并争取超越顾客期望。

本原则明确了组织与顾客的关系是依次关系。没有顾客或不能满足顾客要求的组织是不能生存的。关注顾客,其实质就是关注组织自己,两者是辩证统一的。

以顾客为关注焦点的原则,要求组织建立起对市场、对顾客的快速反应机制,以增强顾客的满意程度并提升顾客的忠诚度,为组织带来更大的效益。

组织要关注顾客对本组织所提供产品的相关要求。组织只有理解和把握了顾客当前的需求,才能够提供顾客所需要的产品。但顾客的需求是动态的、发展的,所以组织还需要收集和了解顾客对产品的未来的、潜在的需求,才能设计生产出顾客欢迎的产品。只有当组织关注顾客未来的需求,用组织开发的新产品去引导市场时,才能从根本上解决组织长远的发展问题。

组织要关注顾客对本组织的满意程度。产品质量的核心就是满足顾客要求,顾客满意是未来质量管理的动力。组织要努力去识别顾客的要求,并把顾客要求转化为组织提供的产品要求和服务要求。针对各类顾客所采取的顾客满意战略,可以使组织深刻地了解顾客对本产品的各项要求到底是什么,了解顾客对本组织的满意程度到底如何,并促使组织做出种种关于产品和服务的实质性改进以满足其要求。

2) 领导作用

"领导作用"的质量管理原则的内容是,领导者确立组织统一的宗旨及方向。他们应当创造并保持员工能充分参与实现组织目标的内部环境。

组织建立和运行质量管理体系,其有效性和效率如何,最主要的是取决于组织的领导,尤其是最高决策领导(一把手)的作用。可以这样说,建立和运行质量管理体系,一把手是真做,体系就真有效;一把手是假做,体系就假有效;一把手半真半假、口是心非地做,质量管理体系就表面有效而实际没有效。

组织要建立和运行一个有效的质量管理体系,提高组织决策层领导,特别是最高管理者的认识是关键。我国改革开放三十多年来,很多企业经历了由小到大、由弱到强的发展,但是分析其企业管理的现状,却依然处于"小生产"的管理模式。在这种"企业大发展,管理小生产"的背景下,在我国引导各类组织推行 ISO 9000 标准,建立符合国际现代化管理标准要求的质量管理体系,对于提升企业和组织的管理水平,具有巨大的现实意义和深远的历史意义。

3) 全员参与

"全员参与"的质量管理原则的内容是:各级人员都是组织之本。只有他们的充分参与,才能使他们的才干为组织带来收益。

全员参与管理是现代管理的主要特征之一,是一种高效的管理模式。

全员参与原则强调"各级人员都是组织之本",这是"以人为本"思想在组织管理中的体现和应用。企业管理思想的发展沿革,大致经历了"以机器为本→以技术为本→以资金为本→以人为本"的轨迹。在人本管理思想的发展过程中,又经历了"人事管理→人力资源管理→人本管理"的发展阶段。

人本管理的一般定义是:人本管理是一种把"人"作为管理活动的核心、作为组织最重要的资源,把组织全体成员作为管理的主体,致力于充分利用和开发组织的人力资源,以服务组织内外的利益相关者,从而同时实现组织目标和员工目标的管理理论和管理实践活动的总称。针对特定的组织,人本管理的目的、内容和对象等具有其特定的内涵。例如,针对企业而言,企业的人本管理是指把人作为企业管理的核心和企业最重要的资源,把企业的全员作为管理的主体,致力于充分利用和开发企业的人力资源,以服务于企业内外的利益相关者,从而同时实现企业目标和员工目标的管理理论和管理实践。

"组织的各级人员都是组织之本"告诉我们,员工是组织的细胞和基础,他们都是组织的根本。只有每个细胞元素是健康的,组织才是充满生机和活力的。组织的运作需要不同层次的人员参与,全员的充分参与是组织良好运行的必要条件。在这里,各层次人员例如决策层、管理层、技术层、执行层和验证把关层人员之间的关系,是"伙伴"关系而不是"利用"关系;组织的全员为了一个共同的目标,各尽其能地工作着。组织的各项活动是通过组织的各职能部门各层次人员,积极参与产品的实现过程和支持过程来实施和实现的。这些过程的有效性取决于各级人员的意识、能力和主动精神。当每个人的能力和才干得到主动、充分的发挥时,就会为组织带来最大的收益。

4) 过程方法

"过程方法"的质量管理原则的内容是,将活动和相关的资源作为过程进行管理,可以更高效地得到期望的结果。

我们可以从以下角度来把握对过程的理解。

(1) 过程是一个广义的概念。如一组输入转化为输出的相互关联或相互作用的活动都是过程。工厂生产产品是过程,施工现场建造工程是过程,学校培养学生是过程,医院诊疗病人是过程,政府机关进行决策也是过程。可以说,如何活动都是过程。

(2) 过程内部和过程之间是相互关联和相互作用的。可能从一个角度看是一组关联的过程,从另一个角度看却是一个大过程中的一组小过程。比如,房地产企业开发住宅产品,从用户的角度看也许只是一个过程,但站在开发企业的角度,其实这个大过程里还包含着许多的小过程:如规划过程、勘察过程、设计过程、采购过程、实施过程、验收过程、销售过程、用户服务过程等。这些过程又可以细分成更多的过程。如设计过程又可以分为设计策划过程、初步设计过程、技术设计过程、施工图设计过程、施工图审查过程等。这其中的任一过程又可以再分。

(3) 过程的输入是广义的。首先,根据过程的不同,过程的输入也就不同,过程是广义的,它的输入也是广义的。其次,过程的输入是"资源",对资源也应作广义的理解。人、财、物是典型的资源,时间、空间、信息流、甚至人的技术等级等也是资源。与产品实现过程相关的资源,就包括了人力资源、基础设施和工作环境等内容。其中人力资源相关到人的能力、意识和培训;而工作环境则是指"工作时所处的一组工作条件",这里的"条件"包括了物理的、社会的、心理的和环境的因素。

(4)输入的资源在过程中进行转化。在过程转化中要注意:第一,要对过程的转化进行策划;第二,过程的转化要"在受控条件下"进行,体现出受控状态;第三,过程要增值;第四,过程的增值应该是可以测量的。

(5)过程的输出就是该过程的产品。由于过程是广义的,所以产品也是广义的,通常将过程的输出分为硬件、软件、流程性材料和服务四种通用的类别;在对过程的结果进行验证时,要关注输入与预期输出的比较;一个过程的输出通常是其他过程的输入,这样环环相扣,就形成了"过程链"。

(6)识别不同过程之间的关联性和相互作用,是过程控制和过程改进的关键。过程方法就是把活动和相关资源作为过程来进行管理。例如,在组织建立和实施质量管理体系时,用过程方法识别和管理众多相互关联的活动,通过使用资源和管理,将输入转化为输出的活动就是一个典型的过程。我们把组织内诸过程的系统的应用,连同这些过程的识别和相互作用及其管理,称为"过程方法"。

过程方法的优点,是能够对诸过程的系统中单个过程之间的联系以及过程的组合和相互作用进行连续的控制。

5)管理的系统方法

"管理的系统方法"的质量管理原则的内容是,将相互关联的过程作为系统加以识别、理解和管理,有助于提高组织实现目标的有效性和效率。

管理需要方法。管理的系统方法,实质上是指用系统的方法去实施管理。ISO 9000族标准提倡组织采用系统的、透明的方法进行管理。

管理的系统方法包括了系统分析、系统工程和系统管理。具体的技术方法有系统分析法、成本效益法(CEA)、价值工程、最优化技术、风险分析、计划协调技术(PERT)和权衡技术等。

质量管理体系是在质量方面指挥和控制组织建立方针和目标,并实现这些目标的相互关联和相互作用的一组要素。也就是说,质量管理体系是一个由过程、过程链、过程网络组成的系统。对于这样一个系统进行管理,当然要采用系统管理的方法。

6)持续改进

"持续改进"的质量管理原则的内容是,持续改进总体业绩应当是组织的一个永恒目标。

持续改进是组织生存和发展的必须。每一个组织的存在都是为了实现价值增值。组织的生存和发展、业绩的持续增值，来自于质量管理体系的持续改进。体系的每一次改进和完善，都促进了产品质量的稳定和提高。产品质量的稳定和提高，又促进了顾客对组织的满意程度和信任度的提高，最终促进了组织业绩的提升。

持续改进的内在动力来自于顾客期望与要求的更新和提高。"以顾客为关注焦点"原则告诉我们，组织依存于顾客。因此，组织应当理解顾客当前的和未来的需求，满足顾客的要求，并争取超越顾客的期望。顾客的要求和期望是在变化和发展的，这就驱使组织持续地改进生产和服务过程，提高产品和服务的质量。持续改进是一种螺旋上升的循环活动，就是不断追求卓越。这种追求是与组织的自我完善机制密切相关的，一个满足于现状的管理者是不可能持续改进的。

7）基于事实的决策方法

"基于事实的决策方法"的质量管理原则的内容是，有效决策是建立在数据和信息分析的基础上的。

通过合理运用统计技术，来测量、分析和说明产品和过程的变异性，通过对质量信息和资料的科学分析，确保信息和资料的准确可靠，基于对事实的分析、过去的经验和直观判断做出决策并采取行动。

8）与供方互利的关系

"与供方互利的关系"的质量管理原则的内容是，组织与供方是相互依存的，互利的关系可以增强双方创造价值的能力。

供方提供的产品将对组织向顾客提供满意的产品产生重要影响，能否处理好与供方的关系，影响到组织能否持续稳定地向顾客提供满意的产品。对供方不能只讲控制，不讲合作与利益，特别对关键供方，更要建立互惠互利的合作关系，这对组织和供方来说都是非常重要的。

9.3.3 质量管理体系基础

ISO 9000:2000 标准表述了 ISO 9000 族标准的 12 项质量管理体系基础。

1）质量管理体系的理论说明

质量管理体系的理论说明相关内容见 ISO 9000 标准 2.1 条款，分析如下：

（1）本项基础说明了质量管理体系的目的就是要帮助组织增进顾客满意度。首先说明了顾客对组织的重要性，以及顾客对于组织持续改进的影响；然后说明了质量管理体系的重要作用。

（2）组织建立实施质量管理体系，能够帮助组织达到增强顾客满意的目的。组织通过建立和实施质量管理体系，可以科学有效地加强组织的管理，增强组织的整体实力,提高管理的效率和有效性。对组织提供产品和服务的全过程进行有效的监视和控制,使这些过程始终处于受控的状态,从而使组织具备向顾客稳定地提供合格产品的能力。通过体系的有效应用和持续改进,达到增强顾客满意的目的。

(3) 组织依存于顾客。因此组织需要了解顾客的当前的和未来的需求和期望,顾客的要求和期望是在动态发展的,组织应把顾客的需求和期望作为促使组织持续改进产品和过程的内在动力。

(4) 组织是通过其提供的产品和服务来达到顾客满意的。组织应把顾客的要求转化为组织提供的产品和服务要求,要通过对顾客要求的优化和组合,设计和生产出超越顾客期望的产品,让顾客产生意外的惊喜。而组织也正是通过其先进的产品来引导市场、引导顾客、引导消费,同时使自己处于不断创新、不断发展的良好环境之中。

(5) 以顾客为关注焦点的原则,是建立质量管理体系的基础,是 ISO 9001 以过程为基础的质量管理体系模式的理论依据,也是持续改进的理论依据。

2) 质量管理体系要求与产品要求

质量管理体系要求与产品要求相关内容见 ISO 9000 标准 2.2 条款,分析如下:

(1) ISO 9000 族标准区分了质量管理体系要求和产品要求。

(2) ISO 9001 标准规定的是质量管理体系要求。质量管理体系的要求是通用的,适用于各种类型、不同规模和提供不同产品的组织。ISO 9001 标准本身并不规定产品要求。

(3) 产品要求是指产品本身的物理特性、功能特性、外观、包装等技术指标及其他相关要求。产品要求可以由顾客规定,也可以由组织通过预测顾客的要求规定,或由法律法规规定。产品要求通常体现在产品标准、技术规范、合同协议和法规要求中。

(4) 质量管理体系要求不能代替产品要求,但是它可以作为产品要求的补充。通过质量管理体系要求的运作,增强产品要求实现的效率和有效性,持续稳定地生产出满足顾客要求和法律法规要求的产品。

3) 质量管理体系方法

质量管理体系方法相关内容见 ISO 9000 标准 2.3 条款,分析如下:

(1) 质量管理体系方法为组织建立体系、实现组织的方针目标提供了一套系统而严谨的逻辑步骤和运作程序。

(2) 质量管理体系方法是"管理的系统方法"原则在体系建立和运行过程中的应用和体现。按照 ISO 9001 标准要求建立组织质量管理体系的过程,就是按照本方法提出的步骤加以展开落实,以形成完整有效的质量管理体系。

(3) 体系方法的 8 个步骤充分体现了体系管理的整体性、关联性、有序性和动态性的特征,是系统方法管理的体现。同时也反映了过程方法的思路,符合 PDCA 循环。

(4) 质量管理体系方法从组织分析确定顾客要求开始,到增强顾客满意为目的,自始至终贯穿了以顾客为关注焦点的思想。

4) 过程方法

过程方法相关内容见 ISO 9000 标准 2.4 条款,分析如下:

(1) 使用过程方法,可以系统地识别和管理组织所应用的质量管理体系过程和产品实现过程,特别是这些过程之间的相互作用。

(2) 过程方法应用时,应对组织内所有过程进行解剖分析,明确每个过程的输入、转化、输出、活动和资源;要检查过程是否增值。通过掌握过程及其相互关系,可以抓住主要问题,优先改进;通过过程分析和过程改进,可以使过程高效,实现预期的目标。

(3) ISO 9001 标准表述的以过程为基础的质量管理体系模式,是过程方法的具体应用。该模式以顾客和相关方的要求为起点,以顾客和相关方的满意为终点;围绕产品实现过程和各个支持过程,如管理职责过程、资源管理过程、测量分析和改进过程,依据过程方法,揭示了通用的质量管理体系要求之间的关系和作用。从管理职责→资源管理→产品实现→测量分析和改进→管理职责,形成了一个 PDCA 的循环圈;对这一循环的持续改进形成螺旋上升,使 PDCA 循环进入了一个更高层次。

5) 质量方针和质量目标

质量方针和质量目标相关内容见 ISO 9000 标准 2.5 条款,分析如下:

(1) 质量方针是由组织的最高管理者正式发布的该组织总的质量宗旨和方向。质量目标是在质量方面所追求的目的。

(2) 组织建立质量方针和质量目标的主要目的,是为组织提供了关注的焦点,同时也确定了组织预期应该达到的结果。

(3) 质量方针的建立,为组织确定了未来发展的方向和蓝图,也为质量目标的建立和评审提供了框架。一个组织的质量目标,实际上是一个分层次的目标体系。质量方针是通过质量目标的落实来加以实现的。

(4) 质量方针和质量目标不仅在组织内部指导着组织的发展,是组织和员工的行动指南,对组织的生存和发展起到积极的作用。同时也对组织的相关方产生积极的影响。

(5) 质量方针应与组织总的宗旨和发展方向一致。

6) 最高管理者在质量管理体系中的作用

最高管理者在质量管理体系中的作用相关内容见 ISO 9000 标准 2.6 条款,分析如下：

（1）最高管理者是指在最高层指挥和控制组织的一个人或一组人。

（2）应强调最高管理者在组织建立和运行质量管理体系中的作用。最高管理者的作用主要包括两个方面：一是通过制定质量方针和质量目标，明确组织的战略发展方向；二是在组织内部，创造一个员工充分参与的良好环境和氛围，使体系有效运行，确保质量方针和质量目标的实现。

7）文件

文件相关内容见 ISO 9000 标准 2.7 条款，分析如下：

（1）文件，是指"信息及其承载媒体"。根据定义，文件是由两个要素组成的，一是信息，二是承载媒体。信息是文件的内容，承载媒体是文件的形式。媒体的多样性决定了文件形式的丰富多彩。

（2）编制文件的目的是作为工作依据。目的确定后，文件的形式不必拘泥，可以多样性。

（3）按照文件内容的性质，文件可以分成质量手册、质量计划、规范、指南、程序、作业指导书、图样、记录等各种类型。

（4）由于文件传递了确切的信息，所以文件能够沟通意图，统一行动。人们利用文件传递需要的信息，实现对组织质量管理体系的运行和控制，同时也体现了文件的作用和价值。

（5）"形成文件"本身不是目的。

（6）文件的产生和使用是一个过程，也应该是一项增值的活动。

8）质量管理体系评价

质量管理体系评价相关内容见 ISO 9000 标准 2.8 条款，分析如下：

（1）评价质量管理体系，实质是评价质量管理体系的过程。

（2）质量管理体系评价的目的，是为了判断质量管理体系运行状况与体系准则之间、体系运行结果和预期目标之间的符合性、有效性、充分性、适宜性和效率，并在此基础上明确体系的改进方向和目标。

（3）组织可以根据不同的需要，从不同的角度，进行不同类型的质量管理体系评价活动。当组织需要确定符合质量管理体系的符合性、有效性时，可以采用审核的方式进行评价。第一方审核、第二方审核、第三方审核可以使组织通过审核达到不同的目的和要求。当组织的最高管理者需要确定组织质量管理体系，以及质量方针、质量目标的适宜性、充分性、有效性和效率时，可以采用管理评审的方式进行评价。当组织需要评价自身业绩和质量管理体系的成熟程度时，可以采用自我评定的方式进行评价。以上任何一种评价方式，都会在评价的同时，使组织明确其改进的方向和改进目标。

（4）评价可以包括很多具体的活动，但任何一种活动都会遵循 PDCA 的过程进行。在评价时,应对每一个被评价的过程提出标准中 2.8.1 的四个基本问题,这四个基本问题是评价活动有效进行的关键所在。

(5) 评价的对象是组织的质量管理体系。评价的广度(范围)和深度应根据组织的目标和被评价活动的重要度来确定。

(6) 质量管理体系评价的方式有多种,ISO 9004:2000 标准的附录 A 中给出了组织进行自我评定的指南。

(7) ISO 19011:2002 标准提供了质量管理体系审核的指南。

9) 持续改进

持续改进相关内容见 ISO 9000 标准 2.9 条款,分析如下:

(1) 持续改进是增强组织满足要求的能力的循环活动。

(2) 质量管理体系持续改进的内因和动力,来自于顾客期望和要求的动态发展。持续改进的目的在于增加顾客和其他相关方满意的程度。

(3) 持续改进的过程,同样遵循 PDCA 循环。一个循环结束了,另一个新的循环又开始了,因此改进是一种持续的活动。组织内部的质量方针、质量目标、审核结果、数据分析、纠正和预防措施、管理评审等各项活动,组织外部的来自顾客、供方、相关方、竞争对手的信息,均能够使组织识别改进机会,启动改进。

10) 统计技术的应用

统计技术的应用相关内容见 ISO 9000 标准 2.10 条款,分析如下:

(1) 采用适宜的统计技术,可以提高组织进行数据分析的有效性和效率。

(2) 统计技术研究的对象是"变异"。这种变异存在于组织质量管理体系的各项活动之中。

(3) 应用统计技术,可帮助组织了解变异,以及"变异"具有的规律性,可以对变异建立(数学)模型,进行测量、分析、描述、解释。这种分析的结果是组织有效决策的基础之一。

(4) 变异是客观存在的。在产品的整个寿命周期的各个阶段,均可以看到变异的存在。

(5) 要注意,变异具有正常和不正常两种性质。只有分清不同性质的变异,才能采取适宜的行动。

(6) 统计技术分析本身不是目的,应用统计技术是为了利用分析结果进行决策,提高体系的有效性和效率。

(7) ISO/TR 10017:1999 标准给出了统计技术的应用指南。

11) 质量管理体系与其他管理体系的关注点

质量管理体系与其他管理体系的关注点相关内容见 ISO 9000 标准 2.11 条款,分析如下:

(1) 组织在关注质量管理体系目标的同时,需要关注组织的业绩目标、资金目标、利润目标、环境管理目标和职业健康安全管理目标等。这些目标共同构成了组织的目标体系。

（2）质量管理体系是组织管理体系的一部分。组织的管理体系的各个部分，应互相融合补充，形成一个有机的整体，以实现组织的整体目标。

（3）一个完善有效的管理体系，应该具备能够满足各相关方要求的能力。对组织的各种管理能力的评审和评价，如对组织进行质量管理体系审核、环境管理体系审核、职业健康安全管理体系审核等，建议采用结合审核（即一体化审核）的方式进行。

12）质量管理体系与优秀模式之间的关系

质量管理体系与优秀模式之间的关系相关内容见 ISO 9000 标准 2.12 条款，分析如下：

（1）ISO 9000 标准是对组织质量管理体系基本要求的评价依据。优秀管理模式是对组织业绩进行评价的准则，它提供了各组织间水平比较的基础。

（2）ISO 9000 族标准和优秀管理模式依据共同的管理原则，遵循共同的管理规律。

（3）优秀管理模式包括管理模式和评定模式两种类型。前一类如全面质量管理（TQM）、6Sigma 管理法等管理模式；后一类如欧洲质量奖、美国波得里奇国家奖、日本戴明奖、我国国家质量管理奖等评定模式。

（4）优秀管理模式为组织的持续改进和发展提供了广阔的空间。

9.4 工程勘察设计阶段的质量控制

工程勘察是指根据建设工程的要求，查明、分析、评价建设场地的地质、地理环境特征和岩土工程条件，编制建设工程勘察文件的活动。工程设计是指根据建设工程的要求，对建设工程所需的技术、经济、资源、环境等条件进行综合分析、论证，编制建设工程设计文件的活动。

建设工程勘察、设计在我国国民经济建设和社会发展中占有重要的地位和作用，它是工程建设前期的关键环节。建设工程勘察、设计的质量对于建设项目的质量起着决定性的作用，因此，勘察设计阶段是工程项目建设过程中的一个重要阶段。

9.4.1 勘察设计质量的概念及控制依据

1）勘察设计质量的概念

工程项目的质量目标与水平，是通过设计使其具体化，据此作为施工的依据,而勘察是设计的重要依据,同时对工程施工有重要的指导作用。勘察设计质量的优劣,直接影响工程项目的功能、使用价值和投资的经济效益,关系着国家财产和人民生命的安全。设计的质量有两层意思,首先设计应满足业主所需的功能和使用价值,符合业主投资的意图,而业主所需的功能和使用价值,又必然要受到经济、资源、技术、环境等因素的制约,从而使项目的质量目标与水平受到限制;其次设计必须遵守有关城市规划、环保、防灾、安全等一系列的技术标准、规范、规程,这是保证设计质量的基础。而勘察工作不仅要满足设计的需要,更要以科学求实的精神保证所提交勘察报告的准确性、及时性,为设计的安全、合理提供必要的条件。

综上所述,勘察设计质量的概念,就是在严格遵守技术标准、法规的基础上,对工程地质条件做出及时、准确的评价,正确处理和协调经济、资源、技术、环境条件的制约,使设计项目能更好地满足业主所需要的功能和使用价值,能充分发挥项目投资的经济效益。

2) 勘察、设计质量控制的依据

建设工程勘察、设计的质量控制的依据是:

(1) 有关工程建设及质量管理方面的法律、法规,城市规划,国家规定的建设工程勘察、设计深度要求。铁路、交通、水利等专业建设工程,还应当依据专业规划的要求。

(2) 有关工程建设的技术标准,如勘察和设计的工程建设强制性标准规范及规程、设计参数、定额、指标等。

(3) 项目批准文件,如项目可行性研究报告、项目评估报告及选址报告。

(4) 体现建设单位建设意图的勘察、设计规划大纲、纲要和合同文件。

(5) 反映项目建设过程中和建成后所需要的有关技术、资源、经济、社会协作等方面的协议、数据和资料。

9.4.2 勘察设计质量控制的要点

1) 单位资质控制

国家对从事建设工程勘察、设计活动的单位,实行资质管理,对从事建设工程勘察、设计活动的专业技术人员,实行执业资格注册管理制度,建设工程勘察、设计单位应当在其资质等级许可的范围内承揽业务。

单位资质制度是指建设行政主管部门对从事建筑活动单位的人员素质、管理水平、资金数量、业务能力等进行审查,以确定其承担任务的范围,并发给相应的资质证书。个人资格制度指建设行政主管部门及有关部门对从事建筑活动的专业技术人员,依法进行考试和注册,并颁发执业资格证书,并使其获得相应签字权。

由于勘察设计企业资质是代表企业进行建设工程勘察、设计能力水平的一个重要标志,所以,勘察设计单位资质控制是确保工程项目质量的一项关键措施,也是勘察设计质量事前控制的重点工作。项目建设单位委托的监理工程师应以此为依据对勘察和设计单位进行核查。

(1) 工程勘察、设计单位资质类别和等级

建设工程勘察设计资质分为工程勘察资质和工程设计资质两大类。工程勘察资质分综合类、专业类、劳务类三类;工程设计资质分工程设计综合资质、工程设计行业资质和工程设计专项资质三类。

① 工程勘察资质等级

工程勘察资质范围包括建设工程项目的岩土工程、水文地质勘察和工程测量等专业,其中岩土工程是指岩土工程的勘察、设计、测试、监测、检测、咨询、监理、治理等项。

综合类包括工程勘察所有专业,其资质只设甲级;专业类是指岩土工程、水文地质勘察、工程测量等专业中某一项,其中岩土工程专业类可以是五项中的一项或全部,其资质原则上设甲、乙两个级别,确有必要设置丙级的地区经建设部批准后方可设置;劳务类指岩土工程治理、工程钻探、凿井等,劳务类资质不分级别。

承担任务范围和地区:a. 综合类承担业务范围和地区不受限制。b. 专业类甲级承担本专业业务范围和地区不受限制。c. 专业类乙级可承担本专业中、小型工程项目,其业务地区不受限制。d. 专业类丙级可承担本专业小型工程项目,其业务限定在省、自治区、直辖市所辖行政区范围内。e. 劳务类只能承担业务范围内劳务工作,其工作地区不受限制。

② 工程设计资质等级

资质等级的设立:a. 工程设计综合类资质不设级别。b. 工程设计行业资质根据其工程性质划分为煤炭、化工石化医药、石油天然气、电力、冶金、军工、机械、商物粮、核工业、电子通讯广电、轻纺、建材、铁道、公路、水运、民航、市政公用、海洋、水利、农林、建筑等21个行业。工程设计行业资质设甲、乙、丙三个级别,除建筑工程、市政公用、水利和公路等行业设工程设计丙级外,其他行业工程设计丙级设置对象仅为企业内部所属的非独立法人单位。工程设计行业资质范围包括本行业建设工程项目的主体工程和必要的配套工程(含厂区内自备电站、道路、铁路专用线、各种管网和配套的建筑物等全部配套工程)以及与主体工程、配套工程相关的工艺、土木、建筑、环境保护、消防、安全、卫生、节能等。c. 工程设计专项资质划分为建筑装饰、环境工程、建筑智能化、消防工程、建筑幕墙、轻型房屋钢结构等六个专项。工程设计专项资质根据专业发展需要设置级别。工程设计专项资质的设立,需由相关行业部门或授权的行业协会提出,并经建设部批准,其分级可根据专

业发展的需要设置甲、乙、丙或丙级以下级别。

承担任务的范围和地区：a. 甲级工程设计行业资质单位承担相应行业业务范围和地区不受限制。b. 乙级工程设计行业资质单位承担相应行业中、小型建设项目的工程设计任务，地区不受限制。c. 丙级工程设计行业资质单位承担相应行业小型建设项目的工程设计任务，限定在省、自治区、直辖市所辖行政区范围内。d. 具有甲、乙级行业资质的单位，可承担相应的咨询业务，除特殊规定外，还可承担相应的工程设计专项资质业务。e. 取得工程设计专项甲级资质证书的单位可承担大、中、小型专项工程设计项目，不受地区限制；取得乙级资质的单位可承担中、小型专项工程设计项目，不受地区限制。f. 持工程设计专项甲、乙级资质的单位可承担相应咨询业务。g. 工程勘察设计单位取得市政公用、公路、铁道三个行业中任一行业的桥梁、隧道工程设计类型的甲级勘察设计资质，即可承担其他两个行业的桥梁、隧道工程甲级设计范围的勘察设计业务。

（2）工程勘察和设计单位资质的动态管理核查

工程勘察甲级、建筑工程设计甲级及其工程设计甲、乙级资质由国务院建设行政主管部门审批，委托企业工商注册所在地省、自治区、直辖市建设行政主管部门负责年检，年检合格的报国家建设行政主管部门备案，基本合格或不合格的亦应上报确认其年检结论。

工程勘察乙级资质、勘察劳务资质、建筑工程设计乙级资质和其他建设工程勘察、设计丙级及以下资质，由企业工商注册所在地省、自治区、直辖市建设行政主管部门审批并负责年检。年检结论为：合格、基本合格、不合格三种。

（3）对勘察、设计单位资质考核要点

对于工程勘察、设计单位的资质进行核查，是勘察、设计质量控制工作的第一步。由于勘察、设计工作是一个技术性很强的工作，它需要从事这一工作的单位或个人具备相应的能力和手段，同时勘察和设计成果又是由人来完成，而质量的责任由单位和个人共同来承担。因此，对单位的资质和个人的资格均要认真审核。项目建设单位委托的监理工程师应重点核查以下内容：

① 检查勘察、设计单位的资质证书类别和等级及所规定的适用业务范围与拟建工程的类型、规模、地点、行业特性及要求的勘察、设计任务是否相符，资质证书所规定的有效期是否已过期，其资质年检结论是否合格。

② 检查勘察、设计单位的营业执照，重点是有效期和年检情况。

③ 对参与拟建工程的主要技术人员的执业资格进行检查，对专职技术骨干比例进行考察，包括一级注册建筑师、一级注册工程师（结构）和在国家实行其他专业注册工程师制度后的注册工程师；注册造价工程师；取得高级职称的技术人员，从事工程设计实践10年以上并取得中级职称技术人员。重点检查其注册证书有效性，签字权的级别是否与拟建工程相符。

④ 对勘察、设计单位实际的建设业绩、人员素质、管理水平、资金情况、技术装备进行实地考察,特别是对其近期完成的与拟建工程类型、规模、特点相似或相近的工程勘察、设计任务进行查访,了解其服务意识和工作质量。

⑤ 对勘察、设计单位的管理水平,重点考查是否达到了与其资质等级相应的要求水平。如甲级要求建立了以设计项目管理为中心,以专业管理为基础的管理体制,实行设计质量、进度、费用控制;企业管理组织结构、标准体系、质量体系健全,并能实现动态管理,宜通过 ISO 系列标准体系认证。

2）勘察质量控制

(1) 勘察阶段划分及其工作要求和程序

工程勘察的主要任务是按勘察阶段的要求,正确反映工程地质条件,提出岩土工程评价,为设计、施工提供依据。工程勘察工作一般分三个阶段,即可行性研究勘察、初步勘察、详细勘察。当工程地质条件复杂或有特殊施工要求的重要工程,应进行施工勘察,各勘察阶段的工作要求如下：

① 可行性研究勘察,又称选址勘察,其目的是要通过搜集、分析已有资料,进行现场踏勘。必要时,进行工程地质测绘和少量勘探工作,对拟选场址的稳定性和适宜性作出岩土工程评价,进行技术经济论证和方案比较,满足确定场地方案的要求。

② 初步勘察是指在可行性研究勘察的基础上,对场地内建筑地段的稳定性做出岩土工程评价,并为确定建筑总平面布置、主要建筑物地基基础方案及对不良地质现象的防治工作方案进行论证,满足初步设计或扩大初步设计的要求。

③ 详细勘察应对地基基础处理与加固、不良地质现象的防治工程进行岩土工程计算与评价,满足施工图设计的要求。

对于施工勘察,不仅是在施工阶段对与施工有关的工程地质问题进行勘察,提出相应的工程地质资料以制定施工方案,对工程竣工后一些必要的勘察工作（如检验地基加固效果等）也属于施工勘察的内容。

工程勘察的工作程序一般是:承接勘察任务,搜集已有资料,现场踏勘,编制勘察纲要,出工前准备,野外调查,测绘,勘探,试验,分析资料,编制图件和报告等。对于大型工程或地质条件复杂的工程,工程勘察单位要做好施工阶段的勘察配合、地质编录和勘察资料验收等工作,如发现有影响设计的地形、地质问题,应进行补充勘察和过程监测。

(2) 勘察阶段质量控制要点

按照质量控制的基本原理对工程勘察工作的人员、机械、材料、方法和环境五大质量影响因素进行检查和过程控制,以保证工程勘察工作符合整个工程建设的质量要求。勘察阶段质量控制的要点为:

① 协助建设单位选定勘察单位

按照国家计委和建设部的有关规定,凡是在国家建设工程设计资质分级标准规定范围内的建设工程项目,建设单位均应委托具有相应资质等级的工程勘察单位承担勘察业务工作。委托可采用竞选委托、直接委托或招标三种方式,其中竞选委托可以采取公开竞选或邀请竞选的形式,招标亦可采用公开招标和邀请招标形式。有关规定还规定了强制招标或竞选的范围。建设单位原则上应将整个建设工程项目的勘察业务委托给一个勘察单位,也可以根据勘察业务的专业特点和技术要求分别委托几个勘察单位。在选择勘察单位时,监理工程师除重点对其资质进行控制外,还要检查勘察单位的技术管理制度和质量管理程序,考察勘察单位的专职技术骨干素质、业绩及服务意识。

② 勘察工作方案审查和控制

工程勘察单位在实施勘察工作之前,应结合各勘察阶段的工作内容和深度要求,按照有关规范、规程的规定,结合工程的特点编制勘察工作方案(勘察纲要)。勘察工作方案要体现规划、设计意图,如实反映现场的地形和地质概况,满足任务书上规定的勘探深度和合同工期的要求,工程勘察等级明确、勘察方案合理,人员、机具配备满足需要,项目技术管理制度健全,各项工作质量责任明确,勘察工作方案应由项目负责人主持编写,由勘察单位技术负责人审批、签字并加盖公章。

监理工程师应按上述编制要求对勘察工作方案进行认真审查。

③ 勘察现场作业的质量控制

勘察工作期间,监理工程师应重点检查以下几个方面的工作:

a. 现场作业人员应接受过专业培训,重要岗位要实施持证上岗制度,并严格按"勘察工作方案"及有关"操作规程"的要求开展现场工作并留下印证记录。

b. 原始资料取得的方法、手段及使用的仪器设备应当正确、合理,勘察仪器、设备、试验室应有明确的管理程序,现场钻探、取样、机具应通过计量认证。

c. 原始记录表格应按要求认真填写清楚,并经有关作业人员检查、签字。

d. 项目负责人应始终在作业现场进行指导、督促检查,并对各项作业资料检查验收签字。

④ 勘察文件的质量控制

对勘察成果的审核与评定是勘察阶段质量控制最重要的工作。首先应检查勘察成果是否满足以下条件:

a. 工程勘察资料、图表、报告等文件要依据工程类别按有关规定执行各级审核、审批程序,并由负责人签字。

b. 工程勘察成果应齐全、可靠,满足国家有关法规及技术标准和合同规定的要求。

c. 工程勘察成果必须严格按照质量管理有关程序进行检查和验收,质量合格方能提供使用。对工程勘察成果的检查验收和质量评定应当执行国家、行业和地方有关工程勘察成果检查验收评定的规定。

⑤ 后期服务质量保证

勘察文件交付后,监理工程师应根据工程建设的进展情况,督促勘察单位做好施工阶段的勘察配合及验收工作,对施工过程中出现的地质问题要进行跟踪服务,做好监测、回访。

⑥ 勘察技术档案管理

工程项目完成后,监理工程师应检查勘察单位技术档案管理情况,要求将全部资料,特别是质量审查、监督主要依据的原始资料,分类编目,归档保存。

3)设计质量控制

(1)工程设计阶段的划分

工程设计依据工作进程和深度的不同,一般按扩大初步设计、施工图设计两个阶段进行;技术上复杂的工业交通项目可按初步设计、技术设计和施工图设计三个阶段进行。二阶段设计和三阶段设计,是我国工程设计行业长期形成的基本工作模式,各阶段的设计成果包括设计说明、技术文件(图纸等)和经济文件(概预算)等。其目的在于通过不同阶段设计深度的控制来保证设计质量。设计单位的工作模式在实践中因工程规模、性质和特点的不同有较大的灵活性。监理工程师应按设计准备和设计展开两大阶段进行质量控制。

(2)设计阶段质量控制方法

为了有效地控制设计质量,就必须对设计进行质量跟踪。设计质量跟踪不是监督设计人员画图,也不是监督设计人员结构计算和结构配筋,而是要定期地对设计文件进行审核,必要时,对计算书进行核查,发现不符合质量标准和要求的,指令设计单位修改,直至符合标准为止。这里所述的标准是指根据设计质量目标所采用的技术标准、规范及材料部品规格等。因此,设计质量控制的主要方法就是设计质量跟踪,也就是在设计过程中和阶段设计完成时,以设计招标文件(含设计任务书、地质勘察报告等)、设计合同、监理合同、政府有关批文、各项技术规范和规定、气象、地区等自然条件及相关资料和文件为依据,对设计文件进行深入细致的审核。审核内容主要包括:图纸的规范性,建筑造型与立面设计,平面设计,空间设计,装修设计,结构设计,工艺流程设计,设备设计,水、电、自控设计,城规、环境、消防、卫生等部门的要求满足情况,专业设计的协调一致情况,施工可行性等方面。在审查过程中,特别要注意过分设计和不足设计两种极端情况。过分设计,导致经济性差;不足设计,存在隐患或功能降低。

工程设计工作的展开和深化,有其内在的规律和程序。因此,监理单位也应围绕着各设计阶段的工作重心,进行设计质量控制,其主要环节参见表9.3。

表 9.3 设计质量控制的主要环节

序号	工作阶段	控制工作主要内容	要求及说明
1	设计准备阶段	根据项目建设要求，拟定规划设计大纲	规划设计大纲应体现业主建设意图，并根据可行性报告或项目评估报告来编写，其深度应满足方案竞选、设计招标的要求
2		组织方案竞选或设计招标、择优选择设计单位	根据工程特点、规模和重要性，可组织公开招标或邀请招标；组织有关专家及主管部门业务人员参加评审组，对参加竞选或投标的方案进行评选，并据此择优选择设计单位
3		拟定《设计纲要》及设计合同	拟定《设计纲要》。设计合同包括设计总合同及单独委托的专业合同，设计合同可以一次签订，也可以分解签订
4		落实有关外部条件，提供设计所需的基础资料	主要是一个供水、供电、供气、通讯、运输等方面的资料
5	设计阶段	配合设计单位开展技术经济分析，搞好设计方案的比选，优化设计	（略）
6		配合设计进度，组织设计与外部有关部门间的协调工作	外部有关部门如消防、人防、环保、地震、防汛，以及供水、供电、供气、供热、通讯等部门。根据当地建设环境，必要时，还需参与项目所在地公用设施统一建设协调工作
7		各设计单位之间的协调工作	指由业主直接委托的各设计单位之间的协调配合工作
8		参与主要设备、材料的选型	根据满足功能要求、经济合理的原则，向各设计单位提供有关主要设备、材料的型号、厂家、价格的信息，并参与选型工作
9		检查和控制设计进度	对设计进度的检查和控制，也是对设计合同履行情况进行监督的一项主要内容
10	设计成果验收阶段	组织对设计的评审或咨询	（略）
11		审核工程估算、概算	根据项目功能及质量要求，审核估算、概算所含费用及其计算方法的合理性
12		审核主要设备及材料清单	根据所掌握的设备、材料的有关信息，对设计采用的设备、材料提出反馈意见
13		施工图纸审核	除技术质量方面的要求外，其深度应满足施工条件的要求，并应特别注意各专业图纸之间的错、漏、碰、缺
14	施工阶段	处理设计变更	包括设备、材料的变更
15		参与现场质量控制工作	参与工程重点部位及主要设备安装的质量监督等
16		主持处理工程质量问题、参与处理工程质量事故	包括进行危害性分析，提出处理的技术措施，或对处理措施组织技术鉴定等
17		参与工程验收	包括重要隐蔽工程、单位、单项工程的中间验收；整理工程技术档案等

9.4.3 施工图设计的质量控制

1) 施工图设计内容

施工图设计是在初步设计、技术设计或方案设计的基础上进行详细、具体的设计,把工程和设备各构成部分尺寸、布置和主要施工做法等,绘制出正确、完整和详细的建筑和安装详图,并配以必要的详细文字说明。其主要内容如下:

(1) 全项目性文件

设计总说明,总平面布置及说明,各专业全项目的说明及室外管线图,工程总概算。

(2) 各建筑物、构筑物的设计文件

建筑、结构、水暖、电气、卫生、热机等专业图纸及说明,以及公用设施、工艺设计和设备安装,非标准设备制造详图、单项工程预算等。

(3) 各专业工程计算书,计算机辅助设计软件及资料等

各专业的工程计算书,计算机辅助设计软件及资料等应经校审、签字后,整理归档,一般不向建设单位提供。

2) 施工图设计阶段质量控制工作要点

(1) 督促并控制设计单位按照委托设计合同约定的日期,保质、保量、准时交付施工图及概(预)算文件。

(2) 对设计过程进行跟踪监理,必要时,会同建设单位组织对单位工程施工图设计中间检查验收,并提出评估报告。其主要检查内容为:

① 设计标准及主要技术参数是否合理;

② 是否满足使用功能要求;

③ 地基处理与基础形式的选择;

④ 结构选型及抗震设防体系;

⑤ 建筑防火、安全疏散、环境保护及卫生的要求;

⑥ 特殊的要求,如工艺流程、人防、暖通、防腐蚀、防尘、防噪声、防微振、防辐射、恒温、恒湿、防磁、防电波等;

⑦ 其他需要专门审查的内容。

(3) 审核设计单位交付的施工图及概(预)算文件,并提出评审验收报告;

(4) 根据国家有关法规的规定,将施工图报送当地政府建设行政主管部门指定的审查机构进行审查,并根据审查意见对施工图进行修正;

(5) 编写工作总结报告,整理归档设计质量控制监理资料。

3) 施工图审核

施工图审核是指监理工程师对施工图的审核。审核的重点是使用功能及质量要求是否得到满足,并应按有关国家和地方验收标准及设计任务书、设计合同的约

定质量标准,针对施工图设计成品,特别是其主要质量特性做出验收评定,签发监理验收结论文件。

施工图纸的审核主要由项目总监理工程师负责组织各专业监理工程师进行,必要时,应组织专家会审或邀请有关专家参加。审查设计单位提交的设计图纸和设计文件内容是否准确完整,是否符合编制深度的要求,特别是应侧重于使用功能及质量要求是否满足设计文件和合同中关于质量目标的具体描述,并应提出书面的监理审核验收意见。如果不能满足要求,应监督设计单位予以修改后再进行审核验收。

按上述原则对施工图应主要审核以下各方面内容:

(1) 图纸的规范性;
(2) 建筑造型与立面设计;
(3) 平面设计;
(4) 空间设计;
(5) 装修设计;
(6) 结构设计;
(7) 工艺流程设计;
(8) 设备设计;
(9) 水、电、自控等设计;
(10) 规划、环保、消防、卫生等要求满足情况;
(11) 各专业设计的协调一致情况;
(12) 施工可行性。

并特别注意过分设计、不足设计两种极端情况。

4) 设计交底与图纸会审

(1) 设计交底

设计交底是指在施工图完成并经审查合格后,设计单位在设计文件交付施工时,按法律规定的义务就施工图设计文件向施工单位和监理单位做出详细的说明。其目的是对施工单位和监理单位正确贯彻设计意图,使其加深对设计文件特点、难点、疑点的理解,掌握关键工程部位的质量要求,确保工程质量。

设计交底的主要内容一般包括:施工图设计文件总体介绍,设计的意图说明,特殊的工艺要求,建筑、结构、工艺、设备等各专业在施工中的难点、疑点和容易发生的问题说明,对施工单位、监理单位、建设单位等对设计图纸疑问的解释等。

(2) 图纸会审

图纸会审是指承担施工阶段监理的监理单位组织施工单位以及建设单位、材料、设备供货等相关单位,在收到审查合格的施工图设计文件后,在设计交底前进行的全面细致地熟悉和审查施工图纸的活动。

其目的有两方面,一是使施工单位和各参建单位熟悉设计图纸,了解工程特点和设计意图,找出需要解决的技术难题,并制定解决方案;二是为了解决图纸中存在的问题,减少图纸的差错,将图纸中的质量隐患消灭在萌芽之中。图纸会审的内容一般包括:

① 是否无证设计或越级设计;图纸是否经设计单位正式签署。

② 地质勘探资料是否齐全。

③ 设计图纸与说明是否齐全,有无分期供图的时间表。

④ 设计地震烈度是否符合当地要求。

⑤ 几个设计单位共同设计的图纸相互间有无矛盾;专业图纸之间、平立剖面图之间有无矛盾;标注有无遗漏。

⑥ 总平面与施工图的几何尺寸、平面位置、标高等是否一致。

⑦ 防火、消防是否满足要求。

⑧ 建筑结构与各专业图纸本身是否有差错及矛盾;结构图与建筑图的平面尺寸及标高是否一致;建筑图与结构图的表示方法是否清楚;是否符合制图标准;预埋件是否表示清楚;有无钢筋明细表;钢筋的构造要求在图中是否表示清楚。

⑨ 施工图中所列各种标准图册,施工单位是否具备。

⑩ 材料来源有无保证,能否代换;图中所要求的条件能否满足;新材料、新技术的应用有无问题。

⑪ 地基处理方法是否合理,建筑与结构构造是否存在不能施工或不便于施工的技术问题,有无容易导致质量、安全、工程费用增加等方面的问题。

⑫ 工艺管道、电气线路、设备装置、运输道路与建筑物之间或相互间有无矛盾,布置是否合理。

⑬ 施工安全、环境卫生有无保证。

⑭ 图纸是否符合监理大纲所提出的要求。

5) 设计变更控制

在施工图设计文件交予建设单位投入使用前或使用后,均会出现由于建设单位的要求,或现场施工条件的变化,或国家政策法规的改变等原因而引起设计变更。设计变更可能由设计单位自行提出,也可能由建设单位提出,还可能由承包单位提出,不论谁提出都必须征得建设单位同意并且办理书面变更手续,凡涉及施工图审查内容的设计变更还必须报请原审查机构审查后再批准实施。

为了保证建设工程的质量,必须对设计变更进行严格控制,并注意以下几点:

(1) 应随时掌握国家政策法规的变化,特别是有关设计、施工的规范、规程的变化,有关材料或产品的淘汰或禁用,并将信息尽快通知设计单位和建设单位,避免产生设计变更的潜在因素。

（2）加强对设计阶段的质量控制。特别是施工图设计文件的审核,对施工图节点做法的可施工性要根据自己的经验给予评判,对各专业图纸的交叉要严格控制会签工作,力争将矛盾和差错解决在出图之前。

（3）对建设单位和承包单位提出的设计变更要求要进行统筹考虑,确定其必要性,同时将设计变更对建设工期和费用的影响分析清楚并通报给建设单位,非改不可的要调整施工计划,以尽可能减少对工程的不利影响。

（4）要严格控制设计变更的签批手续,以明确责任,减少索赔。设计阶段设计变更由该阶段监理单位负责控制,施工阶段设计变更由承担施工监理任务的监理单位负责控制。

9.5 工程项目施工的质量控制

工程项目施工是使工程设计意图最终实现并形成工程实体的阶段,也是最终形成工程产品质量和工程项目使用价值的重要阶段。因此施工阶段的质量控制是工程项目质量控制的重点。

9.5.1 工程项目施工质量控制概述

1) 施工质量控制的系统过程

由于施工阶段是使工程设计意图最终实现并形成工程实体的阶段,是最终形成工程实体质量的过程,所以施工阶段的质量控制是一个由对投入的资源和条件的质量控制,进而对生产过程及各环节质量进行控制,直到对所完成的工程产出品的质量检验与控制为止的全过程的系统控制过程。

（1）按工程实体质量形成过程的时间阶段划分,质量控制可以分为以下三个环节：

① 施工准备控制

指在各工程对象正式施工活动开始前,对各项准备工作及影响质量的各因素进行控制,这是确保施工质量的先决条件。

② 施工过程控制

指在施工过程中对实际投入的生产要素质量及作业技术活动的实施状态和结果所进行的控制,包括作业者发挥技术能力过程的自控行为和来自有关管理者的监控行为。

③ 竣工验收控制

它是指对于通过施工过程所完成的具有独立的功能和使用价值的最终产品

(单位工程或整个工程项目)及其他有关方面(例如项目工程质量文档)的质量进行控制。

(2)按工程实体形成过程中物质形态转化的阶段划分,质量控制有如下的三个阶段的系统控制过程:

① 对投入的物质资源质量的控制。

② 施工过程质量控制。即在使投入的物质资源转化为工程产品的过程中,对影响产品质量的各因素、各环节及中间产品的质量进行控制。

③ 对完成的工程产出品质量的控制与验收。

(3)按工程项目施工层次划分的系统控制过程

通常任何一个大中型工程项目可以划分为若干层次。例如,对于建筑工程项目按照国家标准可以划分为单位工程、分部工程、分项工程、检验批等几个层次;而对于诸如水利水电、港口交通等工程项目则可划分为单项工程、单位工程、分部工程、分项工程等几个层次。各组成部分之间的关系具有一定的施工先后顺序的逻辑关系。显然,施工作业过程的质量控制是最基本的质量控制,它决定了有关检验批的质量;而检验批的质量又决定了分项工程的质量……

2)施工质量控制的依据

施工阶段监理工程师进行质量控制的依据,大体上有以下四类:

(1)工程合同文件

工程施工承包合同文件和委托监理合同文件中分别规定了参与建设各方在质量控制方面的权利和义务,有关各方必须履行在合同中的承诺。对于监理单位,既要履行委托监理合同的条款,又要督促建设单位、监督承包单位、设计单位履行有关的质量控制条款。

(2)设计文件

"按图施工"是施工阶段质量控制的一项重要原则。因此,经过批准的设计图纸和技术说明书等设计文件,无疑是质量控制的重要依据。但是从严格质量管理和质量控制的角度出发,监理单位在施工前还应参加由建设单位组织的设计单位及承包单位参加的设计交底及图纸会审工作,以达到了解设计意图和质量要求,发现图纸差错和减少质量隐患的目的。

(3)国家及政府有关部门颁布的有关质量管理方面的法律、法规性文件

国家及建设主管部门所颁发的有关质量管理方面的法规性文件,都是建设行业质量管理方面所应遵循的基本法规文件。此外,其他各行业如交通、能源、水利、冶金、化工等的政府主管部门和省、市、自治区的有关主管部门,也均根据本行业及地方的特点,制定和颁发了有关的法规性文件。

(4)有关质量检验与控制的专门技术法规性文件

这类文件一般是针对不同行业、不同的质量控制对象而制定的技术法规性的

文件,包括各种有关的标准、规范、规程或规定。

3）施工质量控制的工作程序

在施工阶段全过程中,监理工程师要进行全过程、全方位的监督、检查与控制,不仅涉及最终产品的检查、验收,而且涉及施工过程的各环节及中间产品的监督、检查与验收。

在每项工程开始前,承包单位须做好施工准备工作,然后填报《工程开工/复工报审表》,附上该项工程的开工报告、施工方案以及施工进度计划、人员及机械设备配置、材料准备情况等,报送监理工程师审查。若审查合格,则由总监理工程师批复准予施工。否则,承包单位应进一步做好施工准备,待条件具备时,再次填报开工申请。

在施工过程中,监理工程师应督促承包单位加强内部质量管理,严格质量控制。施工作业过程均应按规定工艺和技术要求进行。在每道工序完成后,承包单位应进行自检,自检合格后,填报《报验申请表》交监理工程师检验。监理工程师收到检查申请后应在合同规定的时间内到现场检验,检验合格后予以确认。

只有上一道工序被确认质量合格后,方能准许下道工序施工,按上述程序完成逐道工序。当一个检验批、分项、分部工程完成后,承包单位首先对检验批、分项、分部工程进行自检,填写相应质量验收记录表,确认工程质量符合要求,然后向监理工程师提交《报验申请表》附上自检的相关资料,经监理工程师现场检查及对相关资料审核后,符合要求予以签认验收,反之,则指令承包单位进行整改或返工处理。

在施工质量验收过程中,涉及结构安全的试块、试件以及有关材料,应按规定进行见证取样检测;对涉及结构安全和使用功能的重要分部工程,应进行抽样检测,承担见证取样检测及有关结构安全检测的单位应具有相应资质。

通过返修或加固处理仍不能满足安全使用要求的分部工程、单位工程严禁验收。

9.5.2 施工准备的质量控制

1）施工承包单位资质的核查

（1）施工承包单位资质的分类

国务院建设行政主管部门为了维护建筑市场的正常秩序,加强管理,保障承包单位的合法权益和保证工程质量,制定了建筑业企业资质等级标准。承包单位必须在资质等级规定的范围内进行经营活动,且不得超范围经营。建设行政主管部门对承包单位的资质实行动态管理,建立相应的考核、资质升降及审查规定。

施工承包企业按照其承包工程能力,划分为施工总承包、专业承包和劳务分包三个序列。这三个序列按照工程性质和技术特点分别划分为若干资质类别,各资质类别按照规定的条件划分为若干等级。

① 施工总承包企业

获得施工总承包资质的企业,可以对工程实行施工总承包或者对主体工程实行施工承包,施工总承包企业可以将承包的工程全部自行施工,也可以将非主体工程或者劳务作业分包给具有相应专业承包资质或者劳务分包资质的其他建筑业企业。施工总承包企业的资质按专业类别共分为12个资质类别,每一个资质类别又分成特级、一、二、三级。

② 专业承包企业

获得专业承包资质的企业,可以承接施工总承包企业分包的专业工程或者建设单位按照规定发包的专业工程。专业承包企业可以对所承接的工程全部自行施工,也可以将劳务作业分包给具有相应劳务分包资质的劳务分包企业。专业承包企业资质按专业类别共分为60个资质类别,每一个资质类别又分为一、二、三级。

③ 劳务分包企业

获得劳务分包资质的企业,可以承接施工总承包企业或者专业承包企业分包的劳务作业。劳务承包企业有十三个资质类别,如木工作业、砌筑作业、钢筋作业、架线作业等。有的资质类别分成若干级,有的则不分级,如木工、砌筑、钢筋作业劳务分包企业资质分为一级、二级。油漆、架线等作业劳务分包企业则不分级。

(2) 监理工程师对施工承包单位资质的审核

① 招投标阶段对承包单位资质的审查

根据拟建工程的类型、规模和特点,确定参与投标企业的资质等级,并取得招投标管理部门的认可。

对符合资质等级要求的投标企业,应重点审核以下内容:

a. 查对《营业执照》及《建筑业企业资质证书》,并了解其实际的建设业绩、人员素质、管理水平、资金情况、技术装备等。

b. 考核承包企业近期的表现,查对年检情况,资质升降级情况,了解其有无工程质量、施工安全、现场管理等方面的问题,企业管理的发展趋势,质量是否有上升趋势,然后选择向上发展的企业。

c. 查对近期承建工程,实地参观考核工程质量情况及现场管理水平。在全面了解的基础上,重点考核与拟建工程类型、规模和特点相似或接近的工程。优先选取创出名牌优质工程的企业。

② 对中标进场从事项目施工的承包企业质量管理体系的核查

a. 了解企业的质量意识、质量管理情况,重点了解企业质量管理的基础工作、工程项目管理和质量控制的情况。

b. 贯彻 ISO 9000 标准、体系建立和通过认证的情况。

c. 企业领导班子的质量意识及质量管理机构落实、质量管理权限实施的情况等。

d. 审查承包单位现场项目经理部的质量管理体系。

2）施工组织设计的审查

（1）施工组织设计的审查程序

① 在工程项目开工前约定的时间内，承包单位必须完成施工组织设计的编制及内部自审批准工作，填写《施工组织设计（方案）报审表》报送项目监理机构。

② 总监理工程师在约定的时间内，组织专业监理工程师审查，提出意见后，由总监理工程师审核签认。需要承包单位修改时，由总监理工程师签发书面意见，退回承包单位修改后再报审，由总监理工程师重新审查。

③ 已审定的施工组织设计由项目监理机构报送建设单位。

④ 承包单位应按审定的施工组织设计文件组织施工。如需对其内容做较大的变更，应在实施前将变更内容书面报送项目监理机构审核。

⑤ 规模大、结构复杂或属于新结构、特种结构的工程，项目监理机构对施工组织设计审查后，还应报送监理单位技术负责人审查，提出审查意见后由总监理工程师签发，必要时与建设单位协商，组织有关专业部门和有关专家会审。

⑥ 规模大、工艺复杂的工程、群体工程或分期出图的工程，经建设单位批准可分阶段报审施工组织设计；技术复杂或采用新技术的分项、分部工程，承包单位还应编制该分项、分部工程的施工方案，报项目监理机构审查。

（2）施工组织设计审查的注意事项

① 重要的分部、分项工程的施工方案，承包单位在开工前，向监理工程师提交详细说明为完成该项工程的施工方法、施工机械设备及人员配备与组织、质量管理措施以及进度安排等，报请监理工程师审查认可后方能实施。

② 在施工顺序上应符合先地下、后地上；先土建、后设备；先主体、后围护的基本规律。所谓先地下、后地上是指地上工程开工前，应尽量把管道、线路等地下设施和土方与基础工程完成，以避免干扰，造成浪费，影响质量。此外，施工流向要合理，即平面和立面上都要考虑施工的质量保证与安全保证；考虑使用的先后和区段的划分，与材料、构配件的运输不发生冲突。

③ 施工方案与施工进度计划的一致性。施工进度计划的编制应以确定的施工方案为依据，正确体现施工的总体部署、流向顺序及工艺关系等。

④ 施工方案与施工平面图布置的协调一致。施工平面图的静态布置内容，如临时施工供水、供电、供热、供气管道，施工道路，临时办公房屋，物资仓库等，以及动态布置内容，如施工材料模板、工具器具等，应做到布置有序，有利于各阶段施工方案的实施。

3）现场施工准备的质量控制

（1）工程定位及标高基准控制

工程施工测量放线是建设工程产品由设计转化为实物的第一步。施工测量的质量好坏,直接影响工程产品的综合质量,并且制约着施工过程中有关工序的质量。例如,测量控制基准点或标高有误,会导致建筑物或结构的位置或高程出现差误,从而影响整体质量。因此,工程测量控制可以说是施工中事前质量控制的一项基础工作,它是施工准备阶段的一项重要内容。在监理工作中,应由测量专业监理工程师负责工程测量的复核控制工作。

（2）施工平面布置的控制

为了保证承包单位能够顺利地施工,监理工程师应督促建设单位按照合同约定并结合承包单位施工的需要,事先划定并提供给承包单位占有和使用现场有关部分的范围。如果在现场的某一区域内需要不同的施工承包单位同时或先后施工、使用,就应根据施工总进度计划的安排,规定他们各自占用的时间和先后顺序,并在施工总平面图中详细注明各工作区的位置及占用顺序。监理工程师要检查施工现场总体布置是否合理,是否有利于保证施工的正常、顺利地进行,是否有利于保证质量,特别要对场区的道路、防洪排水、器材存放、给水及供电、混凝土供应及主要垂直运输机械设备布置等方面予以重视。

（3）材料构配件采购订货的控制

工程所需的原材料、半成品、构配件等都将构成为永久性工程的组成部分,所以,它们的质量好坏直接影响到未来工程产品的质量,因此需要事先对其质量进行严格控制。

① 凡由承包单位负责采购的原材料、半成品或构配件,在采购订货前应向监理工程师申报;对于重要的材料,还应提交样品,供试验或鉴定;有些材料则要求供货单位提交理化试验单(如预应力钢筋的硫、磷含量等),经监理工程师审查认可后,方可进行订货采购。

② 对于半成品或构配件,应按经过审批认可的设计文件和图纸要求采购订货,质量应满足有关标准和设计的要求,交货期应满足施工及安装进度安排的需要。

③ 供货厂家是制造材料、半成品、构配件主体,所以通过考查优选合格的供货厂家,是保证采购、订货质量的前提。为此,大宗的器材或材料的采购应当实行招标采购的方式。

④ 对于半成品和构配件的采购、订货,监理工程师应提出明确的质量要求、质量检测项目及标准、出厂合格证或产品说明书等质量文件的要求,以及是否需要权威性的质量认证等。

⑤ 某些材料,诸如瓷砖等装饰材料,订货时最好一次订齐和备足货源,以免由

于分批而出现色泽不一的质量问题。

⑥供货厂方应向需方(订货方)提供质量文件,用以表明其提供的货物能够完全达到需方提出的质量要求。

(4)施工机械配置的控制

①施工机械设备的选择,除应考虑施工机械的技术性能、工作效率、工作质量、可靠性及维修难易、能源消耗,以及安全、灵活等方面对施工质量的影响与保证外,还应考虑其数量配置对施工质量的影响与保证条件。此外,要注意设备型号应与施工对象的特点及施工质量要求相适应。在选择机械性能参数方面,也要与施工对象特点及质量要求相适应,例如选择起重机械进行吊装施工时,其起重重量、起重高度及起重半径均应满足吊装要求。

②审查施工机械设备的数量是否足够。例如在进行就地灌注桩施工时,是否有备用的混凝土搅拌机和振捣设备,以防止由于机械发生故障,使混凝土浇筑工作中断,造成断桩质量事故等。

③审查所需的施工机械设备,是否按已批准的计划备妥;所准备的机械设备是否与监理工程师审查认可的施工组织设计或施工计划中所列者相一致;所准备的施工机械设备是否都处于完好的可用状态等。对于与批准的计划中所列施工机械不一致,或机械设备的类型、规格、性能不能保证施工质量者,以及维护修理不良,不能保证良好的可用状态者,都不准使用。

(5)分包单位资格的审核确认

总承包单位选定分包单位后,应向监理工程师提交《分包单位资质报审表》。

监理工程师审查总承包单位提交的《分包单位资质报审表》时,主要是审查施工承包合同是否允许分包,分包的范围和工程部位是否可以进行分包,分包单位是否具有按工程承包合同规定的条件完成分包工程任务的能力。如果认为该分包单位不具备分包条件,则不予以批准。若监理工程师认为该分包单位基本具备分包条件,则应在进一步调查后由总监理工程师予以书面确认。审查、控制的重点一般是分包单位施工组织者、管理者的资质与质量管理水平,特殊专业工种和关键施工工艺或新技术、新工艺、新材料等应用方面操作者的素质与能力。

(6)设计交底与施工图纸的现场核对

施工阶段,设计文件是监理工作的依据。因此,监理工程师应认真参加由建设单位主持的设计交底工作,以透彻地了解设计原则及质量要求;同时,要督促承包单位认真做好审核及图纸核对工作,对于审图过程中发现的问题,及时以书面形式报告给建设单位。

(7)严把开工关

在总监理工程师向承包单位发出开工通知书时,建设单位应及时按计划保证质量地提供承包单位所需的场地和施工通道以及水、电供应等条件,以保证及时开工,防止承担补偿工期和费用损失的责任。为此,监理工程师应事先检查工程施工所需的场地征用,以及道路和水、电是否开通。否则,应敦促建设单位努力实现。

总监理工程师对于与拟开工工程有关的现场各项施工准备工作进行检查并认为合格后,方可发布书面的开工指令。对于已停工程,则需有总监理工程师的复工指令始能复工。对于合同中所列工程及工程变更的项目,开工前承包单位必须提交《工程开工报审表》,经监理工程师审查前述各方面条件具备并由总监理工程师予以批准后,承包单位才能开始正式进行施工。

9.5.3 施工过程质量控制

为确保施工质量,要对施工过程进行全过程全方位的质量监督、控制与检查。就整个施工过程而言,可按事前、事中、事后进行控制。

1) 作业技术准备状态的控制

作业技术准备状态,是指各项施工准备工作在正式开展作业技术活动前,是否按预先计划的安排落实到位的状况,包括配置的人员、材料、机具、场所环境、通风、照明、安全设施等。

作业技术准备状态的控制,应着重抓好以下几个环节的工作:

(1) 质量控制点的设置

质量控制点是指为了保证作业过程质量而确定的重点控制对象、关键部位或薄弱环节。承包单位在工程施工前应根据施工过程质量控制的要求,列出质量控制点明细表,表中详细地列出各质量控制点的名称或控制内容、检验标准及方法等,提交监理工程师审查批准后,在此基础上实施质量预控。

可作为质量控制点的对象涉及面广,它可能是技术要求高、施工难度大的结构部位,也可能是影响质量的关键工序、操作或某一环节。选择质量控制点的一般原则为:

① 施工过程中的关键工序或环节以及隐蔽工程,例如预应力结构的张拉工序,钢筋混凝土结构中的钢筋架立;

② 施工中的薄弱环节,或质量不稳定的工序、部位或对象,例如地下防水层施工;

③ 对后续工程施工或对后续工序质量或安全有重大影响的工序、部位或对象,例如预应力结构中的预应力钢筋质量、模板的支撑与固定等;

④ 采用新技术、新工艺、新材料的部位或环节;

⑤ 施工上无足够把握的、施工条件困难的或技术难度大的工序或环节,例如复杂曲线模板的放样等。

显然,是否设置为质量控制点,主要是视其对质量特性影响的大小、可能造成的危害程度以及其质量保证的难度大小而定。

(2) 作业技术交底的控制

承包单位做好技术交底,是取得好的施工质量的条件之一。为此,每一分项工程开始实施前均要进行交底。作业技术交底是对施工组织设计或施工方案的具体化,是更细致、明确、更加具体的技术实施方案,是工序施工或分项工程施工的具体指导文件。为做好技术交底,项目经理部必须由主管技术人员编制技术交底书,并经项目总工程师批准。技术交底的内容包括施工方法、质量要求和验收标准、施工过程中需注意的问题、可能出现意外情况的应急方案等。技术交底要紧紧围绕和具体施工有关的操作者、机械设备、使用的材料、构配件、工艺、工法、施工环境、具体管理措施等方面进行,交底中要明确做什么、谁来做、如何做、作业标准和要求、什么时间完成等。

关键部位,或技术难度大、施工复杂的检验批,在分项工程施工前,承包单位的技术交底书(作业指导书)要报监理工程师。经监理工程师审查后,如技术交底书不能保证作业活动的质量要求,承包单位要进行修改补充。没有做好技术交底的工序或分项工程,不得进入正式实施。

(3) 进场材料构配件的质量控制

① 凡运到施工现场的原材料、半成品或构配件,进场前应向项目监理机构提交《工程材料/构配件/设备报审表》,同时附有产品出厂合格证及技术说明书,由施工承包单位按规定要求进行检验的检验或试验报告,经监理工程师审查并确认其质量合格后,方准进场。

② 进口材料的检查、验收,应会同国家商检部门进行。如在检验中发现质量问题或数量不符合规定要求时,应取得供货方及商检人员签署的商务记录,在规定的索赔期内进行索赔。

③ 材料构配件存放条件的控制。质量合格的材料、构配件进场后,到其使用或安装时通常都要经过一定的时间间隔。在此时间内,如果对材料等的存放、保管不良,可能导致质量状况的恶化,如损伤、变质、损坏,甚至不能使用。因此,监理工程师对承包单位在材料、半成品、构配件的存放、保管条件及时间也应实行监控。

④ 对于某些当地材料及现场配制的制品,一般要求承包单位事先进行试验,达到要求的标准方准施工。除应达到规定的力学强度等指标外,还应注意材料的化学成分对工程质量的影响,充分考虑到施工现场加工条件与设计、试验条件不同而可能导致的材料或半成品质量差异。

(4) 环境状态的控制

① 施工作业环境的控制

作业环境条件主要是指水电供应、施工照明、安全防护设备、施工场地空间条件和通道,以及交通运输和道路条件等。监理工程师应事先检查承包单位对施工作业环境条件方面的有关准备工作是否已做好安排和准备妥当;当确认其准备可靠、有效后,方准许其进行施工。

② 施工质量管理环境的控制

施工质量管理环境主要是指施工承包单位的质量管理体系和质量控制自检系统是否处于良好的状态;系统的组织结构、管理制度、检测制度、检测标准、人员配备等方面是否完善和明确;质量责任制是否落实。监理工程师做好承包单位施工质量管理环境的检查,并督促其落实,是保证作业效果的重要前提。

③ 现场自然环境条件的控制

监理工程师应检查施工承包单位,对于未来的施工期间,自然环境条件可能出现对施工作业质量的不利影响,是否事先已有充分的认识并已做好充足的准备和采取了有效措施与对策以保证工程质量。例如,对严寒季节的防冻;夏季的防高温;高地下水位情况下基坑施工的排水或细砂地基防止流沙;施工场地的防洪与排水;风浪对水上打桩或沉箱施工质量影响的防范等。

(5) 进场施工机械设备性能及工作状态的控制

① 施工机械设备的进场检查

机械设备进场前,承包单位应向项目监理机构报送进场设备清单,列出进场机械设备型号、规格、数量、技术性能(技术参数)、设备状况、进场时间等。

机械设备进场后,根据承包单位报送的清单,监理工程师进行现场核对是否和施工组织设计中所列的内容相符。

② 机械设备工作状态的检查

监理工程师应审查作业机械的使用、保养记录,检查其工作状况。对重要的工程机械,如大马力推土机等,监理工程师应在现场实际复验,以保证投入作业的机械设备状态良好。

监理工程师还应经常了解施工作业中机械设备的工作状况,防止带病运行。一旦发现问题,必须指令承包单位及时修理,以保持良好的作业状态。

③ 特殊设备安全运行的审核

对于现场使用的塔吊及有特殊安全要求的设备,进入现场后在使用前,必须经当地劳动安全部门鉴定,符合要求并办理好相关手续后方允许承包单位投入使用。

④ 大型临时设备的检查

在跨越大江大河的桥梁施工中,经常会涉及承包单位在现场组装的大型临时设备,如轨道式龙门吊机、悬灌施工中的挂篮、架梁吊机、吊索塔架、缆索吊机等。这些设备使用前,承包单位必须取得本单位上级安全主管部门的审查批准,办好相关手续后,监理工程师方可批准投入使用。

(6) 施工测量及计量器具性能、精度的控制

施工测量开始前,承包单位应向项目监理机构提交测量仪器的型号、技术指标、精度等级、法定计量部门的标定证明、测量工的上岗证明,经监理工程师审核确认后,方可进行正式测量作业。在作业过程中监理工程师也应经常检查了解计量仪器、测量设备的性能、精度,使其处于良好的状态之中。

(7) 施工现场劳动组织及作业人员上岗资格的控制

劳动组织涉及从事作业活动的操作者及管理者,以及相应的各种制度。施工现场从事作业活动的操作者数量必须满足作业活动的需要,相应工种配置能保证作业有序持续进行,不能因人员数量及工种配置不合理而造成停顿。作业活动的负责人(包括技术负责人)、专职质检人员、安全员、与作业活动有关的测量人员、材料员、试验员必须在岗。同时各种相关制度要健全:如各类人员的岗位职责;作业活动现场的安全、消防规定;作业活动中环保规定;试验室及现场试验检测的有关规定;紧急情况的应急处理规定等。

从事特殊作业的人员(如电焊工、电工、起重工、架子工、爆破工)必须持证上岗。对此监理工程师要进行检查与核实。

2) 作业技术活动运行过程的控制

工程施工质量是在施工过程中形成的,而不是最后检验出来的;施工过程是由一系列相互联系与制约的作业活动所构成,因此,保证作业活动的效果与质量是施工过程质量控制的基础。

(1) 承包单位自检与专检工作的监控

承包单位是施工质量的直接实施者和责任者。承包单位必须有整套的制度及工作程序;具有相应的试验设备及检测仪器,配备数量满足需要的专职质检人员及试验检测人员。

监理工程师的质量监督与控制就是使承包单位建立起完善的质量自检体系并运转有效。监理工程师的质量检查与验收,是对承包单位作业活动质量的复核与确认;监理工程师的检查决不能代替承包单位的自检,而且,监理工程师的检查必须是在承包单位自检并确认合格的基础上进行的。专职质检员没检查或检查不合格不能报监理工程师。不符合上述规定,监理工程师一律拒绝进行检查。

(2) 技术复核工作监控

凡涉及施工作业技术活动基准和依据的技术工作,都应该严格进行专人负责的复核性检查,以避免基准失误给整个工程质量带来难以补救的或全局性的危害。例如:工程的定位、轴线、标高,预留孔洞的位置和尺寸,预埋件,管线的坡度,混凝土配合比,变电、配电位置,高低压进出口方向、送电方向等。技术复核是承包单位应履行的技术工作责任,其复核结果应报送监理工程师复验确认后,才能进行后续相关的施工。监理工程师应把技术复验工作列入监理规划及质量控制计划中,并

看作是一项经常性工作任务,贯穿于整个的施工过程中。

(3) 见证取样送检工作的监控

见证是指由监理工程师现场监督承包单位某工序全过程完成情况的活动。见证取样则是指对工程项目使用的材料、半成品、构配件的现场取样、工序活动效果的检查实施见证。

为确保工程质量,建设部规定,在市政工程及房屋建筑工程项目中,对工程材料、承重结构的混凝土试块,承重墙体的砂浆试块、结构工程的受力钢筋(包括接头)实行见证取样。

承包单位在对进场材料、试块、试件、钢筋接头等实施见证取样前要通知负责见证取样的监理工程师。在该监理工程师现场监督下,承包单位按相关规范的要求,完成材料、试块、试件等的取样过程。完成取样后,承包单位将送检样品装入木箱,由监理工程师加封。不能装入箱中的试件,如钢筋样品,钢筋接头,则贴上专用加封标志,然后送往试验室。

(4) 工程变更的监控

施工过程中,由于前期勘察设计的原因,或由于外界自然条件的变化,未探明的地下障碍物、管线、文物、地质条件不符等,以及施工工艺方面的限制、建设单位要求的改变,均会涉及工程变更。做好工程变更的控制工作,也是作业过程质量控制的一项重要内容。

工程变更的要求可能来自建设单位、设计单位或施工承包单位。为确保工程质量,不同情况下,工程变更的实施、设计图纸的澄清和修改,具有不同的工作程序。

① 施工承包单位的变更要求及处理

在施工过程中承包单位提出的工程变更要求可能是:(a)要求作某些技术修改;(b)要求作设计变更。

a. 技术修改。承包单位根据施工现场具体条件和自身的技术、经验和施工设备等条件,在不改变原设计图纸和技术文件的原则前提下,提出的对设计图纸和技术文件的某些技术上的修改要求。例如,对某种规格的钢筋采用替代规格的钢筋、对基坑开挖边坡的修改等。

承包单位提出技术修改的要求时,应向项目监理机构提交《工程变更单》,在该表中应说明要求修改的内容及原因或理由,并附图纸和有关文件。

技术修改问题一般可以由专业监理工程师组织承包单位和现场设计代表参加,经各方同意后签字并形成纪要,作为工程变更单附件,经总监理工程师批准后实施。

b. 设计变更的要求。这种变更是指施工期间,对于设计单位在设计图纸和设计文件中所表达的设计标准状态的改变和修改。

首先,承包单位应就要求变更的问题填写《工程变更单》,送交项目监理机构。总监理工程师根据承包单位的申请,经与设计、建设、承包单位研究并作出变更的决定后,签发《工程变更单》,并应附有设计单位提出的变更设计图纸。承包单位签收后按变更后的图纸施工。

如果变更涉及结构主体及安全,该工程变更还要按有关规定报送施工图原审查单位进行审批,否则变更不能实施。

② 设计单位提出变更的处理

a. 设计单位首先将"设计变更通知"及有关附件报送建设单位。

b. 建设单位会同监理、施工承包单位对设计单位提交的"设计变更通知"进行研究,必要时设计单位尚需提供进一步的资料,以便对变更作出决定。

c. 总监理工程师签发《工程变更单》。并将设计单位发出的"设计变更通知"作为该《工程变更单》的附件,施工承包单位按新的变更图实施。

③ 建设单位(监理工程师)要求变更的处理

a. 建设单位(监理工程师)将变更的要求通知设计单位,如果在要求中包括有相应的方案或建议,则应一并报送设计单位;否则,变更要求由设计单位研究解决。在提供审查的变更要求中,应列出所有受该变更影响的图纸、文件清单。

b. 设计单位对《工程变更单》进行研究。如果在"变更要求"中附有建议或解决方案时,设计单位对建议或解决方案的所有技术方面进行审查,并确定它们是否符合设计要求和实际情况,然后书面通知建设单位,说明设计单位对该解决方案的意见,并将与该修改变更有关的图纸、文件清单返回给建设单位,说明自己的意见。

如果该《工程变更单》未附有建议的解决方案,则设计单位应对该要求进行详细的研究,并准备提出自己对该变更的建议方案,提交建设单位。

c. 根据建设单位的授权,监理工程师研究设计单位所提交的建议设计变更方案或其对变更要求所附方案的意见,必要时会同有关的承包单位和设计单位一起进行研究,也可进一步提供资料,以便对变更作出决定。

d. 建设单位作出变更的决定后,由总监理工程师签发《工程变更单》,指示承包单位按变更的决定组织施工。

(5) 见证点的实施控制

"见证点"(Witness Point)是国际上对于重要程度不同及监督控制要求不同的质量控制点的一种区分方式。

见证点监督,也称为 W 点监督。凡是列为见证点的质量控制对象,在规定的关键工序施工前,承包单位应提前通知监理人员在约定的时间内到现场进行见证和对其施工实施监督。如果监理人员未能在约定的时间内到现场见证和监督,则承包单位有权进行该 W 点的相应的工序操作和施工。

见证点的控制实施程序如下:

① 承包单位应在某见证点施工之前一定时间,书面通知监理工程师,说明该见证点准备施工的日期与时间,请监理人员届时到达现场进行见证和监督。

② 监理工程师收到通知后,应注明收到该通知的日期并签字。

③ 监理工程师应按规定的时间到现场见证,对该见证点的实施过程进行认真的监督、检查,并在见证表上详细记录该项工作所在的建筑物部位、工作内容、数量、质量及工时等后签字,作为凭证。

④ 如果监理人员在规定的时间不能到场见证,承包单位可以认为已获监理工程师默认,有权进行该项施工。

⑤ 如果在此之前监理人员已到过现场检查,并将有关意见写在"施工记录"上,则承包单位应在该意见旁写明他根据该意见已采取的改进措施,或者写明他的某些具体意见。

在实际工程实施质量控制过程中,通常是由施工承包单位在分项工程施工前制订施工计划时,就选定设置质量控制点,并在相应的质量计划中再进一步明确哪些是见证点。承包单位应将该施工计划及质量计划提交监理工程师审批。如监理工程师对上述计划及见证点的设置有不同的意见,应书面通知承包单位,要求予以修改,修改后再上报监理工程师审批后执行。

(6) 级配管理质量监控

建设工程中,均会涉及材料的级配,不同材料的混合拌制。如混凝土工程中,砂、石骨料本身的组分级配,混凝土拌制的配合比;交通工程中路基填料的级配、配合及拌制;路面工程中沥青摊铺料的级配配比。由于不同原材料的级配,配合及拌制后的产品对最终工程质量有重要的影响。因此,监理工程师要做好相关的质量控制工作。

(7) 计量工作质量监控

计量是施工作业过程的基础工作之一,计量作业效果对施工质量有重大影响。监理工程师对计量工作的质量监控包括以下内容:

① 施工过程中使用的计量仪器、检测设备、称重衡器的质量控制。

② 从事计量作业人员技术水平资质的审核,尤其是现场从事施工测量的测量工,从事试验、检测的试验工。

③ 现场计量操作的质量控制。

(8) 质量记录资料的监控

质量资料是施工承包单位进行工程施工或安装期间,实施质量控制活动的记录,还包括监理工程师对这些质量控制活动的意见及施工承包单位对这些意见的答复,它详细地记录了工程施工阶段质量控制活动的全过程。因此,它不仅在工程施工期间对工程质量的控制有重要作用,而且在工程竣工和投入运行后,对于查询和了解工程建设的质量情况以及工程维修和管理也能提供大量有用的资料和信息。

3）作业技术活动结果的控制

作业活动结果，泛指作业工序的产出品、分项分部工程的已完施工及已完准备交验的单位工程等。作业技术活动结果的控制是施工过程中间产品及最终产品质量控制的方式，只有作业活动的中间产品质量都符合要求，才能保证最终单位工程产品的质量。作业技术活动结果控制的主要内容有：

（1）基槽（基坑）验收

基槽开挖是基础施工中的一项内容，由于其质量状况对后续工程质量影响大，故均作为一个关键工序或一个检验批进行质量验收。基槽开挖质量验收主要涉及地基承载力的检查确认；地质条件的检查确认；开挖边坡的稳定及支护状况的检查确认。由于部位的重要，基槽开挖验收均要有勘察设计单位的有关人员参加，并请当地或主管质量监督部门参加，经现场检查，测试（或平行检测）确认其地基承载力是否达到设计要求，地质条件是否与设计相符。如相符，则共同签署验收资料，如达不到设计要求或与勘察设计资料不符，则应采取措施进一步处理或工程变更，由原设计单位提出处理方案，经承包单位实施完毕后重新验收。

（2）隐蔽工程验收

隐蔽工程是指将被其后工程施工所隐蔽的分项、分部工程，在隐蔽前所进行的检查验收。它是对一些已完分项、分部工程质量的最后一道检查，由于检查对象就要被其他工程覆盖，给以后的检查整改造成障碍，故显得尤为重要，它是质量控制的一个关键过程。

隐蔽工程施工完毕，承包单位按有关技术规程、规范、施工图纸先进行自检，自检合格后，填写《报验申请表》，附上相应的工程检查证（或隐蔽工程检查记录）及有关材料证明，试验报告，复试报告等，报送项目监理机构。

监理工程师收到报验申请后首先对质量证明资料进行审查，并在合同规定的时间内到现场检查（检测或核查），承包单位的专职质检员及相关施工人员应随同一起到现场。

经现场检查，如符合质量要求，监理工程师在《报验申请表》及工程检查证（或隐蔽工程检查记录）上签字确认，准予承包单位隐蔽、覆盖，进入下一道工序施工。

如经现场检查发现不合格，监理工程师签发"不合格项目通知"，指令承包单位整改，整改后自检合格再报监理工程师复查。

（3）工序交接验收

工序交接验收是指作业活动中一种必要的技术停顿，作业方式的转换及作业活动效果的中间确认。上道工序应满足下道工序的施工条件和要求。对相关专业工序之间也是如此。通过工序间的交接验收，使各工序间和相关专业工程之间形成一个有机整体。

（4）检验批、分项、分部工程的验收

检验批的质量应按主控项目和一般项目分别进行验收。

一检验批（分项、分部工程）完成后，承包单位应首先自行检查验收，确认符合设计文件、相关验收规范的规定，然后向监理工程师提交申请，由监理工程师予以检查、确认。监理工程师按合同文件的要求，根据施工图纸及有关文件、规范、标准等，从外观、几何尺寸、质量控制资料以及内在质量等方面进行检查、审核。如确认其质量符合要求，则予以确认验收。如有质量问题则指令承包单位进行处理，待质量合乎要求后再予以检查验收。对涉及结构安全和使用功能的重要分部工程应进行抽样检测。

（5）联动试车或设备的试运转

设备安装经检验合格后，必须进行试运转，这是确保设备配套投产正常运转的重要环节。

设备安装单位认为达到试运转条件时，向监理机构提出申请。经现场监理工程师检查并确认满足设备试运转条件时，由总监理工程师批准设备安装承包单位进行设备试运转。试运转时，建设单位及设计单位应有代表参加。

试运转一般可分为准备工作、单机试车、联动试车、投料试车和试生产四个阶段来进行。前一阶段是后一阶段试车的准备，后一阶段的试车必须在前一阶段完成后才能进行。

监理工程师应参加试运行的全过程，督促安装单位做好各种检查及记录，如传动系统、电气系统、润滑、液压、气动系统的运行状况，试车中如出现异常，应立即进行分析并指令安装单位采取相应措施。

（6）单位工程或整个工程项目的竣工验收

在一个单位工程完工后或整个工程项目完成后，施工承包单位应先进行竣工自检，自验合格后，向项目监理机构提交《工程竣工报验单》，总监理工程师组织专业监理工程师进行竣工初验，其主要工作包括以下几方面：

① 审查施工承包单位提交的竣工验收所需的文件资料，包括各种质量控制资料、试验报告以及各种有关的技术性文件等。若所提交的验收文件、资料不齐全或有相互矛盾和不符之处，应指令承包单位补充、核实及改正。

② 审核承包单位提交的竣工图，并与已完工程、有关的技术文件（如设计图纸、工程变更文件、施工记录及其他文件）对照进行核查。

③ 总监理工程师组织专业监理工程师对拟验收工程项目的现场进行检查，如发现质量问题应指令承包单位进行处理。

④ 对拟验收项目初验合格后，总监理工程师对承包单位的《工程竣工报验单》予以签认，并上报建设单位。同时提出"工程质量评估报告"。"工程质量评估报告"是工程验收中的重要资料，它由项目总监理工程师和监理单位技术负责人

签署。

⑤ 参加由建设单位组织的正式竣工验收。

(7) 不合格的处理

上道工序不合格,不准进入下道工序施工;不合格的材料、构配件、半成品不准进入施工现场且不允许使用;已经进场的不合格品应及时做出标识、记录,指定专人看管,避免用错,并限期清除出现场;不合格的工序或工程产品,不予计价。

(8) 成品保护

成品保护一般是指在施工过程中,有些分项工程已经完成,而其他一些分项工程尚在施工;或者是在其分项工程施工过程中,某些部位已完成,而其他部位正在施工。在这种情况下,承包单位必须负责对已完成部分采取妥善措施予以保护,以免因成品缺乏保护或保护不善而造成操作损坏或污染,影响工程整体质量。

监理工程师应对承包单位所承担的成品保护工作的质量与效果进行经常性的检查。对承包单位进行成品保护的基本要求是:在承包单位向建设单位提出其工程竣工验收申请或向监理工程师提出分部、分项工程的中间验收时,其提请验收工程的所有组成部分均应符合与达到合同文件规定的或施工图纸等技术文件所要求的质量标准。

根据需要保护的建筑产品的特点不同,可以分别对成品采取"防护"、"覆盖"、"封闭"等保护措施,以及合理安排施工顺序来达到保护成品的目的。

4) 施工过程质量控制手段

(1) 审核技术文件、报告和报表

这是对工程质量进行全面监督、检查与控制的重要手段。审核的具体内容包括以下几方面。

① 审查进入施工现场的分包单位的资质证明文件,控制分包单位的质量。

② 审批施工承包单位的开工申请书,检查、核实与控制其施工准备工作质量。

③ 审批承包单位提交的施工方案、质量计划、施工组织设计或施工计划,控制工程施工质量有可靠的技术措施保障。

④ 审批施工承包单位提交的有关材料、半成品和构配件质量证明文件(出厂合格证、质量检验或试验报告等),确保工程质量有可靠的物质基础。

⑤ 审核承包单位提交的反映工序施工质量的动态统计资料或管理图表。

⑥ 审核承包单位提交的有关工序产品质量的证明文件(检验记录及试验报告)、工序交接检查(自检)、隐蔽工程检查、分部分项工程质量检查报告等文件、资料,以确保和控制施工过程的质量。

⑦ 审批有关工程变更、修改设计图纸等,确保设计及施工图纸的质量。

⑧ 审核有关应用新技术、新工艺、新材料、新结构等的技术鉴定书,审批其应用申请报告,确保新技术应用的质量。

⑨ 审批有关工程质量事故或质量问题的处理报告,确保质量事故或质量问题处理的质量。

⑩ 审核与签署现场有关质量技术签证、文件等。

(2) 下达指令文件与发送一般管理文书

指令文件是监理工程师运用指令控制权的具体形式。所谓指令文件是表达监理工程师对施工承包单位提出指示或命令的书面文件,属于要求强制性执行的文件。一般情况下,指令文件的内容是监理工程师从全局利益和目标出发,在对某项施工作业或管理问题,经过充分调研、沟通和决策之后,必须要求承包人严格按监理工程师的意图和主张实施的工作。对此承包人负有全面正确执行指令的责任,监理工程师负有指令实施效果的责任,因此,下达指令文件是一种非常慎重而严肃的管理手段。监理工程师的各项指令都应是书面的或有文件记载方为有效,并作为技术文件资料存档。如因时间紧迫,来不及做出正式的书面指令,也可以用口头指令的方式下达给承包单位,但应及时补充书面文件对口头指令予以确认。

指令文件一般均以监理工程师通知的方式下达。在监理指令中,开工指令、工程暂停指令及工程恢复施工指令也属指令文件。

发送一般管理文书,如监理工程师函、备忘录、会议纪要、发布有关信息、通报等,主要是对承包商工作状态和行为,提出建议、希望和劝阻等,不属强制性要求执行,仅供承包人自主决策参考。

(3) 现场监督和检查

① 开工前的检查。主要是检查开工前准备工作的质量,能否保证正常施工及工程施工质量。

② 工序施工中的跟踪监督、检查与控制。主要是监督、检查在工序施工过程中,人员、机械、材料、方法以及环境等是否均处于良好的状态,是否符合保证工程质量的要求,若发现有问题及时纠偏和加以控制。

③ 对于重要的和对工程质量有重大影响的工序和工程部位,还应在现场进行施工过程的旁站监督与控制,确保使用材料及工艺过程质量。

现场监督检查的方式有:

① 旁站与巡视

旁站是指在关键部位或关键工序施工过程中由监理人员在现场进行的监督活动。在施工阶段,很多工程的质量问题是由于现场施工或操作不当或不符合规程、标准所致,有些施工操作不符合要求的工程质量,虽然在表面上似乎影响不大,或外表上看不出来,但却隐蔽着潜在的质量隐患与危险。例如,浇筑混凝土时振捣时间不够或漏振,都会影响混凝土的密实度和强度,而只凭抽样检验并不一定能完全反映出实际情况。上述这类不符合规程或标准要求的违章施工或违章操作,只有通过监理人员的现场旁站监督与检查,才能发现问题与得到控制。旁站的部位或工序要根据工程特点,也应根据承包单位内部质量管理水平及技术操作水平决定。

巡视是指监理人员对正在施工的部位或工序现场进行的定期或不定期的监督活动,巡视是一种"面"上的活动,它不限于某一部位或过程,而旁站则是"点"的活动,它是针对某一部位或工序。因此,在施工过程中,监理人员必须加强对现场的巡视、旁站监督与检查,及时发现违章操作和不按设计要求、不按施工图纸或施工规范、规程或质量标准施工的现象,对不符合质量要求的要及时进行纠正或返工。

② 平行检验

监理工程师利用一定的检查或检测手段在承包单位自检的基础上,按照一定的比例独立进行检查或检测的活动。它是监理工程师质量控制的一种重要手段,在技术复核及复验工作中采用,是监理工程师对施工质量进行验收,做出自己独立判断的重要依据之一。

(4) 规定质量监控工作程序

规定双方必须遵守的质量监控工作程序,按规定的程序进行工作,这也是进行质量监控的必要手段。例如,未提交开工申请单并得到监理工程师的审查、批准不得开工;未经监理工程师签署质量验收单并予以质量确认,不得进行下道工序;工程材料未经监理工程师批准不得在工程上使用等。

此外,还应具体规定交桩复验工作程序,设备、半成品、构配件材料进场检验工作程序,隐蔽工程验收、工序交接验收工作程序,检验批、分项、分部工程质量验收工作程序等。通过程序化管理,使监理工程师的质量控制工作进一步落实,做到科学、规范的管理和控制。

(5) 利用支付控制权

这是国际上较通用的一种重要的控制手段,也是建设单位或合同中赋予监理工程师的支付控制权。从根本上讲,国际上对合同条件的管理主要是采用经济手段和法律手段。因此,质量监理是以计量支付控制权为保障手段的。所谓支付控制权就是:对施工承包单位支付任何工程款项,均需由总监理工程师审核签认支付证明书,没有总监理工程师签署的支付证书,建设单位不得向承包单位进行支付工程款。工程款支付的条件之一就是工程质量要达到规定的要求和标准。如果承包单位的工程质量达不到要求的标准,监理工程师有权采取拒绝签署支付证书的手段,停止对承包单位支付部分或全部工程款,而且由此造成的损失由承包单位负责。显然,这是十分有效的控制和约束手段。

9.6 工程施工质量验收

工程施工质量验收是工程建设质量控制的一个重要环节,它包括工程施工质量的中间验收和工程的竣工验收两个方面。通过对工程建设中间产出品和最终产品的质量验收,从过程控制和终端把关两个方面进行工程项目的质量控制,以确保达到业主所要求的功能和使用价值,实现建设投资的经济效益和社会效益。工程项目的竣工验收,是项目建设程序的最后一个环节,是全面考核项目建设成果,检查设计与施工质量,确认项目能否投入使用的重要步骤。竣工验收的顺利完成,标志着项目建设阶段的结束和生产使用阶段的开始。尽快完成竣工验收工作,对促进项目的早日投产使用,发挥投资效益,有着非常重要的意义。

9.6.1 建筑工程施工质量验收的基本规定

(1) 施工现场质量管理应有相应的施工技术标准,健全的质量管理体系,施工质量检验制度和综合施工质量水平评价考核制度,并做好施工现场质量管理检查记录。

施工现场质量管理检查记录应由施工单位填写,总监理工程师(建设单位项目负责人)进行检查,并做出检查结论。

(2) 建筑工程施工质量应按下列要求进行验收:

① 建筑工程施工质量应符合建筑工程施工质量验收统一标准和相关专业验收规范的规定。

② 建筑工程施工应符合工程勘察、设计文件的要求。

③ 参加工程施工质量验收的各方人员应具备规定的资格。

④ 工程质量的验收应在施工单位自行检查评定的基础上进行。

⑤ 隐蔽工程在隐蔽前应由施工单位通知有关方进行验收,并应形成验收文件。

⑥ 涉及结构安全的试块、试件以及有关资料,应按规定进行见证取样检测。

⑦ 检验批的质量应按主控项目和一般项目分别进行验收。

⑧ 对涉及结构安全和使用功能的分部工程应进行抽样检测。

⑨ 承担见证取样检测及有关结构安全检测的单位应具有相应资质。

⑩ 工程的观感质量应由验收人员通过现场检查,并应共同确认。

9.6.2 工程项目施工质量验收的划分

工程项目施工质量验收涉及工程施工过程控制和竣工验收控制,是工程项目施工质量控制的重要环节,合理划分建筑工程施工质量验收层次是非常必要的。特别是不同专业工程的验收批如何确定,将直接影响到质量验收工作的科学性、经济性和实用性及可操作性。因此有必要建立统一的工程施工质量验收的层次划分。

1) 施工质量验收划分的层次

近年来,出现了大量建筑规模较大的单体工程和具有综合使用功能的综合性建筑物,几万平方米的建筑比比皆是,十万平方米以上的建筑也不少。由于这些工程项目的建设周期较长,工程建设中可能会出现建设资金不足,部分工程停缓建,已建成部分提前投入使用或先将其中部分提前建成使用等情况,再加之对规模特别大的工程一次验收也不方便等。因此,可将此类工程划分为若干个子单位工程进行验收。同时为了更加科学地评价工程质量和验收,在分部工程中,按相近工作内容和系统划分为若干个子分部工程;每个子分部工程中包括若干个分项工程;每个分项工程中包含若干个检验批。检验批是工程施工质量验收的最小单位。

2) 单位工程的划分

单位工程的划分按下列原则确定:

(1) 具备独立施工条件并能形成独立使用功能的建筑物及构筑物为一个单位工程。如一个学校中的一栋教学楼,某城市的广播电视塔等。

(2) 规模较大的单位工程,可将其能形成独立使用功能的部分划分为一个子单位工程。子单位工程的划分一般可根据工程的建筑设计分区、使用功能的显著差异、结构缝的设置等实际情况,在施工前由建设、监理、施工单位共同商定,并据此收集整理施工技术资料和验收。

(3) 室外工程可根据专业类别和工程规模划分单位(子单位)工程。室外单位(子单位)工程、分部工程按表9.4采用。

表9.4 室外工程划分

单位工程	子单位工程	分部(子分部)工程
室外建筑环境	附属建筑	车棚,围墙,大门,挡土墙,垃圾收集站
	室外环境	建筑小品,道路,亭台,连廊,花坛,场坪绿化
室外安装	给排水与采暖	室外给水系统,室外排水系统,室外供热系统
	电气	室外供电系统,室外照明系统

3) 分部工程的划分

分部工程的划分应按下列原则确定:

(1) 分部工程的划分应按专业性质、建筑部位确定。如建筑工程划分为地基与基础、主体结构、建筑装饰装修、建筑屋面、建筑给排水及采暖、建筑电气、智能建筑、通风与空调、电梯等九个分部工程。

(2)当分部工程较大或较复杂时,可按施工程序、专业系统及类别等划分为若干个子分部工程。如智能建筑分部工程中就包含了火灾及报警消防联动系统、安全防范系统、综合布线系统、智能化集成系统、电源与接地、环境、住宅(小区)智能化系统等子分部工程。

4)分项工程的划分

分项工程应按主要工种、材料、施工工艺、设备类别等进行划分。如混凝土结构工程中按主要工种分为模板工程、钢筋工程、混凝土工程等分项工程;按施工工艺又分为预应力、现浇结构、装配式结构等分项工程。

建筑工程分部(子分部)工程、分项工程的具体划分见《建筑工程施工质量验收统一标准》GB 50300—2013。

5)检验批的划分

分项工程可由一个或若干个检验批组成,检验批可根据施工及质量控制和专业验收需要按楼层、施工段、变形缝等进行划分。建筑工程的地基基础分部工程中的分项工程一般划分为一个检验批;有地下层的基础工程可按不同地下层划分检验批;屋面分部工程中的分项工程不同楼层屋面可划分为不同的检验批;单层建筑工程中的分项工程可按变形缝来划分检验批,多层及高层建筑工程中主体分部的分项工程可按楼层或施工段来划分检验批;其他分部工程中的分项工程一般按楼层划分检验批;对于工程量较少的分项工程可统一划为一个检验批。安装工程一般按一个设计系统或组别划分为一个检验批。室外工程统一划分为一个检验批。散水、台阶、明沟等含在地面检验批中。

9.6.3 工程项目施工质量验收

1)检验批的质量验收

(1)检验批合格质量规定

① 主控项目和一般项目的质量经抽样检验合格。

② 具有完整的施工操作依据、质量检查记录。

从上面的规定可以看出,检验批的质量验收包括了质量资料的检查和主控项目、一般项目的检验两方面的内容。

(2)检验批按规定验收

① 资料检查

质量控制资料反映了检验批从原材料到验收的各施工工序的施工操作依据、检查情况以及保证质量所必需的管理制度等。对其完整性的检查,实际是对过程控制的确认,这是检验批合格的前提。所要检查的资料主要包括:

a. 图纸会审、设计变更、洽商记录;

b. 建筑材料、成品、半成品、建筑构配件、器具和设备的质量证明书及进场检

（试）验报告；

  c. 工程测量、放线记录；

  d. 按专业质量验收规范规定的抽样检验报告；

  e. 隐蔽工程检查记录；

  f. 施工过程记录和施工过程检查记录；

  g. 新材料、新工艺的施工记录；

  h. 质量管理资料和施工单位操作依据等。

  ② 主控项目和一般项目的检验

  检验批的合格质量主要取决于对主控项目和一般项目的检验结果。主控项目是对检验批的基本质量起决定性影响的检验项目,因此必须全部符合有关专业工程验收规范的规定。这意味着主控项目不允许有不符合要求的检验结果,即这种项目的检查具有否决权。鉴于主控项目对基本质量的决定性影响,从严要求是必须的。

  例如,混凝土结构工程中混凝土分项工程的配合比如果按主控项目要求进行检验,则必须做到:混凝土应按国家现行标准《普通混凝土配合比设计规程》GJ 55 的有关规定,根据混凝土强度等级、耐久性和工作性等要求进行配合比设计。对有特殊要求的混凝土,其配合比设计尚应符合国家现行有关标准的专门规定。

  而其一般项目则可按专业规范的要求处理。如:首次使用的混凝土配合比应进行开盘鉴定,其工作性应满足设计配合比的要求。开始生产时应至少留置一组标准养护试件,作为验证配合比的依据。并通过检查开盘鉴定资料和试件强度试验报告进行检验。混凝土拌制前,应测定砂、石含水率并根据测试结果调整材料用量,提出施工配合比,并通过检查含水率测试结果和施工配合比通知单进行检查,每工作班检查一次。

  检验批的质量验收记录由施工项目专业质量检查员填写,监理工程师（建设单位项目专业技术负责人）组织项目专业质量检查员等进行验收。

  2) 分项工程质量验收

  分项工程的验收在检验批的基础上进行。一般情况下,两者具有相同或相近的性质,只是批量的大小不同而已。分项工程质量验收合格应符合的规定:

  （1）分项工程所含的检验批均应符合合格质量规定。

  （2）分项工程所含的检验批的质量验收记录应完整。

  分项工程质量应由监理工程师（建设单位项目专业技术负责人）组织项目专业技术负责人等进行验收。

  3) 分部(子分部)工程质量验收

  分部工程的验收在其所含各分项工程验收的基础上进行。分部(子分部)工程质量验收合格应符合的规定:

(1)分部(子分部)工程所含分项工程的质量均应验收合格。
(2)质量控制资料应完整。
(3)地基与基础、主体结构和设备安装等分部工程有关安全及功能的检验和抽样检测结果应符合有关规定。
(4)观感质量验收应符合要求。

分部(子分部)工程质量应由总监理工程师(建设单位项目专业技术负责人)组织施工项目经理和有关勘察、设计单位项目负责人进行验收。

4)单位(子单位)工程质量验收

单位工程质量验收也称质量竣工验收,是建筑工程投入使用前的最后一次验收,也是最重要的一次验收。单位(子单位)工程质量验收合格应符合下列规定:
(1)单位(子单位)工程所含分部(子分部)工程的质量应验收合格。
(2)质量控制资料应完整。
(3)单位(子单位)工程所含分部工程有关安全和功能的检验资料应完整。
(4)主要功能项目的抽查结果应符合相关专业质量验收规范的规定。
(5)观感质量验收应符合要求。

验收记录由施工单位填写,验收结论由监理(建设)单位填写。综合验收结论由参加验收各方共同商定,建设单位填写,应对工程质量是否符合设计和规范要求及总体质量水平做出评价。

5)工程施工质量不符合要求时的处理

一般情况下,不合格现象在检验批的验收时就应发现并及时处理,所有质量隐患必须尽快消灭在萌芽状态,否则将影响后续检验批和相关的分项工程、分部工程的验收。但非正常情况可按下述规定进行处理:

(1)经返工重做或更换器具、设备检验批,应重新进行验收。这种情况是指主控项目不能满足验收规范规定或一般项目超过偏差限制的子项不符合检验规定的要求时,应及时进行处理的检验批。其中,严重的缺陷应推倒重来;一般的缺陷通过返修或更换器具、设备予以解决,应允许施工单位在采取相应的措施后重新验收。如能够符合相应的专业工程质量验收规范,则应认为该检验批合格。

(2)经有资质的检测单位鉴定达到设计要求的检验批,应予以验收。这种情况是指个别检验批发现试块强度等不满足要求等问题,难以确定是否验收时,应请具有资质的法定检测单位检测,当鉴定结果能够达到设计要求时,该检验批应允许通过验收。

(3)经有资质的检测单位鉴定达不到设计要求但经原设计单位核算认可能满足结构安全和使用功能的检验批,可予以验收。

这种情况是指规范标准给出了满足安全和功能的最低限度要求,而设计往往在此基础上增加安全系数,提高质量要求。不满足设计要求和符合相应规范标准,两者并不矛盾。

(4) 经返修或加固的分项、分部工程,虽然改变外形尺寸但仍能满足安全使用要求,可按技术处理方案和协商文件进行验收。

(5) 通过返修或加固仍不能满足安全使用要求的分部工程、单位(子单位)工程,严禁验收。

9.6.4 工程项目施工质量验收的程序和组织

1) 检验批及分项工程的验收程序与组织

检验批及分项工程应由监理工程师(建设单位项目技术负责人)组织施工单位项目专业质量(技术)负责人等进行验收。

检验批和分项工程是建筑工程施工质量基础,因此,所有检验批和分项工程均应由监理工程师或建设单位项目技术负责人组织验收。验收前,施工单位先填好《检验批和分项工程的验收记录》(有关监理记录和结论不填),并由项目专业质量检验员和项目专业技术负责人分别在检验批和分项工程质量检验记录中相关栏目中签字,然后由监理工程师组织,严格按规定程序进行验收。

2) 分部工程的验收程序与组织

分部工程应由总监理工程师(建设单位项目负责人)组织施工单位项目负责人和技术、质量负责人等进行验收;由于地基基础、主体结构技术性能要求严格,技术性强,关系到整个工程的安全,因此规定与地基基础、主体结构分部工程相关的勘察、设计单位工程项目负责人和施工单位技术、质量部门负责人也应参加相关分部工程验收。

3) 单位(子单位)工程的验收程序与组织

(1) 竣工预验收的程序

当单位工程达到竣工验收条件后,施工单位应在自查、自评工作完成后,填写工程竣工报验单,并将全部竣工资料报送项目监理机构,申请竣工验收。总监理工程师应组织各专业监理工程师对竣工资料及各专业工程的质量情况进行全面检查,对检查出的问题,应督促施工单位及时整改。对需要进行功能试验的项目(包括单机试车和无负荷试车),监理工程师应督促施工单位及时进行试验,并对重要项目进行监督、检查,必要时请建设单位和设计单位参加;监理工程师应认真审查试验报告单并督促施工单位搞好成品保护和现场清理。

经项目监理机构对竣工资料及实物全面检查、验收合格后,由总监理工程师签署工程竣工报验单,并向建设单位提出质量评估报告。

(2) 正式验收

建设单位收到工程验收报告后,应由建设单位(项目)负责人组织施工(含分包单位)、设计、监理等单位(项目)负责人进行单位(子单位)工程验收。单位工程由分包单位施工时,分包单位对所承包的工程项目应按规定的程序检查评定,总包单位应派人参加。分包工程完成后,应将工程有关资料交总包单位。建设工程经验收合格的,方可交付使用。

建设工程竣工验收应当具备下列条件:
① 完成建设工程设计和合同约定的各项内容;
② 有完整的技术档案和施工管理资料;
③ 有工程使用的主要建筑材料、建筑构配件和设备的进场试验报告;
④ 有勘察、设计、施工、工程监理等单位分别签署的质量合格文件;
⑤ 有施工单位签署的工程保修书。

在一个单位工程中,对满足生产要求或具备使用条件,施工单位已预验,监理工程师已初验通过的子单位工程,建设单位可组织进行验收。有几个施工单位负责施工的单位工程,当其中某施工单位所负责的子单位工程已按设计完成,并经自行检验,也可组织正式验收,办理交工手续。在整个单位工程进行全部验收时,已验收的子单位工程验收资料应作为单位工程验收的附件。

在竣工验收时,对某些剩余工程和缺陷工程,在不影响交付的前提下,经建设单位、设计单位、施工单位和监理单位协商同意,施工单位可以在竣工验收后的限定时间内完成。

参加验收各方对工程质量验收意见不一致时,可请当地建设行政主管部门或工程质量监督机构协调处理。

4) 单位工程竣工验收备案

单位工程质量验收合格后,建设单位应在规定时间内将工程竣工验收报告和有关文件,报建设行政主管部门备案。

(1) 凡在中华人民共和国境内新建、扩建、改建各类房屋建筑工程和市政基础设施工程的竣工验收,均应按有关规定进行备案。

(2) 国务院建设行政主管部门和有关专业部门负责全国工程竣工验收的监督管理工作。县级以上地方人民政府建设行政主管部门负责本行政区域内工程的竣工验收备案管理工作。

复习思考题

1. 简述工程项目质量的概念和特点。影响工程项目质量的因素是什么?
2. 简述工程项目质量控制的基本程序和原则。
3. 简述工程项目建设参与各方的质量责任和义务。
4. 简述工程项目设计阶段勘察设计质量控制的要点。

5. 如何进行施工图设计的质量控制？
6. 工程项目施工阶段质量控制的工作内容有哪些？
7. 如何正确理解工序质量、工作质量和工程质量之间的关系？
8. 监理工程师审查施工组织设计的内容包括哪些？
9. 什么是隐蔽工程？如何进行隐蔽工程的验收？
10. 简述工程项目施工质量验收的基本规定。
11. 如何组织工程项目施工质量的验收？
12. 简述工程项目施工质量验收的程序和组织。
13.《建设工程质量管理条例》中关于质量保修期限的规定有哪些？

10 建设工程合同与索赔

10.1 建设工程合同概述

10.1.1 建设工程合同的概念

建设工程合同,又称工程项目合同,是承包人进行工程建设,发包人支付相应价款的合同(《中华人民共和国合同法》第269条)。"承包人"是指在建设工程合同中负责工程项目的勘察、设计、施工任务的一方人;"发包人"是指在建设工程合同中委托承包人进行工程项目的勘察、设计、施工任务的建设单位(业主、项目法人)。

在建设工程合同中,承包人最主要的义务是进行工程建设,即进行工程项目的勘察、设计、施工等工作。发包人最主要的义务是向承包人支付相应的价款。

10.1.2 建设工程合同的特点

建设工程合同是一种特殊的承揽合同,在《合同法》中作为一种独立的合同类型来规定,其具有承揽合同的一般特征,比如也是诺成合同、双务合同、有偿合同等。但工程项目合同也与一般承揽合同有明显区别,主要有如下特征:

1) 建设工程的主体只能是法人

建设工程合同的标的是建设工程,其具有投资大、建设周期长、质量要求高、技术力量要求全面等特点,作为公民个人是不能够独立完成的。同时,作为法人,也并不是每个法人都可以成为建设工程合同的主体,而是需经过批准加以限制的。合同中的发包人只能是经过批准的建设工程的法人,承包人也只能是具有从事勘察、设计、施工任务资格的法人。因此,建设工程合同的当事人不仅是法人,而且是须具有某种资格的法人。

2) 建设工程合同的标的仅限于建设工程

建设工程合同的标的只能是建设工程而不能是其他物。这里所说的建设工程主要是指土木工程、建筑工程、线路管道和设备安装工程及装修工程。建设工程对国家、社会有特殊的意义,其工程建设对合同双方当事人有特殊要求,这才使建设工程合同成为与一般承揽合同不同的一类合同。

3) 建设工程合同具有国家管理的特殊性

建设工程的标的为建筑物等不动产,其自然与土地密不可分。承包人所完成的工作成果不仅具有不可移动性,而且须长期存在和发挥作用。所以说项目建设是关系国计民生的大事。因此,国家对建设工程不仅要进行建设规划,而且实行严格的管理和监督。从建设工程合同的订立到合同的履行,从资金的投放到最终的成果验收都要接受国家严格的管理和监督。

4) 工程项目合同为要式合同

《合同法》第10条规定,当事人订立合同,有书面形式、口头形式和其他形式。法律、行政法规规定采用书面形式的,应当采用书面形式;当事人约定采用书面形式的,应当采用书面形式。根据合同法的意思自治原则,当事人对合同采取的形式享有自主选择权。但对于一些比较重要的合同,为了保护合同双方的权益,法律和行政法规一般都规定应当采用书面形式。建设工程合同即属于这一类。由于建设工程合同通常的工程量都较大,当事人的权利、义务关系复杂,因此《合同法》第270条明确规定,建设工程合同应当采用书面形式。总之,建设工程合同是要式合同,是交易双方即项目业主或其代理人与项目承包人或供应人为完成一个确定的项目所指向的目标或规定的内容,明确双方的权利义务关系而达成的协议。

10.2 建设工程合同体系

10.2.1 建设工程合同的主要合同关系

建设工程项目是一个极为复杂的社会生产过程,要经历可行性研究、勘察设计、工程施工、运行和维修改造等阶段;有建筑、土建、水电、设备安装、通讯等专业设计和施工活动;需要各种材料、设备、资金和劳动力的供应。由于现代的社会化大生产和专业化分工,一个较大规模的工程项目其参加单位可能就几十个,甚至成百上千个,它们之间形成各式各样的合同关系。工程项目的建设过程实质上就是一系列合同的签订和履行过程。

1) 业主的主要合同关系

业主根据对工程的需要,确定工程项目的整体目标。为了实现这一目标,业主必须将建设工程的勘察、设计、工程施工、设备和材料供应等工作委托出去,必须与有关单位签订下列各种合同:

(1) 咨询(监理)合同,即业主与咨询(监理)单位签订的合同。咨询(监理)单位负责工程项目的可行性研究以及勘察、设计、招标、施工监理中的一项或几项工作。

（2）勘察合同，即业主与勘察单位签订的合同。勘察单位负责工程项目的地质勘察工作。

（3）设计合同，即业主与设计单位签订的合同。设计单位负责工程项目的工程设计工作。

（4）供应合同。对由业主负责提供的材料和设备，必须与有关的材料和设备供应单位签订供应（采购）合同。

（5）工程施工合同，即业主与承包人签订的工程施工合同。

（6）贷款合同，即业主与金融机构签订的合同。后者向业主提供资金保证。按照资金来源的不同，有贷款合同、合资合同和BOT合同等。

2）承包人的主要合同关系

承包人是工程项目施工的具体实施者，是工程施工合同的执行者。承包人通过投标竞争获得工程的承包权，与业主签订工程施工合同或工程总承包合同。工程施工合同和承包人是任何建设工程中不可缺少的。总承包人或施工承包人经发包人（业主）同意，可以将自己承包的部分工作交由第三人完成。所以，承包人常常又有自己复杂的下列各种合同关系：

（1）分包合同

工程承包单位可以将其承包工程中的部分工程发包给具有相应资质条件的分包单位。分包工程除总承包合同中约定的分包外，必须经建设单位认可。承包人与分包人签订分包合同。

承包人在承包合同下可能签订若干个分包合同，而分包单位仅完成总承包人的部分工程。分包单位按分包合同的约定对总承包人负责，与业主无合同关系。总承包人和分包单位就分包工程对发包人承担连带责任。

（2）供应合同

承包人为工程施工所进行的必要的材料和设备的采购，必须与供应商签订供应合同。

（3）运输合同

承包人为解决材料和设备的运输而与运输单位签订的合同。

（4）加工合同

承包人将建筑材料、构配件、特殊构件加工任务委托给加工承揽单位而签订的合同。

（5）租赁合同

在工程施工过程中承包人需要若干施工机械设备、运输设备、周转材料等。当有些机械设备、运输设备、周转材料在现场使用率较低，或自己购置需要大量资金投入而自己又不具备这个经济实力时，可以采用租赁方式，与租赁单位签订租赁合同。

(6) 劳务供应合同

承包人与劳务供应商之间签订的合同。由劳务供应商向承包人提供工程需要的劳务。

(7) 保险合同

承包人按施工合同要求对工程及其操作者进行保险,与保险公司签订保险合同。

3) 其他的合同关系

在实际工程中还可能存在下列一些合同关系:

(1) 设计单位、各供应单位也可能存在各种形式的分包。

(2) 承包人有时也承担工程(或部分工程)的设计(如设计—施工总承包),承包人有时会将设计委托给设计单位进行,与设计单位签订委托设计合同。

(3) 大型建设工程或结构复杂的建筑工程,可以由两个以上的承包单位联合共同承包。则联合体成员之间必须订立联营合同。

10.2.2　工程项目的合同体系

通常一个规模较大的建设项目有几十份、几百份、甚至几千份合同,这些合同之间既相互独立,又相互联系,形成了项目的合同体系,见图10.1所示。

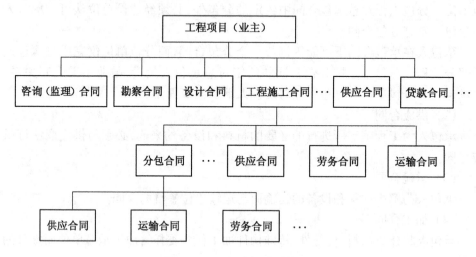

图 10.1　工程项目合同体系图

在图 10.1 所列的工程项目合同体系中,业主签订的合同(主合同)通常包括咨询(监理)合同、勘察合同、设计合同、工程施工合同、供应合同、贷款合同等。但是,不同项目的主合同在工程范围、内容、形式上会有很大差别。例如,业主可以只签订一份合同,将工程的勘察设计、土建施工、设备安装都委托给一个承包人;也可以根据工程需要将各专业工程分别或分段委托,甚至签订几十份合同。

10.2.3 工程项目合同的类型

工程项目合同按不同的分类方法,有不同的类型。最常用的分类方法有:

1) 按照工程建设阶段分类

工程项目的建设,须经过勘察、设计、施工等若干个过程才能最终完成,而且这个过程具有一定的顺序性,前一个过程是后一个过程的基础和前提,后一个过程是前一个过程的目的和结果,各个阶段不可或缺。这三个阶段的建设任务虽然有着十分紧密的联系,但仍然有明显的区别,可以单独地存在并分别订立合同。因而,《合同法》第269条将建设工程合同分为勘察合同、设计合同和施工合同。

(1) 工程勘察合同

工程勘察合同是指对工程项目进行实地考察或察看,其主要内容包括工程测量、水文地质勘察和工程地质勘察等,其任务是为建设项目的选址、工程设计和施工提供科学、可靠的依据。

(2) 工程设计合同

工程设计合同是指正式进行工程的建筑、安装之前,预先确定工程的建设规模、主要设备配置、施工组织设计的合同。根据我国现行法律规定,一般建设项目按初步设计和施工图设计两个阶段进行设计;技术复杂又缺乏经验的项目,需增加技术设计阶段;对一些大型联合企业、矿区和水利枢纽工程,在初步设计前还需要进行总体规划或总体设计。

有时勘察合同、设计合同结合在一起,则称工程勘察设计合同。

(3) 工程施工合同

工程施工合同是指承包人按照发包人的要求,依据勘察、设计的有关资料、要求,进行建设、安装的合同。工程施工合同可分为施工合同和安装合同两种,《合同法》将它们合并称为工程施工合同。实践中,这两种合同还是有区别的。施工合同是指承包人从无到有、进行土木建设的合同。安装合同是指承包人在发包人提供基础设施、相关材料的基础上,进行安装的合同。一般来说,施工合同往往包含安装工程的部分;而安装合同虽然也进行施工,但往往是辅助工作。

2) 按照发承包方式分类

按发承包方式的不同,建设工程合同可以分为:

(1) 勘察、设计或施工总承包合同

勘察、设计或施工总承包合同,是指建设单位将全部勘察、设计或施工的任务分别发包给一个勘察、设计单位或一个施工单位作为总承包单位,经发包人同意,总承包单位可以将勘察、设计或施工任务的一部分再发包给其他单位。在这种模式中,发包人与总承包人订立总承包合同。总承包人与分承包人订立分包合同,总承包人与分承包人就工作成果对发包人承担连带责任。这种发承包模式是我国工程建设实践中常见的形式。

(2) 单位工程施工承包合同

单位工程施工承包,是指一些大型、复杂的建设工程中,发包人可以将专业性很强的单位工程发包给不同的承包商,与承包商分别签订土木工程施工合同、电气与机械工程承包合同,这些承包商之间为平行关系。单位工程施工承包合同常见于大型工业建筑安装工程。

(3) 工程项目总承包合同

工程项目总承包,是指建设单位将包括工程设计、施工、材料和设备采购等一系列工作全部发包给一家承包单位,由其进行实质性设计、施工和采购工作,最后向建设单位交付具有使用功能的工程项目。

按这种模式发包的工程称为"交钥匙工程"。一般适用于简单、明确的常规性工程,如一般商业用房、标准化建筑等。对一些专业性较强的工业建筑,如钢铁、化工、水利等工程由专业的承包商进行项目总承包也是常见的。

(4) 工程项目总承包管理合同

工程项目总承包管理,即CM(Construction Management)承包方式,是指建设单位将项目设计和施工的主要部分发包给专门从事设计和施工组织管理工作的单位,再由后者将其分包给若干设计、施工单位,并对它们进行项目管理。

项目总承包管理与项目总承包的不同之处在于:前者不直接进行设计和施工,没有自己的设计和施工力量,而是将承包的设计和施工任务全部分包出去,总承包单位专心致力于工程项目管理;而后者有自己的设计、施工力量,直接进行设计、施工、材料和设备采购等工作。

(5) BOT承包合同(又称特许权协议书)

BOT承包模式,是指由政府或政府授权的机构授予承包商在一定期限内,以自筹资金建设项目并自费经营和维护,向东道国出售项目产品或服务,收取价款或酬金,期满后将项目全部无偿移交东道国政府的工程承包模式。

3) 按照承包工程计价方式分类

按照承包工程计价方式,建设工程合同可以分为:

(1) 固定价格合同

这种合同的工程价格在实施期间不因价格变化而调整。在工程价格中应考虑价格风险因素并在合同中明确固定价格包括的范围。当合同双方在约定价格固定的基础上,同时约定在图纸不变的情况下,工程量不作调整,则该合同就成为固定总价合同。

（2）可调价格合同

这种合同的工程价格在实施期间可随价格变化而调整,调整的范围和方法应在合同中约定。

（3）工程成本加酬金合同

这种合同的工程成本按现行计价依据以合同约定的办法计算,酬金按工程成本乘以通过竞争确定的费率计算,从而确定工程竣工结算价。

4）与建设工程有关的其他合同

严格地讲,与建设工程有关的其他合同并不属于建设工程合同的范畴。但是这些合同所规定的权利和义务等内容,与建设工程活动密切相关,甚至可以说建设工程合同从订立到履行的全过程离开了这些合同是不可能顺利进行的。这些合同主要有：

（1）建设工程委托监理合同

《建筑法》规定了建筑工程监理制度,作为明确业主与监理单位之间权利义务关系的协议,建设工程委托监理合同在工程建设全过程中发挥着重要作用,与建设工程合同密不可分。

（2）国有土地使用权出让或转让合同、城市房屋拆迁合同

建设单位进行工程项目的建设,必须合法取得土地使用权,除以划拨方式取得土地使用权以外,都必须通过签订国有土地使用权出让或转让合同来获得。

城市房屋拆迁合同的有效履行,是建设单位依法取得施工许可的先决条件。根据《建筑法》的有关规定,建设单位申请施工许可证时,应当具备的条件之一是拆迁进度符合施工要求。

（3）建设工程保险合同和担保合同

建设工程保险合同是为了化解工程风险,由业主或承包商与保险公司订立的保险合同。

建设工程担保合同是为了保证建设工程合同当事人的适当履约,由业主或承包商作为被担保人,与银行或担保公司签订的担保合同。

建设工程保险合同和工程担保合同是实施工程建设有效风险管理、提高合同当事人履约意识、保证工程质量和施工安全的需要,FIDIC 和我国《建设工程施工合同(示范文本)》中都规定了工程保险和工程担保的内容。

10.2.4 建设工程合同策划

1）合同策划的内容及其重要性

建设工程合同策划的目的是通过合同保证项目目标的实现。它反映了工程项目战略和企业战略,反映了企业经营指导方针和根本利益。合同策划主要应确定

以下一些重要问题:

(1) 将项目分成若干个施工段,每段分别签订独立的合同,明确每个合同的工程范围。

(2) 合同所采取的委托方式和承包方式。

(3) 合同所采用的类型和条件。

(4) 合同的重要条款。

(5) 各相关合同在内容、时间、组织、技术等方面的协调。

(6) 合同的签订与实施中的重大问题。

2) 业主的合同策划

由于业主在工程建设过程中的主导地位,使得业主的合同策划对于整个工程项目产生很大影响,承包商的合同策划也直接受其影响。业主的合同策划必须确定以下几个问题:

(1) 确定合同范围与分标

招标前,业主须首先确定整个工程项目将划分成几个标或是采用总包。

传统的工程发包方式是业主将工程项目的勘察、设计、工程施工、材料和设备供应分别发包给几个独立的承包商:勘察承包商、设计承包商、施工(包括土建、安装、装饰)承包商、材料和设备供应商,分别签订合同。

在工程规模大、工期长、技术复杂等情况下,业主可以将整个工程项目,特别是工程项目的施工阶段,按项目、按专业划分成几个合同段,分别发包给不同的承包商。

如南京市玄武湖隧道工程根据工程总进度要求和建设市场的实际情况,并结合技术施工设计的进度和周期,确定采用分标招标。把整个隧道主体的建筑安装工程分成七个标段,此外还有多个设备采购分项标。

采用分标方式,有利于业主多方组织强大的施工力量,按专业选择优秀的施工企业。完善的计划安排还有利于缩短建设周期。但是,由于分标,招标次数增多、合同数多、业主直接面对的承包商数量多,因此对业主来说,管理跨度大、协调工作量大、合同争执也较多、索赔较多,管理工作量大而且复杂。这就要求业主必须有较强大的管理能力,或委托得力的监理单位。

总包(交钥匙工程)则是将项目的勘察、设计、施工、供应,甚至项目前期工作的后期运营等全部包给一个承包商,承包商向业主承担全部责任。当然,承包商可将部分项目分包出去。这种方式的特点是:业主的管理工作量较小,仅需一次招标,合同争执及索赔较少,协调工作容易,现场管理较简单。但是,对承包商的要求甚高,业主必须选择既有强大的各专业工程施工能力、供应能力,又有强大的勘察能力、设计能力;既有管理能力,又有良好的资信,甚至很强的融资能力的承包商。对业主来说,承包商资信风险很大,须加强对承包商的宏观控制,例如业主可以采用联合体投标承包方式,按法律规定联合体成员之间承担连带责任,以降低风险。

(2) 选择招标方式

工程项目的招标方式有公开招标、邀请招标和议标等,各种招标方式各有其特点和适用范围。一般要根据发包模式、合同类型、业主所拥有的招标时间(工程项目紧迫程度)、业主的项目管理能力和期望控制工程建设的程度等决定。

① 公开招标(无限竞争性招标):对业主来说,公开招标选择范围大,利于择优选取理想的承包商。承包商之间公平竞争,有利于降低报价。但是公开招标程序多、时间较长,业主管理工作量大,如需准备较多的资格预审文件和招标文件。资格预审、评标、澄清会议工作量大,且必须严格认真,以防止不合格承包商混入。

② 邀请招标(有限竞争性招标):业主根据工程项目的特点,有目标、有条件地选择几个承包商,邀请他们参加工程项目的投标竞争,这是国内外经常采用的招标方式。邀请招标,由于不需要进行资格预审,减少了程序,简化了手续,可以节约招标费用和时间。业主对所邀请的投标人较了解,降低了风险。但是由于被邀请的投标人较少,可能漏掉一些技术上、报价上有竞争力的承包商,业主获得的报价可能不十分理想。

邀请招标一般适合以下几种情况:

a. 专业性强,特别是在经验、技术装备、专门技术人员等方面有特殊要求的。

b. 工程不大,若公开招标使业主在时间和资金上耗费不必要的精力。

c. 工期紧迫、涉及专利保护或保密工程等。

d. 公开招标后无人投标的。

③ 议标:议标是业主直接与一个承包商进行合同谈判,由于没有竞争,承包商报价较高,工程合同价格自然也较高。一般在如下情况下采用:

a. 业主对承包商十分信任,可能是老主顾,承包商资信很好。

b. 由于工程的特殊性,如军事工程、保密工程、特殊专业工程和仅由一家承包商控制的专利技术工程等。

c. 有些采用成本加酬金合同的情况。

d. 在一些国际工程中,承包商帮助业主进行项目前期策划,做可行性研究,甚至作项目的初步设计。当业主决定上马这个项目后,一般都采用全包的形式委托工程,采用议标形式签订合同。

此类合同谈判业主比较省事,仅一对一谈判,无须准备大量的招标文件,无需复杂的管理工作,时间又较短。但由于该类招标方式没有竞争,所以通常合同价格较高。

(3) 合同类型的选择

合同按其计价方式主要有单价合同、固定总价合同和成本加酬金合同等。各种类型合同有其适用条件,合同双方有不同的权力与责任分配,承担不同的风险。工程实践中应根据具体情况选择合同类型,有时一个项目的不同分部分项工程选用不同的计价方式。

① 单价合同:单价合同适用范围广泛,如 FIDIC 土木工程施工合同和我国的建设工程施工合同文本都采用单价合同。单价合同的优点在于:

a. 招标前,发包人无需对工程作出完整、详尽的设计,因而可以缩短招标时间。

b. 能鼓励承包商提高工作效率,节约工程成本,增加承包商利润。

c. 支付时,只需按已定的单价乘以支付工程量即可求得支付费用,计价程序较简单。单价合同适用于招标时尚无详细图纸或设计内容尚不十分明确,工程量尚不够准确的工程。单价合同中,承包商承担单价变化的风险,而业主则承担工程量增减的风险,这是符合风险管理原理且公平合理的。

② 固定总价合同:固定总价合同以一次包死的总价格委托,价格不因环境的变化和工程量增减而变化。所以在这类合同中承包商要承担单价和工程量的双重风险。除了设计有重大变更,一般不允许调整合同价格。由于承包商的风险较大,所以报价一般都较高。

这种合同适用于设计深度满足精确计算工程量的要求,图纸和规定、规范中对工程作出了详尽的描述,工作范围明确,施工条件稳定,结构不甚复杂,规模不大,工期较短,且对最终产品要求很明确,而业主也愿意以较大富裕度的价格发包的工程项目。

③ 成本加酬金合同:成本加酬金合同是以实际成本加上双方商定的酬金来确定合同总价。这种合同与固定总价合同截然相反,合同价格在签订合同时不能确定。工程费用实报实销,业主承担着全部工程量和价格的风险;而承包商不承担风险,一般说获利较小,但能确保获利。

这种合同的应用受到很大的限制,主要适用于下列几种情况:

a. 开工前工程内容不十分确定,如设计尚未全部完成即开工要求,或工程内容估计有很大变化,工程量及人工、材料用量有较大出入。

b. 质量要求高或采用新技术、新工艺,事先无法确定价格的工程。

c. 时间紧迫的抢险、救灾工程。

d. 带有研究、开发性质的工程。

对于这种合同,业主应加强对工程的控制,合同中应规定成本开支范围,规定业主有权对成本开支进行决策、监督和审查。

综上所述,合同类型的选择应考虑下列因素:

① 业主的意愿。

② 工程项目设计的深度。

③ 项目的规模及其复杂程度。
④ 工程项目的技术先进性。
⑤ 承包商的意愿和能力。
⑥ 工程进度的紧迫性。
⑦ 市场情况。
⑧ 业主的管理能力。
⑨ 外部因素或风险,如政局动荡、通货膨胀、恶劣气候等。

采用何种合同类型不是固定不变的,有时一个项目中的各不同工程部分,或不同阶段,可能采用不同类型的合同,业主必须根据实际情况,全面、反复地权衡利弊,选定最佳的合同类型。

(4) 合同条款的选用

合同条款和合同协议书是合同文件最重要的部分。业主应根据需要选择拟定合同条款,可以选用标准的合同条款,也可以根据需要对标准的文本作出修改、限定或补充。

选用合同条款时,应注意以下几个问题:
① 合同条款应尽可能使用标准的合同条款。
② 合同条款应与双方的管理水平相当,否则执行时有困难。
③ 选用的合同条款双方都较熟悉,既利于业主管理工程,又利于承包商对条款的执行,可减少争执和索赔的发生。
④ 选用合同条款还应考虑到各方面的制约。

因为招标文件由业主起草,业主居于合同主导地位。所以业主应特别关注下列重要合同条款:
① 适用合同关系的法律、合同争执仲裁的机构和程序等。
② 付款方式。
③ 合同价格调整的条件、范围、方法,特别是由于物价、汇率、法律、关税等的变化对合同价格调整的规定。
④ 对承包商的激励措施。如:对提前竣工,提出新设计,使用新技术、新工艺使业主节省投资等进行奖励;奖励型的成本加酬金合同以及质量奖等。
⑤ 合同双方的风险分配。
⑥ 保证业主对工程的控制权力。包括:工程变更权力,进度计划审批权力,实际进度监督权力,施工进度加速权力,质量的绝对检查权力,工程付款的控制权力,承包商不履约时业主的处置权力等。

(5) 合同间的协调

工程项目的建设,业主要签订若干合同,如勘察合同、设计合同、施工合同、供应合同、贷款合同等。在这个合同体系中,相关的同级合同之间,主合同与分合同之间关系复杂,业主必须对此作出周密安排和协调,其中既有整体的合同策划,又有具体的合同管理问题。

① 工作内容的完备性

业主签订的所有合同所确定的工作范围应涵盖项目的全部工作,完成了各个合同也就实现了项目总目标。为防止缺陷和遗漏,应做好下述工作:

a. 招标前进行项目的系统分析,明确项目系统范围;

b. 将项目做结构分解,系统地策划成若干独立的合同,并列出各合同的工程量表;

c. 进行各合同(各承包商或各项目单元)间的界面分析,划清界面上的工作的责任、质量、工期和成本。

② 技术上的协调

各合同间只有在技术上协调,才能构成符合项目总目标的技术系统。应注意下述几个方面:

a. 主要合同之间设计标准的一致性,土建、设备、材料、安装等,应有统一的技术质量标准及要求,各专业工程(结构、建筑、水、电、通讯、机械等)之间应有良好的协调。

b. 分包合同应按照总承包合同的条件订立,全面反映总合同的相关内容;采购合同的技术要求须符合承包合同中的技术规范的要求。

c. 各合同之间应界面清晰、搭接合理。如基础工程与上部结构、土建与安装、材料与运输等,它们之间都存在责任界面和搭接问题,必须——处理好。

在工程实践中,各个合同签订时间、执行时间往往不是同步的,管理部门也常常发生需要协调的问题。因此,不仅在签约阶段,而且也在实施阶段;不仅在合同内容上,而且也在各部门管理过程上,都应统一、协调。有时,合同管理的组织协调甚至比合同内容更为重要。

3) 承包商的合同策划

对于业主的合同策划,承包商常常必须执行或服从。如招标文件规定,承包商必须按照招标文件的要求做标,不允许修改合同条件,甚至不允许使用保留条件。但承包商也有自己的合同策划问题。承包商的合同策划主要是下面几个问题。

(1) 投标项目的选择

承包商通过市场调查获得许多工程项目的招标信息,承包商需就是否参与某一项目的投标作出决策。其依据为下面几个方面:

① 政治文化环境,例如国内政局、国际关系、法律规定、风俗习惯、宗教信仰等;

② 经济环境,例如市场景气、生产水平、劳动力成本、汇率、利率、价格水平等;

③ 自然环境,例如水文、地质、气候、自然灾害等;

④ 业主的状况,例如资信、经营状况、支付能力、招标方式、合同类型及主要条款、工程性质、工程范围、工程等级、技术难度、执行规范标准、工期要求等;

⑤ 承包商自身的状况,例如施工力量、技术水平、管理水平、工程经验、在手工程数量、资金状况等;

⑥ 竞争对手的状况等。

总之,选择的投标项目应符合承包商自身的经营战略要求,最大限度地发挥自身优势。对于技术水平、管理水平、财务能力和竞争能力勉为其难的,应予否决。

(2) 合同风险评价

承包商在合同策划时必须对工程的合同风险有一个总体的评价。合同风险评价主要包括风险的辨识和风险的评估两项工作。关于风险的辨识和风险的评估请参见第 12 章的有关内容。

一般情况下,如果工程存在下列问题,则说明工程风险很大:

① 工程规模大,工期较长,而业主采用固定总价合同形式。这种情况下,承包商需承担全部工程量和价格的风险;

② 业主要求采用固定总价合同,但工程招标文件中的图纸不详细、不完备,工程量不准确、范围不清楚等;

③ 业主将做标期压缩得很短,承包商没有时间详细分析招标文件,而且招标文件为外文,采用承包商不熟悉的合同条件。这不仅对承包商风险很大,而且还会造成对整个工程总目标的损害,常常欲速则不达;

④ 工程环境不确定性大,如物价和汇率大幅度变动、水文地质条件不清楚,而业主要求采用固定价格合同。

大量的工程实践证明,如果存在上述问题,特别当一个工程上同时出现上述多种问题,则这个工程可能会彻底失败,甚至将整个承包企业拖垮。这些风险可能造成损失的大小,在签订合同时往往是难以想象的。遇到这类工程,承包商应有足够的思想准备和应对措施。

(3) 合作方式的选择

在总发包模式下,承包商必须就如何完成合同范围的工程作出决定。因为任何承包商都不可能自己独立完成全部工程,他必须与其他承包商合作,充分发挥各自的技术、管理、财力优势,以共同承担风险。但不同的合作方式其风险分担程度也不相同。

① 分包

分包在工程中使用较多,通常由于下述几个原因:

a. 技术上的需要:承包商不可能也不必要具备工程所需各种专业的施工能力,它可以通过分包这种形式得到弥补。

b. 经济上的目的：对于某些分项，将其分包给有能力且报价低的分包商，可获得一定的经济效益。

c. 转嫁或减小风险：通过分包可将风险部分地转移给分包商。

d. 业主的要求：即业主指定承包商将某些分项工程分包出去。一般有两种情况：一是业主对某些分项只信任某一承包商；另一种是某些国家规定，外国承包商必须分包一定量的工程给本国的承包商。

承包商在投标报价时，一般就应确定分包商的报价，商定分包的主要条件，甚至签订分包意向书。由于承包商向业主承担工程责任，分包商出现任何问题都由总包负责，所以选择分包商应十分慎重，要选择符合要求的、有能力的、长期合作的分包商。此外，还应注意分包不宜过多，以免出现协调和管理的困难，以及引起业主对承包商能力的怀疑。

② 联营承包

联营承包是指两家或两家以上的承包商联合投标，共同承接工程。

承包商通过联合承包，可以承接工程规模大、技术复杂、风险大、难以独家承揽的工程，扩大经营范围；同时，在投标中可以发挥联营各方的技术、管理、经济和社会优势，使报价更具竞争力；联营各方可取长补短，增强完成合同的能力，业主较欢迎，易于中标。

联营有多种方式，最常见的是联合体方式。联合体方式指各自具有法人资格的施工企业结成合作伙伴联合承包一项工程。他们以联合体名义与业主签订合同，共同向业主承担责任。组成联合体时，应推举其中一成员为该联合体的责任方，代表联合体的一方或全体成员承担本合同的责任，负责与业主和监理工程师联系并接受指令，以及全面负责履行合同。

联营各方应签订联合体协议和章程，经业主确认的联合体协议和章程应作为合同文件的组成部分。在合同履行过程中，未经业主同意，不得修改联合体协议和章程。联合体协议属于施工承包合同的从合同。通常联合体协议先于施工承包合同签订，但是，只有施工承包合同签订了，联合体协议才有效；施工承包合同结束，联合体协议也结束，联合体也就解散。

4）合同分析

合同分析是指从履行合同的角度对合同文件（重点是合同条款）进行一次全面的审查分析。如发现问题，业主方应及时予以纠正，承包商应及时要求业主解释澄清，使合同目标能落实到履行合同的具体事件和工作上，最终形成一个好的合同。一个好的合同，对今后履行合同、处理合同履行中发生的各种问题、保护合同当事人的合法权益，顺利达到合同目标是极为重要的。所以合同分析是继合同策划后一个重要的合同管理工作，无论业主还是承包商都应给予充分重视。

进行合同分析应严格地按照合同文字的表述，对每一条款、每一句、每一词甚至每一标点符号认真推敲,予以理解和解释,不能只观大概、不顾细节,更不能从主观愿望出发,想当然地解释。

合同分析一般包括合法性分析、完备性分析、公平性分析、整体性分析、应变性分析以及文字唯一性和准确性分析等内容。合同分析涉及法律、法规、经济管理、工程技术和环境、人文等很多方面,是一项综合性很强的工作。

(1) 合同合法性分析

合同合法与否,将关系到合同全部或部分内容有效与否。合同合法性分析的内容有:

① 当事人资格。发包人应具有发包工程、签订合同的资质、权利能力。承包商则需具备相应的权利能力(营业执照、许可证)和相应的行为能力(资质等级证书)。这样,合同主体资格才为有效。

② 工程项目具备招标和签订合同的全部条件。工程项目的批准文件、工程建设许可证、建设规划文件、已批准的设计文件、合法的招标投标程序和已列入年度计划等。

③ 合同内容及其所指行为符合法律要求。如纳税、外汇、劳保、环保、担保等条款都应符合相应法律、法规的有关规定。

④ 必要的证明或批准。有些需经公证或官方批准方可生效的合同,已办妥了这方面手续,获得了证明或批准。对于某些政府工程、国家项目尤应注意这一点。

(2) 合同完备性分析

合同的完备性包括合同文件完备性和合同条款完备性两个方面。

① 合同文件完备性要求合同所包括的各种文件齐全,一般包括合同协议书、中标函、投标书、工程设计、规范、工程量清单和合同条款等。

② 合同条款的完备性要求对各有关问题进行规定的条款要齐全。若采用标准合同文件,如 FIDIC 合同条款,虽然其通用条款部分条款齐全,对于一般的工程项目而言,内容已较完整。但对于每一特定的工程,根据工程具体情况和合同双方的特殊要求,还必须补充合同专用条款。若未采用标准合同文本,则应以标准文本作样本,对照所签合同,寻找缺陷,补齐必需的条款。若尚无标准合同文本,如联合体协议、劳务合同,则须收集实践中的同类合同文本,并作相互补充,以保证所签合同的完备性。

对于合同条款的不完备,有的业主认为这样有利于推卸业主责任、增加承包商的责任和工作范围,而有的承包商则会认为这样会给自己带来索赔的机会。其实这些都是十分危险的想法。因为,对于前者,业主应对招标文件的错误、缺陷、矛盾、模糊、异义承担责任,不可能推卸责任;而对于后者业主往往可以"合同未作明确规定"或"承包商事先未提出澄清解释"来否定承包商的索赔。不完备的合同条款使得双方对权利义务的误解，会最终影响工程项目的顺利实施。所以，合同双方应努力签订一份完备的合同。

（3）合同公平性分析

合同公平性分析主要是指合同所规定双方的权利和义务的对等、平衡和制约问题，可以从以下几个方面进行具体分析：

① 双方的权利和义务应该是对等的、公平合理的。如有条款规定"承包商违约，业主有警告、停工整顿、解除合同的权利"，同时条款也规定"业主违约，承包商有减缓施工速度、暂停施工、解除合同的权利"。但是有些合同中的条款显失公平，如某合同中规定"在施工期中不论什么原因使邻近地区受到损害的均由承包商承担赔偿责任。"这显然违反了公平原则，应予以删除或修改。

② 合同规定一方的某项权力，则同时应考虑到该权力应如何制约，有无滥用该项权力的可能，一方行使该项权力应承担的责任等。如施工合同示范文本中规定"发包人有权要求承包商进行重新检验，承包商必须执行。"同时也规定"如果检验结果合格，则由此引起的工期延误和费用增加由发包人承担责任。"这就是一种对权力的制约。

③ 合同规定一方某项义务，则也应规定其有完成该项义务所必需的相应权利，或由此义务所引申出的权利。如合同条款规定"承包商要对施工的完备、稳定和安全负全部责任"，同时也赋予承包商"有不受任何人（除工程师的指令外）干预施工"的权利。

④ 合同规定一方某项义务，还应分析承担该项义务的前提条件，若此前提由对方提供，则应同时规定为对方的一项义务。如FIDIC条款规定"承包商向业主提交了结清单后，不再要求业主支付结清单外的金额"，但同时也规定了"必须要业主履行了退还履约保函和按最终报表支付两项义务后结清单才生效"。

（4）合同整体性分析

合同条款是一个整体，各条款之间有着一定的内在联系和逻辑关系。一个合同事件，往往会涉及若干条款，如关于合同价格就涉及：工程计量、计价方式、支付程序、调价条件和方法、暂定金的使用等条款；关于工程进度就涉及：进度计划、开工和完工、暂停施工、工期的延误和提前等条款。必须认真仔细地分析这些条款在时间上和空间上、技术上和管理上、权利义务的平衡和制约上的顺序关系和相互依赖关系。各条款间必须相互配合、相互支持，共同规范一个事件，而不能出现缺陷、矛盾或逻辑上的不足。

（5）合同应变性分析

合同状态是指合同各方面要素的综合，它包括合同价格、合同条件、合同实施方案和工程环境四方面。这四个方面相互联系、相互影响、相互制约，综合成一个合同状态。建设工程一般规模较大、工期较长、受各方面的影响较多，因此在合同履行过程中,其合同状态经常会出现变化,一旦合同状态的某一方面发生变化,即打破了合同状态的"平衡"。合同应事先规定对这些变化的处理原则和措施,并以此来调整合同状态,这就是合同的应变性。

合同应变性可以从下列几个方面加以分析:

① 合同文件变化,如设计文件的修改、业主对工程有新的要求、合同文件的缺陷等,一般均应由业主承担责任,按规定调整合同价格和延长工期。

② 工程环境变化,如工程所在国(或地区)法律和法规变化、物价变动、出现不可预见的外界障碍或条件等,一般也应由业主承担此类风险,按规定调整合同价格和延长工期。

③ 实施方案变化。合同的实施方案(施工组织设计等)通常由承包商制订,经工程师批准后实施的,承包商应对方案实施结果负全部责任。如果在实施过程中,工程师下指令修改实施方案,则应视为工程变更,应调整合同价格。如业主不履行或不完全履行义务或者对方案实施进行干扰,由此引起实施方案不得不变化,则业主应承担责任,按规定赔偿。

(6) 合同文字唯一性和准确性分析

对合同文件解释的基本原则是"诚实信用",所有合同都应按其文字所表达的意思准确而正当地予以履行。

在解释合同文件中,常出现一种情况,即撰写方认为某一条款已写得很清楚,但对方却作出了另一种解释。其主要原因在于撰写方了解自己想表达些什么,所以很容易对文字作出与自己意图一致的解释;但对方并不了解编写方的意图,只能从文字的表述来理解,就可能作出另一种解释。因此编写方必须树立"合同是要给对方阅读理解并执行的,重要的不是编写者认为已说明了意图,而是合同文件的文字表述说明了什么"的观念。这就要求合同文件文字具备准确性、严谨性和解释的唯一性,而不能出现模糊、不确定或一文多义的情况。

10.3 工程项目合同签订

10.3.1 合同谈判

由于合同在项目建设过程中对双方有很强的约束力,因此双方必然利用一切时机力争使条款对己有利。这种争取集中表现在项目合同的谈判上。

1) 谈判的基础与准备

(1) 组织谈判代表组

谈判的成功与否,在很大程度上取决于谈判代表组的成员,谈判代表组的成员必须具备业务精、能力强、基本素质好、有经验等优势。从谈判人员的身上首先反映所代表企业的形象。

（2）收集资料

谈判准备工作的首要任务就是要收集整理有关合同对方及项目的各种基础资料和背景资料。这些资料的内容包括对方的资信状况、履约能力、已有成绩、工程项目的由来、土地获得情况、项目目前的进展、资金来源等。这些资料可以通过合法调查手段获得。

（3）分析和确定自己的谈判基础和谈判目标

谈判的目标直接关系到谈判的态度、动机和诚意，也明确了谈判的基本立场。对于业主而言，有的项目侧重于工期，有的侧重于投资，有的侧重于质量。而不同的侧重点使他在谈判中的立场是不完全一样的。对于承包商而言，有的项目是势在必得；有的项目是可得可不得，有的项目是以盈利为目标，有的项目则是以扩大知名度为目标的。不同的目标也必然使承包商的谈判态度和坚持的立场各不相同。

（4）分析和摸清对方情况

摸清对方谈判的目标以及人员情况，关键人物和关键问题，做到"知己知彼"。

（5）拟定谈判方案

在上述调查分析的基础上，可以总结出该项目的操作风险、双方的共同利益、双方的利益冲突，以及双方在哪些问题上已取得一致，哪些问题上还存在着分歧，从而拟定谈判的初步方案，决定谈判的重点，在运用谈判策略和技巧的基础上取得谈判的胜利。

2）谈判的策略和技巧

谈判是通过不断的会晤确定各方权利、义务的过程，它直接关系到谈判桌上各方最终利益的得失。因此，谈判绝不是一项简单的机械性工作，而是集合了策略与技巧的艺术。下面是一些常用的谈判策略和技巧。

（1）掌握谈判议程，合理分配各议题的时间

成功的谈判者善于掌握谈判的进程，在充分合作气氛的阶段，展开自己所关注的议题的商讨，从而抓住时机，达成有利于己方的协议。而在气氛紧张时，则引导谈判进入双方具有共识的议题，一方面缓和气氛，另一方面缩小双方差距，推进谈判进程。同时，谈判者应懂得合理分配谈判时间。对于各议题的商讨时间应分配得当，不要过多拘泥于细节问题。这样可以缩短谈判时间，降低交易成本。

（2）高起点战略

谈判的过程是各方妥协的过程。通过谈判，各方都或多或少会放弃部分利益以求得项目的进展。而有经验的谈判者在谈判之初会有意识向对方提出苛求的谈判条件。这样对方会过高估计另一方的谈判底线，从而在谈判中更多做出

让步。

(3) 注意谈判气氛

谈判各方往往存在利益冲突,要兵不血刃即获得谈判成功是不现实的。但有经验的谈判会在各方分歧严重、谈判气氛激烈的时候采取润滑措施,舒缓压力。在我国最常见的方式是饭桌式谈判。通过餐宴,联络谈判双方的感情,拉近双方的心理距离,进而在和谐的氛围中重新回到议题。

(4) 拖延和休会

当谈判遇到障碍,陷入僵局的时候,拖延和休会可以使明智的谈判方有时间冷静思考,在客观分析形势后提出替代方案。在一段时间的冷处理后,各方都可以进一步考虑整个项目的意义,进而弥补分歧,将谈判从低谷引向高潮。

(5) 避实就虚

谈判双方都有自己的优势和弱点。高明的谈判者应在充分分析形势的情况下,做出正确判断,利用对方的弱点,猛烈攻击,迫其就范,做出妥协。而对于己方的弱点,则要尽量注意回避。

(6) 分配谈判角色

任何一方的谈判代表组都由众多人员组成,谈判中应利用各人不同的性格特征各自扮演不同的角色。有的唱红脸,积极进攻;有的唱白脸,和颜悦色。这样软硬兼施,可以事半功倍。

(7) 充分利用专家的作用

工程项目谈判涉及广泛的学科领域,应该充分发挥各领域专家的作用,既可以在专业问题上获得技术支持,又可以利用专家的权威性给对方以心理压力。

在有限的谈判空间和时限内,合理、有效地利用以上各谈判策略和技巧,将有助于获得谈判的优势。

10.3.2 合同签订

工程合同的订立,是指发包人和承包人之间为了建立发承包关系,通过对工程合同的具体内容进行协商而形成合意的过程。

1) 订立工程合同的基本原则及具体要求

(1) 平等原则

《合同法》第 3 条规定:"合同当事人的法律地位平等,一方不得将自己的意志强加给另一方。"

合同当事人法律地位平等首先是指当事人之间在合同关系中不存在管理与被管理、服从与被服从的关系。即使当事人之间在其他方面具有不平等的关系,如行政上的领导与被领导的关系,而在订立合同时,也必须居于平等的法律地位,一方不能凌驾于另一方之上,不得将自己的意志强加给加另一方,否则会影响合同的效力。

(2) 自愿原则

《合同法》第4条规定:"当事人依法享有自愿订立合同的权利,任何单位和个人不得非法干预。"

所谓自愿原则,是指是否订立合同、与谁订立合同、订立合同的内容以及变更不变更合同,都要由当事人依法自愿决定。订立工程合同必须遵守自愿原则。自愿原则和平等原则是相辅相成,不可分割的。平等体现了自愿,自愿要求平等。但是自愿原则也不是绝对的,自愿只有在合法的前提下才能得以体现,也就是说自愿原则要受到一定的干预与限制。

(3) 公平原则

《合同法》第5条规定:"当事人应当遵循公平原则确定各方的权利和义务。"

公平原则是指当事人在设立权利、义务、承担民事责任方面,要公正、公允、合情、合理。贯彻该原则最基本的要求就是发包人与承包人的合同权利、义务、承担的责任要对等而不能失之公平。

(4) 诚信原则

《合同法》第6条规定:"当事人行使权利、履行义务应当遵循诚实信用原则。"

诚实信用原则主要是指当事人在订立、履行合同的过程中,应当抱有真诚的善意,相互协作,密切配合,言行一致,表里如一,说到做到,正确、适当地行使合同规定的权利,全面履行合同规定的义务,不弄虚作假、尔虞我诈,不做损害对方和国家、集体、第三人以及社会公共利益的事情。

(5) 合法原则

《合同法》第7条规定:"当事人订立、履行合同,应当遵守法律、行政法规,尊重社会公德,不得扰乱社会经济秩序,损害社会公共利益。"

所谓合法原则,主要是指在合同法律关系中,合同主体、合同的订立形式、订立合同的程序、合同的内容、履行合同的方式、对变更或者解除合同权利的行使等都必须符合我国的法律、行政法规。

2) 订立工程合同的形式和程序

(1) 订立工程合同的形式

《合同法》第10规定:"当事人订立合同,有书面形式、口头形式和其他形式。法律、行政法规规定采用书面形式的,应当采用书面形式。当事人约定采用书面形式的应当采用书面形式。"

按此条看,《合同法》对合同的形式不提要求,合同可以任何形式订立。当然,法律另有规定或当事人有约定的,应按规定或约定办理。由于工程合同涉及面广、内容复杂、建设周期长、标的金额大,《合同法》第270条规定:"建设工程施工合同应当采用书面形式。"

（2）订立工程合同的程序

《合同法》第13条规定："当事人订立合同，采取要约、承诺方式。"

① 要约

要约是希望和他人订立合同的意思表示。发出要约的当事人称为要约人，而要约所指向的对方当事人则称为受要约人。一项要约要取得法律效力，必须符合下列规定：

首先，要约的内容要具体明确。要约的内容必须包括足以决定合同主要条款，因为订约当事人双方就合同主要条款达成一致，合同才能成立。因此，要约既然是订立合同的提议，就须包括能够足以决定合同主要条款的内容，受要约人才能决定是否接受该要约。如果一方提议的内容不足以决定合同的主要条款，即使对方接受提议，也无从确定当事人对合同的主要条款是否达成一致协议，则合同不能成立。这样的提议不是要约，它只希望对方提出合同主要条款的意思表示，属于要约邀请。

其次，要约必须表明经受要约人承诺，要约人即受该意思表示约束。即要约必须具有缔结合同的目的。当事人发出要约，是为了与对方订立合同，要约人要在其意思表示中将这一意愿表示出来。

要约可以撤回与撤销。

② 承诺

承诺是受要约人同意要约的意思表示。承诺应具备下列条件：承诺必须由受要约人或其代理人作出；承诺的内容应当和要约的内容一致；承诺要在要约的有效期内作出；承诺要送达要约人。

承诺可以撤回但不得撤销。承诺通知到达要约人时生效。不需要通知的，根据交易习惯或者要约的要求作出承诺的行为时生效。承诺生效时，合同成立。

根据《招标投标法》对招标、投标的规定，招标、投标、中标实质上就是要约、承诺的一种具体方式。招标人通过媒体发布招标公告，或向符合条件的投标人发出招标文件，为要约邀请；投标人根据招标文件内容在约定的期限内向招标人提交投标文件，为要约；招标人通过评标确定中标人，发出中标通知书，为承诺；招标人和中标人按照中标通知书、招标文件和中标人的投标文件等订立书面合同时，合同成立并生效。

3）工程合同的文件组成及主要条款

（1）工程合同文件的组成及解释次序

不需要通过招标投标方式订立的工程合同，合同文件常常就是一份合同或协议书，最多在正式的合同或协议书后附一些附件，并说明附件与合同或协议书具有同等的效力。

通过招标投标方式订立的工程合同，因经过招标、投标、开标、评标、中标等一系列过程，合同文件不单单是一份协议书，而通常由以下文件共同组成：

① 本合同协议书；
② 中标通知书；
③ 投标书及其附件；
④ 本合同专用条款；
⑤ 本合同通用条款；
⑥ 标准、规范及有关技术文件；
⑦ 图纸；
⑧ 工程量清单；
⑨ 工程报价书或预算书。

当上述文件间前后矛盾或表达不一致时，以在前的文件为准。

(2) 工程合同的主要条款

一般合同应当具备如下条款：当事人的名称或姓名和住所，标的，数量，质量，价款或者酬金，履行期限、地点和方式，违约责任，争议的解决方法。工程施工合同应当具备的主要条款如下。

① 承包范围

建筑安装工程通常分为基础工程(含桩基工程)、土建工程、安装工程、装饰工程，合同应明确哪些内容属于承包方的承包范围，哪些内容发包方另行发包。

② 工期

发承包双方在确定工期的时候，应当以国家工期定额为基础，根据发承包双方的具体情况，并结合工程的具体特点，确定合理的工期。工期是指自开工日期至竣工日期的期限，双方应对开工日期及竣工日期进行精确的定义，否则，日后易起纠纷。

③ 中间交工工程的开工和竣工日期

确定中间交工工程的工期，需与工程合同确定的总工期相一致。

④ 工程质量等级

工程质量等级标准分为不合格、合格和优良，不合格的工程不得交付使用。发承包双方可以约定工程质量等级达到优良或更高标准，但是，应根据优质优价原则确定合同价款。

⑤ 合同价款(工程造价)

⑥ 技术资料交付时间

发包人应当在合同约定的时间内向承包人按时提供与本工程项目有关的全部技术资料，否则造成的工期损失或者工程变更应由发包人负责。

⑦ 材料和设备供应责任

发承包双方需明确约定哪些材料和设备由发包方供应，以及在材料和设备供应方面双方各自的义务和责任。

⑧ 付款和结算

发包人一般应在工程开工前支付一定的备料款（预付款），工程开工后按工程形象进度或按月支付工程款，工程竣工后应当及时进行结算，扣除保修金后应按合同约定的期限支付尚未支付的工程款。

⑨ 竣工验收

竣工验收是工程合同重要条款之一，是工程建设的最后一道程序，是全面考核设计、施工质量的关键环节，合同双方还将在该阶段进行决算。竣工验收应当根据《建设工程质量管理条例》中的有关规定进行。

⑩ 质量保修范围和期限

合同当事人应当根据实际情况确定合理的质量保修范围和期限，但不得低于《建设工程质量管理条例》规定的最低质量保修期限。

除了上述 10 项基本合同条款以外，当事人还可以约定其他协作条款，如施工准备工作的分工、隐蔽工程验收、安全施工、工程变更、工程分包、合同解除、违约责任、争议解决方式等条款。

10.4 工程项目合同的履行管理

10.4.1 合同的履行

1）合同履行的原则

项目合同的履行是指项目合同的双方当事人根据项目合同的规定在适当的时间、地点、以适当的方式全面完成自己所承担的义务。

严格履行项目合同是项目双方当事人的义务。因此，项目合同的当事人必须共同按计划履行合同，实现项目合同所要达到的各类预定的目标。项目合同的履行分为实际履行和适当履行两种形式。

（1）项目合同的实际履行

项目合同的实际履行，就是要求项目合同的当事人按照合同规定的目标来履行。实际履行已经成为我国合同法规的一个基本原则。采用该原则对项目合同的履行具有十分重大的意义。由于项目合同的标的物大多为指定物，因此不得以支付违约金或赔偿经济损失来免除项目合同一方当事人继续履行合同规定的义务。如果允许合同当事人一方可用货币代偿合同规定的标的，那么，当事人的另一方可能在经济上蒙受更大的损失或无法计算的间接损失。此外，即使当事人一方在经济上没有遭受损失，但是，对于预定的项目目标或任务，某些涉及国计民生、社会公益项目不能得以实现，实际上的损失很大。所以，实际履行的正确涵义只能是按照项目合同规定的标的履行。

当然,在贯彻以上原则时,还应从实际出发。在某些情况下,过于强调实际履行,不仅在客观上不可能,而且还会给项目合同的另一方当事人和社会利益造成更大的损失。这样,应允许用支付违约金和赔偿损失的办法,代替合同的实际履行。

(2) 项目合同的适当履行

项目合同的适当履行,即项目合同的当事人按照法律和项目合同条款规定的标的,按质、按量、按时地履行。合同的当事人不得以次充好,以假乱真。否则,合同的另一方当事人有权拒绝接受。所以,在签订项目合同时,必须对标的物的规格、数量、质量等要求作出具体规定,以便当事人按规定履行,另一方当事人在项目结束时也能按规定验收。这对提高项目的质量,满足另一方当事人的需求,甚至是满足人民日益增长的需求具有十分重要意义。

2) 内容约定不明确的合同的履行

按《合同法》规定,合同生效后,如当事人对主要条款内容未约定或约定不明确的,可以协议补充或按合同有关条款按交易习惯确定。仍不能确定,可适用下列规定:

(1) 质量要求不明确的,按照国家标准、行业标准履行;没有国家标准、行业标准的,按照通常标准或者符合合同目的的特定标准执行。

(2) 价款或者报酬不明确的,按照订立合同时履行地点的市场价格履行;依法应当执行政府定价或者政府指导价的,按照规定执行。

(3) 履行地点不明确,给付货币的,在接受货币一方所在地履行;交付不动产的,在不动产所在地履行;其他标的,在履行义务方所在地履行。

(4) 履行期限不明确的,债务人可以随时履行,债权人也可以随时要求履行,但应当给对方必要的准备时间。

(5) 履行方式不明确的,按照有利于实现合同目的的方式履行。

(6) 履行费用的负担不明确的,由履行义务一方负担。

3) 价格变化后合同的履行

《合同法》第 63 条规定:执行政府定价或者政府指导价的,在合同约定的交付期限内政府价格调整时,按照交付时的价格计价。逾期交付标的物的,遇价格上涨时,按照原价格执行;价格下降时,按照新价格执行。逾期提取标的物或者逾期付款的,遇价格上涨时,按照新价格执行;价格下降时,按照原价格执行。

执行政府定价或政府指导价格的合同当事人,由于逾期不履行合同遇到国家调整物价时,在原价格和新价格中,执行对违约方不利的那种价格。这是对不按期履行合同的一方从价格结算上给予的一种惩罚,也称为价格制裁。这样规定,有利于促进双方按规定履行合同。需要注意的是,这种价格制裁,只适用于当事人因主观过错而违约,不适用于因不可抗力所致的违约。

4）当事人变更后合同的履行

《合同法》第76条规定:"合同生效后,当事人不得因姓名、名称的变更或者法定代表人、负责人、承办人的变动而不履行合同义务。"

5）不安抗辩权

不安抗辩权,又称异时履行抗辩权,是指合同双方的当事人,一方负有先履行合同义务的,在履行之前,有充分的证据证明后履行一方有未来不履行或者无力履行合同时,先履行义务人可以暂时中止履行。不安抗辩权的适用必须具有法定事由和确切证据。

《合同法》第68条规定:"应当先履行债务的当事人,有确切证据证明对方有下列情形之一的可以中止履行:①经营状况严重恶化;②转移财产、抽逃税金,以逃避债务;③丧失商业信誉;④有丧失或者可能丧失履行债务能力的其他情形。当事人没有确切证据中止履行的,应当承担违约责任。"

当事人按《合同法》行使不安抗辩权,中止履行合同,应及时通知对方当事人在合理的期限内提供适当担保;如果对方在合理期限内提供了适当担保的,中止履行的一方应当恢复履行;如果对方当事人在合理的期限内未恢复履行能力且未提供适当担保的,中止履行的一方可以解除合同。

6）代位权

《合同法》第73条规定:"因债务人怠于行使其到期债权,对债权人造成损害的,债权人可以向人民法院请求以自己的名义代位行使债务人的债权,但该债权专属于债务人自身的除外。代位权的行使范围以债权人的债权为限。债权人行使代位权的必要费用,由债务人负担。"

在我国承认代位权有着特殊意义。在当前经济生活中,当事人的信用观念还不强,欠债不还的现象还比较普遍,"三角债"、债务纠纷案件执行难都是比较突出的问题,有债权而不去积极追索,已成为债务人赖账而损害债权人利益的一种严重的现象。法律明确规定代位权可以遏止这些现象的发生,保护债权人的债权实现。

7）撤销权

《合同法》第74条对债权人撤销权作了规定:"因债务人放弃其到期债权或者无偿转让财产,对债权人造成损害的,债权人可以请求人民法院撤销债务人的行为。债务人以明显不合理的低价转让财产,对债权人造成损害,并且受让人知道该情形的,债权人也可以请求人民法院撤销债务人的行为。""撤销权的行使范围以债权人的债权为限。债权人行使撤销权的必要费用,由债务人承担。"

从《合同法》第74条第一款的规定来看,构成撤销的具体事由有三个方面:一是债务人放弃到期债权。这是对权利的放弃,属于单方行为。在债务人负有义务的情况下,其到期债权的实现可以增加债务人用于偿债的现实财产。债务人放弃到期债权会减少债务人责任财产,损害债权人的利益,债权人可以行使撤销权。

二是债务人无偿转让财产。无偿转让财产属于赠予,其效果与放弃到期债权相同。三是债务人以明显不合理的低价转让财产。如果债务人以明显不合理的价格转让财产,则会减少其责任财产,损害债权人的利益,对此债权人可以行使撤销权。

撤销权成立后,债权人中的任何一方均得行使撤销权。撤销权的行使,应由债权人以自己的名义,并采取提起诉讼的形式。撤销权的行使范围以债权人的债权为限。债权人行使撤销权的必要费用,由债务人承担。

10.4.2 合同的变更、转让和解除

1) 合同变更

《合同法》第 77 条对合同变更作出了规定,即"当事人协商一致,可以变更合同。法律、行政法规规定变更合同应当办理批准、登记等手续的,依照其规定。"本条规定是指合同内容的变更,而不包括合同主体的变更。

合同变更具有下列特征:

(1) 合同变更是通过协议达成的。《合同法》第 77 条明确规定,当事人协商一致,可以变更合同。也就是说合同变更必须是在原合同的基础上达成新协议。任何一方未经对方同意,擅自变更合同内容的,不但不具有法律约束力,而且会构成违约。在变更协议成立之前,原合同关系仍然有效。

(2) 合同的变更也可以依据法律的规定产生。根据合同法的规定,因重大误解订立的合同和显失公平的合同,当事人可以请求法院或仲裁机构予以变更或撤销。

(3) 合同的变更是合同内容的局部变更,是对合同内容作某些修改和补充,而不是合同内容的全部变更。如果合同内容全部变更,实际上导致了原合同权利义务关系的消灭,而新合同权利义务关系的产生,这就不属于合同的变更而属于合同的更新。

(4) 合同的变更会变更原有权利义务关系,产生新的权利义务关系。

合同变更的法律效力应当包括下列方面:

(1) 变更后的合同部分,原有的合同内容失去效力,当事人应按照变更后的合同内容履行。

(2) 合同的变更只对合同未履行的部分有效,不对合同已经履行的内容发生效力。也即合同的变更没有溯及力。合同的当事人不得以合同发生了变更,而要求对已履行的部分归于无效。

(3) 合同的变更不影响当事人请求损害赔偿的权利。合同变更以前,由于一方的原因而给对方造成损害的,对方有权要求责任方承担赔偿责任,并不因合同发生了变更而受影响。合同的变更本身给一方当事人造成损害的,另一方当事

人也应对此承担赔偿责任,不得以合同的变更乃是当事人自愿的而不负赔偿责任。

2) 合同的转让

合同转让是指合同当事人一方依法将其合同的权利和(或)义务全部或部分地转让给第三人。合同转让包括合同的权利转让、合同的义务转让、合同的权利和义务一并转让。

合同转让的主要特征是:

(1) 合同的转让以有效合同的存在为前提。合同的转让是合同权利义务的转让,合同权利义务是合同转让的标的。因此,有效合同、有效的合同权利义务的存在是合同转让的前提。合同没有成立,合同权利义务关系没有产生,就不会有合同的转让;合同被确认无效或撤销或被解除,合同权利义务关系不复存在,也不会有合同的转让。

(2) 合同的转让是合同主体的改变。合同转让是合同一方当事人将其合同权利义务全部或部分转让给第三人,这就必然由第三人代替合同当事人一方成为合同当事人或由第三人与合同当事人一方共同成为合同当事人。合同的转让也就是合同主体的变更,是新的债权人、债务人代替原来的债权人、债务人。

(3) 合同的转让不改变原合同的权利义务内容。合同的转让是将合同的权利义务转让给第三人,是改变合同的主体,而不是改变合同的内容。合同一方当事人转让出的是原合同的全部或部分权利义务,第三人受让的权利义务既不会超出原合同权利义务的范畴,也不会实质更改原合同的权利义务的内容。

(4) 必须经债权人同意或通知债务人。合同转让不仅涉及转让人(合同一方当事人)和受让人(第三人)之间的关系,而且涉及转让人、受让人与合同对方当事人的关系。合同转让、合同当事人的变更,会对合同对方当事人的债权实现和债务履行产生影响,因此合同的转让必须经合同对方当事人同意或通知合同对方当事人。

合同权利的转让,涉及合同债权人的变更、接受履行主体的变更,应当通知合同对方当事人(债务人),否则,合同权利的转让对债务人不发生效力。合同义务的转移,涉及合同债务人的变更、履行主体的变更。合同的履行主要是通过履行主体(债务人)的履行行为完成的,债务人(履行主体)的变更,对合同能否履行、债权人债权能否实现,具有重要影响,因此合同义务的转移必须经合同对方当事人(债权人)同意,否则,合同义务的转移对债权人不发生效力。

(5) 合同权利的转让必须是转让依法能转让的权利。合同权利的转让是有限制的,有些合同权利是不能转让的。根据《合同法》第79条规定,不能转让的合同权利包括:根据合同性质不得转让的;按照当事人约定不得转让的;依照法律规定不得转让的。这些不得转让的合同权利,即使当事人将其转让给第三人,也不会发生合同权利转让的效力。

（6）根据《合同法》第87条规定，债权人转让权利或债务人转移义务，法律、行政法规规定应当办理批准、登记等手续的，合同转让当事人应依法办理有关批准、登记手续。

3）合同的解除

合同的解除是指合同生效成立后，在一定的条件下通过当事人的单方或者双方协议终止合同效力的行为。合同解除有协议解除和单方解除两种基本方式。

（1）合同的协议解除

合同的协议解除是指当事人通过协议解除合同的形式。《合同法》第93条规定："经当事人协商一致，可以解除合同。当事人可以约定一方解除合同的条件。解除合同的条件成就时，解除权人可以解除合同。"经当事人协商一致解除合同的，当然属于协议解除。而在约定的解除条件成就时的解除，是以合同对解除权的约定为基础的，所以也可以是看作一种特殊的协议解除。

（2）合同的单方解除

合同的单方解除（也可称为法定解除）是指在具备法定事由时合同一方当事人通过行使解除权就可以终止合同效力。

《合同法》第94条规定："有下列情形之一的，当事人可以解除合同：①因不可抗力致使不能实现合同目的；②在履行期限届满之前，当事人一方明确表示或者以自己的行为表明不履行主要债务；③当事人一方迟延履行主要债务，经催告后在合理期限内仍未履行；④当事人一方迟延履行债务或者有其他违约行为致使不能实现合同目的；⑤法律规定的其他情形。"

《合同法》第97条规定："合同解除后，尚未履行的，终止履行；已经履行的，根据履行情况和合同性质，当事人可以请求恢复原状，采取其他补救措施，并有权要求赔偿损失。"

《合同法》第98条规定："合同权利义务终止，不影响合同中结算和清理条款的效力。"也就是说合同解除后结算和清理条款的效力不受影响。合同中结算和清理条款属于在权利义务终止时进行善后处理的条款，不同于当事人在合同中享有的实体权利义务条款，合同的终止不但不影响其法律效力，而且还可以作为处理合同终止后善后事宜的依据。

10.5 工程项目索赔管理

10.5.1 索赔的概念及特点

一般说，索赔是指在工程合同履行过程中，合同当事人一方不履行或未正确履行其义务,而使另一方受到损失,受损失的一方通过一定的合法程序向违约方提出经济或时间补偿的要求。

从上述概念,可以看出索赔具有以下基本特征:

(1) 索赔作为一种合同赋予双方的具有法律意义的权利主张,其主体是双向的。在工程的实施过程中,不仅承包商可以向业主索赔,业主同样也可以向承包商索赔。

(2) 索赔必须以法律或合同为依据。只有一方有违约或违法事实,受损方才能向违约方提出索赔。

(3) 索赔必须建立在损害后果已客观存在的基础上,不论是经济损失或权利损害,没有损失的事实而提出索赔是不能成立的。经济损失是指因对方因素造成合同外的额外支出,如人工费、机械费、材料费、管理费等额外开支;权利损害是指虽然没有经济上的损失,但造成了一方权利上的损害,如由于恶劣气候条件对工程进度的不利影响,承包商有权要求工期延长等。

(4) 索赔应采用明示的方式,即索赔应该有书面文件,索赔的内容和要求应该明确而肯定。

(5) 索赔是一种未经过对方的单方行为。

10.5.2 索赔的起因及根据

引起工程索赔的原因非常多和复杂,大致可以从以下几个方面进行分析。

(1) 合同文件引起的索赔。

① 合同文件的组成问题引起索赔;

② 合同缺陷引起的索赔。

(2) 不可抗力和不可预见因素引起的索赔。

① 不可抗力的自然灾害;

② 不可抗力的社会因素;

③ 不可预见的外界条件;

④ 施工中遇到地下文物或构筑物。

(3) 业主方原因引起的索赔。

① 拖延提供施工场地及通道;

② 拖延支付工程款;

③ 指定分包商违约;

④ 业主提前占有部分永久工程;

⑤ 业主要求加速施工;

⑥ 业主提供的原始资料和数据有差错。

(4) 工程师原因引起的索赔。

① 延误提供图纸或拖延审批图纸;

② 其他承包商的干扰；
③ 重新检验和检查；
④ 工程质量要求过高；
⑤ 对承包商的施工进行不合理干预；
⑥ 暂停施工；
⑦ 提供的测量基准有差错。
(5) 价格调整引起的索赔。
(6) 法规变化引起的索赔。

10.5.3 索赔的程序

索赔程序是指从索赔事件产生到最终处理全过程所包括的工作内容和工作步骤。索赔工作实质上是承包商和业主在分担工程风险方面的重新分配过程，涉及双方的经济利益，是一项繁琐、细致、耗费精力和时间的过程。因此，合同双方必须严格按照合同规定办事，按合同规定的索赔程序工作，才能获得成功的索赔。

在实际工作中，承包商向业主提出索赔的工作程序一般可分为如下几个主要步骤：

1) 索赔的提出

(1) 索赔意向书

在工程实施过程中，一旦发生索赔事件，承包商应在规定的时间内及时向业主或工程师提出索赔意向通知，目的是要求业主及时采取措施消除或减轻索赔起因，以减少损失，并促使合同双方重视收集索赔事件的情况和证据，以利于索赔的处理。

索赔意向的提出是索赔工作程序中的第一步，其关键是抓住索赔机会，及时提出索赔意向。

我国建设工程施工合同条件及 FIDIC 合同条件都规定：承包商应在索赔事件发生后的 28 天内，将其索赔意向通知工程师。如果承包商没有在规定的期限内提出索赔意向或通知，承包商则会丧失在索赔中的主动和有利地位，业主和工程师也有权拒绝承包商的索赔要求，这是索赔成立的有效和必备条件之一。因此，承包商应避免合理的索赔要求由于未能遵守索赔时限的规定而导致无效。

(2) 索赔申请报告

承包商必须在合同规定的索赔时限内向业主或工程师提交正式的书面索赔报告，其内容一般应包括索赔事件的发生情况与造成损害的情况，索赔的理由和根据、索赔的内容和范围、索赔额度的计算依据与方法等，并附上必要的记录和证明材料。

我国建设工程施工合同条件和FIDIC合同条件都规定,承包商必须在发出索赔意向通知后的28天内或经工程师同意的其他合理时间内,向工程师提交一份详细的索赔报告。如果索赔事件对工程的影响持续时间长,则承包商还应向工程师每隔一段时期提交中间索赔申请报告,并在索赔事件影响结束后28天内,向业主或工程师提交最终索赔申请报告。

2) 索赔报告的审核

工程师根据业主的委托和授权,对承包商索赔报告的审核工作主要为判定索赔事件是否成立和核查承包商的索赔计算是否正确合理两方面,并在业主授权范围内作出自己独立的判断。

承包商索赔要求的成立必须同时具备下列四个条件:

(1) 与合同相比较已经造成了实际的额外费用增加或工期损失;

(2) 造成费用增加或工期损失的原因不是由于承包商自身的过失所造成;

(3) 这种经济损失或权利损害也不是应由承包商应承担的风险所造成;

(4) 承包商在合同规定的期限内提交了书面的索赔意向通知和索赔报告。

上述四个条件必须同时具备,承包商的索赔才能成立。其后工程师对索赔报告的审查分两步进行:

第一步,重点审查承包商的索赔要求是否有理有据,即承包商的索赔要求是否有合同依据,所受损失是否确属不应由承包商负责的原因造成,提供的证据是否足以证明索赔要求成立,是否需要提交其他补充材料等。

第二步,以公正的、科学的态度,审查并核算承包商的索赔值计算,分清责任,剔除承包商索赔值计算中的不合理部分,确定索赔金额和工期延长天数。

我国建设工程合同条件规定,工程师在收到承包人送交的索赔报告和有关资料后于28天内给予答复,或要求承包人进一步补充索赔理由和证据。工程师在收到承包人送交的索赔报告和有关资料后28天内未予答复或未对承包人作进一步要求,视为该索赔报告已经认可。

3) 索赔的处理

在经过认真分析研究,并与承包人、业主广泛讨论后,工程师应向业主和承包人提出自己的《索赔处理决定》。

工程师在《索赔处理决定》中应该简明地叙述索赔事件、理由和建议给予补偿的金额及(或)延长的工期。

工程师还需提出《索赔评价报告》,作为《索赔处理决定》的附件。该评价报告根据工程师所掌握的实际情况详细叙述索赔事实依据、合同及法律依据,论述承包人索赔的合理方面及不合理方面,详细计算应给予的补偿。《索赔评价报告》是工程师站在公正的立场上独立编制的。

通常,工程师的处理决定不是终局性的,对业主和承包人都不具有强制性的约束力。在收到工程师的《索赔处理决定》后，无论业主还是承包人，如果认为该处理决定不公正，都可以在合同规定的时间内提示工程师重新考虑。工程师不得拒绝这种要求。一般来说，对工程师的处理决定，业主不满意的情况很少，而承包人不满意的情况较多。承包人如果持有异议，他应该提供进一步的证明材料，向工程师进一步说明为什么觉得其决定是不合理的。有时甚至需要重新提交索赔申请报告，对原报告作一些修正、补充或作进一步让步。如果工程师仍然坚持原来的决定，或承包人对工程师的新决定仍不满意，则可以按合同中的仲裁条款提交仲裁机构仲裁。

4）业主审查索赔处理

当工程师的索赔额超过其权限范围时，必须报请业主批准。

业主首先根据事件发生的原因、责任范围、合同条款审核承包商的索赔申请和工程师的处理报告，再依据工程建设的目的、投资控制、竣工投产期要求以及针对承包人在施工中的缺陷或违反合同规定等的有关情况，决定是否批准工程师的处理意见。

索赔报告经业主批准后，工程师即可签发有关证书。

5）承包人是否接受最终索赔处理

承包人接受最终的索赔处理决定，索赔事件的处理即告结束。如果承包人不同意，就会导致合同争议。应该强调，合同各方应该争取以友好协商的方式解决索赔问题，不要轻易提交仲裁。因为对工程争议的仲裁往往是非常复杂的，要花费大量的人力、物力、财力和时间，会对工程建设会带来不利影响，有时甚至是很严重的。

10.5.4 索赔报告及其编写

索赔报告的具体内容，随索赔事件的性质和特点而有所不同。但从报告的必要内容与文字方面而论，一个完整的索赔报告应包括以下四部分内容：

1）总论部分

一般包括以下内容：

（1）序言；

（2）索赔事项概述；

（3）具体索赔要求；

（4）索赔报告编写及审核人员名单。

总论部分的阐述要简明扼要、说明问题。

2）根据部分

本部分主要是说明自己具有的索赔权利，这是索赔能否成立的关键。根据部分的内容主要来自该工程项目的合同文件，并参照工程项目业主所在国的法律法规。该部分中承包商应引用合同中的具体条款,说明自己理应获得经济补偿或(和)工期延长。

根据部分的具体内容随各个索赔事件的特点而不同。一般地说,根据部分应包括以下内容:

(1)索赔事件的发生情况;
(2)已提交索赔意向书的情况;
(3)索赔事件的处理过程;
(4)索赔要求的合同依据;
(5)所附的证据资料。

在写法结构上,按照索赔事件发生、发展、处理和最终解决的过程来编写,并明确地全文引用有关的合同条款,使业主和工程师能历史地、逻辑地了解索赔事件的始末,并充分认识该索赔要求的合理性和合法性。

3)计算部分

索赔计算的目的,是以具体的计算方法和计算过程,说明自己应得到的经济补偿的款项或工期延长时间。如果说根据部分的任务是解决索赔能否成立,则计算部分的任务就是决定应得到多少经济或时间的补偿。

在款额计算部分,承包商应阐明下列问题:

(1)索赔款的要求总额;
(2)各项索赔款的计算,如额外开支的人工费、材料费、设备费、管理费和所失利润;
(3)指明各项开支的计算依据及证据资料。

承包人首先应注意采用合适的计算方法。至于采用哪一种计价法,应根据索赔事件的特点及自己所掌握的证据资料等因素来确定。其次,应注意每项开支款的合理性,并指出相应的证据资料的名称及编号。切忌采用笼统的计价方法和不实的开支款额。

4)证据部分

证据部分应该包括索赔事件所涉及的一切证据资料,以及对这些证据的说明。证据是索赔报告的重要组成部分,没有翔实可靠的证据,索赔是不能成功的。

索赔证据资料的范围很广,可能包括工程项目实施过程中所涉及的有关政治、经济、技术、财务资料。如工程所在国(地)政治经济资料、施工现场记录报表及来往函件、工程财务报表等。

在引用证据时,要注意该证据的效力或可信程度。为此,对重要的证据资料最好附以文字证明或确认件。

索赔报告是具有法律效力的正规书面文件。对重大的索赔,最好在律师或索赔专家的指导下进行。编写索赔报告的一般要求有以下几个方面:

（1）索赔事件应该真实

索赔报告中所提出的索赔事件，必须有可靠的证据来证明。对索赔事件的叙述，必须明确、肯定，不应有任何估计和猜测。

（2）责任分析应清楚、准确、有根据

索赔报告应认真仔细分析事件的责任，明确指出索赔所依据的合同条款或法律文件，且说明承包人的索赔是完全按照合同规定程序进行的。

（3）充分论证事件造成承包人的实际损失

索赔的原则是赔偿由索赔事件引起的承包人所遭受的实际损失，所以索赔报告中应强调由于索赔事件影响，使承包人在实施工程中所受到干扰的严重程度，以致工期拖延、费用增加；并充分论证索赔事件的影响与实际损失之间的直接因果关系。报告中还应说明承包人为了避免和减轻索赔事件影响和损失已尽了最大的努力，采取了所能采取的措施及其成果。

（4）索赔计算必须合理、正确

要采用合适的计算方法和准确的数据，正确地计算出应取得的经济补偿款额或工期延长时间。计算应力求避免漏项或重复；不得出现计算上的错误。

（5）文字要精练、条理要清楚、语气要中肯

索赔报告必须简洁明了、条理清楚、结论明确、有逻辑性。索赔证据和索赔值的计算应详细、清晰，没有差错而又不显繁琐，语气措辞应中肯，在论述事件的责任及索赔根据时，所用词语要肯定，忌用"大概""一定程度""可能"等词汇；在提出索赔要求时，语气要恳切，忌用强硬或命令式的口气。

复习思考题

1. 什么是建设工程合同？建设工程合同有哪些？
2. 项目合同的签订程序是什么？每个阶段的特点是什么？
3. 订立工程合同的原则和要求有哪些？
4. 简述工程合同文件的组成及主要条款。
5. 项目合同签订程序中的两个基本阶段是什么？以你的经验，说明这两个阶段是必需的。
6. 简述工程合同的变更、转让和解除。
7. 项目合同的履行有哪些方式？各有什么特点？
8. 解决项目合同纠纷主要有哪几种形式？每种方式各有什么特点？
9. 简述工程项目索赔的起因、分类及索赔程序。

11 工程项目职业健康安全与环境管理

随着人类社会进步和科技发展,职业健康安全与环境的问题越来越受关注。为了保证劳动者在劳动生产过程中的健康安全和保护人类的生存环境,必须加强职业健康安全与环境管理。

11.1 职业健康安全管理体系与环境管理体系

根据《职业健康安全管理体系要求》(GB/T 28001—2011)和《环境管理体系要求及使用指南》(GB/T 24001—2004),职业健康安全管理和环境管理都是组织管理体系的一部分,其管理的主体是组织,管理的对象是一个组织的活动、产品或服务中能与职业健康安全发生相互作用的不健康、不安全的条件和因素,以及能与环境发生相互作用的要素。

根据《职业健康安全管理体系要求》(GB/T 28001—2011)的定义,职业健康安全是指影响或可能影响工作场所内的员工或其他工作人员(包括临时工和承包方员工)、访问者或任何其他人员的健康安全的条件和因素。

在《环境管理体系要求及使用指南》(GB/T 24001—2004)中,环境是指"组织运行活动的外部存在,包括空气、水、土地、自然资源、植物、动物、人,以及它(他)们之间的相互关系"。这个定义是以组织运行活动为主体,其外部存在主要是指人类认识到的、直接或间接影响人类生存的各种自然因素及其相互关系。

11.1.1 职业健康安全管理体系和环境管理体系的结构和模式

1)职业健康安全管理体系的结构和模式

(1)职业健康安全管理体系的结构

《职业健康安全管理体系要求》(GB/T 28001—2011)有关职业健康安全管理体系的结构由"范围""规范性引用文件""术语和定义"和"职业健康安全管理体系要求"四部分组成,如图11.1。

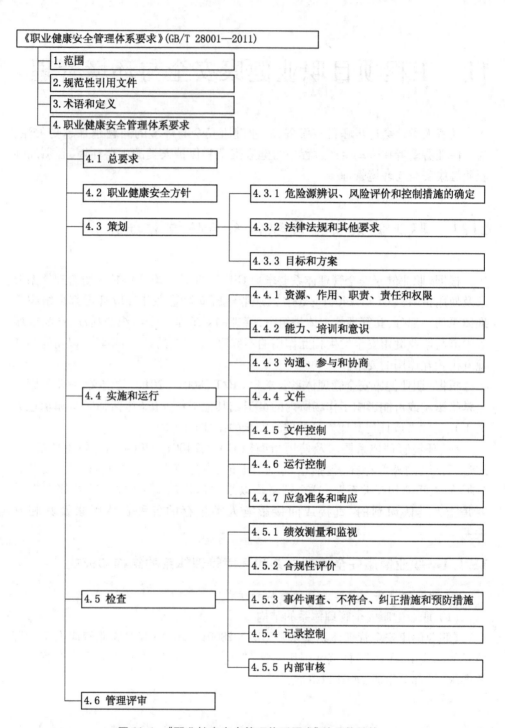

图 11.1 《职业健康安全管理体系要求》的总体结构

"范围"中规定了管理体系标准中的一般要求,指出"本标准中的所有要求旨在被纳入到任何职业健康安全管理体系中。其应用程度取决于组织的职业健康安全方针、活动性质、运行的风险与复杂性等因素。本标准旨在针对职业健康安全,而非诸如员工健身或健康计划、产品安全、财产损失或环境影响等其他方面的健康和安全。"

(2) 职业健康安全管理体系的运行模式

现代职业健康安全管理,强调按系统理论管理职业健康安全及其相关事务,以达到预防和减少生产事故和劳动疾病的目的。为适应现代职业健康安全管理的需要,《职业健康安全管理体系要求》(GB/T 28001—2011)在确定职业健康安全管理体系模式时,采用了戴明模型,即一种动态循环并螺旋上升的系统化管理模式。职业健康安全管理体系运行模式包括5个环节:职业健康安全方针、策划、实施和运行、检查和纠正措施、管理评审,如图11.2。

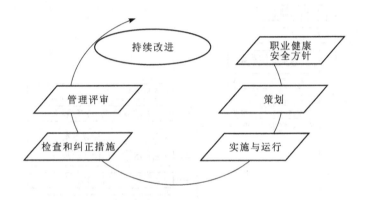

图 11.2　职业健康安全管理体系运行模式

(3) 各要素之间的相互关系

职业健康安全管理体系包括17个基本要素,这17个要素的相互关系、相互作用共同有机地构成了职业健康安全管理体系的整体。

为了更好地理解职业健康安全管理体系要素间的关系,可将其分为两类,一类是体现主体框架和基本功能的核心要素,另一类是支持主体框架和保证实现基本功能的辅助性要素。

核心要素包括以下10个要素:职业健康安全方针;对危险源辨识、风险评价和控制措施的确定;法律法规和其他要求;目标和方案;资源、作用、职责、责任和权限;合规性评价;运行控制;绩效测量和监视;内部审核;管理评审。

7个辅助性要素包括:能力、培训和意识;沟通、参与和协商;文件;文件控制;应急准备和响应;事件调查、不符合、纠正措施和预防措施;记录控制。

2）环境管理体系的结构和模式

（1）环境管理体系的结构

组织在环境管理中,应建立环境管理的方针和目标,识别与组织运行活动有关的危险源及其危险,通过环境影响评价,对可能产生重大环境影响的环境因素采取措施进行管理和控制。

根据《环境管理体系要求及使用指南》(GB/T 24001—2004),组织应根据本标准的要求建立环境管理体系,形成文件,实施、保持和持续改进环境管理体系,并确定它将如何实现这些要求。组织应确定环境管理体系覆盖的范围并形成文件。

《环境管理体系要求及使用指南》(GB/T 24001—2004)的结构由"范围""引用标准""定义"和"环境管理体系要求"四部分组成,如图11.3。

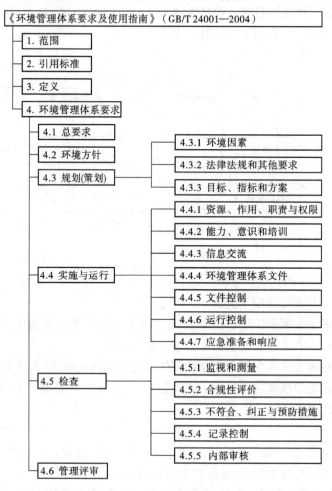

图11.3 《环境管理体系要求及使用指南》结构

"范围"中指出,本标准旨在其所有的要求都能纳入任何一个环境管理体系。其应用程度取决于诸如组织的环境方针、活动、产品和服务的性质、运行场所的条件等因素。"环境管理体系要求"指出了管理体系的全部具体内容。

(2) 环境管理体系的运行模式

《环境管理体系要求及使用指南》(GB/T 24001—2004)是环境管理体系系列标准的主要标准,也是在环境管理体系标准中唯一可供认证的管理标准。

图11.4给出了环境管理体系的运行模式,该模式为环境管理体系提供了一套系统化的方法,指导其组织合理有效地推行环境管理工作。该模式是由"策划、实施、检查、评审和改进"构成的动态循环过程,与戴明的PDCA循环模式是一致的。

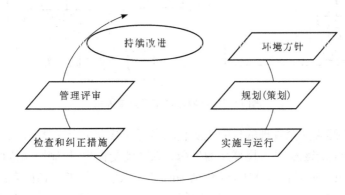

图11.4 环境管理体系运行模式

(3) 各内容要素之间的相互关系

环境管理体系包括17个内容要素,其具体内容及相互关系见图11.5。

从图中可以看出,体系中的一部分要素构成主体框架,是体现其基本功能的核心要素,另一部分是对主体框架起支持作用,实现基本功能起保证作用的辅助性要素。

核心要素是10个,包括:环境方针;环境因素;法律法规与其他要求;目标、指标和方案;资源、作用、职责与权限;运行控制;监测与测量;合规性评价;内部审核;管理评审。其余7个要素为辅助性要素。

11.1.2 工程项目职业健康安全与环境管理的目的

1) 工程项目职业健康安全管理的目的

职业健康安全管理的目的是在生产活动中,通过职业健康安全生产的管理活动,对影响生产的具体因素进行状态控制,使生产因素中的不安全行为和状态尽可能减少或消除,且不引发事故,以保证生产活动中人员的健康和安全。对于建设工

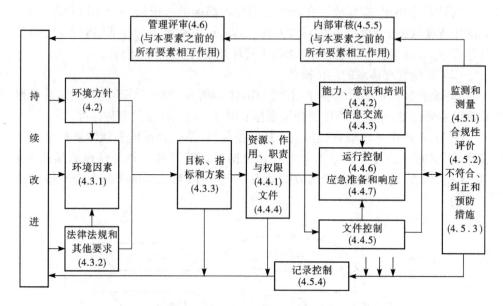

图 11.5 环境管理体系要素关系

程项目,职业健康安全管理的目的是防止和尽可能减少生产安全事故、保护产品生产者的健康与安全、保障人民群众的生命和财产免受损失;控制影响或可能影响工作场所内的员工或其他工作人员(包括临时工和承包方员工)、访问者或任何其他人员的健康安全的条件和因素;避免因管理不当对在组织控制下工作的人员健康和安全造成危害。

2) 工程项目环境管理的目的

环境保护是我国的一项基本国策。环境管理的目的是保护生态环境,使社会的经济发展与人类的生存环境相协调。对于建设工程项目,环境保护主要是指保护和改善施工现场的环境。企业应当遵照国家和地方的相关法律法规以及行业和企业自身的要求,采取措施控制施工现场的各种粉尘、废水、废气、固体废弃物以及噪声、振动对环境的污染和危害,并且要注意节约资源和避免资源的浪费。

11.1.3 工程项目职业健康安全与环境管理的特点和要求

1) 工程项目职业健康安全与环境管理的特点

依据建设工程产品的特性,工程项目职业健康安全与环境管理有以下特点:

(1) 复杂性。建设项目的职业健康安全和环境管理涉及大量的露天作业,受到气候条件、工程地质和水文地质、地理条件和地域资源等不可控因素的影响较大。

(2) 多变性。一方面是项目建设现场材料、设备和工具的流动性大;另一方面由于技术进步,项目不断引入新材料、新设备和新工艺,这都加大了相应的管理难度。

（3）协调性。项目建设涉及的工种众多，包括大量的高空作业、地下作业、用电作业、爆破作业、施工机械、起重作业等较危险的工程，并且各工种经常需要交叉或平行作业。

（4）持续性。项目建设一般具有建设周期长的特点，从设计、实施直至投产阶段，诸多工序环环相扣。前一道工序的隐患，可能在后续的工序中暴露，酿成安全事故。

（5）经济性。产品的时代性、社会性与多样性决定环境管理的经济性。

（6）多样性。产品的时代性和社会性决定了环境管理的多样性。

2）工程项目职业健康安全与环境管理的要求

（1）建设工程项目决策阶段

建设单位应按照有关建设工程法律法规的规定和强制性标准的要求，办理各种有关安全与环境保护方面的审批手续。对需要进行环境影响评价或安全预评价的建设工程项目，应组织或委托有相应资质的单位进行建设工程项目环境影响评价和安全预评价。

（2）建设工程设计阶段

设计单位应按照有关建设工程法律法规的规定和强制性标准的要求，进行环境保护设施和安全设施的设计，防止因设计考虑不周而导致生产安全事故的发生或对环境造成不良影响。

在进行工程设计时，设计单位应当考虑施工安全和防护需要，对涉及施工安全的重点部分和环节在设计文件中应进行注明，并对防范生产安全事故提出指导意见。

对于采用新结构、新材料、新工艺的建设工程和特殊结构的建设工程，设计单位应在设计中提出保障施工作业人员安全和预防生产安全事故的措施建议。

在工程总概算中，应明确工程安全环保设施费用、安全施工和环境保护措施费等。

设计单位和注册建筑师等执业人员应当对其设计负责。

（3）建设工程施工阶段

建设单位在申请领取施工许可证时，应当提供建设工程有关安全施工措施的资料。

对于依法批准开工报告的建设工程，建设单位应当自开工报告批准之日起15日内，将保证安全施工的措施报送建设工程所在地的县级以上人民政府建设行政主管部门或者其他有关部门备案。

对于应当拆除的工程，建设单位应当在拆除工程施工15日前，将拆除施工单位资质等级证明，拟拆除建筑物、构筑物及可能涉及毗邻建筑的说明，拆除施工组织方案，堆放、清除废弃物的措施的资料报送建设工程所在地的县级以上的地方人民政府主管部门或者其他有关部门备案。

施工企业在其经营生产的活动中必须对本企业的安全生产负全面责任。企业的代表人是安全生产的第一负责人,项目经理是施工项目生产的主要负责人。施工企业应当具备安全生产的资质条件,取得安全生产许可证的施工企业应设立安全机构,配备合格的安全人员,提供必要的资源;要建立健全职业健康安全体系以及有关的安全生产责任制和各项安全生产规章制度。对项目要编制切合实际的安全生产计划,制定职业健康安全保障措施;实施安全教育培训制度,不断提高员工的安全意识和安全生产素质。

建设工程实行总承包的,由总承包单位对施工现场的安全生产负责并自行完成工程主体结构的施工。分包单位应当接受总承包单位的安全生产管理,分包合同中应当明确各自的安全生产方面的权利、义务。分包单位不服从管理导致生产安全事故的,由分包单位承担主要责任,总承包和分包单位对分包工程的安全生产承担连带责任。

(4)项目验收试运行阶段

项目竣工后,建设单位应向审批建设工程项目环境影响报告书、环境影响报告或者环境影响登记表的环境保护行政主管部门申请,对环保设施进行竣工验收。环保行政主管部门应在收到申请环保设施竣工验收之日起 30 日内完成验收。验收合格后,才能投入生产和使用。

对于需要试生产的建设工程项目,建设单位应当在项目投入试生产之日起 3 个月内向环保行政主管部门申请对其项目配套的环保设施进行竣工验收。

11.2 工程项目职业健康安全生产管理

11.2.1 建设工程安全生产管理制度

由于建设工程规模大、周期长、参与人数多、环境复杂多变,安全生产的难度很大。因此,通过建立各项制度,规范建设工程的生产行为,对于提高建设工程安全生产水平是非常重要的。

《建筑法》、《中华人民共和国安全生产法》(以下简称《安全生产法》)、《安全生产许可证条例》、《建设工程安全生产管理条例》、《建筑施工企业安全生产许可证管理规定》等建设工程相关法律法规和部门规章对政府部门、有关企业及相关人员的建设工程安全生产和管理行为进行了全面的规范,确立了一系列建设工程安全生产管理制度。现阶段正在执行的主要安全生产管理制度包括:安全生产责任制度;安全生产许可证制度;政府安全生产监督检查制度;安全生产教育培训制度;安全措施计划制度;特种作业人员持证上岗制度;专项施工方案专家论证制度;

危及施工安全工艺、设备、材料淘汰制度;施工起重机械使用登记制度;安全检查制度;生产安全事故报告和调查处理制度;"三同时"制度;安全预评价制度;意外伤害保险制度等。

1) 安全生产责任制度

安全生产责任制是最基本的安全管理制度,是所有安全生产管理制度的核心。安全生产责任制是按照安全生产管理方针和"管生产的同时必须管安全"的原则,将各级负责人员、各职能部门及其工作人员和各岗位生产工人在安全生产方面应做的事情及应负的责任加以明确规定的一种制度。具体来说,就是将安全生产责任分解到相关单位的主要负责人、项目负责人、班组长以及每个岗位的作业人员身上。

根据《建设工程安全生产管理条例》和《建筑施工安全检查标准》的相关规定,安全生产责任制度的主要内容如下:

(1) 安全生产责任制度主要包括企业主要负责人的安全责任,负责人或其他副职的安全责任,项目负责人(项目经理)的安全责任,生产、技术、材料等各职能管理负责人及其工作人员的安全责任,技术负责人(工程师)的安全责任、专职安全生产管理人员的安全责任,施工员的安全责任,班组长的安全责任和岗位人员的安全责任等。

(2) 项目应对各级、各部门安全生产责任制规定检查和考核办法,并按规定期限进行考核,对考核结果及兑现情况应有记录。

(3) 项目独立承包的工程在签订承包合同中必须有安全生产工作的具体指标和要求。工程由多单位施工时,总分包单位在签订分包合同的同时要签订安全生产合同(协议),签订合同前要检查分包单位的营业执照、企业资质证、安全资格证等。分包队伍的资质应与工程要求相符,在安全合同中应明确总分包单位各自的安全职责。原则上,实行总承包的由总承包单位负责,分包单位向总包单位负责,服从总包单位对施工现场的安全管理,分包单位在其分包范围内建立施工现场安全生产管理制度,并组织实施。

(4) 项目的主要工种应有相应的安全技术操作规程,砌筑、抹灰、混凝土、木工、电工、钢筋、机械、起重司机、信号指挥、脚手架、水暖、油漆、塔吊、电梯、电气焊等工种,特殊作业应另行补充。应将安全技术操作规程列为日常安全活动和安全教育的主要内容,并应悬挂在操作岗位前。

(5) 工程项目部专职安全人员的配备应按住建部的规定,10 000 m^2 以下工程 1 人;10 000~50 000 m^2 的工程不少于 2 人;50 000 m^2 以上的工程不少于 3 人。

2) 安全生产许可证制度

《安全生产许可证条例》规定国家对建筑施工企业实施安全生产许可证制度。其目的是为了严格规范安全生产条件,进一步加强安全生产监督管理,防止和减少生产安全事故。

国务院建设主管部门负责中央管理的建筑施工企业安全生产许可证的颁发和管理；其他企业由省、自治区、直辖市人民政府建设主管部门进行颁发和管理，并接受国务院建设主管部门的指导和监督。

企业进行生产前，应当依照该条例的规定向安全生产许可证颁发管理机关申请领取安全生产许可证，并提供该条例第六条规定的相关文件、资料。安全生产许可证颁发管理机关应当自收到申请之日起 4～5 日内审查完毕，经审查符合该条例规定的安全生产条件的，颁发安全生产许可证；不符合该条例规定的安全生产条件的，不予颁发安全生产许可证，书面通知企业并说明理由。

安全生产许可证的有效期为 3 年。安全生产许可证有效期满需要延期的，企业应当于期满前 3 个月向原安全生产许可证颁发管理机关办理延期手续。

企业在安全生产许可证有效期内，严格遵守有关安全生产的法律法规，未发生死亡事故的，安全生产许可证有效期届满时，经原安全生产许可证颁发管理机关同意，不再审查，安全生产许可证有效期延期 3 年。

企业不得转让、冒用安全生产许可证或者使用伪造的安全生产许可证。

3）政府安全生产监督检查制度

政府安全监督检查制度是指国家法律、法规授权的行政部门，代表政府对企业的安全生产过程实施监督管理。《建设工程安全生产管理条例》第五章"监督管理"对建设工程安全监督管理的规定内容如下：

（1）国务院负责安全生产监督管理的部门依照《中华人民共和国安全生产法》的规定，对全国建设工程安全生产工作实施综合监督管理。

（2）县级以上地方人民政府负责安全生产监督管理的部门依照《中华人民共和国安全生产法》的规定，对本行政区域内建设工程安全生产工作实施综合监督管理。

（3）国务院建设行政主管部门对全国的建设工程安全生产实施监督管理。国务院铁路、交通、水利等有关部门按照国务院规定的职责分工，负责有关专业建设工程安全生产的监督管理。

（4）县级以上地方人民政府建设行政主管部门对本行政区域内的建设工程安全生产实施监督管理。县级以上地方人民政府交通、水利等有关部门在各自的职责范围内，负责本行政区域内的专业建设工程安全生产的监督管理。

（5）县级以上人民政府负有建设工程安全生产监督管理职责的部门在各自的职责范围内履行安全监督检查职责时，有权纠正施工中违反安全生产要求的行为，责令立即排除检查中发现的安全事故隐患，对重大隐患可以责令暂时停止施工。建设行政主管部门或者其他有关部门可以将施工现场安全监督检查委托给建设工程安全监督机构具体实施。

4）安全生产教育培训制度

企业安全生产教育培训一般包括对管理人员、特种作业人员和企业员工的安全教育。

(1) 管理人员的安全教育

企业法定代表人安全教育的主要内容包括：

① 国家有关安全生产的方针、政策、法律、法规及有关规章制度；

② 安全生产管理职责、企业安全生产管理知识及安全文化；

③ 有关事故案例及事故应急处理措施等。

项目经理、技术负责人和技术干部安全教育的主要内容包括：

① 安全生产方针、政策和法律、法规；

② 项目经理部安全生产责任；

③ 典型事故案例剖析；

④ 本系统安全及其相应的安全技术知识。

行政管理干部安全教育的主要内容包括：

① 安全生产方针、政策和法律、法规；

② 基本的安全技术知识；

③ 本职的安全生产责任。

企业安全管理人员安全教育内容应包括：

① 国家有关安全生产的方针、政策、法律、法规和安全生产标准；

② 企业安全生产管理、安全技术、职业病知识、安全文件；

③ 员工伤亡事故和职业病统计报告及调查处理程序；

④ 有关事故案例及事故应急处理措施。

班组长和安全员的安全教育内容包括：

① 安全生产法律、法规、安全技术及技能、职业病和安全文化的知识；

② 本企业、本班组和工作岗位的危险因素、安全注意事项；

③ 本岗位安全生产职责；

④ 典型事故案例；

⑤ 事故抢救与应急处理措施。

(2) 特种作业人员的安全教育

根据《特种作业人员安全技术培训考核管理规定》(国家安全生产监督管理总局令第30号)，特种作业，是指容易发生事故，对操作者本人、他人的安全健康及设备、设施的安全可能造成重大危害的作业。特种作业人员，是指直接从事特种作业的从业人员。

特种作业人员必须经专门的安全技术培训并考核合格，取得《中华人民共和国特种作业操作证》后，方可上岗作业。

特种作业人员应当接受与其所从事的特种作业相应的安全技术理论培训和实际操作培训。已经取得职业高中、技工学校及中专以上学历的毕业生从事与其所学专业相应的特种作业,持学历证明经考核发证机关同意,可以免予相关专业的培训。

跨省、自治区、直辖市从业的特种作业人员,可以在户籍所在地或者从业所在地参加培训。

(3) 企业员工的安全教育

企业员工的安全教育主要有新员工上岗前的三级安全教育、改变工艺和变换岗位安全教育、经常性安全教育三种形式。

① 新员工上岗前的三级安全教育

三级安全教育通常是指进厂、进车间、进班组三级,对建设工程来说,具体指企业(公司)、项目(或工区、工程处、施工队)、班组三级。

企业新员工上岗前必须进行三级安全教育,企业新员工须按规定通过三级安全教育和实际操作训练,并经考核合格后方可上岗。

企业(公司)级安全教育由企业主管领导负责,企业职业健康安全管理部门会同有关部门组织实施,内容应包括安全生产法律、法规、通用安全技术、职业卫生和安全文化的基本知识,本企业安全生产规章制度及状况、劳动纪律和有关事故案例等内容。

项目(或工区、工程处、施工队)级安全教育由项目级负责人组织实施,专职或兼职安全员协助,内容包括工程项目的概况,安全生产状况和规章制度,主要危险因素及安全事项,预防工伤事故和职业病的主要措施,典型事故案例及事故应急处理措施等。

班组级安全教育由班组长组织实施,内容包括遵章守纪,岗位安全操作规程,岗位间工作衔接配合的安全生产事项,典型事故及发生事故后应采取的紧急措施,劳动防护用品(用具)的性能及正确使用方法等内容。

② 改变工艺和变换岗位时的安全教育

企业(或工程项目)在实施新工艺、新技术或使用新设备、新材料时,必须对有关人员进行相应级别的安全教育,要按新的安全操作规程教育和培训参加操作的岗位员工和有关人员,使其了解新工艺、新设备、新产品的安全性能及安全技术,以适应新的岗位作业的安全要求。

当组织内部员工发生从一个岗位调到另外一个岗位,或从某工种改变为另一工种,或因放长假离岗一年以上重新上岗的情况,企业必须进行相应的安全技术培训和教育,以使其掌握现岗位安全生产特点和要求。

无论何种教育都不可能是一劳永逸的,安全教育同样如此,必须坚持不懈、经常不断地进行,这就是经常性安全教育。在经常性安全教育中,安全思想、安全态度教育最重要。进行安全思想、安全态度教育,要通过采取多种多样形式的安全教育活动,激发员工搞好安全生产的热情,促使员工重视和真正实现安全生产。经常性安全教育的形式有:每天的班前班后会上说明安全注意事项;安全活动日;安全生产会议;事故现场会;张贴安全生产招贴画、宣传标语及标志等。

5) 安全措施计划制度

安全措施计划制度是指企业进行生产活动时,必须编制安全措施计划,它是企业有计划地改善劳动条件和安全卫生设施,防止工伤事故和职业病的重要措施之一,对企业加强劳动保护,改善劳动条件,保障职工的安全和健康,促进企业生产经营的发展都起着积极作用。安全措施计划的具体内容详见11.2.2。

6) 特种作业人员持证上岗制度

《建设工程安全生产管理条例》第二十五条规定:垂直运输机械作业人员、起重机械安装拆卸工、爆破作业人员、起重信号工、登高架设作业人员等特种作业人员,必须按照国家有关规定经过专门的安全作业培训,并取得特种作业操作资格证书后,方可上岗作业。

特种作业人员必须按照国家有关规定经过专门的安全作业培训,并取得特种作业操作资格证书后,方可上岗作业。专门的安全作业培训,是指由有关主管部门组织的专门针对特种作业人员的培训,也就是特种作业人员在独立上岗作业前,必须进行与本工种相适应的、专门的安全技术理论学习和实际操作训练。经培训考核合格,取得特种作业操作资格证书后,才能上岗作业。特种作业操作资格证书在全国范围内有效,离开特种作业岗位一定时间后,应当按照规定重新进行实际操作考核,经确认合格后方可上岗作业。对于未经培训考核,即从事特种作业的,条例第六十二条规定了行政处罚;造成重大安全事故,构成犯罪的,对直接责任人员,依照刑法的有关规定追究刑事责任。

特种作业操作证由安全监管总局统一式样、标准及编号。特种作业操作证有效期为6年,在全国范围内有效。特种作业操作证每3年复审1次。特种作业人员在特种作业操作证有效期内,连续从事本工种10年以上,严格遵守有关安全生产法律法规的,经原考核发证机关或者从业所在地考核发证机关同意,特种作业操作证的复审时间可以延长至每6年1次。特种作业操作证申请复审或者延期复审前,特种作业人员应当参加必要的安全培训并考试合格。安全培训时间不少于8个学时,主要培训法律、法规、标准、事故案例和有关新工艺、新技术、新装备等知识。

7) 专项施工方案专家论证制度

依据《建设工程安全生产管理条例》第二十六条的规定:施工单位应当在施工组织设计中编制安全技术措施和施工现场临时用电方案,对下列达到一定规模的危险性较大的分部分项工程编制专项施工方案,并附具安全验算结果,经施工单位技术负责人、总监理工程师签字后实施,由专职安全生产管理人员进行现场监督,包括基坑支护与降水工程;土方开挖工程;模板工程;起重吊装工程;脚手架工程;拆除、爆破工程;国务院建设行政主管部门或者其他有关部门规定的其他危险性较大的工程。

对上述所列工程中涉及深基坑、地下暗挖工程、高大模板工程的专项施工方案,施工单位还应当组织专家进行论证、审查。

8) 危及施工安全工艺、设备、材料淘汰制度

严重危及施工安全的工艺、设备、材料是指不符合生产安全要求,极有可能导致生产安全事故发生,致使人民生命和财产遭受重大损失的工艺、设备和材料。

《建设工程安全生产管理条例》第四十五条规定:"国家对严重危及施工安全的工艺、设备、材料实行淘汰制度。具体目录由我部会同国务院其他有关部门制定并公布。"本条明确规定,国家对严重危及施工安全的工艺、设备和材料实行淘汰制度。这一方面有利于保障安全生产;另一方面也体现了优胜劣汰的市场经济规律,有利于提高生产经营单位的工艺水平,促进设备更新。

根据本条的规定,对严重危及施工安全的工艺、设备和材料,实行淘汰制度,需要国务院建设行政主管部门会同国务院其他有关部门确定哪些是严重危及施工安全的工艺、设备和材料,并且以明示的方法予以公布。对于已经公布的严重危及施工安全的工艺、设备和材料,建设单位和施工单位都应当严格遵守和执行,不得继续使用此类工艺和设备,也不得转让他人使用。

9) 施工起重机械使用登记制度

《建设工程安全生产管理条例》第三十五条规定:"施工单位应当自施工起重机械和整体提升脚手架、模板等自升式架设设施验收合格之日起三十日内,向建设行政主管部门或者其他有关部门登记。登记标志应当置于或者附着于该设备的显著位置。"

这是对施工起重机械的使用进行监督和管理的一项重要制度,能够有效防止不合格机械和设施投入使用;同时,还有利于监管部门及时掌握施工起重机械和整体提升脚手架、模板等自升式架设设施的使用情况,以利于监督管理。

10) 安全检查制度

(1) 安全检查的目的

安全检查制度是清除隐患、防止事故、改善劳动条件的重要手段,是企业安全生产管理工作的一项重要内容。通过安全检查可以发现企业及生产过程中的危险因素,以便有计划地采取措施,保证安全生产。

(2) 安全检查的方式

检查方式有企业组织的定期安全检查,各级管理人员的日常巡回检查,专业性检查,季节性检查,节假日前后的安全检查,班组自检、交接检查,不定期检查等。

(3) 安全检查的内容

安全检查的主要内容包括:查思想、查管理、查隐患、查整改、查伤亡事故处理等。安全检查的重点是检查"三违"和安全责任制的落实。检查后应编写安全检查报告,报告应包括以下内容:已达标项目,未达标项目,存在问题,原因分析,纠正和预防措施。

（4）安全隐患的处理程序

对查出的安全隐患,不能立即整改的要制定整改计划,定人、定措施、定经费、定完成日期,在未消除安全隐患前,必须采取可靠的防范措施,如有危及人身安全的紧急险情,应立即停工。应按照"登记—整改—复查—销案"的程序处理安全隐患。

11）生产安全事故报告和调查处理制度

关于生产安全事故报告和调查处理制度,《安全生产法》、《建筑法》、《建设工程安全生产管理条例》、《生产安全事故报告和调查处理条例》、《特种设备安全监察条例》等法律法规都对此作了相应的规定。

《安全生产法》第七十条规定:"生产经营单位发生生产安全事故后,事故现场有关人员应当立即报告本单位负责人";"单位负责人接到事故报告后,应当迅速采取有效措施,组织抢救,防止事故扩大,减少人员伤亡和财产损失,并按照国家有关规定立即如实报告当地负有安全生产监督管理职责的部门,不得隐瞒不报、谎报或者拖延不报,不得故意破坏事故现场、毁灭有关证据。"

《建筑法》第五十一条规定:"施工中发生事故时,建筑施工企业应当采取紧急措施减少人员伤亡和事故损失,并按照国家有关规定及时向有关部门报告。"

《建设工程安全生产管理条例》第五十条对建设工程生产安全事故报告制度的规定为:"施工单位发生生产安全事故,应当按照国家有关伤亡事故报告和调查处理的规定,及时、如实地向负责安全生产监督管理的部门、建设行政主管部门或者其他有关部门报告;特种设备发生事故的,还应当同时向特种设备安全监督管理部门报告。接到报告的部门应当按照国家有关规定,如实上报。"本条是关于发生伤亡事故时的报告义务的规定。一旦发生安全事故,及时报告有关部门是及时组织抢救的基础,也是认真进行调查分清责任的基础。因此,施工单位在发生安全事故时,不能隐瞒事故情况。

2007年6月1日起实施的《生产安全事故报告和调查处理条例》对生产安全事故报告和调查处理制度作了更加明确的规定。

12）"三同时"制度

"三同时"制度是指凡是我国境内新建、改建、扩建的基本建设项目(工程),技术改建项目(工程)和引进的建设项目,其安全生产设施必须符合国家规定的标准,必须与主体工程同时设计、同时施工、同时投入生产和使用。安全生产设施主要是指安全技术方面的设施、职业卫生方面的设施、生产辅助性设施。

《中华人民共和国劳动法》第五十三条规定"新建、改建、扩建工程的劳动安全卫生设施必须与主体工程同时设计、同时施工、同时投入生产和使用"。

《中华人民共和国安全生产法》第二十四条规定"生产经营单位新建、改建、扩建工程项目的安全设施,必须与主体工程同时设计、同时施工、同时投入生产和使用。安全设施投资应当纳入建设项目概算"。

新建、改建、扩建工程的初步设计要经过行业主管部门、安全生产管理部门、卫生部门和工会的审查,同意后方可进行施工;工程项目完成后,必须经过主管部门、安全生产管理部门、卫生部门和工会的竣工检验;建设工程项目投产后,不得将安全设施闲置不用,生产设施必须和安全设施同时使用。

13) 安全预评价制度

安全预评价是在建设工程项目前期,应用安全评价的原理和方法对工程项目的危险性、危害性进行预测性评价。

开展安全预评价工作,是贯彻落实"安全第一,预防为主"方针的重要手段,是企业实施科学化、规范化安全管理的工作基础。科学、系统地开展安全评价工作,不仅直接起到了消除危险有害因素、减少事故发生的作用,有利于全面提高企业的安全管理水平,而且有利于系统地、有针对性地加强对不安全状况的治理、改造,最大限度地降低安全生产风险。

14) 意外伤害保险制度

根据《建筑法》第四十八条规定,建筑职工意外伤害保险是法定的强制性保险。2003年5月23日建设部公布了《建设部关于加强建筑意外伤害保险工作的指导意见》(建质〔2003〕107号),从九个方面对加强和规范建筑意外伤害保险工作提出了较详尽的规定,明确了建筑施工企业应当为施工现场从事施工作业和管理的人员,在施工活动过程中发生的人身意外伤亡事故提供保障,办理建筑意外伤害保险、支付保险费,范围应当覆盖工程项目。同时,还对保险期限、金额、保费、投保方式、索赔、安全服务及行业自保等都提出了指导性意见。

11.2.2 工程项目职业健康安全技术措施计划

工程项目职业健康安全技术措施计划是职业健康安全计划方面十分重要的工作,是施工企业有计划地改善劳动条件的重要工具,是防止工伤事故及职业病的一项重要措施。

1) 工程项目职业健康安全技术措施计划的编制依据

工程项目职业健康安全技术措施计划的编制依据主要有:

(1) 国家发布的有关职业健康安全政策、法规和标准以及企业有关的职业健康安全规章制度;

(2) 在职业健康安全检查中发现的,但尚未解决的问题;

(3) 造成伤亡事故和职业病的主要设备与技术原因,应采取的有效防止措施;

(4) 因生产发展需要采取的职业健康安全技术措施;

(5) 职业健康安全技术革新项目和员工提出的合理化建议。

2) 工程项目职业健康安全技术措施计划编制的原则

职业健康安全技术措施计划的编制要以切合实际,符合当前经济、技术条件,花钱少,效果好,保证计划的实现为原则。编制职业健康安全技术措施计划要综合考虑需要和可能两方面的因素。

（1）在确定是否需要编制职业健康安全技术措施计划时,应着重考虑下列因素：

① 国家颁布的劳动保护法令和各产业部门颁布的有关劳动保护的各项政策、指示等。

② 职业健康安全检查中发现的隐患。

③ 职工提出的有关职业健康安全、工业卫生方面的合理化建议等。

（2）在分析职业健康安全技术措施计划的可能性时应着重分析下列因素：

① 在当前的科学技术条件下,计划是否具有可行性。

② 本单位是否具备实现职业健康安全技术措施计划的人力、物力和财力。

③ 职业健康安全技术措施计划实施后的职业健康安全效果和经济效益。

在选择职业健康安全技术措施计划方案时,要尽可能采用效果相同而花费少的方案。

3）工程项目职业健康安全技术措施计划的内容

职业健康安全技术措施计划的内容,包括以改善企业劳动条件、防止工伤事故、预防职业病和职业中毒为主要目的的一切技术组织措施。具体可分为以下四类：

（1）职业健康安全技术措施。职业健康安全技术措施是指以预防工伤事故为目的的一切技术措施。如防护装置、保险装置、信号装置及各种防护设施等。

（2）工业卫生技术措施。工业卫生技术措施是指以改善劳动条件,预防职业病为目的一切技术措施。如防尘、防毒、防噪声、防振动设施以及通风工程等。

（3）辅助房屋及设施。辅助房屋及设施是指有关保证职业健康安全生产、工业卫生所必须的房屋及设施。如淋浴室、更衣室、消毒室、妇女卫生室等。

（4）职业健康安全宣传教育所需的设施。职业健康安全宣传教育所需的设施包括：购置职业健康安全教材、图书、仪器。举办职业健康安全生产劳动保护展览会,设立陈列室、教育室等。

在编制职业健康安全技术措施计划时,必须划清项目范围。凡属医疗福利、劳保用品、消防器材、环保设施、基建和技改项目中的安全卫生设施等,均不应列入职业健康安全技术措施计划中,以确保职业健康安全技术措施经费真正用于改善劳动条件。例如,设备的检修、厂房的维修和个人的劳保用品、公共食堂、公用浴室、托儿所、疗养院等集体福利设施以及采用新技术、新工艺、新设备时必须解决的安全卫生设施等,均不应列入职业健康安全技术措施项目经费预算的范围。

4）工程项目职业健康安全技术措施

建筑工程项目施工组织设计或施工方案中必须有针对性的职业健康安全技术

措施,特殊和危险性大的工程必须单独编制职业健康安全施工方案或职业健康安全技术措施。

职业健康安全技术措施的编制,必须考虑现场的实际情况、施工特点及周围作业环境。措施要有针对性,凡施工过程中可能发生的危险因素及建筑物周围外部环境不利因素等,都必须从技术上采取具体且有效的措施予以预防。同时,职业健康安全技术措施和方案必须有设计、有计算、有详图、有文字说明。

(1) 一般工程职业健康安全技术措施

① 深坑、桩基施工与土方开挖方案。

② ±0.000以下结构施工方案。

③ 工程临时用电技术方案。

④ 结构施工临边、洞口及交叉作业、施工防护职业健康安全技术措施。

⑤ 塔式超重机、施工外用电梯、垂直提升架等安装与拆除职业健康安全技术方案(含基础方案)。

⑥ 大模板施工职业健康安全技术方案(含支撑系统)。

⑦ 高大、大型脚手架、整体式爬升(或提升)脚手架及卸料平台安全技术方案。

⑧ 特殊脚手架——吊篮架、悬挑架、挂架等职业健康安全技术方案。

⑨ 钢结构吊装职业健康安全技术方案。

⑩ 防水施工职业健康安全技术方案。

⑪ 设备安装职业健康安全技术方案。

⑫ 新工艺、新技术、新材料施工职业健康安全技术措施。

⑬ 防火、防毒、防爆、防雷职业健康安全技术措施。

⑭ 临街防护、临近外架供电线路、地下供电、供气、通风、管线,毗邻建筑物防护等职业健康安全技术措施。

⑮ 主体结构、装修工程职业健康安全技术方案。等等。

(2) 单位工程职业健康安全技术措施

对于结构复杂、危险性大、特性较多的特殊工程,应单独编制职业健康安全技术方案。如爆破、大型吊装、沉箱、沉井、烟囱、水塔、各种特殊架设作业、高层脚手架、井架和拆除工程等,必须单独编制职业健康安全技术方案,并要有设计依据、有计算、有详图、有文字要求。

(3) 季节性施工职业健康安全技术措施

① 高温作业职业健康安全措施:夏季气候炎热,高温时间持续较长,制定防暑降温职业健康安全措施。

② 雨期施工职业健康安全方案:雨期施工,制定防止触电、防雷、防坍塌、防台风职业健康安全方案。

③ 冬期施工职业健康安全方案:冬期施工,制定防风、防火、防滑、防煤气中毒、防亚硝酸钠中毒等职业健康安全方案。

5) 职业健康安全技术措施审批管理

一般工程职业健康安全技术方案(措施)由项目经理部工程技术部门负责人审核,项目经理部总(主任)工程师审批,报公司项目管理部、职业健康安全监督部备案。

重要工程(含较大专业施工)职业健康安全技术方案(措施)由项目(或专业公司)总(主任)工程师审核,公司项目管理部、职业健康安全监督部复核,由公司技术发展部或公司总工程师委托技术人员审批并在公司项目管理部、职业健康安全监督部备案。

大型、特大工程职业健康安全技术方案(措施)由 项目经理部总(主任)工程师组织编制报技术发展部、项目管理部、职业健康安全监督部审核,由公司总(副总)工程师审批并在以上三个部门备案。

深坑(超过 5 m)、桩基础施工方案、整体爬升(或提升)脚手架方案经公司总工程师审批后还须报当地建委施工管理处备案。

业主指定分包单位所编制的职业健康安全技术措施方案在完成报批手续后报项目经理部技术部门(或总工、主任工程师处)备案。

6) 职业健康安全技术措施变更

施工过程中如发生设计变更,原定的职业健康安全技术措施也必须随着变更,否则不准施工。

施工过程中确实需要修改拟定的职业健康安全技术措施时,必须经原编制人同意,并办理修改审批手续。

11.2.3 安全技术交底

安全技术交底一般由技术管理人员根据分部分项工程的具体要求、特点和危险因素编写,是操作者的指令性文件。因而,要具体、明确、针对性强,不得用施工现场的安全纪律、安全检查等制度代替,在进行工程技术交底的同时进行安全技术交底。

1) 安全技术分级交底制度

安全技术交底与工程技术交底一样,实行分级交底制度。

(1) 大型或特大型工程由公司总工程师组织有关部门向项目经理部和分包商(含公司内部专业公司)进行交底。

(2) 一般工程由项目经理部总(主任)工程师会同现场经理向项目有关施工人员(项目工程管理部、物资部、合约部、安全总监及区域责任工程师、专业责任工程师等),和分包商(含公司内部专业公司)行政和技术负责人进行交底。

(3) 分包商(含公司内部专业公司)技术负责人要对其管辖的施工人员进行

详尽的交底。

(4) 项目专业责任工程师要对所管辖的分包商的工长进行分部工程施工安全措施交底,对分包工长向操作班组所进行的安全技术交底进行监督与检查。

(5) 专业责任工程师要对劳务分承包方的班组进行分部分项工程安全技术交底并监督指导其安全操作。

(6) 各级安全技术交底都应按规定程序实施书面交底签字制度,并存档以备查用。

2) 安全技术交底的内容

安全技术交底是一项技术性很强的工作,对于贯彻设计意图、严格实施技术方案、按图施工、循规操作、保证施工质量和施工安全至关重要。

安全技术交底主要内容如下:

(1) 本施工项目的施工作业特点和危险点;

(2) 针对危险点的具体预防措施;

(3) 应注意的安全事项;

(4) 相应的安全操作规程和标准;

(5) 发生事故后应及时采取的避难和急救措施。

3) 安全技术交底的要求

(1) 项目经理部必须实行逐级安全技术交底制度,纵向延伸到班组全体作业人员;

(2) 技术交底必须具体、明确,针对性强;

(3) 技术交底的内容应针对分部分项工程施工中给作业人员带来的潜在危险因素和存在问题;

(4) 应优先采用新的安全技术措施;

(5) 对于涉及"四新"项目或技术含量高、技术难度大的单项技术设计,必须经过两阶段技术交底,即初步设计技术交底和实施性施工图技术设计交底;

(6) 应将工程概况、施工方法、施工程序、安全技术措施等向工长、班组长进行详细交底;

(7) 定期向由两个以上作业队和多工种进行交叉施工的作业队伍进行书面交底;

(8) 保持书面安全技术交底签字记录。

11.2.4 职业健康安全生产检查监督

工程项目职业健康安全检查的目的是为了清除隐患、防止事故、改善劳动条件及提高员工安全生产意识,是安全控制工作的一项重要内容。通过安全检查可以发现工程中的危险因素,以便有计划地采取措施,保证安全生产。施工项目的职业健康安全检查应由项目经理组织,定期进行。

1) 安全生产检查监督的主要类型

(1) 全面安全检查

全面检查应包括职业健康安全管理方针、管理组织机构及其安全管理的职责、安全设施、操作环境、防护用品、卫生条件、运输管理、危险品管理、火灾预防、安全教育和安全检查制度等项内容。对全面检查的结果必须进行汇总分析,详细探讨所出现的问题及相应对策。

(2) 经常性安全检查

工程项目和班组应开展经常性安全检查,及时排除事故隐患。工作人员必须在工作前,对所用的机械设备和工具进行仔细的检查,发现问题立即上报。下班前,还必须进行班后检查,做好设备的维修保养和清整场地等工作,保证交接安全。

(3) 专业或专职安全管理人员的专业安全检查

由于操作人员在进行设备的检查时,往往是根据其自身的安全知识和经验进行主观判断,因而有很大的局限性,不能反映出客观情况,流于形式。而专业或专职安全管理人员则有较丰富的安全知识和经验,通过其认真检查就能够得到较为理想的效果。专业或专职安全管理人员在进行安全检查时,必须不徇私情,按章检查,发现违章操作情况要立即纠正,发现隐患及时指出并提出相应防护措施,并及时上报检查结果。

(4) 季节性安全检查

要对防风防沙、防涝抗旱、防雷电、防暑防害等工作进行季节性的检查,根据各个季节自然灾害的发生规律,及时采取相应的防护措施。

(5) 节假日检查

在节假日,坚持上班的人员较少,往往思想放松,警惕性差,容易发生意外,而且一旦发生意外事故,也难以进行有效的救援和控制。因此,节假日必须安排专业安全管理人员进行安全检查,对重点部位要进行巡视。同时配备一定数量的安全保卫人员,搞好安全保卫工作,绝不能麻痹大意。

(6) 要害部门重点安全检查

对于企业要害部门和重要设备必须进行重点检查。由于其重要性和特殊性,一旦发生意外,会造成大的伤害,给企业的经济效益和社会效益带来不良的影响。为了确保安全,对设备的运转和零件的状况要定时进行检查,发现损伤立刻更换,绝不能"带病"作业;一过有效年限即使没有故障,也应该予以更新,不能因小失大。

2) 职业健康安全生产检查监督的主要内容

(1) 查思想

检查企业领导和员工对安全生产方针的认识程度,对建立健全安全生产管理和安全生产规章制度的重视程度,对安全检查中发现的安全问题或安全隐患的处理态度等。

(2) 查制度

为了实施安全生产管理制度,工程承包企业应结合本身的实际情况,建立健全一整套本企业的安全生产规章制度,并落实到具体的工程项目施工任务中。在安全检查时,应对企业的施工安全生产规章制度进行检查。

(3) 查管理

主要检查安全生产管理是否有效,安全生产管理和规章制度是否真正得到落实。

(4) 查隐患

主要检查生产作业现场是否符合安全生产要求,检查人员应深入作业现场,检查工人的劳动条件、卫生设施、安全通道、零部件的存放,防护设施状况,电气设备、压力容器、化学用品的储存,粉尘及有毒有害作业部位点的达标情况,车间内的通风照明设施,个人劳动防护用品的使用是否符合规定等。要特别注意对一些要害部位和设备加强检查,如锅炉房、变电所、各种剧毒、易燃、易爆等场所。

(5) 查整改

主要检查对过去提出的安全问题和发生安全生产事故及安全隐患后是否采取了安全技术措施和安全管理措施,进行整改的效果如何。

(6) 查事故处理

检查对伤亡事故是否及时报告,对责任人是否已经作出严肃处理。在安全检查中必须成立一个适应安全检查工作需要的检查组,配备适当的人力物力。检查结束后应编写安全检查报告,说明已达标项目、未达标项目、存在问题、原因分析,给出纠正和预防措施的建议。

11.2.5 工程项目职业健康安全隐患和事故处理

1) 工程项目职业健康安全隐患

职业健康安全事故隐患是指可能导致职业健康安全事故的缺陷和问题,包括职业健康安全设施、过程和行为等诸方面的缺陷问题,因此,对检查和检验中发现的事故隐患,应采取必要的措施及时处理和化解,以确保不合格设施不使用,不合格过程不通过,不安全行为不放过,并通过事故隐患的适当处理,防止职业健康安全事故的发生。

(1) 职业健康安全隐患的分类

① 按危害程度分类。一般隐患(危险性较低,事故影响或损失较小的隐患);重大隐患(危险性较大,事故影响或损失较大的隐患);特别重大隐患(危险性大,事故影响或损失大的隐患),如发生事故可能造成死亡10人以上,或直接经济损

失 500 万元以上的。

② 按危害类型分类。火灾隐患;爆炸隐患;危房隐患;坍塌和倒塌隐患;滑坡隐患;交通隐患;中毒隐患。

③ 按表现形式分类。人的不安全因素、物的不安全状态和组织管理上的不安全因素。

（2）职业健康安全事故隐患治理原则

① 冗余安全度治理原则

为确保安全,在治理事故隐患时应考虑设置多道防线,即使发生有一两道防线无效,还有冗余的防线可以控制事故隐患。例如:道路上有一个坑,既要设防护栏及警示牌,又要设照明及夜间警示红灯。

② 单项隐患综合治理原则

人、机、料、法、环境五者任一个环节产生安全事故隐患,都要从五者安全匹配的角度考虑,调整匹配的方法,提高匹配的可靠性。一件单项隐患问题的整改需综合（多角度）治理。人的隐患,既要治人,也要治机具及生产环境等各环节。例如某工地发生触电事故,一方面要进行人的安全用电操作教育,同时现场也要设置漏电开关,对配电箱、用电线路进行防护改造,也要严禁非专业电工乱接乱拉电线。

③ 事故直接隐患与间接隐患并治原则

对人、机、环境系统进行安全治理的同时,还需治理安全管理措施。

④ 预防与减灾并重治理原则

治理安全事故隐患时,需尽可能减少发生事故的可能性,如果不能完全控制事故的发生,也要设法将事故等级减低。但是不论预防措施如何完善,都不能保证事故绝对不会发生,还必须对事故减灾作好充分准备,研究应急技术操作规范。如及时切断供料及切断能源的操作方法;及时降压、降温、降速以及停止运行的方法;及时排放毒物的方法;及时疏散及抢救的方法;及时请求救援的方法等。还应定期组织训练和演习,使该生产环境中每名干部及工人都真正掌握这些减灾技术。

⑤ 重点治理原则

按对隐患的分析评价结果实行危险点分级治理,也可以用安全检查表打分,对隐患危险程度分级。

⑥ 动态治理原则

动态治理就是对生产过程进行动态随机安全化治理,生产过程中发现问题及时治理,既可以及时消除隐患,又可以避免小的隐患发展成大的隐患。

（3）职业健康安全隐患的控制要求

项目部对各类事故隐患应确定相应的处理部门和人员,规定其职责和权限,要求一般问题当天解决,重大问题限期解决。

① 对带有严重隐患的设备设施等应停止使用、封存。
② 指定专人进行整改,以达到规定的要求。
③ 进行返工,以达到规定的要求。
④ 对有不安全行为的人员先停止其作业或指挥,纠正违章行为,然后进行批评教育,情节严重的给予必要的处罚。
⑤ 对不安全生产的过程重新组织等。

(4) 职业健康安全隐患的整改和处理

对检查出隐患的处理一般要经过以下几步:

① 对检查出来的职业健康安全隐患和问题仔细分门别类地进行登记。登记的目的是为了积累信息资料,并作为整改的备查依据,以便对施工职业健康安全进行动态管理。

② 查清产生职业健康安全隐患的原因。对职业健康安全隐患要进行细致分析,并对各个项目工程施工存在的问题进行横向和纵向的比较,找出"通病"和个例,发现"顽固症",具体问题具体对待,分析原因,制定对策。

③ 发出职业健康安全隐患整改通知单,见表11.1。对各个项目工程存在的职业健康安全隐患发出整改通知单,以便引起整改单位重视。对容易造成事故的重大职业健康安全隐患,检查人员应责令停工,被查单位必须立即整改。整改时,要做到"四定",即定整改责任人、定整改措施、定整改完成时间、定整改验收人。

表11.1 工程项目职业健康安全检查隐患整改通知单

项目名称				检查日期	年 月 日	
序号	查出的隐患	整改措施	整改人	整改日期	复查人	复查结果及时间
签发部门及签发人 年 月 日				整改单位及签认人 年 月 日		

2）工程项目职业健康安全事故处理

（1）职业健康安全事故的分类

职业健康安全事故分两大类型，即职业伤害事故与职业病。

① 职业伤害事故

职业伤害事故是指因生产过程及工作原因或与其相关的其他原因造成的伤亡事故。

按照我国《企业职工伤亡事故分类标准》（GB 6441—1986）规定，职业伤害事故分为20类，其中与建筑业有关的有以下12类，详见表11.2。

表11.2 职业伤害事故按事故发生的原因分类

序号	事故类别	含义
1	物体打击	指落物、滚石、锤击、碎裂、崩块、砸伤等造成的人身伤害，不包括因爆炸而引起的物体打击
2	车辆伤害	指被车辆挤、压、撞和由于车辆倾覆等造成的人身伤害
3	机械伤害	指被机械设备或工具绞、碾、碰、割、戳等造成的人身伤害，不包括车辆、起重设备引起的伤害
4	起重伤害	指从事各种起重作业时发生的机械伤害事故，不包括上下驾驶室时发生的坠落伤害，起重设备引起的触电及检修时制动失灵造成的伤害
5	触电	由于电流经过人体导致的生理伤害，包括雷击伤害
6	灼烫	指火焰引起的烧伤、高温物体引起的烫伤、强酸或强碱引起的灼伤、放射线引起的皮肤损伤，不包括电烧伤及火灾事故引起的烧伤
7	火灾	在火灾时造成的人体烧伤、窒息、中毒等
8	高处坠落	由于危险势能差引起的伤害，包括从架子、屋架上坠落以及平地坠入坑内等
9	坍塌	指建筑物、堆置物倒塌以及土石塌方等引起的事故伤害
10	火药爆炸	指在火药的生产、运输、储藏过程中发生的爆炸事故
11	中毒和窒息	指煤气、油气、沥青、化学、一氧化碳中毒等
12	其他伤害	包括扭伤、跌伤、冻伤、野兽咬伤等

以上12类职业伤害事故中，在建设工程领域中最常见的是高处坠落、物体打击、机械伤害、触电、坍塌、中毒、火灾7类。

我国《企业职工伤亡事故分类标准》规定，按事故严重程度分类，事故分为：

轻伤事故，是指造成职工肢体或某些器官功能性或器质性轻度损伤，能引起劳动能力轻度或暂时丧失的伤害的事故，一般每个受伤人员休息1个工作日以上（含1个工作日），105个工作日以下。

重伤事故,一般指受伤人员肢体残缺或视觉、听觉等器官受到严重损伤,能引起人体长期存在功能障碍或劳动能力有重大损失的伤害,或者造成每个受伤人损失 105 工作日以上(含 105 个工作日)的失能伤害的事故。

死亡事故,其中,重大伤亡事故指一次事故中死亡 1~2 人的事故;特大伤亡事故指一次事故死亡 3 人以上(含 3 人)的事故。

依据 2007 年 6 月 1 日起实施的《生产安全事故报告和调查处理条例》规定,按生产安全事故(以下简称事故)造成的人员伤亡或者直接经济损失,事故分为:

特别重大事故,是指造成 30 人以上死亡,或者 100 人以上重伤(包括急性工业中毒,下同),或者 1 亿元以上直接经济损失的事故;

重大事故,是指造成 10 人以上 30 人以下死亡,或者 50 人以上 100 人以下重伤,或者 5 000 万元以上 1 亿元以下直接经济损失的事故;

较大事故,是指造成 3 人以上 10 人以下死亡,或者 10 人以上 50 人以下重伤,或者 1 000 万元以上 5 000 万元以下直接经济损失的事故;

一般事故,是指造成 3 人以下死亡,或者 10 人以下重伤,或者 1 000 万元以下直接经济损失的事故。

目前,在建设工程领域中,判别事故等级较多采用的是《生产安全事故报告和调查处理条例》。

② 职业病

经诊断因从事接触有毒有害物质或不良环境的工作而造成急慢性疾病,属职业病。

2013 年国家卫生计生委、人力资源社会保障部、安全监管总局和全国总工会发布的《职业病分类和目录》,列出的法定职业病为 10 大类共 132 种,见表 11.3。

表 11.3 职业病目录

类别		病种
职业性尘肺病及其他呼吸系统疾病	尘肺病	矽肺、煤工尘肺、石墨尘肺、炭黑尘肺、石棉肺、滑石尘肺、水泥尘肺、云母尘肺、陶工尘肺、铝尘肺、电焊工尘肺、铸工尘肺、根据《尘肺病诊断标准》和《尘肺病理诊断标准》可以诊断的其他尘肺病
	其他呼吸系统疾病	过敏性肺炎、棉尘病、哮喘、金属及其化合物粉尘肺沉着病(锡、铁、锑、钡及其化合物等)、刺激性化学物所致慢性阻塞性肺疾病、硬金属肺病
职业性皮肤病		接触性皮炎、光接触性皮炎、电光性皮炎、黑变病、痤疮、溃疡、化学性皮肤灼伤、白斑、根据《职业性皮肤病的诊断总则》可以诊断的其他职业性皮肤病
职业性眼病		化学性眼部灼伤、电光性眼炎、白内障(含放射性白内障、三硝基甲苯白内障)

续表 11.3

类别	病种
职业性耳鼻喉口腔疾病	噪声聋、铬鼻病、牙酸蚀病、爆震聋
职业性化学中毒	铅及其化合物中毒(不包括四乙基铅)、汞及其化合物中毒、锰及其化合物中毒、镉及其化合物中毒、铍病、铊及其化合物中毒、钡及其化合物中毒、钒及其化合物中毒、磷及其化合物中毒、砷及其化合物中毒、铀及其化合物中毒、砷化氢中毒、氯气中毒、二氧化硫中毒、光气中毒、氨中毒、偏二甲基肼中毒、氮氧化合物中毒、一氧化碳中毒、二硫化碳中毒、硫化氢中毒、磷化氢、磷化锌、磷化铝中毒、氟及其无机化合物中毒、氰及腈类化合物中毒、四乙基铅中毒、有机锡中毒、羰基镍中毒、苯中毒、甲苯中毒、二甲苯中毒、正己烷中毒、汽油中毒、一甲胺中毒、有机氟聚合物单体及其热裂解物中毒、二氯乙烷中毒、四氯化碳中毒、氯乙烯中毒、三氯乙烯中毒、氯丙烯中毒、氯丁二烯中毒、苯的氨基及硝基化合物(不包括三硝基甲苯)中毒、三硝基甲苯中毒、甲醇中毒、酚中毒、五氯酚(钠)中毒、甲醛中毒、硫酸二甲酯中毒、丙烯酰胺中毒、二甲基甲酰胺中毒、有机磷中毒、氨基甲酸酯类中毒、杀虫脒中毒、溴甲烷中毒、拟除虫菊酯类中毒、铟及其化合物中毒、溴丙烷中毒、碘甲烷中毒、氯乙酸中毒、环氧乙烷中毒、上述项目未提及的与职业有害因素接触之间存在直接因果联系的其他化学中毒
物理因素所致职业病	中暑、减压病、高原病、航空病、手臂振动病、激光所致眼(角膜、晶状体、视网膜)损伤、冻伤
职业性放射性疾病	外照射急性放射病、外照射亚急性放射病、外照射慢性放射病、内照射放射病、放射性皮肤疾病、放射性肿瘤(含矿工高氡暴露所致肺癌)、放射性骨损伤、放射性甲状腺疾病、放射性性腺疾病、放射复合伤、根据《职业性放射性疾病诊断标准(总则)》可以诊断的其他放射性损伤
职业性传染病	炭疽、森林脑炎、布鲁氏菌病、艾滋病(限于医疗卫生人员及人民警察)、莱姆病
职业性肿瘤	石棉所致肺癌、间皮瘤、联苯胺所致膀胱癌、苯所致白血病、氯甲醚、双氯甲醚所致肺癌、砷及其化合物所致肺癌、皮肤癌、氯乙烯所致肝血管肉瘤、焦炉逸散物所致肺癌、六价铬化合物所致肺癌、毛沸石所致肺癌、胸膜间皮瘤、煤焦油、煤焦油沥青、石油沥青所致皮肤癌、β-萘胺所致膀胱癌
其他职业病	金属烟热、滑囊炎(限于井下工人)、股静脉血栓综合征、股动脉闭塞症或淋巴管闭塞症(限于刮研作业人员)

(2) 工程项目职业健康安全事故的处理

一旦事故发生,通过应急预案的实施,尽可能防止事态的扩大并减少事故的损失。通过事故处理程序,查明原因,制定相应的纠正和预防措施,避免类似事故的再次发生。

① 事故处理的原则

国家对发生事故后有"四不放过"处理原则,其具体内容如下:

a. 事故原因未查清不放过

要求在调查处理伤亡事故时,首先要把事故原因分析清楚,找出导致事故发生的真正原因,未找到真正原因决不轻易放过。直到找到真正原因并搞清各因素之间的因果关系才算达到事故原因分析的目的。

b. 事故责任人未受到处理不放过

这是安全事故责任追究制的具体体现,对事故责任者要严格按照安全事故责任追究的法律法规的规定进行严肃处理;不仅要追究事故直接责任人的责任,同时要追究有关负责人的领导责任。当然,处理事故责任者必须谨慎,避免事故责任追究的扩大化。

c. 事故责任人和员工没有受到教育不放过

使事故责任者和广大群众了解事故发生的原因及所造成的危害,并深刻认识到搞好安全生产的重要性,从事故中吸取教训,提高安全意识,改进安全管理工作。

d. 没有制定切实可行的防范措施不放过

必须针对事故发生的原因,提出防止相同或类似事故发生的切实可行的预防措施,并督促事故发生单位加以实施。只有这样,才算达到了事故调查和处理的最终目的。

② 工程安全事故处理程序

a. 按规定向有关部门报告事故情况

事故发生后,事故现场有关人员应当立即向本单位负责人报告;单位负责人接到报告后,应当于1小时内向事故发生地县级以上人民政府安全生产监督管理部门和负有安全生产监督管理职责的有关部门报告,并有组织、有指挥地抢救伤员、排除险情;应当防止人为或自然因素的破坏,便于事故原因的调查。

由于建设行政主管部门是建设安全生产的监督管理部门,对建设安全生产实行的是统一的监督管理,因此,各个行业的建设施工中出现了安全事故,都应当向建设行政主管部门报告。对于专业工程的施工中出现生产安全事故的,由于有关的专业主管部门也承担着对建设安全生产的监督管理职能,因此,专业工程出现安全事故,还需要向有关行业主管部门报告。

情况紧急时,事故现场有关人员可以直接向事故发生地县级以上人民政府安全生产监督管理部门和负有安全生产监督管理职责的有关部门报告。

安全生产监督管理部门和负有安全生产监督管理职责的有关部门接到事故报告后,应当依照下列规定上报事故情况,并通知公安机关、劳动保障行政部门、工会和人民检察院。

特别重大事故、重大事故逐级上报至国务院安全生产监督管理部门和负有安全生产监督管理职责的有关部门。

较大事故逐级上报至省、自治区、直辖市人民政府安全生产监督管理部门和负有安全生产监督管理职责的有关部门。

一般事故上报至设区的市级人民政府安全生产监督管理部门和负有安全生产监督管理职责的有关部门。

安全生产监督管理部门和负有安全生产监督管理职责的有关部门依照前款规定上报事故情况,应当同时报告本级人民政府。国务院安全生产监督管理部门和负有安全生产监督管理职责的有关部门以及省级人民政府接到发生特别重大事故、重大事故的报告后,应当立即报告国务院。必要时,安全生产监督管理部门和负有安全生产监督管理职责的有关部门可以越级上报事故情况。

安全生产监督管理部门和负有安全生产监督管理职责的有关部门逐级上报事故情况,每级上报的时间不得超过2小时。事故报告后出现新情况的,应当及时补报。

b. 组织调查组,开展事故调查

特别重大事故由国务院或者国务院授权有关部门组织事故调查组进行调查。重大事故、较大事故、一般事故分别由事故发生地省级人民政府、设区的市级人民政府、县级人民政府负责调查。省级人民政府、设区的市级人民政府、县级人民政府可以直接组织事故调查组进行调查,也可以授权或者委托有关部门组织事故调查组进行调查。未造成人员伤亡的一般事故,县级人民政府也可以委托事故发生单位组织事故调查组进行调查。

事故调查组有权向有关单位和个人了解与事故有关的情况,并要求其提供相关文件、资料,有关单位和个人不得拒绝。事故发生单位的负责人和有关人员在事故调查期间不得擅离职守,并应当随时接受事故调查组的询问,如实提供有关情况。事故调查中发现涉嫌犯罪的,事故调查组应当及时将有关材料或者其复印件移交司法机关处理。

c. 现场勘查

事故发生后,调查组应迅速到现场进行及时、全面、准确和客观的勘察,包括现场笔录、现场拍照和现场绘图。

d. 分析事故原因

通过调查分析,查明事故经过,按受伤部位、受伤性质、起因物、致害物、伤害方法、不安全状态、不安全行为等,查清事故原因,包括人、物、生产管理和技术管理等方面的原因。通过直接和间接地分析,确定事故的直接责任者、间接责任者和主要责任者。

e. 制定预防措施

根据事故原因分析,制定防止类似事故再次发生的预防措施。根据事故后果和事故责任者应负的责任提出处理意见。

f. 提交事故调查报告

事故调查组应当自事故发生之日起 60 日内提交事故调查报告；特殊情况下，经负责事故调查的人民政府批准，提交事故调查报告的期限可以适当延长，但延长的期限最长不超过 60 日。

g. 事故的审理和结案

对于重大事故、较大事故、一般事故，负责事故调查的人民政府应当自收到事故调查报告之日起 15 日内作出批复；特别重大事故，30 日内作出批复，特殊情况下，批复时间可以适当延长，但延长的时间最长不超过 30 日。

有关机关应当按照人民政府的批复，依照法律、行政法规规定的权限和程序，对事故发生单位和有关人员进行行政处罚，对负有事故责任的国家工作人员进行处分。事故发生单位应当按照负责事故调查的人民政府的批复，对本单位负有事故责任的人员进行处理。

负有事故责任的人员涉嫌犯罪的，依法追究刑事责任。

事故处理的情况由负责事故调查的人民政府或者其授权的有关部门、机构向社会公布，依法应当保密的除外。事故调查处理的文件记录应长期完整地保存。

③ 安全事故统计规定

国家安全生产监督管理总局制定的《生产安全事故统计报表制度》（安监总统计〔2012〕98 号）有如下规定。

a. 报表的统计范围是在中华人民共和国领域内从事生产经营活动中发生的造成人身伤亡或者直接经济损失的事故。

b. 统计内容主要包括事故发生单位的基本情况、事故造成的死亡人数、受伤人数、急性工业中毒人数、单位经济类型、事故类别、事故原因、直接经济损失等。

c. 本统计报表由各级安全生产监督管理部门、煤矿安全监察机构负责组织实施，每月对本行政区内发生的生产安全事故进行全面统计。其中：火灾、道路交通、水上交通、民航飞行、铁路交通、农业机械、渔业船舶等事故由其主管部门统计，每月抄送同级安全生产监督管理部门。

d. 省级安全生产监督管理局和煤矿安全监察局，在每月 5 日前报送上月事故统计报表。国务院有关部门在每月 5 日前将上月事故统计报表抄送国家安全生产监督管理总局。

e. 各部门、各单位都要严格遵守《中华人民共和国统计法》，按照本统计报表制度的规定，全面、如实填报生产安全事故统计报表。对于不报、瞒报、迟报或伪造、篡改数字的要依法追究其责任。

11.3 工程项目环境管理

11.3.1 工程项目文明施工

文明施工是指保持施工现场良好的作业环境、卫生环境和工作秩序。因此,文明施工也是保护环境的一项重要措施。由于各地对施工现场文明施工的要求不尽相同,项目经理部在进行文明施工管理时应按照工程项目所在地的要求进行。文明施工管理应当与当地的社区文化、民族特点及风土人情有机结合。

1）工程项目文明施工的主要内容

文明施工应包括下列内容：

(1) 进行现场文化建设；

(2) 规范场容,保持作业环境整洁卫生；

(3) 创造有序生产的条件；

(4) 减少对居民和环境的影响；

(5) 保证职工的安全和身体健康。

2）工程项目文明施工的基本要求

依据我国相关标准,文明施工的基本要求主要包括现场围挡、封闭管理、施工场地、材料堆放、现场住宿、现场防火、治安综合治理、施工现场标牌、生活设施、保健急救、社区服务等。

(1) 工地主要入口要设置简朴规整的大门,门旁必须设立明显的标牌,标明工程名称,施工单位和工程负责人姓名等内容。

(2) 施工现场建立文明施工责任制,划分区域。明确管理负责人,实行挂牌制,做到现场清洁整齐。

(3) 施工现场场地平整,道路坚实畅通,有排水措施,基础、地下管道施工完成后要及时回填平整,清除积土。

(4) 现场施工临时水电要有专人管理,不得有长流水、长明灯。

(5) 施工现场的临时设施,包括生产、办公、生活用房、仓库、料场、临时上下水管道以及照明、动力线路,要严格按施工组织设计确定的施工平面图布置、搭设或埋设整齐。

(6) 工人操作地点和周围必须清洁整齐,做到活完脚下清,工完场地清,洒在楼梯、楼楼板上的砂浆混凝土要及时清除,落地灰要回收过筛后使用。

(7) 砂浆、混凝土在搅拌、运输、使用过程中,要做到不洒、不漏、不剩,使用地点盛放砂浆、混凝土必须有容器或垫板,如有洒、漏要及时清理。

（8）要有严格的成品保护措施，严禁损坏污染成品，堵塞管道。高层建筑要设置临时便桶，严禁在建筑物内大小便。

（9）建筑物内清除的垃圾渣土，要通过临时搭设的竖井或利用电梯井或采取其他措施稳妥下卸，严禁从门窗口向外抛掷。

（10）施工现场不准乱堆垃圾及余物。应在适当地点设置临时堆放点，并定期外运。清运渣土垃圾及流体物品，要采取遮盖防漏措施，运送途中不得遗撒。

（11）根据工程性质和所在地区的不同情况，采取必要的围护和遮挡措施，并保持外观整洁。

（12）针对施工现场情况设置宣传标语和黑板报，并适时更换内容，切实起到表扬先进，促进后进的作用。

（13）施工现场严禁居住家属，严禁居民、家属、小孩在施工现场穿行、玩耍。

（14）现场使用的机械设备，要按平面布置规划固定点存放，遵守机械安全规程，经常保持机身及周围环境的清洁，机械的标记、编号明显，安全装置可靠。

（15）清洗机械排出的污水要有排放措施，不得随地流淌。

（16）在用的搅拌机、砂浆机旁必须设有沉淀池，不得将浆水直接排放下水道及河流等处。

（17）塔式起重机轨道按规定铺设整齐稳固，塔边要封闭，道砟不外溢，路基内外排水畅通。

（18）施工现场应建立不扰民措施，针对施工特点设置防尘和防噪声设施，夜间施工必须有当地主管部门的批准。

3）建设工程现场文明施工的措施

（1）加强现场文明施工的管理

① 建立文明施工的管理组织

应确立项目经理为现场文明施工的第一责任人，以各专业工程师、施工质量、安全、材料、保卫等现场项目经理部人员为成员的施工现场文明管理组织，共同负责本工程现场文明施工工作。

② 健全文明施工的管理制度

包括建立各级文明施工岗位责任制、将文明施工工作考核列入经济责任制，建立定期的检查制度，实行自检、互检、交接检制度，建立奖惩制度，开展文明施工立功竞赛，加强文明施工教育培训等。

（2）落实现场文明施工的各项管理措施

针对现场文明施工的各项要求，落实相应的管理措施。

① 施工平面布置

施工总平面图是现场管理、实现文明施工的依据。施工总平面图应对施工机械设备、材料和构配件的堆场、现场加工场地，以及现场临时运输道路、临时供水供电线路和其他临时设施进行合理布置,并随工程实施的不同阶段进行场地布置和调整。

② 现场围挡、标牌

施工现场必须实行封闭管理,设置进出口大门,制定门卫制度,严格执行外来人员进场登记制度。沿工地四周连续设置围挡,市区主要路段和其他涉及市容景观路段的工地设置围挡的高度不低于2.5 m,其他工地的围挡高度不低于1.8 m,围挡材料要求坚固、稳定、统一、整洁、美观。

施工现场必须设有"五牌一图",即工程概况牌、管理人员名单及监督电话牌、消防保卫(防火责任)牌、安全生产牌、文明施工牌和施工现场总平面图。

施工现场应合理悬挂安全生产宣传和警示牌,标牌悬挂牢固可靠,特别是主要施工部位、作业点和危险区域以及主要通道口都必须有针对性地悬挂醒目的安全警示牌。

③ 施工场地

a. 施工现场应积极推行硬地坪施工,作业区、生活区主干道地面必须用一定厚度的混凝土硬化,场内其他道路地面也应硬化处理。

b. 施工现场道路畅通、平坦、整洁,无散落物。

c. 施工现场设置排水系统,排水畅通,不积水。

d. 严禁泥浆、污水、废水外流或未经允许排入河道,严禁堵塞下水道和排水河道。

e. 在施工现场适当地方设置吸烟处,作业区内禁止随意吸烟。

f. 积极美化施工现场环境,根据季节变化,适当进行绿化布置。

④ 材料堆放、周转设备管理

a. 建筑材料、构配件、料具必须按施工现场总平面布置图堆放,布置合理。

b. 建筑材料、构配件及其他料具等必须做到安全、整齐堆放(存放),不得超高。堆料分门别类,悬挂标牌,标牌应统一制作,标明名称、品种、规格数量等。

c. 建立材料收发管理制度,仓库、工具间材料堆放整齐,易燃易爆物品分类堆放,专人负责,确保安全。

d. 施工现场建立清扫制度,落实到人,做到工完料尽场地清,车辆进出场应有防泥带出措施。建筑垃圾及时清运,临时存放现场的也应集中堆放整齐、悬挂标牌。不用的施工机具和设备应及时出场。

e. 施工设施、大模、砖夹等,集中堆放整齐,大模板成对放稳,角度正确。钢模及零配件、脚手扣件分类分规格,集中存放。竹木杂料,分类堆放、规则成方,不散不乱,不作他用。

⑤ 现场生活设施

a. 施工现场作业区与办公、生活区必须明显划分,确因场地狭窄不能划分的,要有可靠的隔离栏防护措施。

b. 宿舍内应确保主体结构安全,设施完好。宿舍周围环境应保持整洁、安全。

c. 宿舍内应有保暖、消暑、防煤气中毒、防蚊虫叮咬等措施。严禁使用煤气灶、煤油炉、电饭煲、热得快、电炒锅、电炉等器具。

d. 食堂应有良好的通风和洁卫措施,保持卫生整洁,炊事员持健康证上岗。

e. 建立现场卫生责任制,设卫生保洁员。

f. 施工现场应设固定的男、女简易淋浴室和厕所,并要保证结构稳定、牢固和防风雨。并实行专人管理、及时清扫,保持整洁,要有灭蚊蝇滋生措施。

⑥ 现场消防、防火管理

a. 现场建立消防管理制度,建立消防领导小组,落实消防责任制和责任人员,做到思想重视、措施跟上、管理到位。

b. 定期对有关人员进行消防教育,落实消防措施。

c. 现场必须有消防平面布置图,临时设施按消防条例有关规定搭设,做到标准规范。

d. 易燃易爆物品堆放间、油漆间、木工间、总配电室等消防防火重点部位要按规定设置灭火机和消防沙箱,并有专人负责,对违反消防条例的有关人员进行严肃处理。

e. 施工现场用明火做到严格按动用明火规定执行,审批手续齐全。

⑦ 医疗急救的管理

展开卫生防病教育,准备必要的医疗设施,配备经过培训的急救人员,有急救措施、急救器材和保健医药箱。在现场办公室的显著位置张贴急救车和有关医院的电话号码等。

⑧ 社区服务的管理

建立施工不扰民的措施。现场不得焚烧有毒、有害物质等。

⑨ 治安管理

a. 建立现场治安保卫领导小组,有专人管理。

b. 新入场的人员做到及时登记,做到合法用工。

c. 按照治安管理条例和施工现场的治安管理规定搞好各项管理工作。

d. 建立门卫值班管理制度,严禁无证人员和其他闲杂人员进入施工现场,避免安全事故和失盗事件的发生。

(3) 建立检查考核制度

对于建设工程文明施工,国家和各地大多制定了标准或规定,也有比较成熟的经验。在实际工作中,项目应结合相关标准和规定建立文明施工考核制度,推进各项文明施工措施的落实。

(4) 抓好文明施工建设工作

① 建立宣传教育制度。现场宣传安全生产、文明施工、国家大事、社会形势、

企业精神、优秀事迹等。

② 坚持以人为本,加强管理人员和班组文明建设。教育职工遵纪守法,提高企业整体管理水平和文明素质。

③ 主动与有关单位配合,积极开展共建文明活动,树立企业良好的社会形象。

11.3.2 工程项目现场环境保护的措施

工程项目施工过程中的污染主要包括对施工场界内的污染和对周围环境的污染。对施工场界内的污染防治属于职业健康安全问题,而对周围环境的污染防治是环境保护的问题。

工程项目环境保护措施主要包括大气污染的防治、水污染的防治、噪声污染的防治、固体废弃物的处理以及文明施工措施等。

1) 大气污染的防治

大气污染物的种类有数千种,已发现有危害作用的有100多种,其中大部分是有机物。大气污染物通常以气体状态和粒子状态存在于空气中。

施工现场空气污染的防治措施包括:

(1) 施工现场垃圾渣土要及时清理出现场。

(2) 高大建筑物清理施工垃圾时,要使用封闭式的容器或者采取其他措施处理高空废弃物,严禁凌空随意抛撒。

(3) 施工现场道路应指定专人定期洒水清扫,形成制度,防止道路扬尘。

(4) 对于细颗粒散体材料(如水泥、粉煤灰、白灰等)的运输、储存要注意遮盖、密封,防止和减少飞扬。

(5) 车辆开出工地要做到不带泥沙,基本做到不洒土、不扬尘,减少对周围环境污染。

(6) 除设有符合规定的装置外,禁止在施工现场焚烧油毡、橡胶、塑料、皮革、树叶、枯草、各种包装物等废弃物品以及其他会产生有毒、有害烟尘和恶臭气体的物质。

(7) 机动车都要安装减少尾气排放的装置,确保符合国家标准。

(8) 工地茶炉应尽量采用电热水器。若只能使用烧煤茶炉和锅炉时,应选用消烟除尘型茶炉和锅炉,大灶应选用消烟节能回风炉灶,使烟尘降至允许排放范围为止。

(9) 大城市市区的建设工程已不容许现场搅拌混凝土。在容许设置搅拌站的工地,应将搅拌站封闭严密,并在进料仓上方安装除尘装置,采用可靠措施控制工地粉尘污染。

(10) 拆除旧建筑物时,应适当洒水,防止扬尘。

2) 水污染的防治

施工现场废水和固体废物随水流流入水体部分,包括泥浆、水泥、油漆、各种油类、混凝土添加剂、重金属、酸碱盐、非金属无机毒物等。

施工过程水污染的防治措施有:

(1) 禁止将有毒有害废弃物作土方回填。

(2) 施工现场搅拌站废水、现制水磨石的污水、电石(碳化钙)的污水必须经沉淀池沉淀合格后再排放,最好将沉淀水用于工地洒水降尘或采取措施回收利用。

(3) 现场存放油料,必须对库房地面进行防渗处理,如采用防渗混凝土地面、铺油毡等措施。使用时,要采取防止油料跑、冒、滴、漏的措施,以免污染水体。

(4) 施工现场 100 人以上的临时食堂,污水排放时可设置简易有效的隔油池,定期清理,防止污染。

(5) 工地临时厕所、化粪池应采取防渗漏措施。中心城市施工现场的临时厕所可采用水冲式厕所,并有防蝇灭蛆措施,防止污染水体和环境。

(6) 化学用品、外加剂等要妥善保管,库内存放,防止污染环境。

3) 噪声污染的防治

噪声可分为交通噪声(如汽车、火车、飞机等)、工业噪声(如鼓风机、汽轮机、冲压设备等)、建筑施工的噪声(如打桩机、推土机、混凝土搅拌机等发出的声音)、社会生活噪声(如高音喇叭、收音机等)。噪声妨碍人们正常休息、学习和工作,为防止噪声扰民,应控制人为强噪声。

根据国家标准《建筑施工场界环境噪声排放标准》(GB 12523—2011)的要求,对建筑施工过程中场界环境噪声排放限值见表 11.4。

表 11.4 建筑施工场界噪声排放限值[dB(A)]

昼间	夜间
70	55

施工现场噪声的控制可从声源、传播途径、接收者防护等方面来考虑。

(1) 声源控制

① 声源上降低噪声,这是防止噪声污染的最根本的措施。

② 尽量采用低噪声设备和加工工艺代替高噪声设备与加工工艺,如低噪声振捣器、风机、电动空压机、电锯等。

③ 在声源处安装消声器消声,即在通风机、鼓风机、压缩机、燃气机、内燃机及各类排气放空装置等进出风管的适当位置设置消声器。

(2) 传播途径的控制

① 吸声:利用吸声材料(大多由多孔材料制成)或由吸声结构形成的共振结构(金属或木质薄板钻孔制成的空腔体)吸收声能,降低噪声。

② 隔声:应用隔声结构,阻碍噪声向空间传播,将接收者与噪声声源分隔。隔声结构包括隔声室、隔声罩、隔声屏障、隔声墙等。

③ 消声:利用消声器阻止传播。允许气流通过的消声降噪是防治空气动力性噪声的主要装置。如对空气压缩机、内燃机产生的噪声等。

④ 减振降噪:对来自振动引起的噪声,通过降低机械振动减小噪声,如将阻尼材料涂在振动源上,或改变振动源与其他刚性结构的连接方式等。

(3) 接收者的防护

让处于噪声环境下的人员使用耳塞、耳罩等防护用品,减少相关人员在噪声环境中的暴露时间,以减轻噪声对人体的危害。

(4) 严格控制人为噪声

① 进入施工现场不得高声喊叫、无故甩打模板、乱吹哨,限制高音喇叭的使用,最大限度地减少噪声扰民。

② 凡在人口稠密区进行强噪声作业时,须严格控制作业时间,一般晚10点到次日早6点之间停止强噪声作业。确系特殊情况必须昼夜施工时,尽量采取降低噪声措施,并会同建设单位找当地居委会、村委会或当地居民协调,出安民告示,求得群众谅解。

4) 固体废物的处理

建设工程施工工地上常见的固体废物主要有:

(1) 建筑渣土。包括砖瓦、碎石、渣土、混凝土碎块、废钢铁、碎玻璃、废屑、废弃装饰材料等;

(2) 废弃的散装大宗建筑材料。包括水泥、石灰等;

(3) 生活垃圾。包括炊厨废物、丢弃食品、废纸、生活用具、废电池、废日用品、玻璃、陶瓷碎片、废塑料制品、煤灰渣、废交通工具等;

(4) 设备、材料等的包装材料;

(5) 粪便。

固体废物处理的基本思想是:采取资源化、减量化和无害化的处理,对固体废物产生的全过程进行控制。固体废物的主要处理方法如下:

(1) 回收利用

回收利用是对固体废物进行资源化的重要手段之一。粉煤灰在建设工程领域的广泛应用就是对固体废弃物进行资源化利用的典型范例。又如发达国家炼钢原料中有70%是利用回收的废钢铁,所以,钢材可以看成是可再生利用的建筑材料。

(2) 减量化处理

减量化是对已经产生的固体废物进行分选、破碎、压实浓缩、脱水等减少其最终处置量,减低处理成本,减少对环境的污染。在减量化处理的过程中,也包括和其他处理技术相关的工艺方法,如焚烧、热解、堆肥等。

(3) 焚烧

焚烧用于不适合再利用且不宜直接予以填埋处置的废物,除有符合规定的装置外,不得在施工现场熔化沥青和焚烧油毡、油漆,亦不得焚烧其他可产生有毒有害和恶臭气体的废弃物。垃圾焚烧处理应使用符合环境要求的处理装置,避免对大气的二次污染。

(4) 稳定和固化

稳定和固化处理是利用水泥、沥青等胶结材料,将松散的废物胶结包裹起来,减少有害物质从废物中向外迁移、扩散,使得废物对环境的污染减少。

(5) 填埋

填埋是固体废物经过无害化、减量化处理的废物残渣集中到填埋场进行处置。禁止将有毒有害废弃物现场填埋,填埋场应利用天然或人工屏障。尽量使需处置的废物与环境隔离,并注意废物的稳定性和长期安全性。

11.3.3 工程项目现场环境卫生管理

为保障作业人员的身体健康和生命安全,改善作业人员的工作环境与生活环境,防止施工过程中各类疾病的发生,建设工程施工现场应加强卫生与防疫工作。

1) 工程项目现场环境卫生管理的要求

根据我国相关标准,施工现场职业健康安全卫生主要包括现场宿舍、现场食堂、现场厕所、其他卫生管理等内容。基本要符合以下要求:

(1) 施工现场应设置办公室、宿舍、食堂、厕所、淋浴间、开水房、文体活动室、密闭式垃圾站(或容器)及盥洗设施等临时设施。临时设施所用建筑材料应符合环保、消防要求。

(2) 办公区和生活区应设密闭式垃圾容器。

(3) 办公室内布局合理,文件资料宜归类存放,并应保持室内清洁卫生。

(4) 施工企业应根据法律、法规的规定,制定施工现场的公共卫生突发事件应急预案。

(5) 施工现场应配备常用药品及绷带、止血带、颈托、担架等急救器材。

(6) 施工现场应设专职或兼职保洁员,负责卫生清扫和保洁。

(7) 办公区和生活区应采取灭鼠、蚊、蝇、蟑螂等措施,并应定期投放和喷洒药物。

(8) 施工企业应结合季节特点,做好作业人员的饮食卫生和防暑降温、防寒保暖、防煤气中毒、防疫等工作。

(9) 施工现场必须建立环境卫生管理和检查制度,并应做好检查记录。

2) 工程项目现场环境卫生管理的措施

施工现场的卫生与防疫应由专人负责,全面管理施工现场的卫生工作,监督和执行卫生法规规章、管理办法,落实各项卫生措施。

(1) 现场宿舍的管理

① 宿舍内应保证有必要的生活空间,室内净高不得小于 2.4 m,通道宽度不得小于 0.9 m,每间宿舍居住人员不得超过 16 人。

② 施工现场宿舍必须设置可开启式窗户,宿舍内的床铺不得超过 2 层,严禁使用通铺。

③ 宿舍内应设置生活用品专柜,有条件的宿舍宜设置生活用品储藏室。

④ 宿舍内应设置垃圾桶,宿舍外宜设置鞋柜或鞋架,生活区内应提供给作业人员晾晒衣服的场地。

(2) 现场食堂的管理

① 食堂必须有卫生许可证,炊事人员必须持健康证上岗。

② 炊事人员上岗应穿戴洁净的工作服、工作帽和口罩,并应保持个人卫生。不得穿工作服出食堂,非炊事人员不得随意进入制作间。

③ 食堂炊具、餐具和公用饮水器具必须清洗消毒。

④ 施工现场应加强食品、原料的进货管理,食堂严禁出售变质食品。

⑤ 食堂应设置在远离厕所、垃圾站、有毒有害场所等污染源的地方。

⑥ 食堂应设置独立的制作间、储藏间,门扇下方应设不低于 0.2 m 的防鼠挡板。制作间灶台及其周边应贴瓷砖,所贴瓷砖高度不宜小于 1.5 m,地面应做硬化和防滑处理。粮食存放台距墙和地面应大于 0.2 m。

⑦ 食堂应配备必要的排风设施和冷藏设施。

⑧ 食堂的燃气罐应单独设置存放间,存放间应通风良好并严禁存放其他物品。

⑨ 食堂制作间的炊具宜存放在封闭的橱柜内,刀、盆、案板等炊具应生熟分开。食品应有遮盖,遮盖物品应用正反面标识。各种作料和副食应存放在密闭器皿内,并应有标识。

⑩ 食堂外应设置密闭式泔水桶,并应及时清运。

(3) 现场厕所的管理

① 施工现场应设置水冲式或移动式厕所,厕所地面应硬化,门窗应齐全。蹲位之间宜设置隔板,隔板高度不宜低于 0.9 m。

② 厕所大小应根据作业人员的数量设置。高层建筑施工超过 8 层以后,每隔四层宜设置临时厕所。厕所应设专人负责清扫、消毒、化粪池应及时清掏。

(4) 其他临时设施道的管理

① 淋浴间应设置满足需要的淋浴喷头,可设置储衣柜或挂衣架。

② 盥洗设施应设置满足作业人员使用的盥洗池,并应使用节水龙头。

③ 生活区应设置开水炉、电热水器或饮用水保温桶;施工区应配备流动保温

水桶。

④ 文体活动室应配备电视机、书报、杂志等文体活动设施、用品。

⑤ 施工现场作业人员发生法定传染病、食物中毒或急性职业中毒时,必须在2小时内向施工现场所在地建设行政主管部门和有关部门报告,并应积极配合调查处理。

⑥ 现场施工人员患有法定传染病时,应及时进行隔离,并由卫生防疫部门进行处置。

复习思考题

1. 简述职业健康安全管理体系的结构及模式。
2. 简述环境管理体系的结构及模式。
3. 工程项目职业健康安全与环境管理的目的是什么?
4. 工程项目职业健康安全与环境管理有哪些要求?
5. 如何建立职业健康安全体系与环境管理体系?
6. 建设工程安全生产管理主要有哪些制度?各项制度具体要求是什么?
7. 简述工程项目职业健康安全技术措施计划的内容。
8. 简述安全技术交底制度及安全技术交底的内容。
9. 事故处理的"四不放过"原则的具体内容是什么?
10. 简述工程安全事故处理的程序。
11. 工程项目文明施工的主要内容有哪些?
12. 简述工程项目文明施工的基本要求。
13. 如何做好工程项目现场的环境保护?
14. 简述工程项目现场环境卫生管理的措施。

12 工程项目风险管理

12.1 工程项目风险概述

12.1.1 工程项目风险的概念及其类型

1)风险的概念

关于风险的定义有很多,但最基本的表达是:在给定情况下和特定时间内,那些可能发生的结果之间的差异,差异越大则风险越大。这个定义强调结果的差异,而另一个具有代表性的定义则强调不利事件发生的不确定性,认为风险是不期望发生事件的客观不确定性。还有一些项目风险管理专家对工程项目风险的定义为:工程项目风险是所有影响工程项目目标实现的不确定因素的集合。

一般来说,风险具备下列要素:

(1)事件(不希望发生的变化);

(2)事件发生的概率(事件发生具有不确定性);

(3)事件的影响(后果);

(4)风险原因。

2)风险的种类

工程项目投资巨大、工期长、参与者众多,整个建设过程都存在着各种各样的风险,如业主可能面临监理失职、设计错误、承包商施工组织不力等人为风险,以及恶劣气候、地震、水灾等自然风险。

从产生风险原因的性质可将风险分成以下几类:

(1)政治风险。指工程项目所在地的政治背景的变化可能带来的风险。稳定的政治环境,会对工程建设产生有利的影响;反之,将会给各市场主体带来顾虑和阻力,加大工程项目的风险。

(2)经济风险。指国家或社会一些大的经济因素的变化带来的风险,如通货膨胀引起材料价和工资的大幅度上涨;外汇比率变化带来的损失;国家或地区有关政策法规(如税收保险等)的变化而引起的额外费用等。

(3)自然风险。指自然因素带来的风险,如工程项目实施过程中出现的洪水、暴雨、地震、飓风等。

（4）技术风险。指一些技术条件的不确定性可能带来的风险,如勘察资料未能全面正确反映或解释失误的地质情况;采用新技术时,设计文件、技术规范的失误等。

（5）商务风险。指合同条款中有关经济方面的条款及规定可能带来的风险,如支付、工程变更、风险分配、担保、违约责任、费用和法规变化、货币及汇率等方面的条款。这类风险包含条款中写明分配的、由于条款有缺陷而引起的或者撰写方有意设置的,如所谓"开脱责任"等。

（6）信用风险。指合同一方的业务能力、管理能力、财务能力等有缺陷或者不圆满履行合同而给另一方带来的风险。

（7）其他风险。如工程项目所在地公众的习俗和对工程项目的态度,当地运输和生活供应条件等,都可能带来一定的风险。

12.1.2 工程项目风险管理的概念、目标和内容

1) 工程项目风险的概念

风险是客观存在的,不以人的意志为转移。因此,风险管理必不可少。

所谓风险管理(Risk Management),就是人们对潜在的意外损失进行辨认、评估,并根据具体情况采取相应的措施进行处理,即在主观上尽可能做到有备无患,或在客观上无法避免时亦能寻求切实可行的补救措施,从而减少意外损失或化解风险为我所用。

工程项目风险管理是指参与工程项目建设的各方,包括发包方、承包方和勘察、设计、监理咨询单位等在工程项目的筹划、勘察设计、工程施工以及竣工后投入使用各阶段采取的辨识、评估、处理工程项目风险的措施和方法。

2) 工程项目风险管理的重要性

工程项目风险管理具有极其重要的意义：

（1）工程项目风险管理事关工程项目各方的生死存亡。工程项目建设需要耗费大量人力、物力和财力。如果企业忽视风险管理或风险管理不善,则会增加发生意外损失的可能,扩大意外损失的后果。轻则工期拖延,增加各方支出;重则项目难以进行,使巨额投资无法收回。如果工程项目质量遭受影响,更会给今后项目的使用、运行造成长期损害。反之,重视并善于进行风险管理的企业则会降低发生意外的可能,并在难以避免的风险发生时,减少损失。

（2）工程项目风险管理直接影响企业的经济效益。通过有效的风险管理,企业可以对自己的资金、物资等资源作出更加合理的安排,从而提高其经济效益。例如,在工程项目的施工过程中,承包商往往需要库存部分材料以防材料涨价等风险。但若承包商在承包合同中约定材料价格按实结算或根据市场价格予以调整,则有关材料价格风险将转移给发包人,承包商便无需耗费大量资金库存材料,而节

约的流动资金将成为企业新的利润来源。

（3）工程项目风险管理有利于项目建设顺利进行,化解各方可能发生的纠纷。风险管理不仅预防风险,更能在各方间平衡、分配风险。对于特定的工程项目风险,各方预防和处理难易程度不同。通过平衡、分配,由最适合的当事人进行风险管理,负责、监督风险的预防和处理工作,这将大大降低发生风险的可能性和风险带来的损失。同时,明确各类风险的负责方,也可在风险发生后明确责任,及时解决善后事宜,避免互相推诿,不至于导致纠纷的扩大。

总之,工程项目风险管理是业主、承包商和设计、监理咨询单位等在日常经营、重大决策过程中必须认真对待的工作。它不单纯是消极避险,更有助于企业积极地避害趋利,进而在竞争中处于优势地位。

3) 工程项目风险管理的目标与责任

风险始终对企业构成威胁。因此,风险管理是企业的一项必不可少的重要工作。一个企业要想兴旺发达,必须扎扎实实地抓好风险管理工作。必须确立具体的目标,制订具体的指导原则,规定风险管理的责任范围。

（1）风险管理目标

风险管理目标可综合概括如下：

① 使项目获得成功；

② 为项目实施创造安全的环境；

③ 降低成本,提高利润；

④ 保证项目质量；

⑤ 保证项目按计划有节奏地施工,使项目实施始终处于良好的受控状态；

⑥ 使竣工项目的效益稳定；

⑦ 树立信誉,扩大影响；

⑧ 应付特殊变故。

总而言之,工程项目风险管理是一种主动控制,它的最重要的目标是使项目的三大目标——投资(成本)、质量、工期得到控制。

（2）风险管理的责任范围

风险管理必须具体落实到人,必须规定具体负责人的责任范围。企业中负责风险管理的人员一般负责范围是：

① 确定和评估风险,识别潜在损失因素及估算损失大小；

② 制定风险的财务对策(确定自负额水平和保险限额,投保还是自留风险,确定投保范围)；

③ 采取预防措施；

④ 制定保护措施,提出保护方案；

⑤ 落实安全措施；

⑥ 管理索赔,负责一切可索赔事项的准备、谈判并签订有关索赔的协议和文件;

⑦ 负责保险会计、分配保费、统计损失;

⑧ 完成有关风险管理的预算。

除上述责任外,风险管理负责人还应与诸如经营、财务、物资、施工、设计及人事等部门保持密切联系,因为这些部门的业务均与可能遭受的风险有密切关系。此外,借助社会服务如保险公司、代理公司或经纪人对风险管理也是必不可少的。

4) 工程项目风险管理的内容

(1) 风险识别;

(2) 风险分析和评价;

(3) 风险的处理;

(4) 风险监督。

12.2 工程项目风险识别

12.2.1 风险的识别过程

风险识别是项目风险管理的第一步,也是最重要的一个步骤,它是整个风险管理系统的基础。

识别风险的过程包括对所有可能的风险来源和结果进行实事求是的调查,一般按以下步骤进行:

1) 确认不确定性的客观存在

这项工作包括两项内容:首先要辨认所发现或推测的因素是否存在不确定性。如果是确定无疑的,则无所谓风险。例如承包商已知工程所在国/地的物价高昂而仍然决定投标,则物价高昂便不会成为风险,因为承包商已经准备了对付高昂物价的办法,有备而投标。其次要确认这种不确定性是客观存在的,而不是凭空想象的。

2) 建立初步清单

建立初步清单是识别风险的起点。清单中应明确列出客观存在的和潜在的各种风险,包括影响生产率、操作运行、质量和经济效益的各种因素。人们通常凭借企业经营管理者的经验对其进行判断,并通过对一系列调查表进行深入分析、研究后制定。

3) 确立各种风险事件并推测其结果

根据初步清单中开列的各种重要的风险来源,推测与其相关联的各种合理的可能性,包括赢利和损失、人身伤害、自然灾害、时间和成本、节约或超支等方面,重点应是资金的财务结果。

4) 对潜在风险进行重要性分析和判断

对潜在风险进行重要性分析和判断通常采用二维结构图(风险预测图),如图12.1。

图12.1中,纵坐标表示不确定因素发生的概率,横坐标表示不确定事件潜在的危害。通过这种二维图形评价某一潜在风险的相对重要性。鉴于风险是一种不确定性,并且与潜在的危害性密切相关,因而可通过一种由曲线群构成的风险预测图表示。曲线群中每一曲线均表示相同的风险,但不确定性或者说其发生的概率与潜在的危害有所不同,因此各条曲线所反映的风险程度也就不同。曲线距离原点越远,风险程度就越大。

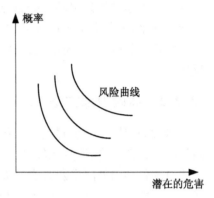

图 12.1 风险预测图

5) 进行风险分类

通过对风险进行分类不仅可以加深对风险的认识和理解,而且也辨清了风险的性质,从而有助于制订风险管理的目标。

风险分类有多种方法,正确的分类方法是依据风险的性质和可能的结果及彼此间可能发生的关系进行风险分类。常见的分类方法是由若干个目录组成的框架形式,每个目录中都列出不同种类的风险,并针对各个风险进行全面调查。这样可避免仅重视某一风险而忽视其他风险的现象。表12.1是一个以工程项目承包为例的风险分类表,分类框架由6个风险目录组成,各个目录中又列出了典型风险。

表 12.1 风险分类表

风 险 目 录	典 型 的 风 险
不可预见损失	洪水、地震、火灾、狂风、塌方
有形的损失	结构破坏、设备损坏、勤务人员伤亡、材料或设备发生火灾或被偷窃
财务和经济	通货膨胀、能否得到业主资金、汇率浮动、分包商的财务风险
政治和环境	法律和法规的变化、战争和内乱、注册和审批、污染和环保规则、没收、禁运
设计	设计失误、忽略、错误、规范不充分
与施工有关的事件	气候、勤务争端和罢工、劳动生产率、不同的现场条件、失误的工作、设计变更、设备缺陷

6）建立风险目录摘要

这是风险识别过程的最后一个步骤。通过建立风险目录摘要,将项目可能面临的风险汇总并排列出轻重缓急,给人一种总体风险印象图,并且能把全体项目人员统一起来,使各人不再仅仅考虑自己所面临的风险,而且能自觉地意识到项目的其他管理人员的风险,还能预感到项目中各种风险之间的联系和可能发生的连锁反应。

12.2.2 风险识别方法

风险的识别是一项复杂的工作,需要做大量细致的工作,要对各种可能导致风险的因素去伪存真,反复比较;要对各种倾向、趋势进行推测,做出判断;还要对工程项目的各种内外因素及其变量进行评估。因此,风险识别工作并非一朝一夕就能一气呵成,而必须由科学系统的方法来完成。

在工程项目风险管理实践中,通常可采用以下方法来发现并具体描述各项风险。

1）分析问询

通过向有关专家、当事人提出一系列有关财产和经营的问题,以了解相关风险因素,并获得各种信息。值得注意的是所提出的问题应具有指导性和代表性;所问询的人士应能提供准确的信息,凭主观想象或推测的信息不能作为决策依据;问询面应尽可能广泛,所提问题应有一定深度,还应尽可能具体。

2）分析财务报表

财务报表有助于确定一个特定的工程项目可能遭受的损失以及在何种情况下会遭受这些损失。通过分析资产负债表、营业报表及有关补充材料,可以识别企业当前的所有资产、责任及人身损失风险。将这些报表和财务预测、预算结合起来,可以发现未来风险。

3）绘制流程图

将一个工程项目的经营活动按步骤或阶段顺序以若干个模块形式组成一个流程图。每个模块中都标出各种潜在的风险或利弊因素,从而给决策者一个清晰具体的印象。图 12.2 是一个工程项目承包风险识别流程图。

4）现场考察

现场考察对于识别风险非常重要。通过直接考察现场可以发现许多客观存在的静态因素,也有助于预测、判断某些动态因素。例如在工程投标报价前的现场踏勘,可以使承包商对拟投标的工程基本做到心中有数,特别是对于工程实施的基本条件和现场及周围环境可以取得第一手材料。现场考察是识别风险的不可缺少的手段。现场考察除要求获取直接资料外,还应设法获取间接资料,而且要对所掌握的资料认真研究以便去伪存真。

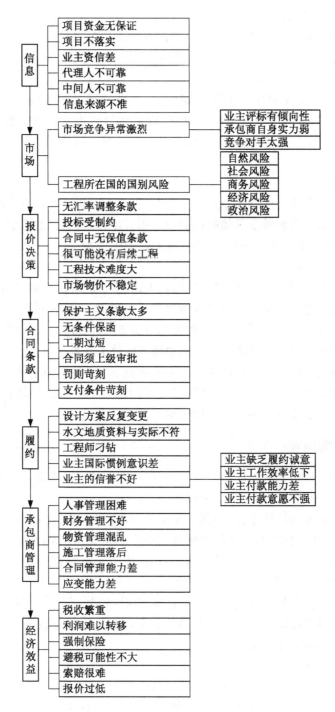

图 12.2 工程项目承包风险识别流程图

5) 各部门相互配合

风险识别不能仅靠一个部门完成,应由各相关部门系统地、连续地相互配合。风险识别贯穿于工程承包的始末,要求各责任部门鼎力相助,共同分析判断。

6) 参考统计记录

参考以前的统计记录对判断在未来有可能重复出现的风险事件极为有益。特别是在工程项目的投标报价阶段,查询竞争对手在历次投标中的报价记录及得标概率,对于提高自己投标的命中率,以及避免因报价而招致的风险尤为重要。

7) 环境分析

详细分析工程项目经营活动过程中的外部环境与内在风险的联系,也是风险识别的重要环节。分析外部环境时应着重分析五项因素:项目的资金来源、业主的基本情况、可能的竞争对手、政府管理系统和材料供应情况。

8) 向外部咨询

任何人都不是万事通,他们可以从客观上识别主要风险,但涉及各种细节时就比较困难。因此有必要向有关行业或专家进一步咨询。业主或投资者需要委托咨询公司完成可行性研究报告;承包商在投标报价前需向保险公司、材料设备供应商询价。风险管理人员或企业决策人自然也需要向外部咨询。

向外部咨询应建立在以自己识别为主的前提下。因为外部咨询人员所提供的情况往往带有共性,而带有共性的风险对于不同的人不一定都是风险。向外部咨询只是为了进一步完善或核实自己的风险识别工作。

12.2.3 风险衡量

识别工程项目所面临的各种风险以后,应分别对各种风险进行衡量,从而进行比较,以确定各种风险的相对重要程度。

衡量风险时应考虑两个方面:损失发生的频率或发生的次数和这些损失的严重性,而损失的严重性比其发生的频率或次数更为重要。例如工程完全毁损虽然只有一次,但这一次足以造成致命损伤;而局部塌方虽有多次或发生频率较大,却不会致使工程全部毁损。

衡量风险的潜在损失最重要的方法是确定风险的概率分布。这也是当前国际工程风险管理最常用的方法之一。概率分布不仅能使人们比较准确地衡量风险,还有助于制订风险管理决策。

1) 概率与概率分布

与某结果相联系的概率是该结果发生的可能性,其概率在 0~1 之间变化。如果某一结果发生的可能性为 0,即该结果的发生概率为 0,则该结果不可能发生;如果该结果发生的概率接近 1,则该结果很可能发生。

概率分布表明每一可能结果发生的概率。由于在构成概率分布所相应的时间内,每一项目的潜在损失的概率分布有且仅有一个结果能够发生,因此,各项目中的损失概率之和必然等于1。

概率包括主观概率和客观概率两种。主观概率系指人们凭主观推断而得出的概率,例如对某项承包工程,人们往往根据一些风险因素,从而定性推断承揽该工程会发生几种亏损的可能性。实际上这种主观概率没有多大实用价值,因为它缺乏可信的依据,而且凭主观推断的结果与实际结果常常相差甚远。

客观概率则是人们在基本条件不变的前提下,对类似事件进行多次观察,统计每次观察结果及其发生的概率,进而推断出类似事件发生的可能性。依据统计结果推断出的客观概率对判断潜在的风险损失很具参考意义。

在衡量风险损失时宜考虑三种概率分布:总损失金额、潜伏损失的具体事项及各项损失的预期数额。总损失金额的概率分布表明在某一项目中可能遭受的多种损失及其可能发生的概率。

2)概率分布的确立依据

概率分布不能凭空设想或凭主观推断建立。确立概率分布表应参考相关的历史资料,依据理论上的概率分布,并借鉴其他的经验对自己的判断进行调整和补充。

历史资料系指在相同条件下,通过观察各种潜在损失金额在长时期内已经发生的次数,估计每一可能事件的概率。但是,由于人们常常缺乏广泛而足够的经验,加之风险环境不断地发生变化,故依据历史事件的概率只能作为参考。参考历史资料时应尽量扩大参考范围,参考时应有所区分,不可完全照搬。

逻辑推理及定性分析亦可有助于确立概率分布。但推理和分析只能得出抽象的概率,而无法具体化。要想准确判断风险损失尚须进行风险分析。

12.3 工程项目风险分析与评价

风险分析是指应用各种风险分析技术,用定量、定性或两者相结合的方式处理不确定的过程,其目的是评价风险的可能影响。风险分析和评估是风险识别和管理之间的纽带,是风险决策的基础。

12.3.1 风险分析

在项目生命周期的全过程中,会出现各种不确定性因素,这些不确定性因素将对项目目标的实现产生积极或消极的影响。项目风险分析就是对将会出现的各种不确定性因素及其可能造成的各种影响和影响程度进行恰如其分的分析和评估。

通过对那些不太明显的不确定性因素的关注,对风险影响的揭示,对潜在风险的分析和对自身能力的评估,采取相应措施,从而达到降低风险不利影响或减少其发生的可能性之目的。

风险分析包括以下三个必不可少的主要步骤:

1) 采集数据

采集与所要分析的风险相关的各种数据。这些数据可以从投资者或者承包商过去类似项目经验的历史记录中获得。所采集的数据必须是客观的、可统计的。

在某些情况下,直接的历史数据资料还不够充分,尚需主观评价,特别是那些对投资者来讲在技术、商务和环境方面都比较新的项目,需要通过专家调查方法获得具有经验性和专业知识的主观评价。

2) 完成不确定性模型

以已经得到的有关风险的信息为基础,对风险发生的可能性和可能的结果给予明确的定量化。通常用概率来表示风险发生的可能性,可能的结果体现在项目现金流量表上,用货币表示。

3) 对风险影响进行评价

在不同风险事件的不确定性已经模型化后,紧接着就要评价这些风险的全面影响。通过评价把不确定性与可能结果结合起来。

风险分析的全过程可用图12.3所示的流程图表示。

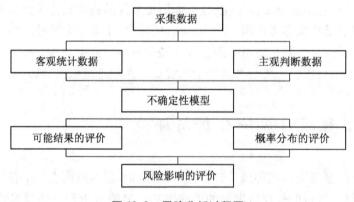

图12.3 风险分析过程图

12.3.2 风险分析的主要内容

由于每一个风险都有其自身的规律和特点、影响范围和影响量,通过分析可将它们的影响统一成成本目标的形式,按货币单位来度量,具体可作如下分析和评价。

(1) 风险存在和发生的时间分析。即风险可能在项目的哪个阶段、哪个环节上发生。有许多风险有明显的阶段性,有的风险是直接与具体的工程活动相联系的。这种分析对风险的预警有很大的作用。

(2) 风险的影响和损失分析。风险的影响是个复杂的问题,有的风险影响面较小,有的风险影响面很大,可能引起整个工程的中断或报废。而风险之间常常是有联系的。例如,经济形势的恶化不但会造成物价上涨,而且可能会引起业主支付能力的变化;通货膨胀引起了物价上涨,则不仅会影响后期的采购、工人工资及各种费用支出,而且会影响整个工程费用;设计图纸提供不及时,不仅会造成工期拖延,而且会造成费用提高(如人工和设备闲置、管理费开支),还可能在原计划可以避开的冬雨季施工,造成更大的拖延和费用增加。

有的风险是相克的,其作用可以相互抵消。例如,反常的气候条件、设计图纸拖延、设备拖延等在同一时间段发生,则它们对总工期的影响可能是重叠的,这种情况下后者的影响不计入。

(3) 风险发生的可能性分析。研究风险自身的规律性,通常用概率表示。

(4) 风险级别。风险因素非常多,涉及各个方面,但人们并不是对所有的风险都予以同等重视,否则将大大增加管理费用,而且谨小慎微,反过来会干扰正常的决策过程。

(5) 风险的起因和可控性分析。对风险起因的研究是为预测、对策研究和责任分析服务的。风险的可控性是人们对风险影响进行控制的可能性,如有的风险是人力可以控制的,而有的风险却不可控制。

12.3.3 风险分析方法

1) 调查和专家打分法

调查和专家打分法是一种最常用的、最简单的、易于应用的分析方法。具体步骤如下:

第一步:识别出某一特定项目可能遇到的所有风险,列出风险调查表。

第二步:利用专家经验,对可能的风险因素的重要性进行评价,确定每个风险因素的权重,以表征其对项目风险的影响程度。

第三步:确定每个风险因素的等级值,按可能性很大、比较大、中等、不大、较小五个等级,分别以 1.0、0.8、0.6、0.4 和 0.2 打分。

第四步:将每项风险因素的权数与等级值相乘,求出该项风险因素的得分。再求出此工程项目风险因素的总分。显然,总分越高说明风险越大。

表 12.2 是某一个工程项目风险调查表。表中 $w \times c$ 叫风险度,表示一个项目的风险程度。该方法适用于决策前期。这个时期往往缺乏项目具体的数据资料,主要依据专家经验和决策者的意向,得出的结论也不要求是资金方面的具体数值,

而是一种大致的程度值。它只能是进一步分析的基础。

表 12.2　某工程项目风险调查表

可能发生的风险因素	权数 (w)	风险因素发生的可能性(c)					$w \times c$
		很大 1.0	比较大 0.8	中等 0.6	不大 0.4	较小 0.2	
政局不稳	0.05			√			0.03
物价上涨	0.15		√				0.12
业主支付能力	0.10			√			0.06
技术难度	0.20					√	0.04
工期紧迫	0.15			√			0.09
材料供应	0.15		√				0.12
汇率浮动	0.10			√			0.06
无后续项目	0.10				√		0.04

$$\sum (w \times c) = 0.56$$

2) 层次分析法(AHP)

在工程项目风险分析中,AHP 提供了一种灵活的、易于理解的工程风险评价方法。应用 AHP 方法进行风险分析的过程如图 12.4 所示,共分为八个步骤:

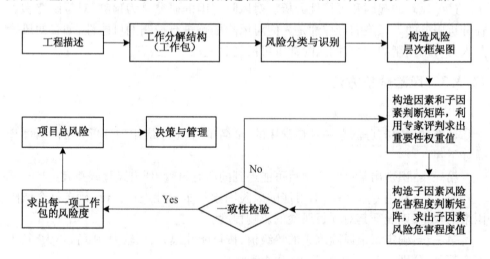

图 12.4　AHP 法风险分析过程

(1) 通过工作分解结构(WBS),按工作相似性原则把整个项目分解成可管理的工作包,然后对每一个工作包进行风险分析。

(2) 首先对每一个特定的工作包进行风险分类和识别,常用的方法是专家调查法;然后,构造出该工作包的风险框架图,如图 12.5 所示。

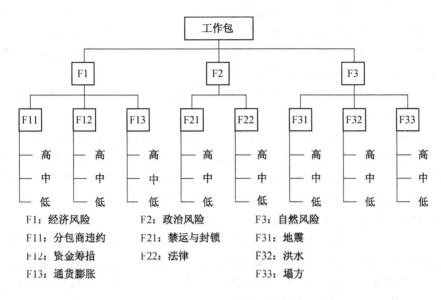

图 12.5　AHP 法风险分析框架

（3）构造因素和子因素的判断矩阵,邀请专家按表 12.3 所示的规则对因素层和子因素层间各元素的相对重要性给出评判,可求出各元素的权重值。

表 12.3　因素的相对照一下评判准则表

标　度	含　　义
1	表示两因素相比,具有同样重要程度
3	表示两因素相比,一个因素比另一个因素稍微重要
5	表示两因素相比,一个因素比另一个因素明显重要
7	表示两因素相比,一个因素比另一个因素强烈重要
9	表示两因素相比,一个因素比另一个因素极端重要
2、4、6、8	上述两相邻判断中间值,如 2 为属于同样重要和稍微重要之间

（4）构造反映各个风险因素危害的严重程度的判断矩阵。严重程度通常用高、中、低风险三个概念来表示,求出各子风险因素相对危害程度值。

（5）利用 AHP 计算机软件,对专家评判的一致性加以检验。由于在（3）、（4）步中,均采用专家凭经验、直觉的主观判断,那么就要对专家主观判断的一致性加以检验。如检验不通过,就要让专家做重新的评价,调整其评价值,然后再检验,直至通过为止。一般一致性检验率不超过 0.1 即可。

(6) 把所求出的各子因素相对危害程度值统一起来,就可以求出该工作包风险处于高、中、低各等级的概率值大小,由此可判断该工作包的风险程度。

(7) 把组成项目的所有工作包都做如此分析评价,并把各工作包的风险程度统一起来,就可得出项目总的风险水平。

(8) 决策与管理:根据分析评估结果制定相应的决策并实行有效的管理。

3) 模糊数学法

工程项目中潜在的各种风险因素很大一部分难以用数字来准确地加以定量描述,但都可以利用历史经验或专家知识,用语言生动地描述出它们的性质及其可能的影响结果。并且,现有的绝大多数风险分析模型都是基于需要数字的定量技术,而与风险分析相关的大部分信息却是很难用数字表示的,但易于用文字或句子来描述,这种性质最适合于采用模糊数学模型来解决问题。

模糊数学处理非数字化、模糊的变量有独到之处,并能提供合理的数学规则去解决变量问题,相应得出的数学结果又能通过一定的方法转为语言描述。这一特性极适于解决工程项目中普遍存在的潜在风险,因为绝大多数工程的风险都是模糊的、难准确定义且不易用语言描述的。

4) 统计和概率法

风险管理要求在制定决策时必须考虑一笔应急费。人们常常根据以往的经验及个人判断对在项目实施过程中出现的难以预料的情况列支一笔款项,这就难免因主观判断错误而面临的风险。为了解决这类问题,有效地处理可能的错误,统计和概率的方法遂被引入到该项领域中。

应用统计和概率方法分析工程项目风险是比较传统的做法,是受到 PERT(Programme Evaluation and Review Technology)中分析成本—进度变化的启示。这种方法的优点在于理论基础扎实,分析过程简单。不足之处在于:其一,其估价风险分类等级时较多地依靠专家个人判断,在这个方法中没有对如何处理多个专家的判断的准确性做出解释;其二,该方法中认为应急费即基本估计和平均机会成本之差,这一看法并未得到学者们的一致认同。有一点可以肯定,应急费受决策者对未来的看法以及他期望避免超支的程度的影响,它表示出对承包商的一种风险补偿。如果承包商为了提高中标机会,或为了满足其他战略性目标,如开拓新市场,或仅仅想更好地利用廉价的劳动力和闲置力量,都可以降低价格投标,相应也减少应急费用。

5) 敏感性分析法

敏感性分析方法只考虑影响工程项目成本的几个重要因素的变化,如利率、投资额、运行成本等,而不是采用工作分解结构把总成本按工作性质细分为各子项目成本,从子项目成本角度考虑风险因素的影响,再综合成整个项目风险。敏感性分析方法的结果可以为决策者提供这样的信息:工程目标成本对哪个成本单项因素的变化最为敏感,哪个其次,可以相应排出对成本单项的敏感性顺序。这样的结果也说明,使用敏感性分析方法分析工程风险不可能得出具体的风险影响程度的资金值,它只能说明一种影响程度。

一般在项目决策阶段的可行性研究中使用敏感性分析方法分析工程风险。使用这种方法,能向决策者简要地提供影响项目成本变化的因素及其影响程度,使决策者在做最终决策时考虑这些因素的影响,并优先考虑某种最敏感因素对成本的影响。因此,敏感性分析方法一般被认为是一个有用的决策工具。

6)蒙特卡罗模拟技术

蒙特卡罗方法又称随机抽样技巧或统计试验方法,它是估计经济风险和工程风险常用的一种方法。使用蒙特卡罗模拟技术分析工程风险的基本步骤如下:

(1)编制风险清单。通过结构化方式,把已识别出来的影响项目目标的重要风险因素构造成一份标准化的风险清单。在这份清单中能充分反映出风险分类的结构和层次性。

(2)采用专家调查法确定风险的影响程度和发生概率。这一步可编制出风险评价表。

(3)采用模拟技术,确定风险组合。就是对上一步专家的评价结果加以定量化。

(4)分析与总结。通过模拟技术可以得到项目总风险的概率分布曲线。从曲线中可以看出项目总风险的变化规律,据此确定应急费用的大小。

应用蒙特卡罗模拟技术可以直接处理每一个风险因素的不确定性,并把这种不确定性在成本方面的影响以概率分布的形式表示出来。

12.4 工程项目风险处理

工程项目风险管理中有三种风险的处理对策,即风险控制、风险自留和风险转移。也可将风险对策分为两类:一类是风险的控制对策,一类是风险的财务对策。

12.4.1 项目风险的控制对策

采用风险控制措施可降低预期损失或使这种损失更具有可测性,从而改变风险。这种方法包括风险回避、风险预防、风险分离、风险分散及风险转移等。

1)风险回避

风险回避主要是中断风险来源,使其不发生或遏制其发展。回避风险有两种基本途径,一是拒绝承担风险,如了解到某工程项目风险较大,则不参与该工程的投标或拒绝业主的投标邀请;二是放弃以前所承担的风险,如了解到某一研究计划有许多新的过去未发现的风险,决定放弃研究以避免风险。

回避风险虽然是一种风险防范措施,但是一种消极的防范手段。因为,在现代社会经营中广泛存在着各种风险,要想完全回避是不可能的。再者,回避风险固然能避免损失,但同时也失去了获利的机会。

2) 风险预防

风险预防是指减少风险发生的机会或降低风险的严重性,设法使风险最小化。通常有两种途径。

(1) 风险预防,指采用各种预防措施以杜绝风险发生的可能。例如,供应商通过扩大供应渠道以避免货物滞销;承包商通过提高质量控制标准以防止因质量不合格而返工或罚款;工程现场管理人员通过加强安全教育和强化安全措施,减少事故的发生等。业主要求承包商出具各种保函就是为了防止承包商不履约或履约不力,而承包商要求在合同负责中赋予其索赔权利也是为了防止业主违约或发生种种不测事件。

(2) 减少风险,指在风险损失已经不可避免的情况下,通过种种措施遏制风险势头继续恶化或局限其扩展范围使其不再蔓延。例如,承包商在业主付款误期超过合同规定期限情况下采取停工或撤出施工队伍并提出索赔要求,甚至提起诉讼;业主在确信承包商无力继续实施其委托的工程时立即撤换承包商;施工事故发生后采取紧急救护等都是为了达到减少风险的目的。

3) 风险分离

风险分离是指将各风险单位间隔分离,以避免发生连锁反应或互相牵连。这种处理可以将风险局限在一定范围内,从而达到减少损失的目的。

风险分离常用于工程中的设备采购。为了尽量减少因汇率波动而招致的汇率风险,可在若干不同的国家采购设备,付款采用多种货币。

在施工过程中,承包商对材料进行分隔存放也是风险分离手段。这样可以避免材料集中于一处时可能遭受的损失。

4) 风险分散

风险分散也称为风险分配,是通过增加风险单位以减轻总体风险的压力,达到共同分摊集体风险的目的。工程项目总的风险有一定的范围,这些风险必须在项目参加者之间进行分配。每个参与者都必须承担一定的风险责任,这样每个参与者都有管理和控制风险的积极性。风险分配通常在任务书、责任书、合同、招标文件等文件中规定。在起草这些文件时都应对风险作出估计、定义和分配。

5) 风险转移

有些风险无法通过上述手段进行有效控制,经营者只好采取转移手段以保护自己。风险转移并非损失转嫁,也不能认为是损人利己有损商业道德。因为有许多风险对一些人的确可能造成损失,但转移后并不一定给他人造成损失。其原因是各人的优势不一样,因而对风险的承受能力也不一样。

风险转移的手段常用于工程承包的分包、技术转让或财产出租。合同、技术或财产的所有人通过分包工程、转让技术或合同、出租设备或房屋等手段将应由自己全部承担的风险部分或全部转移至他人,从而减轻自身的风险压力。

12.4.2 项目风险的财务对策

采用财务措施即经济手段来处理确实会发生的损失。这些措施包括风险的财务转移、风险自留、风险准备金和自我保险。

1) 风险的财务转移

风险的财务转移是指转移人寻求用外来资金补偿确实会发生或业已发生的风险。风险的财务转移包括保险的风险财务转移(即通过保险进行转移)和非保险的风险财务转移(即通过合同条款达到转移目的)。

保险的风险财务转移的实施手段是购买保险。通过保险,投保人将自己本应承担的归咎责任(因他人过失而承担的责任)和赔偿责任(因本人过失或不可抗力所造成损失的风险责任)转嫁给保险公司,从而使自己免受风险损失。

非保险的风险财务转移的实施手段则是除保险以外的其他经济手段,如根据承包合同,业主可将其对公众在建筑物附近受到伤害的部分或全部责任转移至承包商,这种转移属于非保险的财务风险转移,而承包商则通过投保第三者责任险又将这一风险转移至保险公司。非保险的风险财务转移的另一种形式是通过担保银行或保险公司开具保证书或保函。

2) 风险自留

风险自留是将风险留给自己承担,不予转移。这种手段有时是无意识的,即当初并不曾预测到,不曾有意识地采取种种有效措施,以致最后只好由自己承受;但有时也可以是主动的,即有意识、有计划地将若干风险主动留给自己。这种情况下,风险承受人通常已做好了处理风险的准备。

主动的或有计划的风险自留是否合理明智,取决于风险自留决策的有关环境。风险自留在一些情况下是唯一可能的决策。有时企业不能预防损失,回避又不可能,且没有转移的可能性,企业别无选择,只能自留风险。但是,如果风险自留并非唯一可能的对策时,风险管理人员应认真分析研究,通盘考虑,制定最佳决策。

决定风险自留应符合以下条件之一:

(1) 自留费用低于保险公司所收取的费用;
(2) 企业的期望损失低于保险人的估计;
(3) 企业有较多的风险单位;
(4) 企业的最大潜在损失或最大期望损失较小;

(5) 短期内企业有承受最大潜在损失或最大期望损失的经济能力；
(6) 风险管理的目标可以承受年度损失的重大差异；
(7) 费用和损失支付分布于很长时间里，因而导致很大的机会成本；
(8) 投资机会很好；
(9) 内部服务或非保险人服务优良。

如实际情况与上述条件相反，无疑应放弃风险自留的决策。

3）风险准备金

风险准备金是从财务的角度为风险作准备，在计划（或合同报价）中另外增加一笔费用。例如，在投标报价中，承包商经常根据工程技术、业主的资信、自然环境、合同等方面风险的大小发生可能性，在报价中加上一笔不可预见风险费。准备金的多少是一项管理决策。从理论上说，准备金的数量应与风险损失期望值相等，即为风险发生所产生的损失与发生的可能性（概率）的乘积。即：

$$风险准备金 = 风险损失 \times 发生的概率$$

除了应考虑到理论值的高低外，还应考虑到项目边界条件的状态。例如，对承包商来说，决定报价中的不可预见风险费要考虑到竞争者的数量、中标的可能性、项目对企业经营的影响等因素。如果风险准备金高，报价竞争力就低，中标的可能性就小，不中标的风险就大。

4）自我保险

自我保险是指建立内部保险机制或保险机构，通过这种保险机制承担企业的各种可能风险。尽管这种办法属于购买保险范围或范畴，但这种保险机制或机构终归隶属于企业内部，即使购买保险的开支有时可能大于自留风险所需支出，但因保险机构与企业的利益一致，各家内部可能有盈有亏，而从总体上依然能取得平衡，好处未落入外人之手。因此，自我保险决策在许多时候也具有相当重要的意义。

12.5 工程项目保险

12.5.1 工程项目保险的概念和种类

工程项目保险是指业主或承包商向专门保险机构（保险公司）缴纳一定的保险费，由保险公司建立保险基金，一旦发生所投保的风险事故造成财产或人身伤亡，即由保险公司用保险基金予以补偿的一种制度。它实质上是一种风险转移，即业主或承包商通过投保，将原应承担的风险责任转移给保险公司承担。

工程保险按是否具有强制性分为两大类:强制保险和自愿保险。强制保险系指工程所在国政府以法规明文规定承包商必须办理的保险。自愿保险是承包商根据自身利益的需要,自愿购买的保险,这种保险非强行规定,但对承包商转移风险很有必要。

FIDIC条款规定必须投保的险种有:工程和施工设备的保险、人身事故险和第三方责任险。我国对于工程保险的有关规定很薄弱,尤其是在强制性保险方面。仍然在《建筑法》中规定建筑施工企业必须为从事危险作业的职工办理意外伤害保险属强制保险外,在《建设工程施工合同示范文本》第40条也规定了保险内容。但是,这些条款不够详细,缺乏操作性,再加上示范文本强制性不够,工程保险在实际操作中大打折扣。

除强制保险与自愿保险的分类方式外,我国《保险法》把保险种类分为人身保险和财产保险。自该法施行以来,在工程建设方面,我国已实行了人身保险中的意外伤害保险、财产保险中的建筑工程一切险和安装工程一切险。《保险法》还规定:财产保险业务,包括财产损失保险、责任保险、信用保险等保险业务。

1)意外伤害险

意外伤害险是指被保险人在保险有效期间,因遭遇非本意的、外来的、突然的意外事故,致使其身体蒙受伤害而残疾或死亡时,保险人依照合同规定给付保险金的保险。《建筑法》第48条规定:"建筑施工企业必须为从事危险作业的职工办理意外伤害保险,支付保险费。"

2)建筑工程一切险及安装工程一切险

建筑工程一切险及安装工程一切险是以建筑或安装工程中的各种财产和第三者的经济赔偿责任为保险标的的保险。这两类保险的特殊性在于保险公司可以在一份保单内对所有参加该项工程的有关各方都给予所需要的保障,换言之,即在工程进行期间,对这项工程承担一定风险的有关各方,均可作为被保险人之一。

建筑工程一切险同时承保建筑工程第三者责任险,即指在该工程的保险期内,因发生意外事故所造成的依法应由被保险人负责的工地上及邻近地区的第三人的人身伤亡、疾病、财产损失,以及被保险人因此所支出的费用。

3)职业责任险

职业责任险是指专业技术人员因工作疏忽、过失所造成的合同一方或他人的人身伤害或财产损失的经济赔偿责任的保险。建设工程标的额巨大、风险因素多,建筑事故造成损害往往数额巨大,而责任主体的偿付能力相对有限,这就有必要借助保险来转移职业责任风险。在工程建设领域,这类保险对勘察、设计、监理单位尤为重要。

4)信用保险

信用保险是以在商品赊销和信用放款中的债务人的信用作为保险标的,在债务人未能履行债务而使债权人招致损失时,由保险人向被保险人即债权人提供风险保障的保险。信用保险是随着商业信用、银行信用的普遍化以及道德风险的频繁而产生的,在工程建设领域得到越来越广泛的应用。

12.5.2 工程和施工设备的保险

工程和施工设备的保险也称"工程一切险",是一种综合性的保险。它对建设工程项目提供全面的保障。

1)工程一切险的承保范围

工程一切险承保的内容有:

(1)工程本身。指由总承包商和分承包商为履行合同而实施的全部工程,还包括预备工程,如土方、水准测量;临时工程,如引水、保护堤和全部存放于工地的为施工所需的材料等。

包括安装工程的建筑项目,如果建筑部分占主导地位,也就是说,如果机器、设施或钢结构的价格及安装费用低于整个工程造价的50%,亦应投保工程一切险。

(2)施工用设施。包括活动房、存料库、配料棚、搅拌站、脚手架、水电供应及其他类似设施。

(3)施工设备。包括大型施工机械、吊车及不能在公路上行驶的工地用车辆,不管这些机具属承包商所有还是其租赁物资。

(4)场地清理费。这是指在发生灾害事故后场地上产生了大量的残砾,为清理工地现场而必须支付的一笔费用。

(5)工地内现有的建筑物。指不在承保的工程范围内、工地内已有的建筑物或财产。

(6)由被保险人看管或监护的停放于工地的财产。

工程一切险承保的危险与损害涉及面很广,凡保险单中列举的除外情况之外的一切事故损失全在保险范围内。工程一切险承保包括下述原因造成的损失:

(1)火灾、爆炸、雷击、飞机坠毁及灭火或其他救助行为;

(2)海啸、洪水、潮水、水灾、地震、暴雨、风暴、雪崩、地崩、山崩、冻灾、冰雹及其他自然灾害;

(3)一般性盗窃和抢劫;

(4)由于工人、技术人员缺乏经验、疏忽、过失、故意行为或无能力等导致的施工低劣;

(5)其他意外事故。包括建筑材料在工地范围内的运输过程中遭受的损失和破坏以及施工设备和机具在装卸时发生的损失等,亦可纳入工程险的承保范围。

2)工程一切险的除外责任

按照国际惯例,工程一切险属于除外责任的情况通常有以下几种:

（1）由军事行动、战争或其他类似事件、罢工、骚动、或当局命令停工等情况造成的损失；

（2）因被保险人的严重失职或蓄意破坏而造成的损失；

（3）因原子核裂变而造成的损失；

（4）由于罚款及其他非实质性损失；

（5）因施工设备本身原因即无外界原因情况下造成的损失（但因这些损失而导致的建筑事故则不属于除外情况）；

（6）因设计错误（结构缺陷）而造成的损失；

（7）因纠纷或修复工程差错而增加的支出。

3）**工程一切险的保险期和保险金额**

工程一切险自工程开工之日或在开工之前工程用料卸放于工地之日开始生效，两者以先发生者为准。开工日包括打地基在内（如果地基也在保险范围内）。施工设备保险自其卸放于工地之日起生效。保险终止日应为工程竣工验收之日或保险单上列出的终止日。同样，两者也以先发生者为准。

（1）保险标的工程中有一部分先验收或投入使用。这种情况下，自该部分验收或投入使用日起自动终止该部分的保险责任，但保险单中应注明这种部分保险责任自动终止条款。

（2）含安装工程项目的建筑工程一切险的保险单通常规定有试运行期（一般为一个月）。

（3）工程验收后通常还有一个质量保修期，《建设工程质量管理条例》对最低保修期限作了规定。保险期内是否强制投保，各国规定不一样。大多数情况下，建筑工程一切险的承保期可以包括为期一年的质量保证期（不超过质量保修期），但需缴纳一定的保险费。保修期的保险自工程临时验收或投入使用之日起生效，直至规定的保证期满之日终止。

保险金额是指保险人承担赔偿或者给付保险金责任的最高限额。保险金额不得超过保险标的的保险价值，超过保险价值的，超过的部分无效。工程一切险的保险金额按照不同的保险标的确定。

（1）工程造价，即建成该项工程的总价值，包括设计费、建筑所需材料设备费、施工费、运杂费、保险费、税款以及其他有关费用在内。如有临时工程，还应注明临时工程部分的保险金额。

（2）施工设备及临时工程。这些物资一般是承包商的财产，其价值不包括在承包工程合同的价格中，应另立专项投保。这类物资的投保金额一般按重置价值，即按重新购置同一牌号、型号、规格、性能或类似型号、规格、性能的机器、设备及装置的价格，包括出厂价、运费、关税、安装费及其他必要的费用计算重置价值。

（3）安装工程项目。建筑工程一切险范围内承保的安装工程，一般是附带部分。其保险金额一般不超过整个工程项目保险金额的20%。如果保险金额超过20%，则应按安装工程费率计算保险费。如超过50%，则应按安装工程险另行投保。

（4）场地清理费。按工程的具体情况由保险公司与投保人协商确定。场地残物的处理不仅限于合同标的工程，而且包括工程的邻近地区和业主的原有财产存放区。场地清理的保险金额一般不超过工程总保额的5%（大型工程）或10%（小型工程）。

4）工程一切险的免赔额

工程保险还有一个特点，就是保险公司要求投保人根据其不同的损失，自负一定的责任。这笔由被保险人承担的损失额称为免赔额。工程本身的免赔额为保险金额的0.5%~2%；施工机具设备等的免赔额为保险金额的5%；第三者责任险中财产损失的免赔额为每次事故赔偿限额的1%~2%，但人身伤害没有免赔额。

保险人向被保险人支付为修复保险标的遭受损失所需的费用时，必须扣除免赔额。

5）工程一切险的保险费率

建筑工程一切险没有固定的费率，其具体费率系根据以下因素结合参考费率制定：

（1）风险性质（气候影响和地质构造数据，如地震、洪水或火灾等）；

（2）工程本身的危险程度，工程的性质，工程的技术特征及所用的材料，工程的建造方法等；

（3）工地及邻近地区的自然地理条件，有无特别危险源存在；

（4）巨灾的可能性，最大可能损失程度及工地现场管理和安全条件；

（5）工期（包括试运行期）的长短及施工季节，保证期长短及其责任的大小；

（6）承包人及其他与工程有直接关系的各方的资信、技术水平及经验；

（7）同类工程及以往的损失记录；

（8）免赔额的高低及特种危险的赔偿限额。

6）工程一切险的投保人与被保险人

（1）工程一切险的投保人

根据《保险法》，投保人是指与保险人订立保险合同，并按照保险合同负有支付保险费义务的人。工程一切险多数由承包商负责投保，如果承包商因故未办理或拒不办理投保或拒绝投保，业主可代为投保，费用由承包商负担。如果总承包商没有对分包工程购买保险的话，负责该分包工程的分包商也应办理其承担的分包任务的保险。

(2) 工程一切险的被保险人

被保险人是指其财产或者人身受保险合同保障,享有保险金请求权的人,投保人可以为被保险人。在工程保险中,除投保人外,保险公司可以在一张保险单上对所有参加该工程的有关各方都给予所需的保险。即凡在工程进行期间,对这项工程承担一定风险的有关各方均可作为被保险人。

工程一切险的被保险人可以包括:业主;总承包商;分承包商;业主聘用的工程师;与工程有密切关系的单位或个人,如贷款银行或投资人等。

12.5.3 安装工程一切险

安装工程一切险属于技术险种,其目的在于为各种机器的安装及钢结构工程的实施提供尽可能全面的专门保险。目前,在国际工程承包领域,工程发包人都要求承包人投保安装工程一切险。在很多国家和地区,这种险是强制性的。安装工程一切险主要适用于安装各种工厂用的机器、设备、储油罐、钢结构、起重机、吊车以及包含机械因素的各种建设工程。

安装工程一切险与建筑工程一切险有着重要区别:

(1) 建筑工程一切险的标的从开工如上所述逐步增加,保险额也逐步提高,而安装工程一切险的保险标的一开始就存放于工地,保险公司一开始就承担着全部货价的风险,风险比较集中。在机器安装好之后,试车、考核所带来的危险以及在试车过程中发生机器损坏的危险是相当大的,这些风险在建筑工程险部分是没有的。

(2) 在一般情况下,自然灾害造成建筑工程一切险的保险标的损失的可能性较大,而安装工程一切险的保险标的多数是建筑物内安装及设备(石化、桥梁、钢结构建筑物等除外),爱自然灾害损失的可能性较小,受人为事故损失的可能性较大,这就要督促被保险人加强现场安全操作管理,严格执行安全操作规程。

(3) 安装工程在交接前必须经过试车考核,而在试车期内,任何潜在的因素都可能造成损失,损失率要占安装期内的总损失的一半以上。由于风险集中,试车期的安装工程一切险的保险费率通常占整个工期的保费的 1/3 左右,而且对旧机器设备不承担赔付责任。

总的来讲,安装工程一切险的风险较大,保险费率也高于建筑工程一切险的保险费率。

1) 安装工程一切险的责任范围及除外责任

(1) 安装工程一切险的保险标的

安装工程一切险的保险标的主要包括:

① 安装的机器及安装费,包括安装工程合同内要安装的机器、设备、装置、物

料、基础工程(如地基、座基等)以及为安装工程所需的各种临时设施(如水电、照明、通讯设备等)等;

② 安装工程使用的承包人的机器、设备;

③ 附带投保的土木建筑工程项目,指厂房、仓库、办公楼、宿舍、码头、桥梁等。这些项目一般不在安装合同以内,但可在安装险内附带投保:如果土木建筑工程项目不超过总价的20%,整个项目按安装工程一切险投保;介于20%和50%之间,该部分项目按建筑工程一切险投保;若超过50%,整个项目按建筑工程一切险投保。

(2) 安装工程一切险承保的危险和损失

安装工程一切险承保的危险和损失除包括建筑工程一切险中规定的内容外,还包括:

① 短路、过电压、电弧所造成的损失;

② 超压、压力不足和离心力引起的断裂所造成的损失;

③ 其他意外事故,如因进入异物或因运往安装地点的运输而引起的意外事件等。

(3) 安装工程一切险的除外责任

安装工程一切险的除外情况主要有以下几种:

① 由结构、材料或在车间制作方面的错误导致的损失;

② 因被保险人或其派遣人员蓄意破坏或其欺诈行为而造成的损失;

③ 因功力或效益不足而招致合同罚款或其他非实质性损失;

④ 由战争、民众运动和其他类似事件,或因当局命令而造成的损失;

⑤ 因罢工和骚乱而造成的损失(但有些国家却不视为除外情况);

⑥ 由原子核裂化或核辐射造成的损失等。

2) 安装工程一切险的保险期限

(1) 安装工程一切险的保险责任的开始和终止

安装工程一切险的保险责任,自投保工程的动工日(如果包括土建的话)或第一批被保项目卸至施工地点时(以先发生者为准),即行开始。其保险责任的终止日可以是安装完毕验收通过之日或保险单所列明的终止日,这两个日期同样以先发生者为准。安装工程一切险的保险责任也可以延展至维修期满日。

(2) 试车考核期

安装工程一切险的保险期内,一般应包括一个试车考核期。考核期的长短应根据工程合同上的规定来决定。对考核期的保险责任一般不超过3个月,若超过3个月,应另行加收费用。安装工程一切险对于旧机器设备不负考核期的保险责任,也不承担其维修期的保险责任。如果同一张保险单同时还承保其他新的项目,则保险单仅对新设备的保险责任有效。

(3) 关于安装工程一切险的保险期限的几个问题

工程实践中,关于安装工程一切险的保险期限应当注意以下几点:

① 部分工程验收移交或实际投入使用。这种情况下,保险责任自验收移交或投入使用之日即行终止,但保险单上须有相应的附加条款或批文。

② 试车考核期的保险责任期,系指连续时间,而不是断续累计时间。

③ 维修期应从实际完工验收或投入使用之日起算,不能机械地按合同规定的竣工日起算。

3) 安装工程一切险的保险金额

安装工程项目是安装工程一切险的主要保险项目,包括被安装的机器设备、装置、物料、基础工程以及工程所需的各种临时设施,如水、电、照明、通讯等。安装工程一切险的承保标的大致有三种类型:

(1) 新建工厂、矿山或某一车间生产线安装的成套设备;

(2) 单独的大型机械装置,如发电机组、锅炉、巨型吊车、传送装置的组装工程;

(3) 各种钢结构建筑物,如储油罐、桥梁、电视发射塔之类的安装和管道、电缆敷设等。

安装工程项目的保险金额视承包方式而定:

(1) 采用总承包方式,保险金额为该项目的合同价;

(2) 由业主引进设备,承包人负责安装并培训,保险金额为 CIF 价加国内运费和保险费及关税、安装费、可能的专利费、人员培训费及备品、备件等所需费用的总和。

4) 安装工程一切险的投保人与被保险人

和建筑工程一切险一样,安装工程一切险应由承包商投保,业主只是在承包商未投保的情况下代其投保,费用由承包商承担。承包商办理了投保手续并交纳了保险费以后即成为被保险人。安装工程一切险的被保险人除承包商外还包括:业主、制造商或供应商、技术咨询顾问、安装工程的信贷机构和待安装构件的买受人等。

12.5.4 人员伤亡和财产损失的保险

1) 事故责任和赔偿费

(1) 业主的责任

业主应负责赔偿以下各种情况造成的人身伤亡和财产损失:

① 业主现场机构雇用的全部人员(包括监理人员)工伤事故造成的损失。但由于承包商过失造成在承包商责任区内工作的业主人员的伤亡,则应由承包商承担责任。

② 由于业主责任造成在其管辖区内业主和承包商以及第三方人员的人身伤害和财产损失。

③ 工程或工程的任何部分对土地的占用所造成的第三方财产损失。

④ 工程施工过程中，承包商按合同要求进行工作所不可避免地造成第三方的财产损失。

(2) 承包商的责任

承包商应负责赔偿以下情况造成的人身伤害和财产损失：

① 承包商为履行本合同所雇用的全部人员（包括分包商人员）工伤事故造成的损失。承包商可以要求其分包商自行承担分包人员的工伤事故责任。

② 由于承包商的责任造成在其管辖区内业主和承包商以及第三方人员的人身伤害和财产损失。

③ 业主和承包商的共同责任。在承包商辖区内工作的业主人员或非承包商雇用的其他人员，由于其自身过失造成人身伤害和财产损失，若其中含有承包商的部分责任，如管理上的疏漏时，应由业主和承包商协商合理分担其赔偿费用。

(3) 赔偿费用

不论何种情况，其赔偿费用应包括人身伤害和财产损失的赔偿费、诉讼费和其他有关费用。

2) 人员伤亡和财产损失的保险

(1) 人身事故险

人身事故险是指承包商应对其雇用人员进行人身事故保险；有分包商的工程项目，分包商应对其雇用人员进行此项保险。

对于每一职工的人身事故保险金额，应按工程所在国（或地区）的有关法律来确定，但不得低于这些法律所规定的最低限额。其保险期应为该职工在现场的全部时间。

一般来说，业主和监理单位也应为其在现场人员投保人身事故险。

(2) 第三方责任险

第三方责任险是指在履行合同过程中，因意外事故而引起工地上及附近地区的任何人员（不包括承包商雇用人员）的伤亡及任何财产（不包括工程及施工设备）的损失进行的责任保险。

一般讲，第三方指不属于施工承包合同双方当事人的人员。但当未为业主方和工程师人员专门投保时，第三方保险也包括对业主和工程师人员由于进行施工而造成的人员伤亡或财产损失的保险。对于领有公共交通和运输用执照的车辆事故造成的第三方的损失，不属于第三方责任险范围。有些国际工程施工合同中，还要求第三方责任险包括施工人员在国内家庭的人身伤亡和财产损失。

第三方责任险的保险金额由业主与承包商协商确定。第三方责任险以业主和承包商的共同名义投保,一般可以在投保工程一切险时附带投保。

12.6 工程项目担保

12.6.1 担保的概念和类型

担保是为了保证债务的履行、确保债权的实现,在人的信用或特定的财产之上设定的特殊的民事法律关系。合同的担保是指合同当事人一方为了确保合同的履行,经双方协商一致而采取的一种保证措施。在担保关系中,被担保合同通常是主合同,担保合同是从合同。担保合同必须由合同当事人双方协商一致自愿订立。如果由第三方承担担保,必须由第三方,即保证人亲自订立。担保的发生以所担保的合同存在为前提,担保不能孤立地存在,如果合同被确认为无效,担保也随之无效。

通常担保有如下两种划分方式:

1) 法定担保和意定担保

法定担保是指依照法律的规定而直接成立并发生效力的担保方式,主要体现为法律规定的优先权、留置担保和法定抵押权等。法定担保的成立要件、效力、行使等,均由法律直接规定,无须当事人约定。意定担保亦称约定担保,系指当事人按照法律规定自行约定的担保。除法律对其成立要件和内容作强制性规定外,当事人可以完全按照自己的意愿缔结担保合同。我国《担保法》中规定的保证、抵押、质押、定金即为约定担保。

2) 人的担保和物的担保

人的担保是指债务人以外的第三人以其信用为债务人提供的担保,主要指保证。人的担保的可靠性取决于担保人的财产资信情况。物的担保则是指以债务人或第三人所有的特定的动产、不动产或其他财产权利担保债务履行而设定的担保。物的担保包括抵押担保、质押担保、留置担保和优先权等形式。物的担保赋予被担保人(债权人)直接支配作为担保的特定财产的权利,在债务人不履行债务时,被担保人可以变卖该财产以清偿其债权。

12.6.2 《担保法》规定的担保方式

我国《担保法》规定的担保方式有以下五种。

1) 保证

保证,是指保证人和债权人约定,当债务人不履行债务时,保证人按照约定履行债务或承担责任的行为。

对于保证人的主体资格，《担保法》作出了限制，禁止以下三类主体为担保人：①国家机关(但经国务院批准为使用外国政府或国际经济组织贷款而进行的转贷除外)；②以公益为目的的事业单位、社会团体(如学校、幼儿园、医院等)；③未经授权的企业法人分支机构、企业法人的职能部门(但有书面授权的,可在授权范围内提供担保)。

保证人与债权人应当以书面形式订立保证合同。保证合同应包括以下主要内容：①被保证的主债权种类、数量；②债务人履行债务的期限；③保证的方式；④保证担保的范围；⑤保证的期间；⑥双方认为需要约定的其他事项。

保证的方式为一般保证和连带责任保证两种。保证方式没有约定或约定不明确的,按连带责任保证承担保证责任。一般保证是指当事人在保证合同中约定,当债务人不履行债务时,由保证人承担保证责任的保证方式。一般保证的保证人在主合同纠纷未经审判或仲裁,并就债务人财产依法强制执行仍不能履行债务时,对债务人可以拒绝承担保证责任。连带责任保证是指当事人在保证合同中约定保证人与债务人对债务承担连带责任的保证方式。连带责任保证的债务人在主合同规定的债务履行期届满没有履行债务的,债权人可以要求债务人履行债务,也可以要求保证人在其保证范围内承担保证责任。

2) 抵押

抵押是指债务人或第三人不转移对抵押财产的占有,将该财产作为债权的保证。当债务人不履行债务时,债权人有权依法以该财产折价或以拍卖、变卖该财产的价款优先受偿。抵押该财产的债务人或者第三人为抵押人,获得该担保的债权人为抵押权人,提供担保的财产为抵押物。

根据《担保法》第34规定,可以抵押的财产包括：①抵押人所有的房屋和其他地上定着物；②抵押人所有的机器、交通运输工具和其他财产；③抵押人依法有权处分的国有土地使用权、房屋和其他地上定着物；④抵押人依法有权处分的机器、交通运输工具和其他财产；⑤抵押人依法承包并经发包方同意抵押的荒山、荒沟、荒丘、荒滩等荒地土地使用权；⑥依法可以抵押的其他财产。抵押人所担保的债权不得超出其抵押物的价值。财产抵押后,该财产的价值大于所担保债权的余额部分,可以再次抵押,但不得超出其余额部分。

《担保法》同时还规定：①以依法取得的国有土地上的房屋抵押的,该房屋占有范围内的国有土地使用权同时抵押；②以出让方式取得的国有土地使用权抵押的,应当将该国有土地上的房屋同时抵押；③乡(镇)、村企业的土地使用权不得单独抵押；④以乡(镇)、村企业的厂房等建筑物抵押的,其占用范围内的土地使用权同时抵押。由此可见,在我国,土地使用权和其上的房屋不能分别抵押。

抵押合同的主要内容包括：①被担保的主债权种类；②债务人履行债务的期

限;③抵押物的名称、数量、质量、状况、所在地、所有权权属或者使用权权属;④抵押担保的范围;当事人认为需要约定的其他事项。

3) 质押

质押是指债务人或第三人将其动产或权力移交债权人占有,用以担保债务的履行。当债务人不履行债务时,债权人依法有权就该动产或权利优先得到清偿的担保。

质押合同的主要内容包括:①被担保的主债权种类;②债务人履行债务的期限;③质物的名称、数量、质量、状况;④质物移交的时间;⑤当事人认为需要约定的其他事项。质押合同自质物移交给质权人占有时生效。

4) 留置

留置是指因保管、运输、加工承揽合同,债务人不按约定的期限履行债务的,债权人有权留置该财产,以其折价、拍卖或变卖的价款优先受偿。《担保法》第五章对留置作了规定。

5) 定金

《担保法》第六章规定了金钱给付的定金担保方式。当事人双方可以约定一方向对方给付定金作为债权的担保。债务人履行债务后,定金应当抵作价款或者收回。给付定金的一方不履行约定的债务的,无权要求返还定金;收受定金的一方不履行约定的债务的,应当双倍返还定金。定金的数额由当事人约定,但不得超过主合同标的额的20%。

12.6.3 工程担保的主要种类

1) 投标保证担保

投标保证担保,或投标保证金,属于投标文件的重要组成部分。所谓投标保证金,是指投标人向招标人出具的,以一定金额表示的投标责任担保。也就是说,投标人保证其投标被接受后对其投标书中规定的责任不得撤销或者反悔。否则,招标人将对投标保证金予以没收。

投标保证金的形式有多种,常见的有以下几种:

(1) 交付现金。

(2) 支票。这是由银行签章保证付款的支票。其过程为:投标人开出支票,向付款银行申请保证付款,由银行在票面盖"保付"字样后,将支付票面所载金额(保付金额)从出票人(即投标人)的存款账上划出,另行立专户存储,以备随时支付。经银行保付的支票可以保证持票人一定能够收到款项。

(3) 银行汇票。银行汇票是一种汇款凭证,由银行开出,交汇款人寄给异地收款人,异地收款人再凭银行汇票在当地银行兑汇款。

(4) 不可撤销信用证。不可撤销信用证是付款人申请由银行出的保证付款的凭证。由付款人银行向收款人银行发出函件,也由该行本身或者授权另一家银行,在符合规定的条件下,把一定款项付给函中指定的人。需要说明的是,该信用证开出后,在有效期限内不得随意撤销。

(5) 银行保函。银行保函是由投标人申请,银行开立的保函,保证投标人在中标之前不撤销投标,中标后应当履行招标文件和中标人的投标文件规定的义务。如果投标人违反规定,开立保证函银行将担保赔偿招标人的损失。

(6) 由保险公司或者担保公司出具投标保证书。投标保证书由投标人单独签署或者由投标人和担保人共同签署的承担支付一定金额的书面保证。

在这六种形式的投标保证金中,银行保函和投标保证书是最常用的。

2) 履约担保

所谓履约担保,是指招标人在招标文件中规定的要求中标人提交的保证履行合同义务的担保。

履约担保一般有三种形式:银行保函、履约保证书和保留金。

(1) 银行履约保函

银行履约保函是由商业银行开具的担保证明,通常为合同金额的10%左右。银行保函分为有条件的银行保函和无条件的银行保函。

有条件的银行保函是指下述情形:在承包人没有实施合同或者履行合同义务时,由业主或工程师出具证明说明情况,并由担保人对已执行合同部分和未执行合同部分加以鉴定,确认后才能收兑银行保函,由业主得到保函中的款项。建筑行业通常偏向于这种形式的保函。

无条件保函是指下述情形:业主不需要出具任何证明和理由,只要看到承包人违约,就可以对银行保函进行收兑。

(2) 履约保证书

履约保证书的担保方式是:当中标人在履行合同中违约时,开出担保书的担保公司或者保险公司用该项担保金去完成施工任务或者向发包人支付该项保证金。工程采购项目以履约保证金形式担保的,其保证金金额一般为合同价的30%～50%。

承包商违约时,由工程担保人代为完成工程建设的担保方式,有利于工程建设的顺利进行,因此是我国工程担保制度探索和实践的重点内容。

(3) 保留金

保留金是指业主(工程师)根据合同的约定,在每次支付工程进度款时扣除一定数目的款项,作为承包商完成其修补缺陷义务的保证。保留金一般为每次工程进度款的10%,但总额一般应限制在合同总价款的5%。一般在工程移交时,业主(工程师)将保留金的一半支付给承包商。质量保修期(或"缺陷责任期满")时,将剩下的部分支付给承包商。

履约保证金金额的大小取决于招标项目的类型与规模,但必须保证承包商违约时,发包人不受损失。在投标须知中,招标人要规定采用哪一种形式的履约担保。中标人应当按照招标文件中的规定提交履约担保。

3）预付款担保

建设工程合同签订以后,业主给承包人一定比例的预付款,一般为合同金额的10%,但需由承包商的开户银行向业主出具预付款担保。其目的在于保证承包商能够按合同规定进行施工,偿还业主已支付的全部预付款。如承包商中途毁约,中止工程,使业主不能在规定期限内从应付工程款中扣除全部预付款,则业主作为保函的受益人有权凭预付款担保向银行索赔该保函的担保金作为补偿。

预付款担保的金额通常与业主的预付款是等值的。预付款一般逐月从工程进度款中扣除,预付款担保的担保金额也相应逐月减少。承包商在施工期间,应当定期从业主处取得同意此保函减值的文件,并送交银行确认。承包商还清全部预付款后,业主应退还预付款担保,承包商将其退回银行注销,解除担保责任。除银行保函以外,预付款担保也可以采用其他形式,但银行保函是最常见的形式。

复习思考题

1. 什么是风险?风险的种类有哪些?
2. 什么是工程项目风险?
3. 简述工程项目风险管理目标和责任。
4. 什么是工程项目风险识别?风险识别的步骤有哪些?
5. 工程项目风险识别的方法有哪些?试述各种方法的特点。
6. 简述工程项目风险分析与评价的主要内容。
7. 工程项目风险评价有哪些方法?
8. 举例说明风险转移的途径。简要说明各种方法的特点和局限性。
9. 什么是工程保险?其特点是什么?
10. 为什么说工程保险是转移工程风险的主要手段?
11. 按保障范围,工程保险有哪些类型?他们的共同之处是什么?
12. 建筑工程一切险的投保人和被保险人有哪些?其承保的风险范围是什么?
13. 什么是建筑工程一切险的第三者责任险?其保障对象和除外责任有哪些?
14. 什么是建筑工程一切险的除外责任?其除外责任包括哪些内容?
15. 安装工程一切险与建筑工程一切险的关系和区别有哪些?

参考文献

[1] 中国建筑工程总公司. 中国建筑管理丛书·项目管理卷[M]. 北京:中国建筑工业出版社,2014

[2] 戚振强. 工程项目管理[M]. 北京:中国建筑工业出版社,2015

[3] 刘建春,等. 一体化全过程工程项目管理实施指南[M]. 北京:中国建筑工业出版社,2014

[4] 中国双法项目管理研究委员会. 中国项目管理知识体系(C-PMBOK2006)[M]. 北京:电子工业出版社,2008

[5] 美国项目管理协会. 项目管理知识体系指南(PMBOK 指南)[M]. 5 版. 北京:电子工业出版社,2013

[6] 程敏. 项目管理[M]. 北京:北京大学出版社,2013

[7] 孙新波. 项目管理[M]. 北京:机械工业出版社,2010

[8] 中华人民共和国住房和城乡建设部. 建筑业企业资质管理文件汇编[G]. 北京:中国建筑工业出版社,2015

[9] 骆珣,等. 项目管理教程[M]. 北京:机械工业出版社,2004

[10] 马国丰. 工程质量管理——理论、方法与案例[M]. 北京:中国建筑工业出版社,2014

[11] 白思俊. 现代项目管理(上册)[M]. 北京:机械工业出版社,2012

[12] 白思俊. 现代项目管理(下册)[M]. 北京:机械工业出版社,2012

[13] 丁士昭. 工程项目管理[M]. 2 版. 北京:中国建筑工业出版社,2014

[14] 任铁栓,韩绍洪. 建筑企业项目管理实务[M]. 北京:中国建筑工业出版社,2014

[15] 毕星. 项目管理[M]. 2 版. 北京:清华大学出版社,2011

[16] 周建国. 工程项目管理基础[M]. 北京:人民交通出版社,2007

[17] 邓淑文. 建筑工程项目管理[M]. 北京:机械工业出版社,2009

[18] 任宏. 工程管理概论[M]. 2 版. 武汉:武汉理工大学出版社,2008

[19] 乐云. 工程项目管理(上)[M]. 北京:中国建筑工业出版社,2013

[20] 马士华,林鸣. 工程项目管理实务[M]. 北京:电子工业出版社,2003

[21] 王祖和,等. 现代工程项目管理[M]. 北京:电子工业出版社,2007

[22] 中国建筑业协会工程项目管理委员会. 中国工程项目管理知识体系[M]. 2

版.北京:中国建筑工业出版社,2011
- [23] 乌云娜,等.项目管理策划[M].北京:电子工业出版社,2007
- [24] 吴鹤鹤,丁永生.工程建设行业2000版ISO 9000族标准理解与交流[M].北京:中国水利水电出版社,2003
- [25] 胡文发.工程项目管理[M].北京:化学工业出版社,2008
- [26] 乐云.项目管理概论[M].北京:中国建筑工业出版社,2008
- [27] 邱菀华,等.现代项目管理学[M].3版.北京:科学出版社,2013
- [28] 卢向南.项目计划与控制[M].2版.北京:机械工业出版社,2009
- [29] 陈文晖.项目管理的理论与实践[M].北京:机械工业出版社,2008
- [30] 杨丽.项目采购管理[M].北京:北京大学出版社,2013
- [31] 成虎,陈群.工程项目管理[M].4版.北京:中国建筑工业出版社,2015
- [32] 焕武,王振林,等.项目管理导论[M].3版.北京:机械工业出版社,2012
- [33] 中国建筑学会建筑统筹管理分会.工程网络计划技术规程教程[M].北京:中国建筑工业出版社,2000
- [34] 左美云.信息系统项目管理[M].北京:电子工业出版社,2014
- [35] 唐广庆.建设工程实施阶段的项目管理[M].北京:知识产权出版社,2005
- [36] 徐嘉震.项目管理理论与实务[M].北京:中国物资出版社,2006
- [37] 中华人民共和国住房和城乡建设部,等.建设工程施工合同(示范文本)(GF—2013—0201)[M].北京:中国建筑工业出版社,2013
- [38] 刘伊生.建设项目管理[M].3版.北京:北京交通大学出版社,2014
- [39] 李启明.土木工程合同管理[M].3版.南京:东南大学出版社,2015
- [40] 汪小金.项目管理方法论[M].2版.北京:中国电力出版社,2015
- [41] 刘力,等.建设工程合同管理与索赔[M].2版.北京:机械工业出版社,2007
- [42] 王海滨,等.工程项目施工安全管理[M].北京:中国建筑工业出版社,2013
- [43] 罗伯特·安格斯,等.项目的计划、实施与控制[M].周晓虹,等,译.北京:机械工业出版社,2005
- [44] 孙成双.建设项目风险管理[M].北京:中国建筑工业出版社,2013
- [45] 陈起俊.工程项目风险分析与管理[M].北京:中国建筑工业出版社,2007
- [46] 全国一级建造师执业资格考试用书编写委员会编写.建设工程项目管理[M].4版.北京:中国建筑工业出版社,2015